庄家意图

股市技术图表背后的庄家操盘手法

麻道明◎著

"庄家克星"

麻道明，倾心力作，

浓缩25年操盘精华。

中国经济出版社
CHINA ECONOMIC PUBLISHING HOUSE
北 京

图书在版编目（CIP）数据

庄家意图：股市技术图表背后的庄家操盘手法／麻道明著．
—北京：中国经济出版社，2019.3（2022.8重印）
ISBN 978－7－5136－5489－0

Ⅰ.①庄…　Ⅱ.①麻…　Ⅲ.①股票交易—基本知识　Ⅳ.①F830.91

中国版本图书馆CIP数据核字（2018）第278855号

责任编辑　叶亲忠
责任印制　马小宾
封面设计　久品轩

出版发行　中国经济出版社
印 刷 者　北京力信诚印刷有限公司
经 销 者　各地新华书店
开　　本　787mm×1092mm　1/16
印　　张　20
字　　数　410千字
版　　次　2019年3月第1版
印　　次　2022年8月第6次
定　　价　58.00元
广告经营许可证　京西工商广字第8179号

中国经济出版社　**网址** www.economyph.com　**社址** 北京市东城区安定门外大街58号　**邮编** 100011
本版图书如存在印装质量问题，请与本社销售中心联系调换（联系电话：010－57512564）

前 言
PREFACE

庄家，有什么意图?

在股市中，技术图表能反映出庄家有什么意图?

建仓中的利诱、恐吓、折磨等骗筹伎俩是庄家意图的体现;

洗盘中的杀跌、破位、打压等诱空气氛是庄家意图的反映;

拉升中的回抽、对敲、题材、消息等拉高手法是庄家意图的写照;

出货中的假拉高、假突破、假信号等美丽图形是庄家意图的裸露。

反弹中的刻意拉高、突然放量、快速冲高等虚假的繁荣盘面也是庄家意图的浮现……从建仓到出货的整个坐庄过程中，无不存在着巨大的庄家意图。大阴大阳，金叉死叉，盘前盘后、挂单撤单……留下庄家意图的痕迹。K 线、指标、形态、趋势、波浪……背后隐藏着险恶的庄家意图。股市陷阱丛生，无处不在。

你看懂了庄家的坐庄意图，才能安全地与庄共舞。

你有且只有掌握了庄家的坐庄意图，才能实现跟庄获利。

纵观 30 年 A 股市场，庄家傲立潮头，股价翻江倒海，散户生死沉浮。长期以来，中国股市存在幕后庄家是不争的事实，特别在当前投机气氛甚浓的情况下，庄家行为更是肆虐于市。庄家为了达到自己的坐庄目的，其坐庄手法更为多变，行迹更为隐蔽，盘面更为复杂，走势更为迷茫。

庄家如同“变色龙”，善于变化和伪装，不时地编制着一个个巨大的陷阱，让散户不由自主地往里钻。仅就股市图表形态信号而言，就有若隐若现的技术陷阱，在起伏跌宕的行情中，或是引诱散户蠢蠢欲动，贸然而入，从而卷走散户钱财；或是恐吓散户望而生畏，斩仓离场，从而劫取散户廉价筹码；或是故弄玄虚，制造扑朔迷离的市场假象……真中有假，假中见真，真真假假，虚虚实实，难分难辨。投资者深为感叹：“只缘身在股市中，不识庄家真面目。”一幅幅图表形态，宛如一个个五彩的水晶球，令散户迷惑丛生、束手无策，而这些纵然是庄家狡猾、奸诈、险恶的具体体现。然而，面对各种各样的庄家意图，却很少为人所知，更是无人所破。

在这个布满陷阱的市场中，善良的散户啊，你拿什么来保护自己？只有掌握破解庄家陷阱的方法和技术，直刺庄家的咽喉，才能笑傲股林，畅游股海。

基于此，本人根据中国股市的运行规律和现状、庄家的坐庄意图和脉络、散户的炒作特点和习性，对当前股市中的庄家行为进行潜心研究、跟踪观察、实盘检验，并根据本人多年亲历坐庄过程，在此详尽披露庄家坐庄内幕和意图，将庄家坐庄手段袒露于众，用通俗易懂的语言告诉读者，让普通的散户找到识破庄家意图的基本方法和技巧，帮助投资者走出技术谜团，提供一些有益的启示，使散户在强大的庄家面前掌握一套防身制胜术，进而将计就计，借刀杀人，让庄家“搬起石头砸自己的脚”，最终钻进自己设置的技术陷阱之中。可以这样说，庄家有什么企图，散户就有识破这种企图的能力；庄家能够设置技术陷阱，散户就有识别和破解其陷阱的方法。

从建仓到出货整个过程中，本书重点剖析庄家常用的坐庄手段，对庄家在盘中出现的假动作、假信号、假图表等进行深入的讲解，详尽地揭露庄家的操盘秘密，让投资者了解庄家的操盘底细，以及各个阶段的盘口现象、技术特征、量价关系等进行深入分析，使散户通过观察盘面走势，洞悉庄家意图，识破坐庄手段，进而判断庄家想干什么以及将要干什么，是吸货、洗盘还是出货？是反弹、反转还是拉升？是白马、黑马还是病马？以及庄家成本是多少？是否有潜力以及潜力有多大？等等，为投资者提供一个全新的视角和独特的思维方式。

本书客观再现了中国股市30年的运行规律，生动反映了中国股市中庄家坐庄的全貌，为散户提供一套认识庄家、正视庄家、揭露庄家的技术方法。全书以庄家“意图”为中心，以散户“克庄”为重点，让投资者了解庄家本来面目，找出庄家意图的破绽，然后切中要害，出剑下刀。而且，本书对研究中国股市现状，辨析股海钩沉，思索中国股市未来走向有着十分深远的意义。

以理论为基础、以事实为准绳、以实例为依据，深刻揭露了庄家坐庄过程中的秘密。无论新老股民、中小散户，还是职业操盘手、专业股评人士，欢迎共同探讨。

麻道明

2019年1月中国·楠溪江畔

目录
CONTENTS

第五章 疯狂拉升——完美构筑虚假空头

第六章 诡异出货——给你设下贪婪陷阱

第七章 自救反弹——谢幕前的诱多意图

第一章　盘面噱头——识破庄家真实面目

第一节　关于庄家的新认识

在中国30年的股市发展中，市场不断出现新变化，特别是关于庄家的一些话题也赋予了新的内涵，因此有必要进行重新认识和定义。

问题1：关于建仓问题

在股市实盘操作中，经常听到有人这样问：这只股票庄家是在什么时候开始建仓的？庄家建仓结束没有？庄家建仓为什么还要抛出筹码？等等，如果在证券市场发展初期你这样问，说明你是一个新事物的挑战者，如果现在还这样问的话，只能说明你是一个新股民，对庄家根本不了解。为什么这样说呢？

从大的方面讲，所有买入筹码的行为，都可以称为建仓。但严格意义上的建仓，是指庄家为了将来炒作而大量吸纳低价筹码的行为，因而建仓是一种庄家行为。由于庄家坐庄需要大量的筹码，所以庄家建仓是一个过程、一个时段，没有确切的起止时间，只有一个筹码集中过程。而且在这个过程中，庄家并不是一概地吃进筹码，也不是吃进的筹码一律不抛出，而是不断地在增仓与减仓、集中与分散之间交替循环着，跟着市场的冷热变化而不断地进行高抛低吸。所以，不难发现市场“底下有底”，股价低点之后还有更低的低点。这也意味着庄家有时候建仓要经历一个非常漫长的过程，就是通常所说的筑底。

那么，有人不禁又问：这样庄家是不是加大坐庄成本？坐庄的确需要成本，但只要操盘手法不出现重大失误，即使出现长时间的筑底盘整，也不会增加太高的成本，因为一个高抛低吸的轮回，足以弥补其利息成本。所以，庄家考虑的不是成本高低，而是盈利大小。可见，建仓过程就是一个筹码滚动过程，当筹码达到一定数量后，条件又许可时，筹码就会往上滚动，股价就会往上喷薄欲出。

从这一点上来看，散户在证券市场上的行为属于买卖股票，没有能力去控制股价。

只有在低点买入后，等待机会在高点获利卖出，获取差价利润，所以从本质上讲不是在“炒股”，因为一般散户没有炒作股价的实力。而庄家则不一样，吸纳到大量的低价筹码后，可以通过自己的一系列行为使上涨或下跌，基本上都能够控制股价的运行趋势，并从中获取顺差或逆差，因此只有庄家才有炒作股价的实力，所以“炒股”是对庄家来说的。

同时，庄家也借此进行高抛低吸操作，既可以获得差价利润，又可以降低持仓成本。因此，有时候股价涨不涨跟庄家一点关系都没有，只要有机会庄家就做差价，照样可以获得盈利，而散户不可能长期做差价，也不可能长期顺手。

问题 2：关于洗盘问题

大家普遍认为，洗盘的目的就是庄家运用种种手段，驱逐场内散户离场，同时吸引场外散户进场，使浮动筹码得到交换，以提高市场平均持仓成本，达到日后顺利拉升和派发。其实，这是一种不全面的认识，忽视了一个重要的问题，那就是庄家以高抛低吸做差价为目的。在解释这个问题之前，先对引起洗盘的原因进行简要分析。

引起洗盘的根本原因，就是股价上涨遭到散户的抛压，多空意见出现分歧。因为市场刚刚脱离底部不久，熊市思维依然困扰着广大散户的持股信心，也就是说牛市气氛没有形成，不可能有强烈的持股愿望，这样势必会出现抛盘，这时庄家不可能用钱去阻止股价下跌，只能顺势而为，加入到高抛低吸行列之中。比如，股价从 7 元涨到 10 元，此时市场跟风盘减少而压力加大，那么，庄家会在 10 元附近减仓一部分筹码，当股价回落到 8 元附近时重新买回一部分筹码，然后股价再次回升，这样庄家仓位基本没有变化，但已经成功地赚了 2 元的差价。

由此可见，什么时候洗盘，什么价位洗盘，取决于盘面变化，取决于抛压大小，而不是简单地取决于庄家的意志。庄家只是见机使舵而已，除非庄家获得某些利好内幕消息，顽强地逆势运作。所以，有的股票拉得很高才出现洗盘走势，而有的股票没上涨多少就出现洗盘现象，就是这个原因。

一般而言，散户抛压很大时，庄家不得不洗盘。同样，散户接盘非常积极时，庄家就不会急着洗盘，会顺势将股价拉得很高才进行洗盘，这样庄家的差价空间更大。从这方面上讲，庄家也是一个市场追随者。一切逆大势而行的庄家，肯定是一个不成功的庄家。当然，庄家有制造和夸大（或缩小）市势的能力，并利用这个市势误导散户，从而达到坐庄目的，这就是庄家的意图和手段。

当然，在极少数情况下，庄家也会不参与式地洗盘，即不进行差价操作。比如，当股价上涨到某一个价位后，庄家放任不管，任凭市场自由波动，在这种情况下让散户之间自由交换筹码。但在现阶段市场里，这类庄家并不多见。

可见，市场因素引发股价震荡，庄家见机行使，高抛低吸，股价呈波浪式上涨，这是市场运行规律，也是经济发展规律。洗盘，既是市场客观因素的反映，也是庄家主观意志的体现；洗盘，不仅是清洗浮筹、筹码换手，更重要的是庄家也在频繁进出，高抛低吸做差价。因此在分析洗盘时，要结合市场因素、股价位置、循环周期以及庄家意图、技术层面等因素进行综合研判。

◪ 问题3：关于拉升问题

有不少人认为，股价拉升就是庄家吸足筹码后，依靠自身强大的资金实力，持续地将股价大幅拉高，从而获取巨大的差额利润。从表面上看，说得没有错，其实不然，股价是大众投资者拉上去的，庄家只是担当领头雁、冲锋者的重任而已，或者说是发动行情的点火者、号召者。在拉升过程中，庄家只是在关键位置点拨一下，重要关卡疏通一下，其他地方全然依靠集体力量推高上行，众人拾柴火焰高，在广大投资者的簇拥下股价出现一轮又一轮的波澜壮阔的上涨行情，这是散户共同努力的结果。

很显然，如果没有庄家的引领，市场就群龙无首、一盘散沙。同样，如果没有散户的追随，市场就黯然失色、一片沉寂。当广大投资者的追涨热情消退时，庄家也就停止上攻步伐，行情就此偃旗息鼓。可见，散户需要庄家，而庄家更需要散户，没有散户支持和追捧的庄家，就是孤军寡人、单兵作战，肯定也是一个不成功的庄家。从这方面讲，庄家既是市场的跟随者，也是散户的合作者。在散户缺乏激情时，这个庄就没法坐；当散户士气高昂时，庄家可以把股价拉得飞上天。

说到这，还有一些人不理解，股价不是庄家拉起来的吗？怎么会说是广大投资者哄抬上去的呢？道理很简单，可以举个例子，某一只股票市价为10元，庄家想拉升股价，便在10.10元挂出一笔卖单，然后自己吃掉这笔卖单，这样股价就涨到了10.10元，散户看到股价拉升了，也追了进去。然后庄家继续在上面挂单，再次吃掉，这样股价就上涨了。此时就有一些散户吸引进来，哪怕是非常小的量，也为拉升出了力。此时庄家的持仓量没有变，坐庄成本也没有增加多少（只交印花税），而股价却已经上涨了，这就是广大投资者的功劳。可见，股价拉升非常简单，坐庄其实并不难。给你一个支点，可以撬起地球；给你一个机会，也可以拉升股价。

◪ 问题4：关于出货问题

经常听到有人这样问：该股庄家是不是已经开始出货了？股价拉到什么位置庄家开始出货？在股市里，一些散户包括不少老股民都这样认为，庄家只有将股价拉升到目标价位后，才在高位开始慢慢出货。

其实不然，庄家在整个坐庄过程中，筹码始终处于滚动状态。没有只进不出，也没有只出不进的阶段，只不过仓位有时重（集中）一些、有时轻（分散）一些。庄家出货是一个大概的减仓时段，没有明确的开始时间，更没有结束时间（后市不可预料），因此只是一个风险释放过程。比如，一只股票从5元炒到15元左右时，庄家不可能在15元附近才想到出货，其实从12元、13元、14元就一路拉高减仓，后面的上涨就是庄家欺骗散户的诱多意图，然后当股价回落很低时，庄家又开始补仓，股价再次上涨，庄家再次出货，最后全面清仓退出。

庄家出货过程通常可以分为高位减仓、集中出仓、低点补仓、拉高再出和全面清仓这几个阶段。总体上整个坐庄过程，就是一个低位筹码集中到高位筹码分散的过程，这就是筹码的集中和分散问题，也叫筹码移动。但短线庄家可能没有那么复杂，这方面的内容将在出货手段章节里详细讲解。因此，散户必须改变对“出货时间”的看法，应认识到出货是一个减仓过程，且庄家有提前释放风险的前瞻性，这样对于散户防范风险意识大有裨益。

问题5：关于反弹问题

有很多人认为反弹是庄家出货的一种方式，是老庄家最后的派发行为，老庄家派发结束后股价再次下跌或创新低。如果股价处于高位这种可能性较大，但如果在中低位时，有很多时候反弹是一波独立行情，跟原来的行情或庄家没有任何联系。比如，庄家在高位顺利撤退后，股价出现大幅下跌，这时炒作空间出现，新的短线庄家逢低介入，成功地做一波短线反弹行情，然后庄家快速撤退，那么这就是一波独立的行情。这样的短线行情在低迷的C浪里以及牛市初期经常出现。因此在分析时应当与前面的行情独立开来，以免受先前的技术形态困扰，这样有利于正确判断行情。

可见，庄家在坐庄过程中，高抛低吸贯穿于始终，以赚取差价为重点。无论是建仓、洗盘、拉升还是出货、反弹，所持筹码始终处于滚动状态之中。从低点滚到高点，然后再从高点滚到低点，通过筹码的集中与分散获取差价，赚取盈利，因此投资者必须改变过去的一些老观点，及时掌握庄家的新手法、新内涵。中国证券市场是一个新兴的资本市场，在发展过程中不断地出现新问题、新现象，在实践中应不断地去发现、接受和适应这个市场，这样才能始终傲立于市场的最前沿。

第二节　艳丽的包装手法

花招1：讲故事

庄股有故事，无事难成庄。在我国资本市场，讲故事无需太大的成本投入，算是最划算的“生意”了，公司发个公告，开个新闻发布会，网站发条消息，资金便闻风而至，几个涨停板自然不在话下。

所以，庄家在选择潜力股时，喜欢那些可以编造新故事潜力的公司，主题、概念接连不断，新故事层出不穷讲不完，这样股价走起来也一波接一波地上涨。其实，A股从来不曾少过画大饼、讲故事，让股价飙升飞涨的奇迹。说到讲故事，互联网+、物联网、5G、人工智能等都是好题材，不管是卖烟花的、做服装的、盖房子的，也无论是地上跑的、天上飞的、水里游的，一搭上这些题材，故事讲得天花乱坠时，股价也节节冲高升上天。

在跌宕起伏的A股市场，只要故事颜值高，庄股就会频繁出没，比如，近几年市场中非常火爆的有讲互联网金融故事的汉鼎宇估（300300）和金证股份（600446）、讲新能源汽车故事的比亚迪（002594）和安凯客车（000868）、讲去产能故事的方大炭素（600516）和沧州大化（600230）等股价不断上涨，还有地上跑的四川双马（000935）、天上飞的银鸽投资（600069）、水里游的武昌鱼（600275）等股价火了又火，炒了又炒。

比如，卖POS机的新国都（300130）绝对是A股中的讲故事高手，故事从网络游戏讲到互联网金融。公司从披露拟收购王子游戏公司范特西后，股价连拉10个涨停板，但在10个月后公司最终宣布重组流产。后来公司表示开拓征信市场，披露定增方案，募资6亿元加码互联网战略转型，布局“终端+互联网+金融+大数据分析”的自有商业生态圈，并表示可能将涉足互联网保险，股价一路高升，股价除权前最高收盘价达到155.60元。

在资本市场上，多个概念轮番演绎，部分上市公司贴近市场热点概念，故事一集接一集地讲下去，。只要公司故事讲得精彩，市场就会积极响应，并迎来上涨的“鼓掌”。比如，家喻户晓的“故事大王”乐视网（300104），净利润下滑69%的暴风集团（300431）所描绘的美好蓝图，还有故事讲得有些蹩脚的华天酒店（000428）——连自己人都听不下去了。

需要注意的是，当故事在市面上已成为众人皆知的话题时，不要以为这是趋势确立、可以介入的信号，相反，这时候应该考虑获利离场，资金总是在故事成形之前注入，而在其公布信息后，则是资金即将撤离的时机。

这里就A股历史上比较典型的几则故事做一回放，旨在为散户在辨别故事真假时提供一点启发。

1. 苏宁云商——电商+视频+银行+保险

用“持续转型中”这五个字形容苏宁过去的一年，是恰好不过了。早在5年前苏宁电器改名为苏宁云商（002024），旨在向互联网公司转型。而后，公司宣布实体店和苏宁易购同品同价，“这是020融合模式（将线下的商务机会与互联网结合）的持续深化”。

在“卖电器”的同时，公司斥资2.5亿美元收购PPTV（在线视频软件）的44%股权，进军视频领域。收购完成复牌后，股价收获一个涨停板。

之后，市场热炒民营银行概念。苏宁云商筹办银行的消息一传出，其股价便应声大涨8%。接着，“苏宁银行”的名称被工商总局核准。在这一周时间里，股票市值增长近120亿元，成为单季度的大牛股之一。

此间，苏宁云商还宣布，发起设立保险（放心保）销售公司。这个举措，第二天便得到了早盘股价大涨8%的市场回应。

统计数据显示，当年苏宁云商股价涨幅为36.82%。

2. 金飞达——“追概念”伴随大股东减持

金飞达（002239）是江苏一家服装民营企业，却在资本市场博得了“故事大王”的称呼。金飞达“追概念”的历史，由来已久。早年风电概念如火如荼时，公司宣布投资1600多万元进军风电领域；而后，矿产题材大热之际，金飞达又连续收购了两家金矿企业。

可是，这些收购对公司的营业收入贡献为零，但每当公司做完一个动作后，股价便迎来一轮上涨。紧接着，就是大股东的减持套现。

当市场手游概念勃兴时，公司在招聘网站发布了消息，招聘手游、互联网彩票等多个热门领域的人才。被眼尖的投资者“发现”后，公司发布公告承认，有意向移动互联网领域转型升级。仅凭一则招聘启事和公告，股价在5个交易日内上涨了17%。

随着上海自贸区概念的持续升温，此时金飞达再次出手，宣布在自贸区内成立两家子公司。

“每次热点投资事项的披露，总会引起股价大幅上涨，投资却未见收益”。深交所非点名批评了金飞达，少数上市公司追逐市场热点和概念，涉嫌通过非实质性的跨界投资、业务转型等方式迎合市场炒作。

3. 乐视网——涉足电视机与影视公司

乐视网（300104）靠“讲故事”“售概念”将股价炒上天。作为一家以视频网站起家的公司，通过超级电视概念另辟蹊径，用低廉的电视机硬件价格捆绑付费观看服务，在借此圈得海量用户的同时，从视频插播广告以及应用商店软件下载分成中获取利润。而乐视也以此为基础，打造了“平台+内容+终端+应用”的生态系统，被业界称为“乐视模式”。

而乐视超级电视的故事只是一个起点。2014年12月，董事长贾跃亭正式透露了“see计划”具体内容——自主研发智能电动汽车，将乐视超级电视的成功复制到汽车。此后，超级“故事大王”也没有放过手机业务。2015年4月，乐视先是用“致苹果的一封信”造势，随即在发布会上发布三款手机，核心卖点是乐视网提供的视频内容服务。为了进一步证明乐视手机的价格优势，贾跃亭甚至直接公布苹果、三星和小米的BOM物料价格来进行对比。

至此，一个集互联网内容生态、体育生态、大屏生态、手机生态和电动汽车生态五大生态于一体的新型互联网生态商业帝国雏形显现。资本市场喜欢的正是这样激动人心的造梦故事。一个接一个的故事，让乐视网的股价迎来了腾飞。从2014年12月23日的最低价28.2元起步，股价一路飙涨，并在2015年5月12日达到179.03元的顶点，市值冲破千亿，坐上创业板的“头把交椅”。

可是，市场对乐视网的前景颇有微词，“大忽悠”的声音，不绝于耳。2018 年 1 月 24 日，停牌 10 多月的乐视网复牌，股价一连 11 个一字跌停，如今乐视何去何从，目前仍无“乐视”迹象。

4. 奋达科技——音箱公司发布智能手表

奋达科技（002681）也是资本市场的“大牛股”之一。虽然知名度不高，但其股价也有年度涨幅高达 389.8% 的记录，在两市全年排名第三，仅次于网宿科技（300017）和掌趣科技（300315）。

此前，该股在资本市场籍籍无名，其股价长期低位徘徊。它的命运在 2013 年 6 月迎来转折点。那时，这家原本主营做音箱的公司，发布了一款智能手表。

这个可穿戴概念引爆了机构和牛散的热情，股价从 10 元附近开始上涨到了 74 元多。据报道，2013 年先后有 63 家机构调研奋达科技。牛散和游资，也对这家日渐火爆的上市公司青睐有加。

5. 中青宝——手游故事促股价涨三倍

在 2013 年，中青宝（300052）的股价涨幅为 342.32%，雄踞两市上市公司年度涨幅榜的第四位。中青宝的股价涨得好，与其手游故事讲得好，有直接关系。

公司上市后，股价区间跌幅一度超过 70%，成为两市最大的熊股之一。但在 2013 年，中青宝的股价却开始扶摇直上。那时手游热蔓延资本市场，此间公司在深圳发布了一款手游，并透露后续将有多款自主研发的手游产品上线。

随着利好消息的传出，股价连续涨停，从 12.62 元开始，涨至 37 元，波段涨幅接近 200%。此后，公司竞相收购手游企业，斥资 44 亿元收购两家游戏公司 51% 的股权。受该消息刺激，股价再次妖起来，当年股价最高曾超过 80 元。

6. 华天酒店——跨界玩手游遭股东大会否决

2013 年 10 月，主做酒店餐饮的华天酒店（000428），毫无征兆的情况下，宣布跨界进军手游。当时，手游概念正被市场热炒。公司计划投资 1000 万元，与深圳融网汇智合作设立一家游戏公司。华天酒店称，后者是“国内成长最快的手游开发商、运营商和发行商”。

但不久后，媒体就发现“融网汇智”上一年的营收仅 52 亿元，净利润为 23.62 万元，也未发布成功的游戏作品。有质疑称，华天酒店借机炒概念的意图明显。

市场对华天酒店的反馈，并没有像此前的手游公司那样火热。进军手游的消息发布后，股价连续三日大跌，跌幅近 25%。此后，华天酒店涉及手游的议案，在股东大会上被全票否决，没有获得一张赞成票。

7. 时代出版——“沾光” Facebook + 自贸区

时代出版（600551）的主要资产为几家出版社，但在 2012 年 11 月底，公司却计划打造一款“中国版的Facebook（社区服务网络站点）”。

根据公司描述，其开发的“中国版的Facebook”为一款叫作“时光流影 timeface”的社交平台，拟投入开发金额为200万元。

可见，这样的投入是“杯水车薪”。多位业内人士称，以200万元打造如“中国版的Facebook”，几乎不可能。但资本市场却认可这样的题材，从2013年11月28日开始股价出现连续涨停，在一周时间内接近翻番。此外，在上海自贸区概念热炒之际，公司还趁机落子自贸区，沾上了自贸区概念。

8. 贵州百灵——降糖药 + 民营医院令股价飙升

苗药龙头企业贵州百灵（002424）在2013年4月发布了一则令市场哗然的公告。公司称，将与苗医杨国顺等人合作开发后者祖传治疗糖尿病苗药秘方。“公司有随时一次性买断杨国顺所持秘方的权利。”公司称，买断金额最高不超过1亿元。

后来，媒体调查发现，公司实际控制人姜伟，早在2012年就已通过他人代持的方式获得了此项专利，贵州百灵却于2013年4月才发布公告。此时，距离姜伟等人所持股票解禁期还有一个半月。而合作开发苗药秘方的公告发出后，贵州百灵股价便告涨停。

2013年底，公司公布了经由秘方研制的降糖药，“具有显著的降糖效果”。但多位业内人士表达了质疑，可是其股价依然迎来涨停。此外，在2012年10月民营医院概念初兴时，公司高溢价收购了贵阳的一家医院，次日，股价开盘后便冲击涨停。

靠讲故事支撑股价急速飙涨的不只是上述几家，类似暴风集团（300431）在创业板的连续涨停神话刺激着无数人的神经。作为一家走在没落边缘的科技公司，所谓的“VR生态”还只是刚刚开始，却在短短两个月内市值翻了近30倍，从上市当天的12亿，变成300多亿元。除此之外，迅游科技（300467）、同花顺（300033）、全通教育（300359）等，这些创业板的龙头股，无一不是通过讲故事向股民兜售未来。

花招2：发消息

在中国资本市场中，政策左右股市涨跌几乎成了人们的共识。近30年的股市运行多少也能反映出这一点，一条利多或利空消息，往往引发股市的大涨或大跌，让投资者揣摩不定。

庄家出于坐庄的需要，往往辅之以消息的手法来达到操盘的目的。由于庄家具有信息优势，往往先于市场获得内幕消息，从而预先做好准备。有时庄家与上市公司联手，制造一些非实质性的利好或利空消息，并蓄意夸张消息影响，人为制造盘面大幅波动，以此达到坐庄目的。股市中的消息，上至国家将出台的经济政策、证券法规及新股发行等相关的财经消息，下至上市公司经营状况、送配方案、重组动向等。目前我国股市抗干扰能力还很差，对各种消息的反应非常敏感，再加上人为制造虚假消息的影响，造成股市中流传的消息会愈发具有迷惑性。

所以，庄家通过散布各种消息，制造一个个炒作题材，利用散户跟风追涨的弱点，大炒、恶炒一番。庄家不仅通过炒“朦胧消息”谋取差价，更加恶劣的是搞“虚假消息”制造骗局，进行疯狂恶炒或大肆打压，从中渔利。可见，消息是股市中的风险之一，散户在股市实践中要学会保护自己，增强鉴别能力，不要言从轻信，以免落入庄家制造的消息陷阱。

那么，散户如何正确对待股市中的各种消息？

（1）根据宏观政策来判断消息的真伪。如果消息的内容符合国家政策，可密切关注有关股票的市场表现；如果消息的内容不符合国家政策，有可能是人为制造的虚假消息，可置之不理。

（2）可向权威部门证实消息的可靠性。若否定消息则要立刻停止买卖，若肯定消息则应密切注意该股的变化。如果股价走势异常，要迅速沽空，以免愈陷愈深。

（3）消息是否对股市产生影响。有些消息传播出来，对股市没有影响，市场反应麻木，对此可置之不理。若消息对股价产生异动现象，股民可密切关注。

（4）根据股价来识别消息的真伪。若股价正处于历史高位时，有利多消息传播时，散户要谨慎，利多消息很有可能是引诱股民跟进而制造出来的，切忌追涨。如果股价很低时，传出利多消息，再加上有成交量配合，消息可能是真的，散户可跟进一些，进一步密切观察。相反，如果股价处于历史低位，再有利空消息传出，则消息很有可能是庄家为了打压吃货而制造出来的，此时散户应勇敢建仓。

总之，散户对待股市流传的消息不要盲目轻言，切忌把消息作为自己投资决策的唯一依据。要结合基本面、股价的变化，以及消息流传时股市所处的阶段，来识别消息的真伪，之后再做投资决定。另外要增强长期投资的观念，不要为消息所带来的短期波动而动摇。

花招3：挖题材

题材是股市炒作的核心。所谓题材说穿了就是炒作一只股票的借口，激发市场人气的工具。有些题材具有实质的内容，有些题材则纯粹是空穴来风，甚至是刻意散布的谣言。

在A股市场中，各类题材层出不穷，应有尽有，庄家经常借助题材的美丽光环，炮制各种题材，然后发动行情，诱骗散户追涨杀跌，不少个股急涨急跌的背后，无不隐藏着庄家借“题”发挥的影子。庄家充分利用大众投资者对某种题材的憧憬，把行情做足做大，然后在高位撤退，将散户套牢在高位。在当前股市中，题材或概念的魅力远胜于绩优股，于是庄家在制造概念和题材方面，更是煞费心机。

常被利用的炒作题材大致有以下几类：①经营业绩好转、改善；②国家产业政策扶持，政府实行政策倾斜；③将要或正在合资合作、股权转让；④出现控股或收购等重大资产重组；⑤增资配股或高送股分红等。一切可以引起市场兴趣的话题，都可以作为炒作题材，所涉及的股票，也就成了题材股。

庄股成妖的前期一般是没有题材的，当走出上涨形态之后才有题材出现，在后期题材发酵时，吸引一批又一批的游资介入，促使股价大幅上涨。比如，方大炭素（600516）开始根本没有炒作题材，后来才有了去产能（涨价概念）+石墨烯的题材，使游资介入将股价大幅炒高。

一般而言，真正能够成为市场炒作的题材应具备以下几个特点：

（1）够时髦：包括政策、技术、转型（趋向）等领域，如政策方面的一带一路概念、雄安新区概念、粤港澳概念、去产能概念、环保概念、PPP概念等；技术方面的5G概念、360概念、新能源汽车、充电桩概念、柔性概念、独角兽概念等；转型（趋向）的互联网+概念、借壳概念、摘牌概念、预增概念、高送转概念等，都是当下最时髦的概念能够吸引市场的关注。

（2）够档次：国家重量级的，如金改概念、美丽中国概念、城镇化概念、一带一路概念等；省部级的，如地方政府的发展规划、倾斜性措施、政策性扶持等；区域性的，如自贸区概念、区域地产概念、雄安新区概念等。

（3）够革新：技术性重大突破，保持行业领先水平，如区块链概念、触摸屏概念、智能手表概念、人脸识别概念等。

（4）够独特：行业独一无二，具有垄断地位，且又迎来新的发展机遇，如冠豪高新（600433）是营改增发票的唯一提供商等。

所有的炒作题材大都逃不出上述几个特征。在庄家的挖掘和夸大之下，这些题材显得具有无穷的能量，激起了人们的购买欲望。事实上，这些题材对上市公司本身有多大的好处不是随便可以确定的，许多具体情况有待深入分析，决不能一概而论。但市场的特点是：只要有题材，就有人乐于去挖掘和接受，题材的真实作用反而被忽视。所以，炒作题材纷纭复杂，投资者难免被它们搞得眼花缭乱，似乎身边到处都是炒作题材，搞不清谁真谁假。

投资者利用题材寻找投资机会时，应该注意以下几点。

（1）题材发现要早。当一个新题材出现时，只要新题材能引起市场共识，就应该顺势而为，充分利用题材来趋利避险。

（2）题材本身并不重要，重要的是能否引起投资大众的共识。如能引起市场共鸣，形成热点可积极参与；如不能引起市场共鸣，尽量不要参与。

（3）除了股票的质地和业绩外，题材只是庄家借用的一个旗号。那些被庄家恶炒太离谱的各种概念，终将回归其本身的价值，盲目跟风的投资者必然会掉进陷阱不得自拔。

（4）要抢在题材酝酿之时介入，在题材明朗之前退出。因为题材具有前瞻性、预期性、朦胧性和不确定性，要提前判断，提前行动。

（5）题材贵在创新，留恋旧题材要吃大亏。在创新题材刚推出时，对与之相关的个股就宜采用耐心持有的中长线操作方法；当该题材已被利用了很长一段时间，就应该采用投机性的短线操作法。如果受题材影响的股价，已经持续上涨到一定幅度，投资者应该坚决不碰，哪怕单日出现涨停或继续上涨。

（6）要注意题材的真实性，对虚假题材要提高警惕。股市不能没有题材，但人为杜撰的题材是没有生命力的，只有具有真实内涵的题材才能在市场中发挥作用。

在实盘操作中，判断题材真实性时，首先要将题材与盘面走势进行对比，看看盘面走势是否支持题材的存在；其次，根据市场背景来判断题材的真假，题材到底能给盘面造成多大的影响，并不在于题材本身，而是由当时盘面的情况决定的。

所以，在判断题材真假时，不能忘记市场背景。在有利做多的市场背景下，顺势而为跟着做多。反之，在有利做空的市场背景下，只要形势没有冷到极点，即使真的有什么好的题材出现，也不能看成是真的，短线上涨千万别追，逢高减磅应是最佳选择。最后，在对题材的挖掘、宣传要有个度，超过这个度就要保持一份警惕，宁可错过，不可做错。可见，题材的真假无关紧要，重要的是题材的市场反应、题材的号召力。

花招4：造报表

数据造假在我国非常严重，大到官方数字，小到个人信息，前不久刚刚爆出辽宁、内蒙古、天津滨海新区存在GDP造假。在A股市场中财报造假比较突出，2016年证监会共下发了139份行政处罚决定书，其中涉及财报造假问题的有13家。2015年证监会共下发了64份行政处罚决定书，其中涉及财报造假问题的有10家。此前的2013年到2015年间，证监会发出的242份行政处罚决定中，涉及上市公司财报造假的有35家。A股3000多家上市公司中，每年财报造假的绝不止这十几家公司，而且还有一批跑在IPO路上的企业。

通常，上市公司的利润与收入、成本、费用相关，按照“收入－成本－费用＝利润”的公式计算出来的，可是这三项内容都可以进行人为调节。从这个角度讲，利润是会计做账“造”出来的，投资者需要认真揣摩财报数字背后的真实含义。那么，上市公司财报造假有哪些套路呢？

识别造假不能只在财报上，只看财报是很难看出端倪的，要结合很多因素综合判断，主要的几个考量点有：企业所在行业的状况，该行业上下游贸易的特性，企业竞争对手的情况，企业自身经营的情况，企业的关联方和关联交易，实际控制人在公司的地位等。

公司财报造假的目的主要有5个方面：冲刺IPO上市、业绩下滑保壳、资产重组、关联交易和炒概念。比如，冲刺IPO的欣泰电气（300372）、锐奇股份（300126），保壳的金亚科技（300028）、亚太实业（000691）、舜天船舶（002608），重组的步森股份（002569），关联交易的博敏电子（603936）等，炒概念的主要是摘帽概念。以保壳类的企业来说，金亚科技已经无力扭转业绩下滑的颓势，这几年一直努力活在保壳的路上，让净利润争取在每年年末表现最佳。所以，哪怕是多签几个虚假合同虚增收入，也是要尝试的。

这里介绍5种上市公司常用的财务造假手段，希望对大家有所帮助。

造假手段一：虚构下游客户或交易记录以虚增收入。比如，万福生科（300268，现改名为“佳沃股份”）、海联讯（300277）、银广夏（000557）、香雪制药（300147）、舜天船舶（002608）、金亚科技（300028）等，通过仿造合同、仿造收款流水、虚构下游客户等手法，以虚增收入。

造假手段二：提前确认收入以虚增当年业绩。比如，宜华健康（000150）、神开股份（002278）、康芝药业（300086）、华锐风电（601558）、亚太实业（000691）等，以提前确认收入，虚增当年业绩。

造假手段三：成本费用类造假以操纵利润。比如，上海物贸（600822）、三峡新材（600293）、南纺股份（600250）、莲花健康（600186）、国能集团（600077，现更名“宋都股份”）等，通过结转成本，虚增收入。

造假手段四：关联交易造假。比如，银河生物（000806）、科伦药业（002400）、承德大路（200160. B）、阳煤化工（600691）、启迪古汉（000590）、康欣新材（600076）等，隐瞒关联方采购，虚增销售收入。

造假手段五：招股说明书造假。比如，绿大地（002200）、海联讯（300277）、新天地（00760. H）等，“天能科技”“天丰节能”“洪波科技”等在 IPO 审报过程中造假。2017 年初，吉林一家主营蓝莓和五味子的农业公司——“旺民长富”，把一年赚得的几千万利润吹嘘成了 3. 64 亿，而审计报告白纸黑字说就是这样子的，公司也由此吸引了 10 个的股权投资，接着就是股东被套了。最近刚刚披露的辽宁“振隆特产”在申报 IPO 造假，2013 年至 2015 年公司 4 次向证监会报送过招股说明书，没有一次不存在虚假问题的，公司不仅虚增营业收入、虚增成本，连主营业务都是虚构的，明明开心果是没有经过加工直接销售的，而公司却说我家的产品经历了从原料开心果到成品开心果的过程。

公司财务造假的特征：规模小，盈利差。从资产和收入规模看，财务造假公司的资产规模多在 5 亿～25 亿之间，营收规模多在 10 亿元以下，北大荒（600598）属于这里面的大企业。实务中一般认为营收 10 亿元是中小型上市公司和大中型上市公司的分界线，如果收入低于 10 亿元，则企业发生财务造假的概率就要大于营收超过 10 亿元的上市公司（见下表）。

公司名称	资产规模（亿元）	营业收入（亿元）	净利润（亿元）	管理层罚款（万元）
北大荒	72. 35	36. 54	6. 22	50
好当家	51. 35	9. 87	0. 35	
大智慧	22. 81	6. 54	-4. 46	60
福建鑫森	16. 53	1. 99	0. 37	60
参仙源	15. 98	4. 79	1. 04	60
舜天船舶	13. 62	10. 05	-54. 74	40
欣泰电气	11. 95	3. 72	0. 57	832
金亚科技	9. 5	2. 48	0. 13	
步森股份	6. 85	4. 02	0. 11	30
天首发展	4. 02	0. 34	-3. 56	40
亚太实业	2. 81	1. 05	0. 19	60

从上表可以看出，净利润收入过亿的很少，多是 0 ~ 1000 万元的净利润，盈利能力更差的会出现亏损。而且，财务造假的公司大多是民营企业，这说明民企的财务制度不规范，也说明了很多民企真的缺钱，为了钱不得不铤而走险，或者造假上市或者造假收入，为了保壳千方百计。

公司财务造假如此泛滥与付出的造假低代价有很大的关系，神马股份（600810）虚增了 78 个亿的收入，证监会只罚了它 40 万元，可谓造假是“低风险高收入”。从上表中可以看出，2016 年除了欣泰电气（300372）的罚款达到了 832 万元，对其他涉事公司的罚款都不超过 60 万元，2013 年到 2015 年间对 32 家财务造假企业的处罚金额亦不超过 60 万元。上市那么难，壳资源那么贵，区区 60 万元的处罚，对造假公司来说算得了什么，而且，造假的公司那么多，退市的只有欣泰电气一个。管理层不仅忽视了众多有财务问题的企业，对涉事企业也很宽容，生怕打击沉重。

财务造假手段，各有招数和千秋。这里就万福生科（300268，现改名为“佳沃股份”）财务造假过程中的一些细节作一披露，旨在让读者对公司造假的高明之处以及谁最具备财务作假的潜质和水平在心里有一个个轮廓。

万福生科（创业板首只财务造假股票），公司于 2003 年成立，2009 年 9 月股改，2011 年 9 月 27 日上市。主营大米加工业（向农户收购大米，加工为精米、糖浆、葡萄糖粉等），其产品、技术和所依托的客户市场替代性很强，这也注定其本身更容易受到市场淘汰。

上市后的第二年，也就是 2012 年 9 月 15 日被证监会调查，最终查出企业 2012 年中报造假，且多条生产线实际上已经停产 100 天以上。这还不是让投资者大跌眼镜的，而后调查中竟然牵连出企业 IPO 材料中财务数据恶意造假的情况，其造假丑闻最终公之于众。那么企业是如何虚增 7 亿的营业收入呢？主要是虚构客户及收入记录。

（1）在 IPO 文件及财报中编造下游客户。通过“复活”早已停止合作多年的客户采购，虚构大额营业收入，对于真实的客户也虚增收入达数倍。

（2）销售环节一条龙造假。造假流程有购销合同、入库单、检验单、生产单、销售单、发票等“真实”的票据和凭证对应。通过全程造假，甚至企业为自己“创造”出新的营收板块。比如从一开始公司就没有生产过麦芽糊精，而招股说明书中竟然伪造出每年 6000 吨的麦芽糊精产量。

（3）通过控制的自然人账户实现资金进出企业，伪造汇款记录。实际上凭空“变”客户出来是很难的，因为通过银行的每笔入账收入都是有银行回单（水单）的，而公司的作假手法已经远远没有停留在“账”的层面上，而是真实现金打入公司账户的真金白银。

资金循环方式是公司首先把自己账上的资金打到其控制个人账户上去，财务上记录采购预付款或工程款，之后再把钱通过个人账户或者愿意配合的客户转回公司，作为销售汇款的记录，达到虚增销售收入的目的。如果资金是以个人的方式汇入公司的，就伪造银行对账单，新的对账单上不仅“加盖”着银行业务章，交易对手一栏也抹去了所有自然人姓名，全部显示了汇款公司的名称。

（4）将大部分收入转化为难以核实的存货以及在建工程，以蒙蔽审计。比如，在2011年末报表中虚增了存货2500万元（相当于虚构了两三千吨稻谷），从企业2012年6月末公告的数据也可以看出在预付款、在建工程款上做的手脚，最终大部分虚拟的利润都转入了在建工程，而在建工程又是审计上很难被真正估量的。

营业收入增加额、货币资金资产增加额就像上市公司业绩的两只眼睛，是第一时间被投资者关注的。如果两只眼睛一明一暗（即如果营业收入很高，而一年到头企业并没有赚到什么钱给员工发年终奖），就会很容易被投资者怀疑夸大营收。公司的高明之处就在于在资产中夸大了存货和在建工程，存货难以计量，在建工程又向投资者表示本年度大部分经营成果又投入到增加的再投资和资产扩充里了，非但一抹造假的谎言，还给公司营造了业绩上升的未来预期。

当然，造假的后果也是可悲的，公司欺诈发行股票罪成立，被判处罚金850万元，董事长龚某犯欺诈发行股票罪被判有期徒刑三年半，并处罚金10万元，财务总监覃某同样受到法律的惩处。保荐机构平安证券也承担了股民赔偿，罚款及赔偿基金共付出4亿元代价，以作为承销机构尽调不力的惩罚。

从此，公司的利润也直线下滑，处于亏损和半停产状态。但公司股票非但没有退市，反而自2014年12月12日复牌以来，股价一路高歌，除去期间3次停牌外，9个交易日均出现一字涨停。

令人匪夷所思的现实背后是壳资源的诱惑。湘辉资产通过“债转股”的曲线救市形式，买下公司实际控制权，使市场对“万福生壳”的未来充满期待。

2016年12月8日公司公告称，原控股股东桃源湘晖授权联想控股旗下佳沃集团为其所持26.57%公司股份的唯一代理人，公司实际控制人将变更为联想控股。按照中国证监会的规定，创业板公司不得进行借壳上市。不过，联想控股通过为委托代理，限售解禁和股权转让方式绕开这一限制。

2017年6月28日晚间公告，公司将于6月29日由万福生科（湖南）农业开发股份有限公司更名为佳沃农业开发股份有限公司，证券简称变更为“佳沃股份”。

花招5：改名字

名字改一改，股价涨起来，这是A股的奇葩。曾几何时，改名股价即上涨的游戏引得A股上市公司为之着迷，有的上市公司没有真正的故事可以讲，改一下公司名称也可以成为炒作的理由，这样也能引发一波行情。2010年到2013年平均每年有50家上市公司更名，此后三年逐年增长，2014年98家，2015年140家，2016年144家。2016年10月10日起，管理层对上市公司更名做了一定的限制，但2017年也达到104家公司变更名称。有的公司多次更名，甚至来回更名（如600233，大杨创世——大连创世——大杨创世——圆通速递），近三年更名次数超过3次以上的有53家。多数上市公司穿上新“马甲”后，股价一飞冲天。

2015年5月11日，多伦股份拟更名为“匹凸匹金融信息服务（上海）股份有限公司”，即现在的匹凸匹（600696），并同时变更经营范围。奇葩的“三无式”更名虽遭市场吐槽，但也挡不住公司股价连收2个涨停板；之后，虽遭监管严查，但依然再拉出4个涨停板，最高收盘价至23.40元。

多伦股份只是将A股上市公司更名的游戏推向了雷人的极致，玩过改名游戏的上市公司股价也都出现翻天覆地的变化。北生药业改名慧球科技（600556）、科冕木业更名天神娱乐（002354）、新世纪更名联络互动（002282）、熊猫烟花更名熊猫金控（600599）、三泰电子更名三泰控股（002312）、星辉车模改名互动娱乐（300043，现又改名为“星辉互动”）、开元投资改名国际医学（000516）等，改名之后股价都受益不菲。据统计数据显示，这些上市公司发布更名公告后，持股30天平均涨幅达10.07%，持股20天上涨概率达68.57%。

通常上市公司如因主业变更、摘帽等改名无可厚非，但仅仅为了炒作股价改个夺人眼球的名字，可能一时得意但终不能长久。部分股票虽然在更名初期快速上涨，但随后却出现了持续下跌。据不完全统计，在2016年144家更名的上市公司中，近3成股票呈上涨态势，另外7成股票冲高后纷纷下跌。

在A股市场，股票改个名字本是平常的事，但这件事搁在顺丰控股（002352，此前的“鼎泰新材”）身上，那就是股价火箭发射的效果，充分展现了“顺丰速度”。借更名东风，5个交易日股价上涨50%，市值也一飞冲天，顺势突破2500亿元。龙虎榜数据显示，股价大涨与游资击鼓传花不无关系，而正是其微小的流通盘给游资搭建了表演的舞台。

公告显示，自2017年2月24日起，002352这个代码的身份，将由之前的鼎泰新材变更为顺丰控股，更名的理由为“公司向深圳明德控股发展有限公司等发行股份购买深圳顺丰泰森控股（集团）有限公司100%股权的重大资产重组已经完成，公司已转型进入快递物流行业。”

受此消息影响，2017年2月21日起股价接连大涨，2月21日开盘价尚为40.10元，2月27日的收盘价就已经冲到了60.73元，区间累计涨幅达到了50%，总市值飙升到2540.75亿元，远远超越了目前海康威视（002415）1719.1亿元的市值，勇夺深市市值头把交椅。

那么，可以分析一下顺丰控股（002352）改名的妖股逻辑是什么？

（1）游资击鼓传花。在改名前两天股价连续上涨，说明有埋伏消息主多资金进场，这与游资的追捧不无关系。龙虎榜数据显示，2月23日买入鼎泰新材（2月24日更名为顺丰控股）最多的为浙商证券临安万马路营业部，动用资金2202.05万元，相反在当天卖出前五席位中，有3家“机构专用”席位在列。

2 月 24 日的龙虎榜中，前五买入席位也有 4 个为游资营业部，中信证券深圳总部营业部在 2 月 24 日以 1401.98 万元的买入金额居买入第五位。

2 月 27 日的龙虎榜数据与 2 月 24 日类似，买入前五席位中也有 4 个是游资，其中买 2 为“深股通专用”，倒是有些引人注意，但在卖出席位中，再次出现 2 家“机构专用”席位。整体来看，股价短期内暴涨，为游资击鼓传花的结果。但从每天的成交回报看，龙虎榜买入占比不到总成交的 20%，说明散户跟风积极。

如此大市值的股票之所以成为游资击鼓传花的个股，还在于其相对偏小的流通盘。可以看到，顺丰控股总股本高达 41.8 亿股，但流通盘只有 1.33 亿股，按照 60.73 元的股价来计算，流通市值只有 80 亿元（起涨前流通值只有 53 亿元），占总市值很小一部分。也就是说，只要撬动这 80 亿元的流通盘，就能撬动超 2000 亿元的总市值，杠杆效果明显。

（2）知名度。顺丰改名之前只有游资和大户知道是只重组股，改名后天下皆知，且快递是一个有网络效应的行业，市场份额、增长速度的优势价值投资者也认可。在此前的 2 月 22 日晚间，壳公司鼎泰新材发布 2016 年业绩预告，预计 2016 年度实现净利润 41.8 亿元，同比增长 112.51%，接近“三通一达”（即圆通、中通、申通、韵达）的业绩总和，超额完成借壳时顺丰做出的 2016 年不低于 21.8 亿元的利润承诺。

（3）时间合适。大妖股适合于熊市或调整市，那时大盘指数震荡调整，市场连板股极少，所有短线的目光都集中于顺丰。此外，媒体宣传助攻，关于顺丰实际控制人成为快递业首富的新闻满天飞，客观上导致顺丰股价加速上涨。

花招 6：玩重组

资产重组的投资逻辑，并购重组容易出妖股，2017 年以来走牛的妖股几乎都有资产重组背景。资产重组包括资产注入、借壳上市、收购兼并、股权置换、定向增发、整体上市等，凡是涉及重大股权和核心资产的，都是资产重组。

从 2017 年以来，由于并购重组监管趋严，为规避重组新规的限制，而股权转让类相关个股受到追捧。上市公司之间的协议转让行为，多为日后进一步的资本运作铺垫。在并购重组、资产注入等主题投资仍是 A 股常青树的背景下，投资者可以从股权转让概念股中寻找投资机会。

股权转让模式多样，有的是直接转让控股股权，有的是转让子公司股权或上市公司部分股权，还有的是国企集团与上市公司平台间内部股权无偿划转等。

第三节　图表背后的陷阱

这是本书的重点内容，在后续章节里进行详细分析研究。这里仅就庄家经常设下的技术圈套做一些简要的概括和分类。

花招7：指标陷阱

股市技术指标是将原始的市场交易数据，按一定的方式进行整理，然后将整理后的数据制成图表。技术指标分析就是对整理后的数据、在图表上的位置及演变趋势进行分析，据此来判断股价的变化倾向，从而决定最佳买卖行为。当前，技术指标得到广大投资者普遍的认同和信任，甚至有的投资者依赖技术指标进行判市测势，庄家常用技术指标构造虚假信号来欺骗投资者。

（1）假位置信号。技术指标的相对位置高低可以提示买卖信号，尽管不同指标数值差别很大，但多数都会有一个大体上的或完全固定的波动区间。如KDJ、RSI、DMI、PSY等技术指标均波动于0～100之间。当指标值小于一定数值时，为买入信号；当指标值大于一定数值时，为卖出信号。但市场往往会出现许多虚假的信号。

（2）假方向信号。在指标图形中技术指标的方向向上为买入信号、向下为卖出信号。如MA、MACD、TRIX、DMA等技术指标均具有方向指示性。当指标向上运行时，为买入信号；当指标向下运行时，为卖出信号。但庄家经常利用其方向信号制造技术陷阱。

（3）假突破信号。当指标突破重要阻力位或支撑位、历史成交密集区、重要中心平衡位置时，是重要的买卖信号。如MIK、BOLL、MACD、OBV、WVAD等技术指标均具有突破信号。当指标向上突破时，为买入信号；当指标向下突破时，为卖出信号。但在实盘中，突破信号并不可靠。

（4）假交叉信号。图形中出现多条指标线时，短期快速线由下向上穿过长期慢速线是黄金交叉，为买入信号；短期快速线由上向下穿过长期慢速线是死亡交叉，为卖出信号。如MA、MACD、OBOS、KDJ等技术指标均具有交叉信号。但在实盘中，交叉信号并不一定达到预期的目的。

（5）假形态信号。形态分析中的顶部图形、底部图形和中途整理图形的方向判断可用于指标分析，该信号也是出现在超买或超卖区较为可靠。如RSI、PSY、OBV、KDJ等均具有形态信号。于是在实盘中，庄家常利用其形态信号制造虚假的技术形态。

（6）假背离信号。当指标方向与股价涨跌走势方向相反时称为背离，特别是指标与股价其中之一创出新高位或新低位、另一个未能创出新高位或新低位时是典型背离。当背离信号出现时，原则上以指标的方向作为买卖依据而不是股价方向。如MACD、RSI、WVAD、KDJ等技术指标均具有背离信号。但在实盘中，背离信号经常成为虚假信号。

花招8：K线陷阱

在我国股市中，庄家常用的虚假K线信号有以下几种。

（1）假大阳线。大阳线的失败形态常见，很多追高套牢者发生在大阳线里。因此要注意：①大阳线出现在连续上涨过程的末段时，容易形成诱多陷阱；②成交量剧烈放大的大阳线值得高度重视，通常是出货形态；③突破前期高点的大阳线要注意是否属于假突破。

（2）假大阴线。大阴线也常常成为调整或洗盘的形态，具有陷阱的意味。通常出现在来不及进行认真整理的井喷行情之中，大阴线的出现不过是市场以同样剧烈的方式完成调整，并展开新一轮上涨行情，因而成为虚假的大阴线。

（3）假红三兵。红三兵由三根阳线组成，每日收市价都高于前一天的收盘价，武士勇往直前的精神跃然纸上，市场趋升的形势明朗化，表示可能见底回升。但是，红三兵也常出现失败形态，低位的红三兵可能是弱势反弹的一种表现形式。对于大阴线之后的红三兵，要提防它演变为下降三角形或下降旗型。

（4）假三只乌鸦。当市场还沉浸在乐观气氛时，三只乌鸦从头顶掠过，令人不寒而栗。三只乌鸦由三根阴线组成，是一种向淡信号。但在低位可能是整理吸货，在相对高位可能是强势洗盘，随后展开新一轮上涨行情。对于大阳线之后的三只乌鸦，要注意它演变为上升三角形或上升旗型。

（5）假早晨之星。早晨之星常常成为庄家刻意画线的形态，因此需多加留意：①在第三天拉阳线时，成交量没有放；②第四天没有拉出阳线；③股价下跌超过第三天阳线实体的1/2处。如果出现其中之一种现象，则有可能构成假早晨之星；如果同时出现其中之二种以上现象，则假早晨之星确立。

（6）假黄昏之星。黄昏之星也经常成为庄家作假的形态，因此需多加留意：①要认真分析行情性质，股价所处位置，防止被庄家洗盘所骗；②如果上影线较长并带有较大成交量应采取减仓观望；③如果股价涨幅很大，黄昏之星见顶的概率较大；如果股价涨幅不大，可以认定为回档整理或洗盘。在实盘操作中，要结合这些盘面现象进行综合分析，以辨别真假黄昏之星。

（7）假身怀六甲。身怀六甲形态的出现，一般预示着市场上升或下跌的力量已趋衰竭，市场已有改变既有趋势的迹象。但分析时要注意：①在涨势与跌势的后期要留意长阳线或长阴线之后的变化，身怀六甲会让人感到是市场的暂时休整而不以为意，但转势也许就在眼前；②注意身怀六甲出现时的成交量变化，在放量之后，成交量突然大幅度萎缩，市场趋势改变的可能性甚大；③身怀六甲形态与其他一些主要的反转信号如十字星、大K线等相比，其反转信号要次要得多。

（8）假乌云盖顶。在分析乌云盖顶时应注意：①阴线应高开于阳线之上，但收盘价大幅回落，深入到阳线实体部分的一半之下，否则意义不大。跌幅越大，信号越强。②阴线在开盘后曾经上冲，但受阻后掉头向下，说明多头上攻无力，大势见顶迹象初露端倪。③阴线的成交量明显放大，说明庄家派发意愿强烈。④乌云盖顶为次要见顶信号，可靠性因出现的位置不同而不同。

（9）假曙光初现。庄家经常在高位或下跌过程中，制造曙光初现陷阱。当散户纷纷看好股价后市走势而介入时，股价却出现新的下跌走势。

（10）假跳空缺口。操作中要把握以下要点：①向上跳空缺口突破前的整理形态应属强势整理，特征是成交量逐步递减，重要性短期均线如 10 日均线有支撑，显示市场浮筹逐步减少，持股成本日益垫高。②向上跳空缺口突破形态，在横向整理突破后成交量应相应放大，股价流畅上升。③向下跳空缺口突破前的整理形态应属弱势整理，在横向整理期间应有相应的反弹过程，反弹的次数越多，向下突破的杀伤力越强，下跌的幅度越大。如果股价仅仅是低位横盘，向下跳空突破要慎防空头陷阱。④向下跳空缺口突破形态，通常不需要成交量的配合。跳空缺口是一种很常见的、非常重要的价格行为，在技术上的含义通常都确定无疑，因而很适合被庄家利用吸货或出货，从而形成技术陷阱。庄家利用向上跳空缺口形态吸引散户追高，从而完成高位出货任务；利用向下跳空缺口形态迫使散户割肉，从而达到低位建仓目的。

在多年的实盘中，庄家除上述常见常用的假 K 线形态外，在市场中还有各种各样的虚假 K 线形态。投资者应当擦亮眼睛，明辨真假。

花招 9：切线陷阱

切线理论主要是起支撑和压力的作用。支撑线和压力线往后的延伸位置对价格的趋势起一定的制约作用。一般说来，股价在从下向上抬升的过程中，一触及压力线，甚至远未触及压力线就会掉头向下；同样，股价从上向下滑落的过程中，在支撑线附近就会转头向上。如果触及切线后没有转向，而是继续向上或向下，就形成突破。但在实盘中，庄家经常利用切线制造假突破走势，误导散户做出错误的决策。

（1）假压力线。在股价涨跌过程中，当股价上升至某一价位附近时，股价的上涨受到压制，升势开始放缓，形成短期平台或头部形态。这是由于卖方在此价位不断抛售造成的，空方在这一价位形成一条近乎水平的供给线，暂时止住了股价的上涨势头，对股价起到明显的压制作用，而这个起着阻止股价继续上行的价位就是阻力线所在的位置。在实盘中，庄家常常利用阻力线欺骗投资者。当投资者在阻力线附近纷纷抛出后，不久股价却向上突破，走出一波上涨行情。

（2）假支撑线。在股价涨跌过程中，当股价回落至某一价位附近时，由于多方在此积极买入，使股价跌势止稳，形成短期底部或者是触底回升，形成反转形态。由于多方在这一价位形成一条近乎水平的需求线，暂时顶住了股价的下跌势头，对股价产生了明显的支撑作用，因而这个起着阻止股价继续下跌的价格就是支撑线所在的位置。在实盘中，庄家常常利用支撑线来欺骗投资者，当投资者在支撑线附近纷纷介入时，不久股价却向下突破，出现一波下跌行情。

（3）假轨道线。轨道线与趋势线的突破不同，轨道线的突破并不是趋势反向的开始，而是趋势加速的开始，即原来的趋势线的斜率将会增加，趋势线的方向将会更加陡峭。轨道线和趋势线是相互合作的一对，先有趋势线后有轨道线，趋势线比轨道线重要得多，趋势线可以独立存在，而轨道线则不能。需要注意的是：轨道线有提出趋势转向的警报作用，如果在一次波动中股价未触及轨道线就开始掉头，这往往是趋势将要改变的信号。这说明市场已经没有力量继续维持原来的上升或下降的趋势了。

在多年的实盘中，庄家除上述几种作假方法外，还会利用黄金分割线、角度线、甘氏线等进行造假欺骗。

花招10：波浪陷阱

波浪理论的最大优点，就是能提前很长的时间预计到底和顶，但又是公认的最难掌握的技术分析方法，在数浪的时候极容易发生偏差。一般都是事后回过头来数这些浪时，发现均符合波浪理论所陈述的那样。而一旦身处股海中，真正能够准确数浪的人少之又少，因此容易被庄家所利用。

（1）假1浪。第1浪的初始非常像反弹浪，由于经历了下跌的痛苦，漫长的熊市尤其是C5浪破坏性的下跌，大家熊市思维未变，大多数人都认为是反弹，此时多空争论较大。投资者依旧是看空大势，稍有利润即获利了结，即所谓抄底者不能赚大钱就是第1浪，随后的第2浪回档比较深。第1浪是底部形态的一部分，上升幅度无法预测，且第1浪以5个子浪完成。

由于第1浪与反弹行情相似，因此庄家正利用这一特点大耍花样：一种是庄家为了吸货，获取散户手中低廉的筹码，在盘面上制造假的第1浪，这是反转；一种是庄家为了出货，让散户入场接走盘中筹码，在盘面上制造假的第1浪，这是反弹。

（2）假2浪。第2浪是对第1浪升幅的调整，第2浪调整以a、b、c三浪运行，第2浪调整通常是第1浪的0.382、0.5和0.618倍，其成交量比第1浪明显萎缩，庄家诱空吸筹，惜售很明显，成交量明显减少。第2浪调整的形态直接决定后市的强弱，是研判后市走势的关键。

由于第1浪的性质所决定，庄家在第2浪调整时多以诱空试洗盘。此时可以起到四两拨千斤的效果，为庄家常用的伎俩。

（3）假3浪。第3浪是具有爆发力的上升浪，通常以延伸形态出现。其运行的时间和上升的幅度也是推动浪中最长的，其上升幅度是第1浪的1.618倍或2.618倍。第3浪中，成交量大增，投资大众失去的信心又重新找回；股市基本面各种利好不断、人气沸腾，外围资金在赚钱效应下不断加入股市并推动股价上升，在日K线图上经常出现跳空缺口，且不回补，指标经常出现超买钝化现象。由于第3浪具有爆炸性特征，因此常常被庄家用来虚涨声势，制造假多市场，诱骗散户跟风。

（4）假4浪。经过第3浪的大幅上涨后，股价已经处于高位，先知先觉者获利丰厚而离场。此时多空双方分歧较大，多方吸货进场，空方派发离场，由此形成多空平衡。第4浪通常多以复杂三角形形态出现。第4浪和第2浪调整有很强的互换性，如第

2 浪以简单形态出现，第 4 浪调整就以复杂形态出现，反之亦然。时间也是这样，若第 2 浪调整时间过长，则第 4 浪时间比较短。第 4 浪跌幅通常是第 3 浪升幅的 0.382 倍，且第 4 浪底必定高于第 1 浪顶。由于受第 3 浪大幅上涨的诱惑或刺激，庄家在第 4 浪调整时多数是诱发市场做多，但也有诱发市场做空的。

（5）假 5 浪。第 5 浪上升中成交量减少、技术指标背离、绩优股和领头羊板块上升乏力、垃圾股鸡犬升天是第 5 浪的典型特征。第 5 浪通常与第 1 浪等长或上升目标是第 1 浪至第 3 浪的 0.618 倍。若第 5 浪以倾斜三角形出现，则后市会急转直下，快速下跌至倾斜三角形的起点；若第 5 浪高点达不到第 3 浪高点，则形成双头形态。由于第 5 浪后劲不足、力度有限，因此常常被庄家所利用。

（6）假 A 浪。A 浪回档时震荡幅度加大，庄家出货坚决，成交量放大股价却下跌。如果 A 浪调整呈现 3 浪下跌，后市下跌力度较弱，接下去的 B 浪反弹会上升至 A 浪的起点或创新高。如果 A 浪是以 5 浪下跌走势，表明庄家对后市看淡，B 浪反弹高度仅能到 A 浪跌幅的 0.382、0.5 或 0.618 倍，后市 C 浪将比较弱。而 A 浪下跌的形态往往是研判后市强弱的重要特征。庄家在此作假有两种现象：一种是诱多，A 浪本是多翻空的大转变时期，但部分投资者以为股价升势尚未结束，认为是回档而介入遭受套牢；一种是诱空，庄家完成了 5 浪走势后，造成出货假象，当投资者基本离场后，便发动主升浪行情。

（7）假 B 浪。B 浪反弹一般以 3 浪形式出现，投资者往往误以为多头行情尚未结束，并对后市还抱有幻想，但此时成交量不大，价量已呈背离，一般人经常把 5 浪与 B 浪弄混，而 B 浪反弹却是庄家最后的逃跑机会。庄家在此作假的方法主要是，让投资者误以为新的行情出现、误将反弹当成反转看待，纷纷介入而被牢其中。

（8）假 C 浪。C 浪呈无量空跌的状态。庄家盘中砸盘明显，基本面及消息面利空频繁出现，利好消息往往成为庄家出货良机，市场人气涣散，资金不断抽离，所有股票全面下跌并出现恐慌性抛盘且破坏性极强，与 3 浪正好相反的是 C 浪必须以 5 个子浪的形态出现，C 浪结束即是新的升浪开始。由于 C 浪具有很强的破坏性，所以庄家在此阶段极力营造恐慌盘面，以骗取散户手中的低廉筹码，为新的行情做好准备。

花招 11：形态陷阱

形态是判断股票走势、所处的阶段、股价潜力以及庄家意图的重要技术分析方法。但是，标准的形态上涨潜力小，怪异的形态上涨潜力大。其实，真正标准的形态往往是庄家刻意打造出来的假形态，多数产生反向进行，真正能上涨的股票其形态是隐藏在不规则的 K 线之中。

（1）假底部形态。在实盘中，看似一个非常标准的底部技术形态，却总是走不出标准的上涨行情，如：假 V 型底、假 W 型底、假潜伏底、假头肩底、假岛形底等，这些都是庄家利用技术形态进行骗人。

（2）假顶部形态。庄家为了达到坐庄目的，经常构筑一些假的顶部图形，误导投资者离场，如：假V型顶、假M型顶、假潜伏顶、假头肩顶、假岛型顶等，这些大多是庄家吸货或洗盘所致。

（3）假中继形态。一般而言，中继整理形态结束后，股价大多会向原来的方向发展，如：假三角形、假楔形、假旗形等，但经常出现假突破现象，股价向原来的方向突破后不久立即反转运行，使不少散户深受其害。

第四节　庄家意图的表露方式

花招12：庄家笑脸——引诱术

在股市中，有时庄家为了达到坐庄目的，会制造一幅非常漂亮的走势图，对散户“笑脸”相迎，引诱散户入场。

庄家“笑脸”的目的主要有三：

（1）在拉升时，引诱散户进来抬轿子，节省拉升力气。

（2）在派发时，引诱散户进来接筹码，实现顺利离场。

（3）既不是为了拉升也不是为了派发，而是在底部反复震荡，充分换手盘中筹码，提高市场平均持股成本，以夯实底部。其特点就是在盘中制造出好看的图表，让散户大胆进场，安心持股。

这种“美人图”在实盘中，要是没有深厚的看盘功夫，就容易出错。如果在拉升途中过早出局，会损失收益；如果在派发阶段贸然介入，会落入圈套。因此庄家的“笑脸”有假笑和真笑两种。

1. 需要抬轿时——真笑

庄家吃足筹码以后自然要进入到拉升阶段，而拉升要依靠市场的力量，才能推动股价的上涨。这股力量如果全靠庄家自己完成，可能会增加拉升难度，或者增加拉升成本，甚至费了九牛二虎之力，还不得完成拉升任务。因此，这时庄家真心实意地需要散户帮忙了，这是庄家在真笑。这时，作为散户应用力地去抬一抬轿子，不要以为抬轿子就是为庄家卖力气的差事，其实只要你为庄家出力了，也会分给你一杯好羹。

我们在买卖股票时，不在于追求翻倍的股票，而是追求庄家拉升时跟紧他，在较短的时间内获得可观的涨幅。俗话说：“胆小饿死，胆大撑死。”因此，在庄家拉升时期，要敢于追高，敢于买涨，否则“肥肉”“鱼身”无缘品尝。

这种“笑脸”在盘面上表现为，一张一弛，大涨小回，涨猛回柔，以便更换散户抬轿。在日K线上，连续拉出大阳或多根阳线后，出现1～2根小阴线或阴十字（若是大阴线或超过3根中阴线，则回调过深，应另当判别），然后再度拉出长阳或多根阳线，如此拉升股价。在成交量方面，呈温和放量态势，一般不会急剧放量。

2. 需要买单时——假笑

庄家是在众多散户簇拥下被追捧起来的，他需要散户的存在，更需要散户的奉献。诚然，没有散户参加的市场是不全面的市场，没有散户追捧的庄家是不成功的庄家。

但是，庄家不是慈善者，更不是当套牢股民的“救兵”，他需要生活，更需要钱。这钱从哪来？就是将股价从底部拉到高位后，在高位把筹码卖给散户，从中获取丰厚的差额利润。可是，现在的散户也已经不好对付了，经过20多年腥风血雨的市场磨炼后，散户也学得成熟精明了，不轻易接过烫手山芋。于是，奸诈狡猾的庄家就表露出皮笑肉不笑的面容，虚情假意地向市场投资大众发出做多信号，将图形、指标、K线等做得非常漂亮，几乎找不出什么瑕疵，以此吸引场外资金跟风入场，为股价推波助澜。这时庄家悄悄地将筹码派卖给散户，如各种形、线、价、量的假突破，这正是本书后续所要研究的重点。

庄家经常在两个时段里露出假脸孔：一是在高位实现派发时期；二是庄家被套后等待散户营救。在盘面上表现为，股价有向上突破之势，甚至创出近期新高，形成猛烈的向上攻势。在日K线上，拉出几根大阳线，甚至以当日最高点收盘，成交量明显放大。构筑非常完美的图形，引诱众多散户入场买单。诚然，自古英雄难过美人关，不少股林将士落入庄家设下的各种诱人的“美人图”陷阱，被套牢于巅峰之上。

花招13：庄家鬼脸——恐吓术

在股市中，很多时候庄家为了达到某种目的，刻意画出一幅十分恐怖的图表，使市场产生恐慌的气氛，造成大幅下跌的假象，让散户纷纷抛出股票，而庄家却暗中偷吃筹码。不久，股价却不跌反涨，甚至创出新高。庄家恐吓散户的目的主要有三：一是骗取筹码；二是交换筹码；三是测试底部。

制造空头陷阱吸筹，是庄家常用的手法。主要从技术面上制造空头图表，引发技术派炒手的止损盘出现。当股价回落临近某些重要的技术支撑位（线）时，庄家用事先已吸进的部分筹码进行疯狂的打压，击穿支撑位（线），极力制造一种恐慌气氛，使广大投资者产生恐惧的心理，唯恐股价再下一成。如黄金分割线、短期均线、形态颈线位、重要心理关口、成交密集区、前期甚至历史性的底部等，给散户造成还有很大下跌空间的感觉，市场笼罩在恐慌的气氛之中，从而迫使散户争相斩仓割肉，庄家则顺利地吃进大量的廉价筹码，然后又立即将股价拉回支撑位（线）之上。庄家的这种恐吓术，经常出现在以下几个阶段。

1. 洗盘调整时

庄家洗盘阶段经常运用恐吓术，道理很简单，如果技术形态或股价走势也十分

“漂亮”的话，那就会增加散户的持股信心，坚定地与庄共舞，攀登到股价的顶点，这对庄家构成极大的威胁。于是，洗盘就不可避免，在底部必须想办法把原先持股者赶出去，或者在中途让盘中持股者提前下轿。当然同时让新的、长期看好后市的坚定者进来，协助庄家抬轿，尽可能地提高散户平均持仓成本，减少拉升压力和阻力。因此，在这个阶段庄家也容易出现恐慌性的场面，在盘面上制造空头技术形态，使散户误以为庄家在出货而纷纷离场，结果与大黑马、大牛股失之交臂，这是庄家在洗盘时运用恐吓术所达到的效果。

2. 探测底部时

探底，几乎是每个庄家都要做的一件事，在底部未探明之前，就不能指望涨升行情的出现。底部和顶部是两个敏感的位置，在顶部庄家采用引诱术，骗散户接上“最后一棒”；在底部则采取恐吓术，让耐不住久套之苦的散户尽快斩仓离场。

有时候股价的真实底部，庄家未必能知道，只有经过反复探测，才能探明底部的位置。为了探测这个底部位置，庄家便使用各种手法来恐吓投资者，直到投资者不肯抛出股票，股价跌无可跌，这才是真正的底部。投资者在实盘中，要是在探底中途出局，这倒是一种较好的止损方法，可不少投资者较着劲熬过了一大段痛苦的日子后，在庄家最后的探底过程中，经不住恐吓而杀低出局，结果让大黑马、大牛股从眼前溜走。

3. 构筑假头时

一般而言，庄家炒作一只股票很少一步到位的（除短线庄家外），在完成一轮完整的炒作时，需要经过几个阶段才能实现。因此在拉升中途常会制造假的头部迹象，而假头部需要“恐吓”手法才能达到预期效果。

庄家在炒作个股时，将更多地注重从技术形态上不让中小散户过多地分享牛股的利润。随着大量的翻倍或翻几倍的牛股在市场中出现，庄家对利润的预期大大提高。为了达到一种暴利性的炒作，经常在拉升过程中故意制造短线顶部的陷阱，让一些对技术似懂非懂的散户在股价回档时抛出股票。因为投资者害怕股价下跌被套，便在“头部”形成时先于庄家出局，可谁知“聪明反被聪明误”，原来这是一个假头部或阶段性小头部，很快又展开新一轮更为猛烈的升势。

花招 14：庄家阴脸——折磨术

庄家为了达到坐庄目的，经常沉着“阴脸”，对散户使用折磨术。在 K 线图上长时间阴气沉沉，小阴小阳，方向不明，股价是涨？是跌？恐怕当今尚无股坛高手能做出精确的判断。于是乎，场外者观之，场内者弃之。庄家以此顺利达到吸货、洗盘、整理的目的。其特点，往往是在盘中制造一定的沉闷气氛，看起来似乎庄家没有什么太大的能耐，股价不会有太好的表现，顶多是“谨慎乐观”。庄家大多在以下几个时段里使用折磨术。

1. 吸筹建仓时

庄家在吸筹时要讲究技巧和艺术，吸筹动作太粗，容易被其他投资者察觉而搅乱了坐庄计划，甚至直接影响坐庄的收益；吸筹手法太软，却不能如期吸到筹，往往延长坐庄时间，同样影响坐庄收益，甚至错过最佳坐庄期，而造成经济亏损。因此，庄家借用大势低迷时，长期横盘震荡，持币者因赚钱机会不大而不愿入驻，持股者因忍受不了庄家的折磨而离场观望。这正是庄家利用“跌不死你、拖垮你”的方法，与散户比韧劲，以此顺利完成吸筹阶段。

庄家在底部建仓时，当遇到大势上涨时，庄家压价横盘徘徊或微幅上涨（或下跌），给人以“无庄家”之感。散户看到别的股票大幅上扬，自己捂的股票却纹丝不动，由于暴富心理强烈，心急如焚，从而动摇持股信心，纷纷抛出股票去追热门股。当遇到大势下跌时，庄家却竭力托价或微幅下跌（或上涨），散户以为自己持的股票也会出现补跌行情，于是先走为快，免受其套，拿着庄家赐给的小惠夺门而出，离场观望，庄家皆大欢喜去接筹。或者在大势下跌时，庄家先将股价下放几个点位后横盘震荡，伏兵不动，迎接散户的抛盘，尾市又基本回复原位。如果股价列在跌幅榜的前头，可能在出货，属领跌品种。这种坐庄方式由于庄家常常不按规律操作，怪招频出，让投资者捉摸不定，建仓效果较佳。但庄家这种操作有一定风险性，一旦失当，便会作茧自缚，最终无法兑现利润。

2. 试盘整理时

庄家吸进了一定仓位的筹码后，要经过试盘才能从市场中获得信息反馈，根据观察盘面的变化情况，进一步调整下一步坐庄计划，因此这时庄家也经常使用折磨术。其原因是：削减不利因素，给有利因素得以继续发展，以利于今后的拉高出货。一般庄家持有的基本筹码占流通盘的40%～60%，剩余部分庄家并不能肯定在此期间没有其他的庄家介入，通常集中的“非盘”如果在10%以上，就会给庄家造成不小的麻烦。经常两个庄家几乎同时介入某股，持仓比例差不多，吸货阶段都十分吃力。常常到最后这只股虽不错，但就是不涨，上下震荡，成交量时大时小，散户在这样的股票当中，就会被折磨得信心全无。

3. 震仓洗盘时

当股价有了一定的升幅后，上涨遇到一定的压力，庄家开始洗盘换手，但散户有时也很难洗得出去。为此，庄家不得不采用折磨术，能量缓缓减弱，振幅渐渐收窄，涨时没劲，跌时不猛。久而久之，盘面凄凄惨惨戚戚，市场极其人气涣散。散户看到股价长期不见上涨，担心“久盘必跌”而相继撤退。当然，此时也有一些长线投资者开始介入，这样庄家洗盘目的就达到了。

第二章 神秘建仓——骗取散户低廉筹码

第一节 庄家建仓的三个阶段

目前我国A股市场中，没有卖空机制，只有买多，不能卖空；只有买股，才能卖股；只有卖股，才有可能赚钱，因此建仓是庄家坐庄的第一步，也是必不可少的一步。庄家建仓需要一个过程，大致可分为三个阶段：初仓阶段（底仓）、主仓阶段（集中建仓）、加仓阶段（补仓）。

阶段1：初仓阶段

庄家最初吸纳或持有的筹码，叫初仓，在吸纳初仓的整个过程，称为初仓期或初仓阶段。初仓筹码的形成有三种可能：一是新资金入场，直接从市场上吸纳；二是前一轮行情的少量仓底货；三是前面两种情况都有，既有新吸纳的筹码，也有过去的仓底货。初仓筹码的仓量不大，一般占庄家总持仓量的20%以下。

这部分仓位的成本价，有时候远远高于坐庄平均持仓成本价，有时候却大大低于坐庄平均持仓成本价，而有时候则与坐庄平均持仓成本接近。比如，在下跌过程中，用于砸盘的这部分筹码，或者庄家对市场判断失误，在市场没有真正见底之前吸纳的筹码，这些筹码显然要高于坐庄平均持仓成本价（如图2-1A所示）。

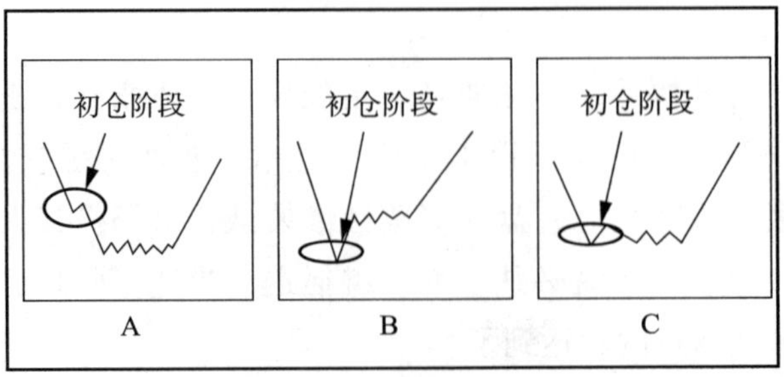

图2-1 初仓示意图

又如，股价受下跌惯性影响，而出现急速下跌，然后快速回升，这时在低位转折点附近吸纳的这部分筹码，其成本价往往低于坐庄平均持仓成本价（如图2－1B所示）。

再如，经过长期的熊市下跌后，股价跌无可跌，低位窄幅波动，此时吸纳的初仓成本价与坐庄平均持仓成本价相近（如图2－1C所示）。

阶段2：主仓阶段

庄家集中吸纳的筹码，叫主仓，其整个建仓过程，称为主仓期或主仓阶段。主仓是庄家建仓的主体部分，直接关系到后续的拉升高度及盈利空间。

主仓筹码基本反映整个建仓阶段的全貌，它是分析庄家持仓成本、持仓数量的依据，以及反映庄家建仓方式、建仓时间、建仓空间等，因而是坐庄过程中的重中之重。无论是理论研究还是实盘操作，大都以主仓筹码作为技术分析、研判后市的重要依据。本书内容涉及的建仓指的也是主仓筹码。

主仓部分所占的比重较大，一般占庄家总持仓量的60%～80%，有时甚至达到100%，即没有初仓和加仓过程。庄家速战速决一次性完成建仓计划，整个建仓过程只有一个主仓部分，因而此时也没有主次之别了。

由此可见，庄家的筹码构成有以下四种可能：一是由初仓和主仓构成；二是由主仓和加仓构成；三是由初仓、主仓和加仓构成；四是由主仓独立构成。

主仓期是建仓的主体部分，所需的筹码量大，所需时间也比初仓期和加仓期都要长得多。一般短线庄家需要5～30天，中线庄家需要1～3个月，长线庄家需要3个月以上，并且要悄悄地进行。一旦泄密，为广大散户知悉，跟着庄家在底部抢筹，便会前功尽弃。

实盘中庄家建仓非常复杂，有时出现初仓量与主仓量接近或主仓量与加仓量接近的现象。从持仓成本价上还会产生这样几种情形：初仓成本高于主仓成本，初仓成本低于主仓成本；加仓成本高于主仓成本，加仓成本低于主仓成本。无论是哪一种情形，在分析持仓成本时以两者的均价为宜。当初仓量、主仓量和加仓量都接近时，就可以视其为一个独立的主仓建仓过程。如图1－2所示。

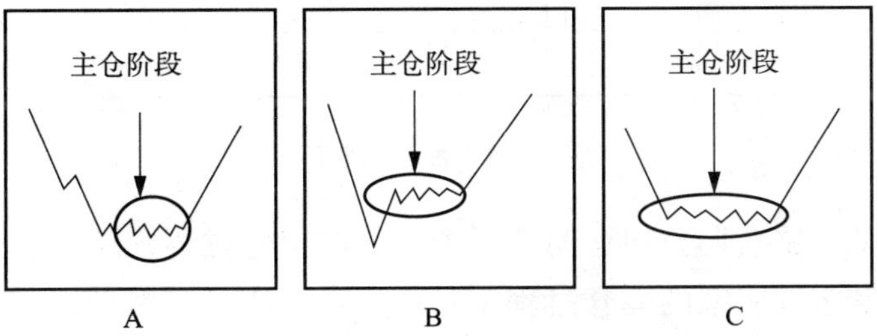

图2－2　主仓示意图

这是庄家集中吸纳筹码阶段，股价处于相对低位，在该区域庄家大规模收集低价筹码。这阶段所完成建仓量的多少，将直接影响到庄家将来拉升股价高度能力的大小。收集的筹码越多，控盘程度越高，市场中的流通筹码就越少，拉升时的抛压就越轻，最后实现的利润也就越大。反之，收集的筹码越少，控盘程度越轻，市场中的流通筹码就越多，拉升时的抛压就越重，最后实现的利润也就越小。这就造成了庄家控盘度的大小与日后股票拉升时的累计涨幅成正比，也就造成了市场中跟庄的散户投资者为什么总是利用各种方法在挖掘具备“低位高控盘庄股”条件的个股。

阶段3：加仓阶段

庄家在完成主仓期后，有时可能还需要加仓，在加仓的整个过程，称为加仓期或加仓阶段。在加仓期的时间大多短于主仓期和初仓期，成交量出现时大时小现象，且可能出现在打压过程中，也有可能发生在爬升过程中。这部分仓位视当时市场状况而定，但一般占庄家总持仓量的20%以下。

这部分仓位的成本价跟初仓相似，有时候远远高于坐庄平均持仓成本价，有时候却大大低于坐庄平均持仓成本价，而有时候则与坐庄平均持仓成本接近。比如，在完成主仓期后，股价向上爬高时出现洗盘整理，这时庄家如果还没有达到坐庄计划所要求的持仓量的情况下，就要在相对高位加仓，这部分筹码的成本价就会高于坐庄平均持仓成本价（如图2-3A所示）。

又如，股价受消息影响或庄家打压，而出现新的下跌走势，此时庄家在低位实施加仓计划，那么这部分筹码的成本价往往低于坐庄平均持仓成本价（如图2-3B所示）。

再如，在长时间的底部过程中，股价在低位窄幅波动，此时完成最后加仓计划的筹码，其成本价与坐庄平均持仓成本价相近（如图2-3C所示）。

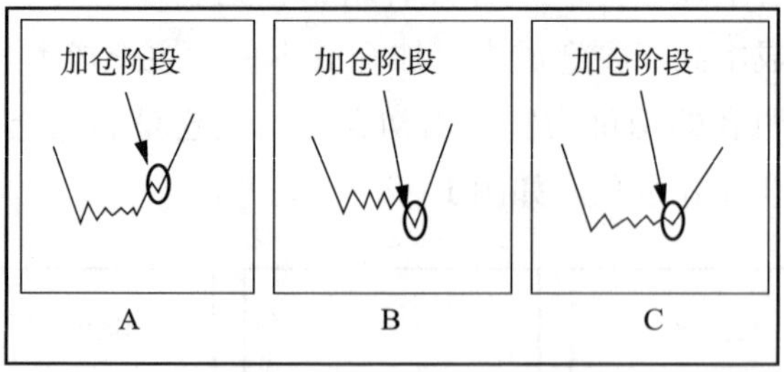

图2-3 加仓示意图

从上述初仓期、主仓期、加仓期这三个阶段的建仓过程，还可以引申出多种庄家建仓形式。分析和掌握庄家的建仓过程，对投资者跟庄很有帮助，可以使投资者了解庄家在什么价位大规模建仓、建仓成本在什么位置、庄家持仓数量多少等，进而决定自己的跟庄策略。

第二节　庄家建仓的各种伎俩

意图1：盘整建仓

1. 横向盘整建仓

在经过漫长的下跌调整后，股价到了一个底部区域，这时庄家开始悄然介入建仓，使得股价逐渐止跌企稳，但是股价虽然没有继续下跌，也没有形成上升走势，而是出现横向震荡整理格局。由于庄家在这一区域调动资金进行收集筹码，强大的买盘使股价表现得十分抗跌，图形上形成一个明显的平台整理区域，但股价方向不够明确。

这种方式往往持续时间较长，一两个月、半年，甚至更长，期间股价起伏不大，盘面极度疲软，成交量持续萎缩。但是，如果单纯长时间横盘的话，将会使市场中的抛盘迅速减少，很容易出现没人抛售的现象，这时只能采用震荡的手法，继续驱逐部分意志不坚定的投资者，这时成交量会略有活跃迹象。但由于没有大阳线、大阴线，不容易引起短线投资者的注意，使得庄家在横盘中吸货的意图得到极好的隐蔽。其主要盘面特征如下。

（1）股价处于相对低位。所谓低位就是说这只股票已经经过了长期的下跌调整，通常见顶后股价跌幅在50%以上，有时候跌幅甚至超过70%。通常股价跌幅越大，下跌时间越长，见底企稳的可能性越大。

（2）盘整时间相对较长。一般情况下，中线庄家的横盘时间在一两个月以上，有的长达半年甚至更长。通常，横盘时间越长，割肉盘就越多。散户中很少有人能看着手中持有的股票连续长时间纹丝不动而无动于衷的，因为大盘在此期间肯定是来回好几次了。多数情况下，大家都喜欢割肉止损去追随强势股，以期获取短线利润，所以换股操作的思想越来越强烈，庄家则恰恰希望这种情况出现，悄悄地接纳廉价筹码。

（3）盘整期成交量低迷。庄家横盘吸货时基本没有明显的放量过程，如果在某一时段庄家吸筹过快，就很容易导致股价出现波动。而且，成交量一旦放大，容易引起市场的关注。庄家在没有完成吸筹任务之前，并不希望大家看好这只股票。所以，总是少量的一点一点地吃进，尽量避开大家的视野。当然，偶尔会出现脉冲放量的情况，就是隔一段时间，出现一两根小幅放量的中阳线。但事后股价不涨反跌，大大出乎人们的意料，过几天大家自然又将它忘记了。

（4）震荡幅度相对较窄。一般来讲，横盘总是发生在一个较小的箱体中，这个箱体上下幅度不大，一般在20%以内。但上下的差价，也是很长时间才能见到，短期内根本无利可图，不会吸引短线跟风盘。在大部分的时间里，上下不过10%，谁也没兴趣去做。庄家连续吸筹一段时间后，股价上升了一点，为了降低成本，一般会在三五天时间内，把股价打回原处，然后重新再来。不过，有的庄家很狡猾，做出的箱体十分不规则，震荡的周期来回变，振幅也不固定，有时候根本触不到箱体的上下边沿。

这种盘面走势的庄家意图是什么呢？最大的陷阱就在于庄家以时间取胜，在长时间的横盘过程中，折磨持股者的信心，拖垮投资者的意志。持股者因无利可取又费时间而出局，持币者因无钱可挣而不愿入场，从而达到建仓目的。经过一段时间的横盘震荡后，庄家大约完成了70% ~80%的总建仓计划，距离整个建仓计划只差一点了，然后通过后面的加仓过程来完成整个建仓计划。这时盘面上可能会出现以下三种走势。

第一种走势：庄家在盘整中完成主仓期后，故意向下打压股价制造空头陷阱，在打压过程中继续逢低加仓，然后进入爬高阶段。在此过程中全部完成建仓计划，股价开始进入上涨行情。

图2－4，二六三（002467）：股价见顶后逐波走跌，经过最后的快速下跌后，股价渐渐企稳筑底，这时庄家悄悄入场逢低吸纳筹码，股价呈现横向震荡走势，持续时间较长。在这段时间里，大盘处于上涨走势之中，而该股却丝毫没有上涨迹象，一些前期被套的持股者经不住长时间的震荡折磨，而选择了退出换股操作，特别是一些激进的投资者被套后斩仓出局。此时，持币者一般也不会选择这样的弱势个股作为操作对象，一些抢反弹的投资者由于没有出现持续上涨而将筹码还给了庄家，所以庄家在横盘中建仓效果非常好。

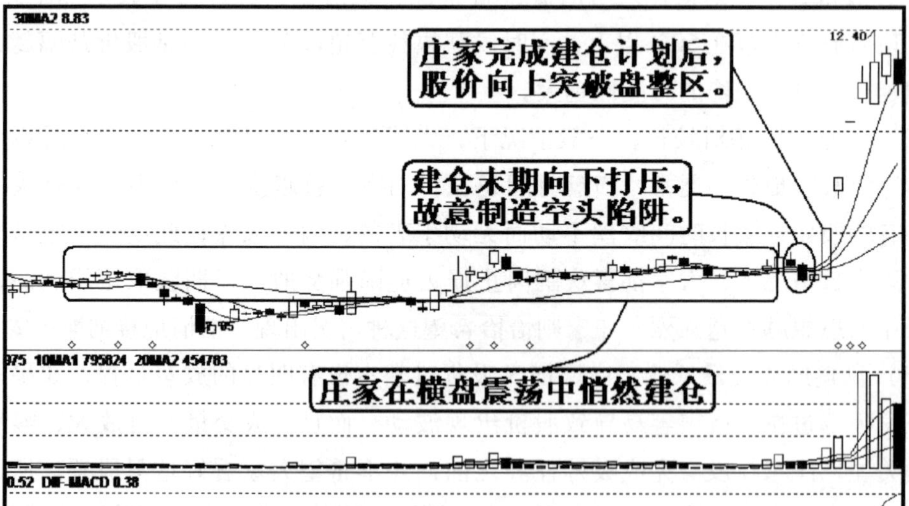

图2－4

2017 年 9 月 26 日，在建仓末期制造了一个空头陷阱，庄家采用了向下打压手法，将股价大幅压低，击穿 30 日均线的支撑，造成技术破位走势，形成恐慌的盘面气氛。这时又有一部分人抛售出场，而庄家悉数吃进完成加仓计划，可是股价没有持续下跌，第二天出现企稳迹象。第三天，一根放量涨停大阳线拔地而起，股价向上突破底部盘区，展开一波快速上涨行情。

这种建仓手法在实盘中经常见到，一些实力强大的长线庄家大多采用这种手法建仓，而且这种建仓方式大多出现在一些冷门股或大盘蓝筹股里。在小市值个股中，由于股本小，庄家很少采用这种手法。

在实盘操作中，投资者遇到这种横盘建仓时，可采取以下投资策略。

（1）已经介入的持股者，不宜盲目杀跌，应当学会与庄家比耐心、比意志。当然，这也是无奈之举。其实，庄家花巨资入场炒作，不会等待太长的时间。如果时间拖得过长，势必会增加坐庄成本，这对庄家来说是不合算的。因此庄家建仓后，股价上涨是迟早的事。

（2）持币者不要急于介入，保持观望，等待时机。一旦时机成熟，立即行动，以 80% 左右的仓位介入，波段滚动操作为佳。

（3）如果是短线高手，找准中轴位置，以前期高点、低点作为参考点进行高抛低吸。在建仓阶段的利润目标不要过高，定在 10% 左右，仓位控制在 30% 左右，一旦被套切莫补仓。

（4）如果是战略性投资者，不妨在低位跟随庄家逢低少量吸纳。仓位控制在 15% 以下，中线持有，与庄共舞，涨跌不为所动。

第二种走势：庄家直接将股价向上盘升，经小幅爬高后出现洗盘整理。在洗盘过程中继续吸货，完成清洗浮动筹码和加仓目的之后，股价拉高进入主升段行情。

图 2－4，招商银行（600036）：作为蓝筹大金融股，在 2017 年 2 月至 4 月这段时间里，股价在一个平台区域运行，盘面波动幅度非常小，许多散户对这样盘面并不感兴趣，而这期间庄家却大量吸纳筹码，成功地完成主仓建仓计划。

当建仓接近尾声时，庄家并没有采取打压的手法，而是直接采用向上突破方式。5 月 12 日，一根大阳线向上突破长期盘整区域，但股价并没有出现持续的上涨行情，而是进入短暂的洗盘走势，也是突破后的正常回抽现象，此时庄家继续完成了加仓计划。然后，股价逐波向上盘高，走出一轮盘升牛市行情，截至 7 月 26 日仍然运行于上升通道之中，累计涨幅已经超过 40%。

在这只股票里，庄家的建仓意图同样是通过长时间震荡整理来折磨散户，不同之处就是加仓期出现在股价拉高之后，让散户获得小利出局，以此达到洗盘和加仓目的，一举两得。因为，有的散户受到此前长时间被套后，对于亏损心有余悸，害怕股价再次下跌，当股价停止上攻并出现震荡时，这部分散户就很容易做出减仓或退出的决定。另外，多数散户有与生俱来的满足感，特别是在低位介入的散户，当股价出现停止爬

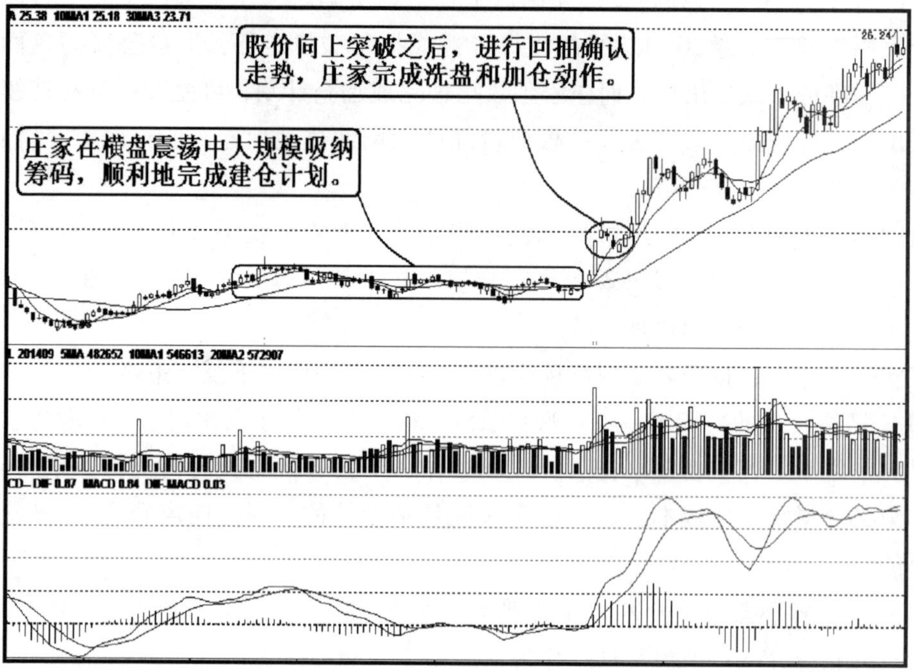

图 2－5

高时，就会迅速落袋为安，所以庄家很容易拿到这部分筹码。

在实盘操作中，庄家完成建仓计划后直接拉高的做法所占的比例也是比较大的，特别是一些资金实力雄厚的庄家经常采用这种手法建仓。而短线庄家或游资庄家很少采用这种方式，因为这类庄家讲的是速度，不会在建仓阶段花费很长的时间。所以，投资者对庄家的性质要有一个适当的了解和掌握，这样才能摸准庄家的脾性，更好地与庄共舞到底。

第三种走势：庄家在横盘震荡过程中，顺利地完成主仓阶段的建仓计划，甚至超过了主仓建仓计划要求。这时如果大势环境具备，就有可能直接进入主升段行情，这类庄家资金实力往往非常强大，且坐庄手法极其凶狠。

图 2－6，上峰水泥（000672）：股价完成一波反弹行情之后，回落作横向震荡整理，调整时间长达 4 个多月，股价波动幅度较窄，成交量萎缩，盘面上大多以小阴小阳或带较长上下影线的 K 线出现。在这段时间里散户的操作难度非常之大，一般失去持股耐性，而庄家却耐心地低吸筹码，直到完成建仓计划。2016 年 12 月 1 日股价一跃而起，直接进入主升段行情，一口气将股价从 7.38 元拉高到 15 元上方，短期涨幅巨大。

在这只股票里，庄家的意图就是依靠时间来磨灭散户的意志和信心。在 4 个多月的时间里股价上不去也下不来，盘面不温不火，成交量时大时小，但总体成交量呈低迷状态，多数技术指标进入“盲区”。散户很难在这段时间里获利，从而使散户产生强烈的换股欲望，最终抛下筹码悻悻离场。庄家则如愿以偿，将筹码收于囊中，顺利地

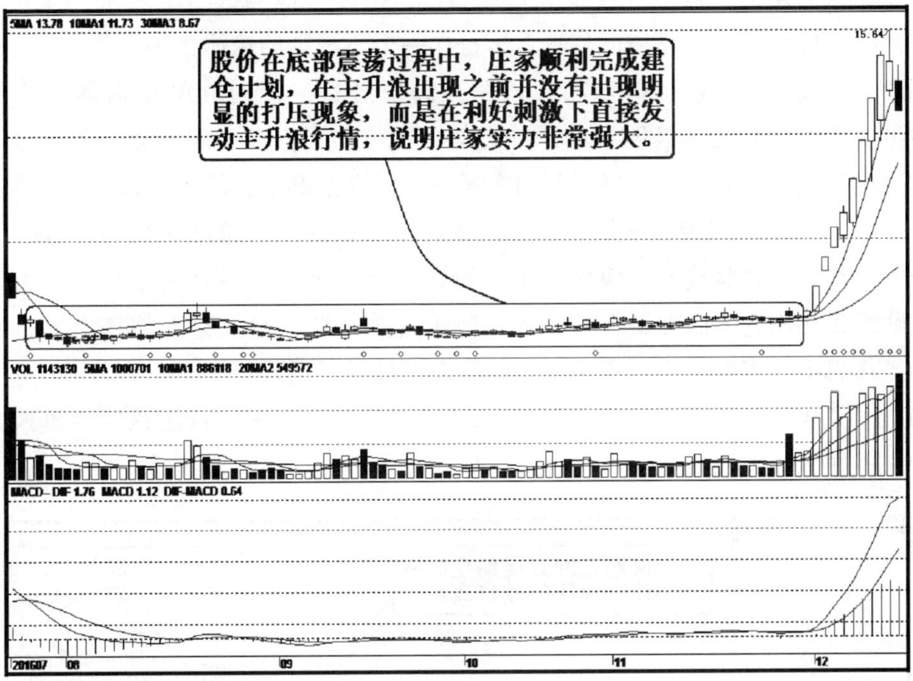

图 2-6

完成建仓计划。

在实盘操作中，投资者遇到这种横盘建仓时，可采取以下投资策略。

（1）前期套牢者，坚决持股不动，等待解套或获利机会。

（2）场外持币者，密切关注，不要急于介入，免得受庄家折磨，等待入场信号。一旦突破盘整区域，则立即介入。

（3）如果是短线高手，以前期高低点作为参考点进行高抛低吸，利润目标在10%左右，仓位控制在30%左右，一旦股价向上突破，则加仓操作。

（4）如果是战略性投资者，在横盘期间少量低吸，仓位控制在15%以下。当股价向上突破后，仓位可以加大到80%以上，并一路持有到卖出信号出现时离场。

（5）横盘时间越久，突破的威力越大，上涨幅度也越大。并且，盘局打破之后，如果得到成交量的积极配合，则上升力量强大，股价狂升的可能性更大。

2. 跳跃震荡建仓

这种建仓方法相对横盘建仓来说，其震荡幅度相对大一些。庄家的手法极为凶悍，盘面大起大落，股价快跌快涨，让投资者真正领略到“乘电梯”的感觉，总体趋势保持在一个横向运行过程中。采用这种方式建仓的庄家一般实力都比较强大，在很短的时间内把股价拉上去，当散户在暗暗盘算利润时，股价已经回落到原来的位置上，获利的希望又一次破灭。

就这样，庄家反复地将股价快速拉高，又快速打压，拉高和打压相结合。很多散户经不住庄家的几番折腾，就选择了离场操作，把廉价筹码送给了庄家。这种现象股性比较活跃，成交量也较温和，基本上运行在一个不规则的箱体之中。

图2－7，京能置业（600791）：该股在高位经过一段时间的横盘震荡之后，在2017年4月至5月出现两波明显的杀跌走势，股价向下击穿了前期盘区的支撑，造成极度的恐慌气氛，让大量的止损盘割肉离场，庄家则全部吃进散户的筹码。

5月15日开始，股价出现快速拉高，重新返回到前期盘整区域之中，这时可以让受惊吓的散户离场。紧接着，股价在前期盘区附近作上下震荡整理走势，采用大起大落的跳跃式手法建仓，成交量大幅放大，股价上蹿下跳，盘面毫无轨迹可循，搅乱了散户的操作思维。当然，这时庄家也在震荡中高抛低吸做差价。

当庄家完成建仓计划后，股价于7月24日发力向上突破，预示该股将进入升势行情之中，不妨多加关注。

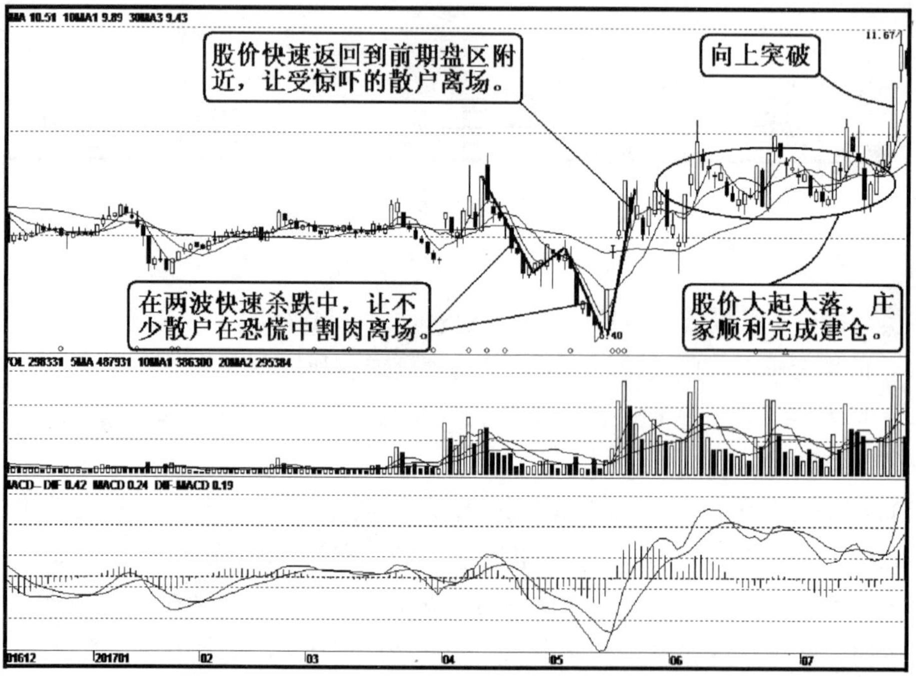

图2－7

从该股走势图分析，不难发现庄家的建仓意图。在前期股价调整中，成交量出现持续的萎缩状态，表明下跌动能已经衰竭，这时庄家进场悄然吸纳了部分筹码。这是建仓计划的初仓筹码，庄家持仓比例并不大，并且由于该股上市以后就逐波走低，此时抛售筹码的人已经寥寥可数，庄家很难吸纳到大量的低价筹码。因此，庄家特意制造盘面波动，形成上蹿下跳走势，股价快涨快跌，散户无法把握规律，难以获利，因而在大幅震荡过程中不少散户被甩了出去，从而获得散户手中的低价筹码。

其实，有经验的散户已经发现了庄家的建仓举动。其中一个重要的疑点就是：量价失衡。在这段时间里成交量大幅放大，而股价却没有形成明显的涨幅，难道是对倒放量出货吗？显然不是。最笨的庄家也不会在如此低价区域进行放量对倒出货，因此完全可以排除庄家出货的可能。既然庄家不是在出货，那么在低位持续放量而股价不涨就有点蹊跷了，这就是庄家吸货所留下的蛛丝马迹。而且，该股从形态上构成一个不规则的箱体形态，因此散户可以在前期低点介入做多，当股价向上突破箱体上边线时，可以将仓位大胆加仓到80%以上。

图2－8，同力水泥（000885）：该股庄家在横盘震荡中，已经吸纳了不少的筹码，但还没有达到庄家坐庄所需要的筹码，于是就展开大幅震荡走势，在2016年12月6日至2017年1月17日这段行情当中，股价上蹿下跳，盘面剧烈波动，K线大阴大阳，把不少散户驱赶出局，将加仓和洗盘融合在一起。在拉升之前，庄家还故意下杀制造一个空头陷阱，赶走最后一批散户之后，股价出现快速大幅拉高。

这种建仓手法通常有两种盘面走势：一是在分时走势中，盘中出现大起大落现象，多数散户经不住这种盘面波动而选择退出；二是在日K线组合中出现大阴大阳，让许多技术高手也找不出破绽。

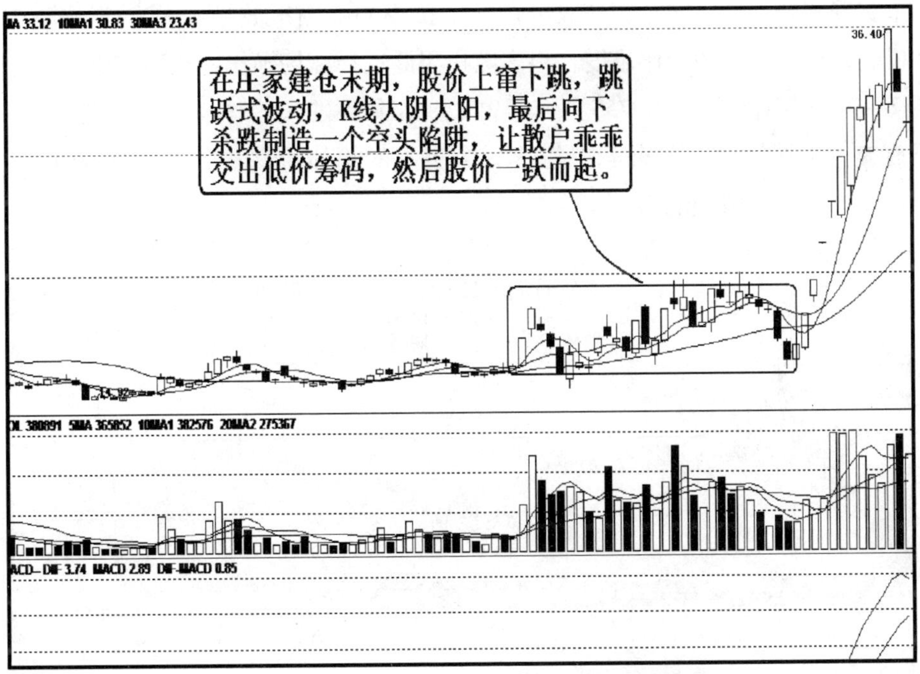

图2－8

3. 上下夹板建仓

这种建仓方式的特点就是股价基本上运行于一个不规则的箱体形态之中，盘面走势与跳跃式建仓相似。其盘面特点：股价在箱体内上蹿下跳，形成一个下有支撑、上有压力的夹板，庄家在这个区域内高抛低吸，既当买家又当卖家，价格跌下来则低吸筹码，价格涨上去则用大单打下去。在分时图上多为急跌后缓慢爬升，升时成交量逐渐放大。庄家时而对持仓者用小阳线来诱使其抛出筹码，时而用高开低走的阴线来吓唬其离场。这种现象通常有以下两种情况。

第一种情况：压顶式建仓也叫压盘式建仓。庄家将股价控制在某一价位以下低吸筹码，当股价碰触该价位时便将股价打压回落，在K线上往往形成长长的上影线。这被市场认为是上行压力重大，股价难以突破，因而散户纷纷将筹码抛给了庄家。有时，庄家为了偷懒而干脆在目标价位处挂出大笔卖单压盘，任凭散户在下面自由操作，以此获得低价筹码。

第二种情况：保底式建仓也叫护盘式建仓。这种建仓方式与压顶式建仓正好相反。当股价下跌到某一价位后，庄家先确定一个仓底价，然后在此价位附近震荡，这是庄家的基本成本区。若股价随大势上行后再下跌时，通常会在仓底价附近悉数吸纳，这种方式通常以延长时间来吸筹。

这两种建仓方式就是庄家通过压顶和保底手法，将自己的坐庄成本控制在一个理想的范围以内，防止股价大幅波动而影响持仓成本和建仓计划。这种走势通常借助于低迷的市场来实现建仓计划。同时，使股价在一个狭小的范围里波动，大大减小散户的获利空间和机会，增加散户的操作难度，很多散户因此选择离场操作，从而完成建仓计划。

图2-9，厦门国贸（600755）：该股反弹结束后进入箱体整理，形成一个上有压力、下有支撑的箱体整理形态。在长达9个多月的箱体震荡中，庄家吸纳了大量的低价筹码，基本完成了建仓计划。

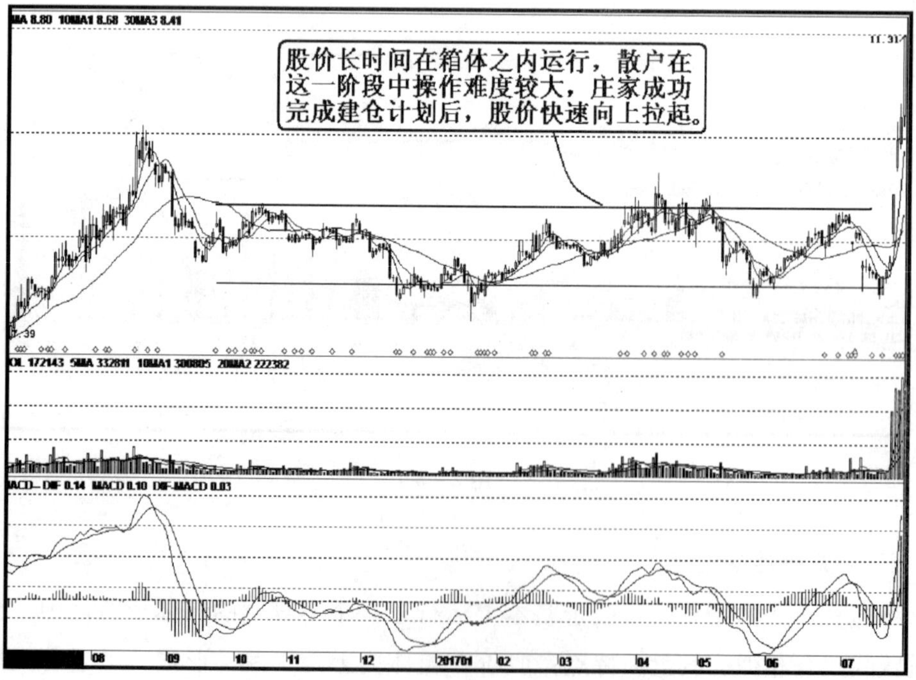

图2-9

在建仓末期，庄家故意将股价打压到箱体的底边线附近，盘面再次形成弱势格局，但股价并没有击穿箱体底边线的支撑。经过上上下下的箱体运行之后，多数散户已经没有中长线持有意愿了，短线高手可能在箱顶高抛离场，而新股民有可能就抛在地板价上，而庄家顺利地完成建仓计划。当庄家完成建仓计划后，于2017 年7 月21 日放量向上突破，股价出现快速拉升行情，短期涨幅较大。

从该股走势图中可以看出，庄家的建仓意图就是在上有压力、下有支撑的箱体里，通过压顶和保底的手法完成主仓吸纳计划，这个过程中就是庄家建仓的主仓期。如果初仓筹码和加仓筹码数量相差不大的话，那么箱体的中间价基本上就是庄家的持仓平均成本价，因此这类庄家的持仓成本价很好掌握，散户知道了庄家的这个意图后，接下来的操作就得心应手了。而且从技术方面分析，股价在向下突破箱体的底边线后，并没有出现持续的下跌走势。这就有矛盾了：既然是向下突破，那么肯定要有一定的跌幅才是，该跌不跌，表明下跌动能不强，盘中筹码已经锁定，浮动筹码很少，无量空跌走势肯定是一个空头陷阱。所以股价很快止跌企稳，进入牛市上涨行情。

在实盘操作中，投资者遇到夹板式建仓时，不要追涨杀跌。短线技术高手可以在箱体内进行高抛低吸，即前期低点附近买入，前期高点附近卖出。一般散户不参与为宜，在股价有效突破箱顶后，可以加大仓位介入。据实盘经验，箱体一般出现2 ~4 的高点或低点，如果股价在箱体形态中出现第5 个以上的高点或低点时，大多数股票会出现变盘走势，投资者应引起注意。

意图2：恐吓建仓

1. 快速杀跌建仓

恐吓式建仓可以分为两种盘面现象：快速杀跌建仓和持续盘跌建仓。

这种建仓手法非常凶猛，股价经常出现暴跌行情。庄家运用手中已有的初仓筹码，向下不计成本地大幅打压股价，在日K 线或分时走势出现断崖式下跌。在日K 线上股价持续下跌20% ~30% 的幅度之后，股价才出现企稳整理或略微向上盘升，庄家在这一过程中大规模建仓，主仓期就出现在这一阶段。在分时图上股价急跌三四个点之后再形成横盘震荡，集中了主要的成交量，庄家通过这一平台吸纳筹码。

这种走势使散户在心理上产生极大的恐惧，从而争先恐后纷纷出逃，而庄家则一一笑纳筹码。这种建仓方式，在大势向下调整时，或是个股有较大利空出现时，建仓效果更佳。但要求庄家控筹程度高、实力强大，且跌幅不要过大，时间也不要太久。一方面过分地打压可能引发更多的卖盘涌出，吃进的筹码将比预期的要多得多，很难控制局面，一旦失控，满盘皆输。另一方面若是实质性利好时，还会遭到其他对手的抢货，从而造成低位筹码丢失。

这种建仓手法的庄家意图就是通过快速向下打压股价，特别是深幅打压或造成技术破位时，加重散户心理负担直至崩溃，从而夺取散户手中的低价筹码。其盘面特点：一是下跌速度快；二是瞬间跌幅大。

图 2－10，南宁百货（600712）：该股长期处于弱势盘整中，成交量大幅萎缩，许多散户已经不肯离场，这时庄家为了吸纳到更多的筹码，采用了恐吓手法，从 2017 年 5 月 11 日开始连续向下打压，股价连续两天跌停，在盘面上造成极大的恐慌气氛。

不少散户见此情形，担心股价继续下跌而纷纷抛出筹码。然后，庄家又将股价控制在低位作横向窄幅震荡，继续对盘中散户心理上的折磨，时间持续一个多月，忍受不住寂寞的散户选择了离场换股操作，而庄家在这期间悄然大量收集散户的抛盘。当庄家顺利地完成建仓计划后，7 月 25 日股价放量向上突破，成功脱离底部盘整区域，股价从此开启了上涨行情。

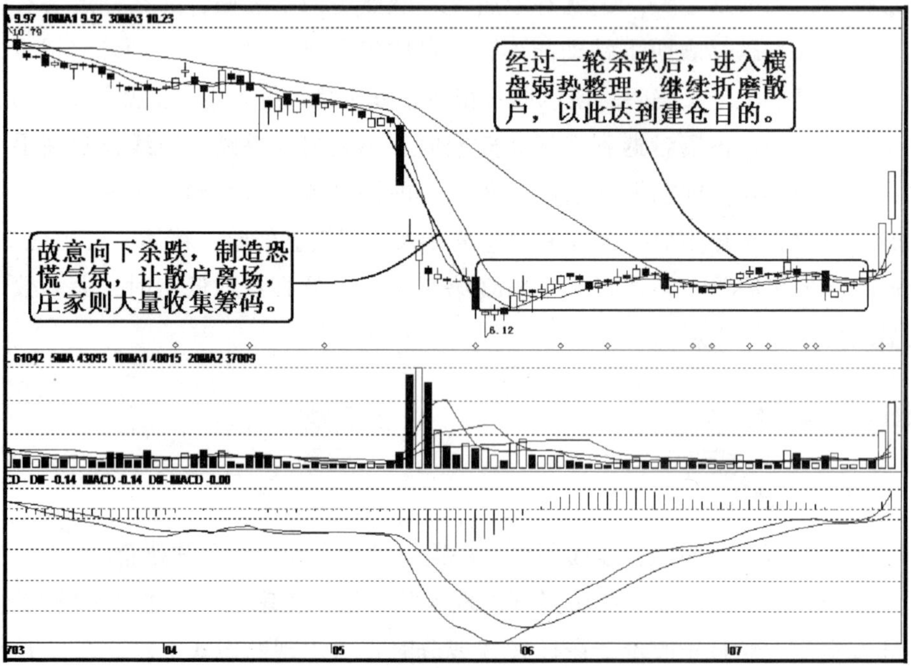

图 2－10

从该股走势图分析，明显暴露出庄家建仓意图。首先利用手中的初仓筹码向下打压股价，造成一定的恐慌盘面，让散户在慌忙中离场。然后庄家将股价压低后，在低位呈现横向窄幅震荡，再次折磨没有退出的散户，从而迫使其交出筹码。

投资者遇到这种盘面走势时，如果是浅套，股价又刚刚起跌时，可以少赔出局，等待企稳后低点补仓。如果股价累计跌幅已达到 50% 以上，不要盲目杀跌。持币者等待底部企稳时买入中线持有，或者在股价向上突破底部盘区时跟进。

2. 持续盘跌建仓

这种建仓方式比起快速杀跌走势来得温柔一些，但建仓效果并不差。通常出现在冷门股或长期盘跌类个股里，因为这类股票已基本为市场所遗忘或抛弃。庄家在缓跌过程中完成主仓吸纳计划，股价下跌期就是主仓期。在走势上阴气沉沉，呈小阴小阳下行，疲弱态势不见终日。

一般情况下，盘跌过程中很少出现跳空走势，股价总体下跌速度缓慢，单日下跌幅度也不大。但下跌周期很长，很难判断股价在什么时间可以真正见底，因而引发散户止损盘出现。期间震荡幅度不大，成交量萎缩，开盘以平开为多，有时庄家为了做盘的需要，故意以低开高走的方法，制造出实体很大的假阳线。但当日股价仍在下跌，而且可能连续以这种方式下跌。投资者多持悲观态度，对后市的涨升不抱太多的希望，认为每次盘中上冲都是解套或出逃的最佳时机，早一天出局、少一份损失。因此不断有筹码相继抛售，这样庄家就可以吃进大量而便宜的筹码。其主要特征如下：

（1）整个盘跌期间的成交量总体水平是萎缩的，盘跌途中遇反弹时成交量可能略有放大，但不会很充分，也不能持续。而单日突发巨量的反弹则不太正常，多方显得过急，但到了后期特别是逼多的时候，成交量可能会放大不少。

（2）股价缓跌中不断以反弹的方式进行抵抗，甚至走出局部小型的 V 形、W 形或头肩底等反弹形态，盘面维持一段虚假的繁荣以后，股价又继续下跌。这种反弹为继续回落积蓄下跌的能量，直到无力反弹时股价才有可能真正见底。只要股价还有较大的反弹，则股价就无望看到底部，这叫反弹无望或反弹衰退。

（3）股价运行似波浪运动。只不过像退潮的海水一样，一个波浪比一个波浪低。也就是说股价反弹的每一个高点都不及前期高点，高点一个比一个低，低点一个比一个矮，而且从波浪形态和数量很难判断股价何时真正见底。在一个波浪形态内，一般股价紧贴 5 日均线下行，反弹时很少突破 30 日均线压力（一个波段下跌结束以后的弱势反弹，股价可能上摸到 30 日均线附近）。股价回落整体角度一般在 30 度、45 度、60 度左右。

图 2－11，鄂尔多斯（600295）：该股从盘面上，2017 年 4 月经过快速冲高后，出现放量大幅下跌走势，股价阶段性跌幅达到 35%。在这轮下跌行情中，庄家持续压低股价，造成股价跌势远不见底的感觉，让大批散户在恐慌中离场，而早有准备的庄家却大量收集散户抛出的筹码。

此后，随着散户抛盘的结束，股价渐渐企稳回升。那么，为什么庄家采用缓慢的推升走势呢？因为，在前期暴跌过程中，仍有一部分散户没有来得及退出，而庄家采用推升手法主要是给这些散户一个离场出局的机会。所以，庄家边推升边建仓，将股价慢慢抬高，当庄家建仓基本完成之后，股价进入加速上升阶段。

该股庄家的建仓意图非常明显，通过边建仓、边打压的手法，导致股价缓缓向下走跌，使散户失去投资信心，加之基本面不佳，很快就达到主仓期的吸筹计划。同时这种建仓方式，还能培养少数高位套牢者的承受能力，不至于一下子完全击垮其持股信心，当后市股价上涨时也不会构成威胁。

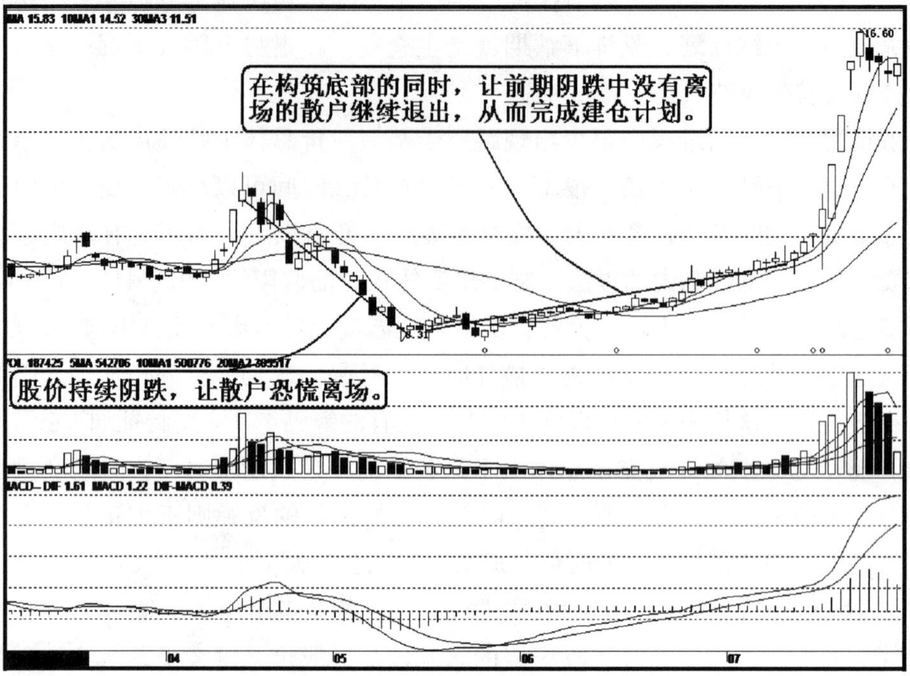

图 2-11

投资者遇到这种盘面走势时，持股者在反弹高点卖出或减仓，在急跌或跌幅较大时逢低买入或补仓，以摊低平均持仓成本。持币者不要过早介入，因为这类股票没有明显的底部，正确的做法是密切跟踪观察盘面走势，待放量突破压力位（均线、趋势线或成交密集区等）时适量介入，在回抽确认突破有效时加仓买入。

意图3：引诱建仓

1. 快速拉高建仓

快速拉高建仓方式大多出现在熊市末期和平衡市况中，或冷门股和长期下跌的股票里，往往反映出庄家实力雄厚或作风凶悍的一面。庄家在低位吸不到低价筹码，或个股背后隐藏着某种潜在利好，就采取拉高手法建仓，迅速将股价抬高，甚至创出股价历史新高，让散户获利了结，从而顺利完成建仓计划。

这种建仓手法的优点就是：牺牲价位，赢得时间。其原因是：背后蕴藏着重大题材，一旦被公布将直接导致股价大幅上升，时间较为仓促，来不及于低位吸筹或出于严格的保密需要，担心其他资金在低位抢筹码，提前打市场的“突袭战”。

从逻辑上说，既然庄家肯出高价急速建仓，表明股价未来应该有极大的上涨潜力，拉高建仓事实上反映了庄家急于吸货的迫切心态。如果该股后市没有极大的炒作空间，庄家是不会把大量资金投入其中的。

在实盘中这种建仓手法比较多见，特别是一些资金实力雄厚的强庄股经常采用这种手法建仓，给散户一份“心灵鸡汤”，给一份安慰，散户很容易交出低廉筹码。有时候一些短线庄家或所谓的游资庄家也会采用这种方法，因为这类庄家讲的是时间而不是价位，一般不计较几个价位。

图 2－12，华资实业（600191）：该股经过长时间的下跌调整后，股价到了底部区域，这时庄家开始逢低吸纳低价筹码，但由于低位抛售筹码并不多，庄家很难如期完成建仓计划。于是在 2017 年 5 月将股价向上快速拉高到前期高点附近，由于庄家非常狡猾，当股价回升到 10 元上方时，马上停止了拉升步伐，造成股价上涨遇阻的假象，让股价慢慢回落，庄家在股价回落过程中再次大量收集筹码。6 月下旬，当股价再次回升到该价位时，出现同样的回落走势，但这次回落具有洗盘和加仓双重意义。

从盘中可以看出，6 月 27 日开始连续收出四根缩量调整阴线，虽然阴线实体不大，下跌幅度不深，但给散户造成很大的心理压力，以为股价无法突破前期高点，担心股价再次回落遭套，从而做出离场举动。当股价回调到 30 日均线附近时，洗盘适可而止，洗盘调整结束，股价于 7 月 5 日开始放量向上突破，从此走出一波上涨行情。

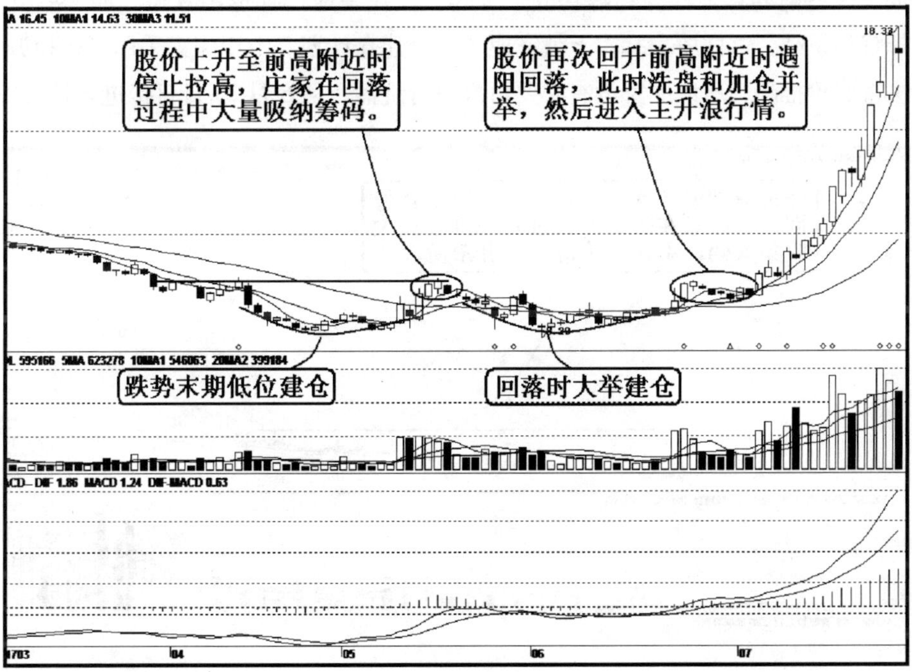

图 2－12

2. 持续推高建仓

这种建仓方式是市场成功见底后，股价缓缓向上爬升，在盘升过程中完成建仓计划，庄家边拉升、边吸筹。这种方式大多是由于股价已被市场慢慢推高脱离底部，市场前景普遍看好，投资者出现惜售，只能逐步推高股价来收集筹码。在图表上会出现阶段性特征，即进二退一或进三退一，先拉出两三根小阳线，再拉出一根小阴线。由于庄家无法在相对底部吸到足够的筹码，因而持仓成本较高，风险也相对较大。

所以，庄家通常选择那些具有丰富市场题材的股票作为目标股，否则很难得到市场的认同。后市股价很难大幅炒高，根本没有获利派发的空间。这种建仓方式的条件，通常是在大势已短期见底，并开始出现转跌为升的迹象时进场。当然，有时也反映庄家实力弱小的一面，不敢将股价大幅拉高。其主要盘面特征如下：

（1）成交量总体不大，但能够维持活跃的市场人气。

（2）单日涨跌幅度都不是很大，在日 K 线上呈小阴小阳形态。

（3）小浪推升，30 日均线稳健有力，很少形成大型的技术形态。

图 2－13，方大炭素（600516）：该股在 2016 年 10 月完成反弹走势后，就有实力强大的庄家开始建仓，庄家非常狡猾，采用了打压和推升建仓手法，在 2016 年 12 月 12 日至 2017 年 4 月 25 日期间先后进行了 5 次明显的打压动作。

当庄家拿到部分筹码后，改用推升的方法继续吸纳筹码，从 4 月 17 日至 6 月 22 日这段时间里，股价缓缓上行，盘面不温不火，重心不断上移。

期间，一些前期套牢者得到解套或少亏时，便在中途选择退出观望，而一些低位入场者也选择获利了结，这样庄家基本上就完成了整个建仓计划。由于庄家采用了边拉升、边洗盘的手法将股价推高，所以庄家没有必要再次进行洗盘，从 6 月 23 日直接进入拉升阶段。

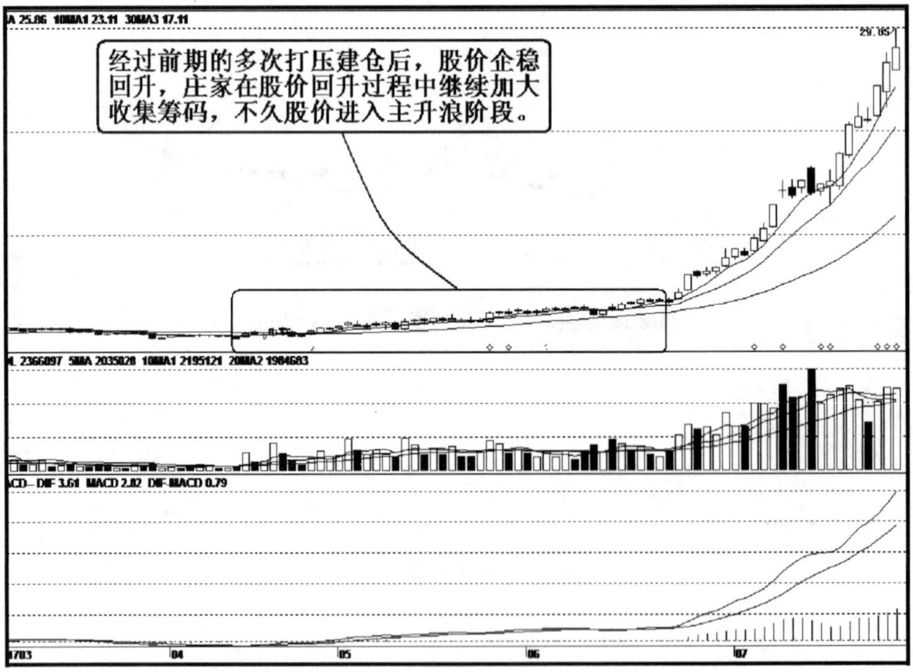

图 2－13

从图 2－13 可以看出，庄家通过缓慢推升股价，达到边建仓、边洗盘、边换手的目的，不断夯实底部，为日后拉升奠定基础。同时，也表明庄家不给短线投机者入场的机会，不温不火的缓升走势，让投机者无利可图而远而观之。而且，也使庄家保持低调走势，不想过分袒露盘面信息，免得大户进场捣乱。

散户遇到这种建仓方式时，持股者应坚定持股信心，持币者买阴不买阳，即在股价下跌收阴线时买进，不在冲高收阳线时介入。介入后捂股不放，以中、长线操作为主，等待盘面放出巨量，进入快速拉升时出局。并以30日均线作为重要参考指标，一旦有效跌破30日均线的支撑，则立即卖出。

意图4：破位建仓

1. 大阴假杀跌

股价经过长期的下跌后，庄家为了达到吸货目的，而刻意向下打压股价，在底部区域或阶段性底部收出最后下跌大阴线，或连续收出多根最后杀跌大阴线，形成加速下跌走势，以加强市场空头气氛，误导散户抛售离场。因此，这时出现的大阴线，反映中、短期股价跌幅过大，市场出现非理性杀跌，一般是最后的下杀动作，具有最后杀跌性质，往往反映股价下跌或调整即将结束，这是加速赶底走势，后市有望止跌回升或形成反转走势，因此投资者应当逢低吸纳，持股待涨。

图2－14，卫士通（002268）：股价经过长期的下跌调整后，市场处于底部区域，也就是说市场已经到了跌势的后期，但庄家为了继续收集低价筹码而刻意向下打压股价。2017年7月17日股价放量下挫，在底部区域收出了光头光脚的跌停大阴线，从而使技术上形成加速下跌势头。

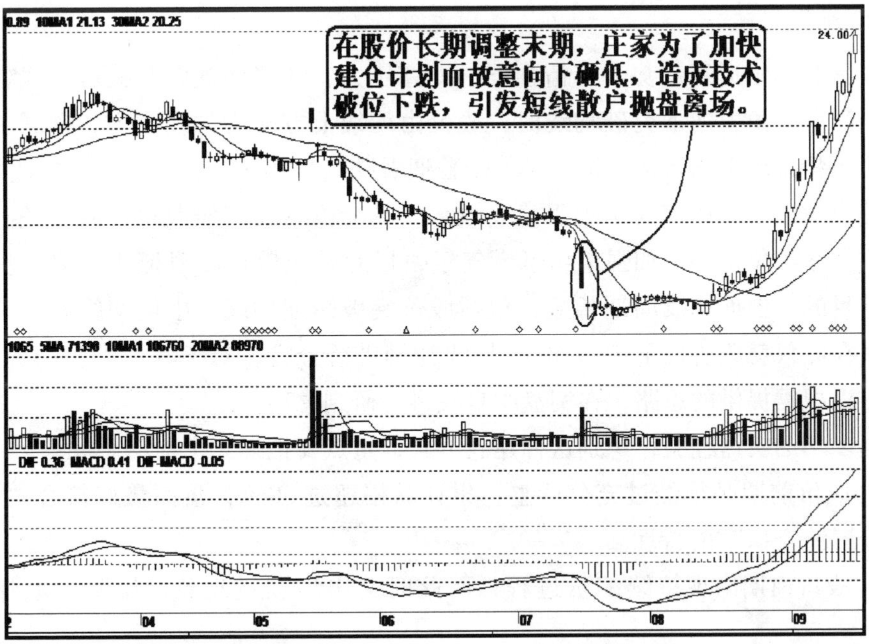

图2－14

但是，第二天股价只是小幅下跌，由于买盘逢低介入，股价止跌走稳。经过一段时间的筑底走势后，股价渐渐盘出底部，走出一波快速上涨的行情。因此在底部遇到加速下跌的大阴线时，应密切关注股价后市走势，只要不出现维持下跌，就可以逢低介入，中线做多。

判断这根大阴线的关键，就在于股价所处的位置。当时股价处于长时间调整的低位，每一次下跌都有可能是诱空行为，或是股价惯性下跌所致，因此分析大阴线出现的背景是大家最关注的。而且，虽然当天出现这根大阴线时成交量有所放大，但总体成交量是呈缩量态势的，此前成交量也呈持续低迷现象，说明下跌动能渐渐衰竭，属于无量空跌性质。因此，这就是最后杀跌大阴线，属于庄家诱空行为，投资者可以逢低吸纳。

在实盘操作中，投资者遇到低位最后大阴线时，应把握以下技术要点：

（1）分析股价所处的位置，通常股价阶段性跌幅超过50%时，说明下跌幅度比较大，市场有反弹或反转的要求。此时出现最后大阴线时，投资者可以试探性建仓，如果出现明显的止跌信号时，可以加仓做多。

（2）在前期下跌过程中成交量持续萎缩，说明空头能量释放完毕，最好是在最后大阴线出现的当天也没有出现明显的放量现象。

（3）股价止跌之后，不见得马上会出现上涨，往往是横向盘整走势，因为市场总是下跌容易上涨难，需要更多的时间进行筑底走势。遇到这种情况时不要动摇了持股信心，只要不出现持续性的放量下跌，后市股价就会震荡上行。因此重点关注“放量”和“持续”两种盘面，这样就可以与庄共舞了。

2. 均线假突破

均线具有提示运行趋势、行情强弱、支撑压力、助涨助跌以及技术骗线较少等显著优点。当股价由上向下突破均线时，股价由均线上方转为均线下方，预示股价涨势结束，后市将出现下跌行情，因此是一个普通看跌信号。

在建仓过程中，庄家为了加强建仓效果，在低位刻意打压股价，向下跌破均线系统，形成技术破位走势，加强市场恐慌气氛，目的是让散户在恐慌中出局，从而达到顺利建仓目的。根据均线周期长短，包括股价突破短期均线、中期均线和长期均线三种类型。在此仅就股价向下突破30日均线为例进行分析，对于其他类型的突破走势，投资者可以根据提供的思路，在实盘中自我进行研判总结。

根据多年的实盘经验，识别这种建仓方式，重点要把握三个前提条件：

（1）股价前期必须经过充分调整，累计跌幅超过50%，盘面最好符合“一波急、二波缓、三波企稳”的特性。

（2）股价前期出现持续缩量过程，而此时又出现放量现象，说明庄家建仓基本结束。

（3）股价突破后没有出现持续下跌走势，此时缩量更好。

如果个股盘面符合上述三个前提条件，就基本可以确认为庄家在盘中建仓。此时可少量介入，仓位控制在30%左右，当股价回升到突破位置上方或均线系统形成多头排列时，可把仓位加到80%以上，介入后以中、长线持有为主，一般这类个股是中长线庄家所为。

股价向下突破30日均线，大致可以分为三种情况：

第一种情况：在大幅下跌后的低位，股价向下跌破下行的均线系统，均线系统继续呈空头发散，盘面进一步走弱，恐慌气氛浓烈，散户止损盘出现，此时庄家建仓非常好。

图2－15，华资实业（600191）：股价见顶后出现大幅下跌，调整时间长达两年，累计跌幅超过65%，而股价依然没有见底迹象，30日均线不断下行，对股价起到压制和向下牵引作用，股价每一次反弹结束后，均出现不同程度的下跌走势。

2017年5月中旬，出现一次放量反弹行情，股价向上突破30日均线的压制，而此时30日均线仍然保持下行状态，从而导致股价未能形成持续上涨走势，且很快出现向下回落，随后分别在2017年5月24日、6月1日和6月12日股价再次向下击穿30日均线的支撑，在盘面上出现加速下跌之势，均线系统继续空头发散，恐慌气氛进一步加剧。

不少投资者受前期下跌影响，担心股价再次下跌，因而纷纷斩仓出局。可是，市场总是有着太多的意外，股价没有下跌多少就企稳回升了，很快走出一波牛市行情。

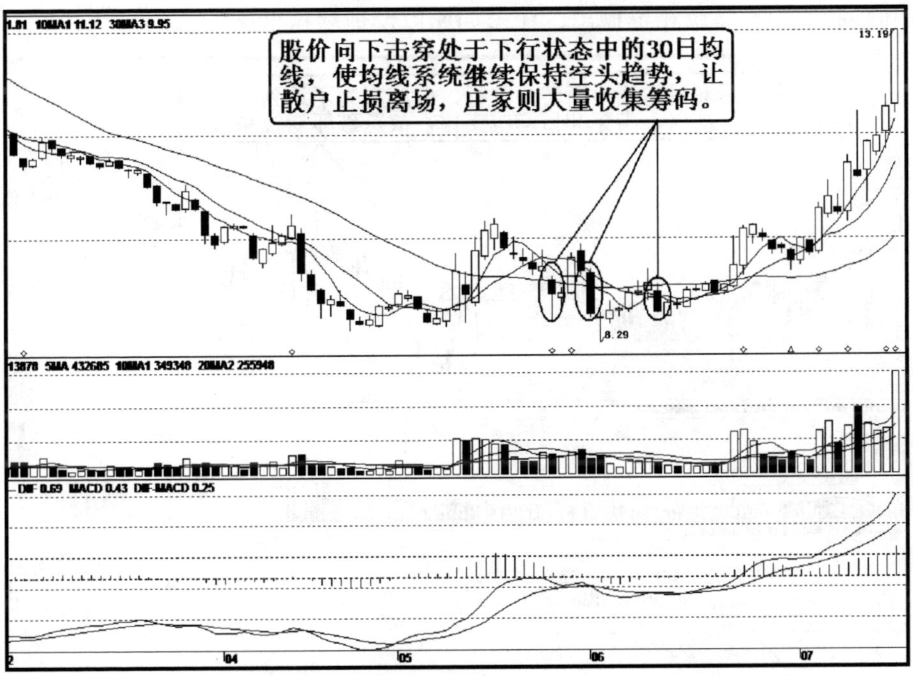

图2－15

从图中可以看出，庄家建仓迹象非常明显，主要体现在以下几个方面：

第一，从总体分析，股价调整时间充分，下跌幅度较大，这是庄家进场建仓的前提。

第二，从成交量分析，出现异动放量迹象，表明有庄家资金在里面活动。根据股价处于低位，此时可以排除庄家出货的可能性，那么这个量就是建仓量，而非出货量。

第三，从盘面分析，股价向下突破30日均线后，并没有出现持续的下跌走势，特别是第二次、第三次向下突破30日均线后，股价并没有出现持续下跌，而是紧贴均线下方盘整，且成交量有所活跃。这就使人纳闷了，既然是突破，为什么股价没有脱离突破位置？这种现象往往是假突破的可能性大。

在实盘操作中，股价跌破30日均线支撑是极为常见的事。因此这种建仓方式散户非常难以把握，经常把反弹行情当作庄家建仓行为看待，结果介入后被套牢在半腰中。

第二种情况：在大幅下跌后的低位，股价向下跌破上行的均线系统，均线系统走平或转为空头发散，形成新一轮下跌之势，恐慌气氛再次形成。散户获利盘和止损盘出现，庄家以此达到建仓目的。

图2－16，华联控股（000036）：该股长时间处于底部盘整状态，成交量出现持续萎缩，股价企稳后渐渐见底回升，30日均线由下行状态渐渐转为上行状态。庄家为了加快建仓步伐，分别在2017年3月底、5月10日和5月22日故意将股价打压到30日均线之下，对均线系统造成破坏，对技术爱好者造成打击，产生一定的恐慌气氛，让低位获利盘和前期套牢盘相继抛出，庄家如愿以偿地获得低廉的筹码。

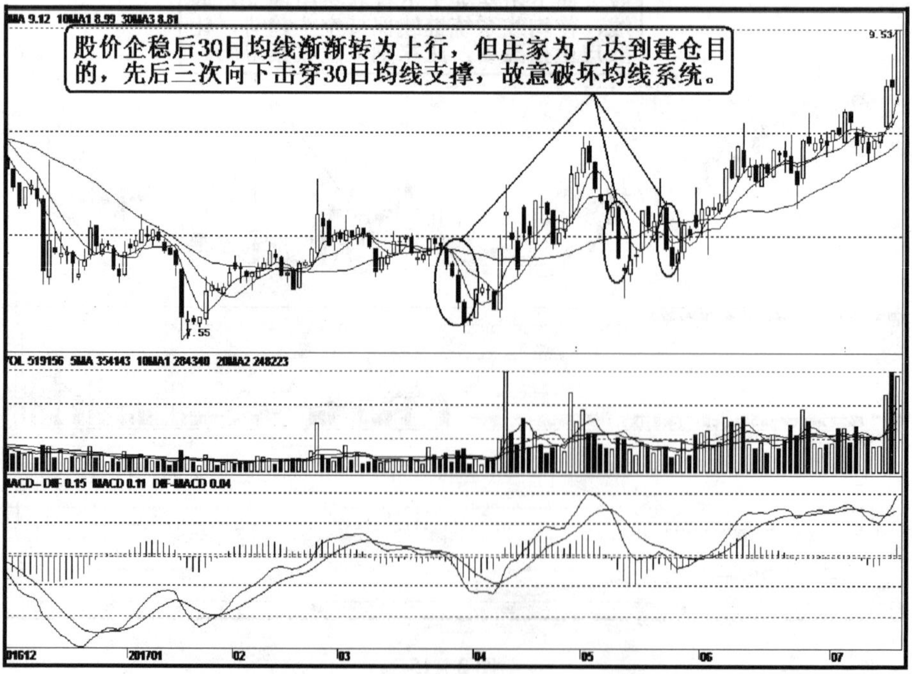

图2－16

可是，股价向下突破30日均线后，股价并没有出现持续下跌走势。经过一段时间的整理后，7月14日股价向上突破，形成加速上涨行情。

根据上述识别这种建仓方式的三个前提条件可以发现，在向下突破30日均线之前，股价已经有了较长时间的调整，庄家完全有可能在此价位建仓。股价前期出现持续缩量过程，在企稳回升时成交量出现温和放大，说明有买盘资金介入。在股价向下突破30日均线后，按理说有一波下跌行情出现，但盘中并没有出现持续下跌走势，且在前期低点附近获得了技术支撑而回升，说明这是一次假突破行为。

可见，庄家利用向下跌破30日均线支撑，制造一个空头陷阱，既是一次建仓行为，也是一次向下试盘动作。当投资者遇到这种盘面走势时，可在前期低点附近轻仓试多，当股价向上突破双重底颈线位后，可以加仓到80%以上的仓位做多。

第三种情况：在大幅下跌后的低位，股价向下跌破水平移动的均线系统，均线系统出现向下发散，形成向下突破之势，恐慌气氛开始形成。散户抛盘出现，庄家悄然完成加仓计划。

图2－17，濮耐股份（002225）：该股经过长时间的下跌调整后，股价渐渐止跌企稳，成交量出现持续萎缩，实力强大的庄家悄然入驻，均线系统呈现横向运行，后市股价方向并不明确。这时由于庄家前期筹码并不多，为了加快建仓步伐，在2017年7月17日向下大幅打压股价，制造空头技术陷阱，一根跌停大阴线击穿了30日均线，短期均线呈现向下发散，盘面恐慌气氛开始出现。

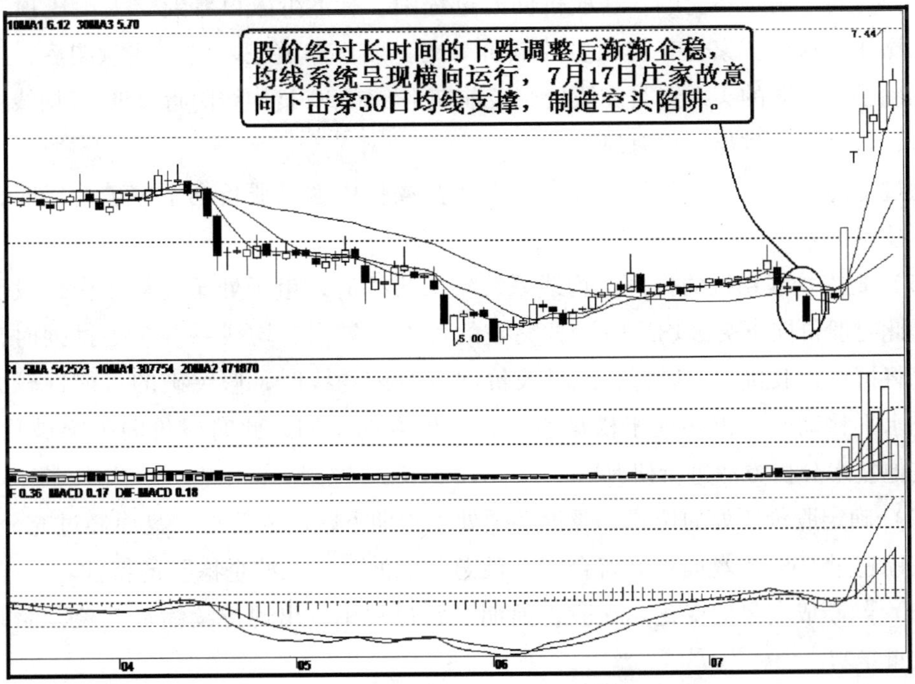

图2－17

此时，有的散户持股信心开始动摇了，继而将筹码抛给了庄家。可是，股价向下击穿30日均线后，并没有出现持续下跌走势，很快股价企稳回升。7月21日，一根涨停大阳线拔地而起，向上突破了底部盘区，从此股价拉开上涨序幕。

该股庄家的建仓轨迹就是先在前期震荡过程中吸纳了大部分筹码，然后在企稳过程中继续加码吸纳力度，最后通过制造空头陷阱再次完成加仓动作。总之，庄家通过这次打压跌破30日均线，在整个坐庄过程中具有至关重要的作用，一来加快筹码的收集，二来夯实底部根基，还可以起到试盘作用。

那么针对这种盘面走势，散户如何分析判断庄家的建仓意图呢？通过盘面细节分析不难发现以下几个关键：

第一，在股价出现反弹之前成交量持续萎缩，说明下跌动能不强，股价距离底部区域不远，因此排除庄家出货的可能性。

第二，重点在于股价向下突破这一环节上，这里有几个问题值得关注，即：庄家为什么打压股价？打压的力度有多大？打压之后将要干什么？只要弄清这几个问题，盘面情况就可以迎刃而解了。

从该股盘面分析，庄家打压的目的只有两个：一是打压建仓；二是向下试盘。在股价向下突破30日均线后，没有出现持续的下跌走势，到了前期低点上方就得到技术支撑，说明打压力度不强，只是点到为止，持续打压可能会起到相反作用。打压之后股价渐渐向上回升到原来的盘区附近，这就很难理解了，股价打压下去了又上来，庄家岂不白打压了吗？不会的。在股价回升过程中，有不少散户看到“大山压顶”而选择离场操作，这样庄家会获得很多的低价筹码。散户知道庄家的这些意图后，操作思路就明确了，安全的买入点是在股价突破前期平台或30日均线附近（30日均线必须再次上行，否则买入过早，仍有风险）。

通过上述几个例子的分析，投资者在实盘操作中遇到股价向下突破均线时，应注意以下技术因素：

（1）观察均线系统的排列。均线系统空头排列时，市场处于弱势之中，股价向下运行，此时股价向下突破均线时，真突破的可能性较大；均线系统多头排列时，市场强势仍将持续，股价向上运行，此时股价向下突破均线时，假突破的可能性较大；均线系统水平移动时，市场处于横盘态势，股价方向不明，此时股价向下突破均线时，应用其他技术分析方法进行研判。

（2）确定股价所处的位置。股价必须处于长期下跌后的低位，盘面经过充分调整，累计跌幅超过50%，盘面最好符合“一波急、二波缓、三波企稳”的特性。

（3）判断成交量的变化。在股价前期下跌过程中，出现持续缩量现象，而此时又出现放量走势。

（4）重点突破后的走势。无论是向哪一个方向突破，盘面必须有气势、有力度，走势干脆利索，不拖泥带水。突破后并能持续发展，既然是突破就不应该磨磨蹭蹭。

如果突破后股价仍不愿意离开突破位置，那肯定是假突破，股价很快将返回到原来的位置，并朝原来的运行方向继续发展。

3. 形态假突破

股价在长期的震荡整理过程中，可能会形成某些技术形态，如常见的双重形、头肩形、圆弧形、三角形、楔形或旗形等。股价一旦成功向下突破这些技术形态，说明顶部技术形态成功构成，股价将沿着突破方向继续向下运行，达到最小“量度跌幅”，这是一个普遍看空的卖出信号。但是，庄家往往是反其道而行之，根据大众散户的思维定式反着做图形。“反大众心理”操作是庄家最大的坐庄意图，也是最有效的坐庄手法。庄家在底部建仓时，为了骗取散户手中的低价筹码，便会制造一些虚假的头部形态，恐吓散户离场操作。

（1）双重顶形态向下假突破。双重顶形态大多出现在上涨趋势的顶部，有时也在整理过程中出现，是一个重要的反转形态，具有强烈的看跌意义。但在实盘中，双重顶形态形成之后，后市出现继续上涨的情况也经常发生。这就给判市测势增加了不少难度，尤其是庄家为了达到坐庄目的，借题发挥，夸大效果，故意发出虚假的盘面信息，导致散户做出错误的买卖决策。

图2－18，西水股份（600291）：在该股中充分表现出庄家奸诈狡猾的特性，将建仓和洗盘手法运用得淋漓尽致。2017年2月3日开始，在大幅调整后的底部采用打压建仓手法，让股价破位走低，引发大批散户恐慌离场，从而掠走散户的大量低价筹码。

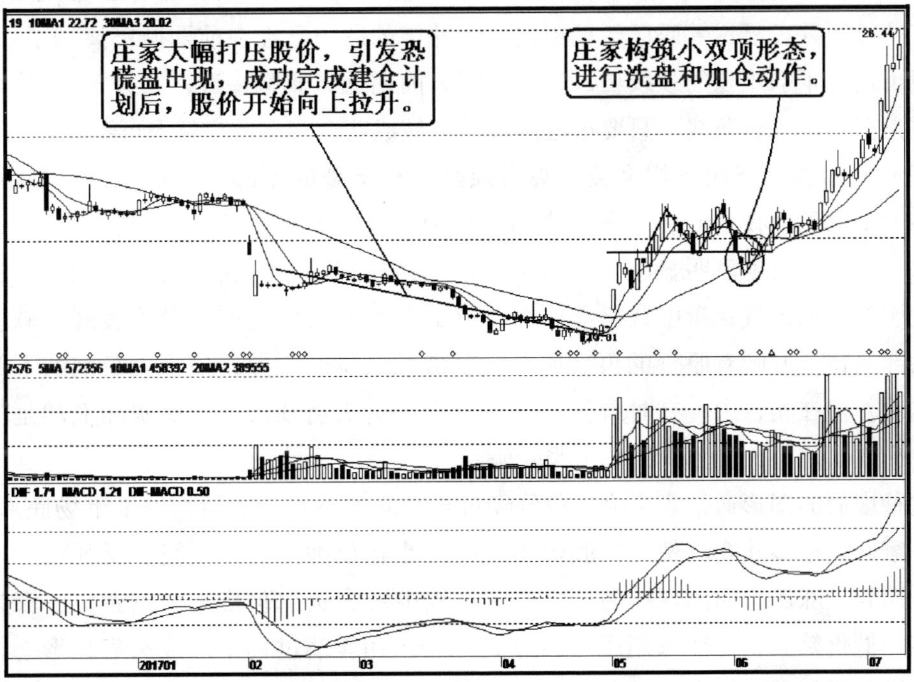

图2－18

5月2日开始，股价快速反弹到前期盘区附近，但此时庄家停止拉升步伐，股价出现震荡走势，不少散户感到上涨无望而选择离场观望。经过一段时间震荡整理，形成一个双重顶形态，6月2日向下跳空低开后，庄家顺水推舟，略施阴谋诡计，顺势轻松一击，股价向下击穿双重顶的颈线，同时也击穿了30日均线，从而形成技术破位之势。

不少散户见此情形，心慌意乱，纷纷抛出筹码，而庄家如鱼得水，轻而易举地骗取散户的低廉筹码。可是，股价并没有出现持续下跌走势，企稳后很快回升到整理形态之内。经过一段时间的整理后，于6月21日开始放量上攻，一匹“大黑马”就这样奔向市场。

这种建仓方式就是利用某些技术形态，借题发挥，故意击穿形态的颈线位，造成技术破位走势，从而渲染空头气氛，使散户在恐慌中抛出筹码。那么，如何解读该股的盘面走势呢？

从该股的图表中可以看出，庄家故意将股价跌破双重顶的颈线，是为了引起市场的恐慌，达到建仓和试盘的目的，另一个目的就是进一步构筑扎实的底部基础。从盘面观察，当股价跌破双重顶的颈线时，成交量没有明显放大，说明庄家没有大量派发筹码，抛出的仅仅是散户的恐慌盘，做空动能并不充足。按理说这种形态向下突破后，股价将会有一波下跌走势，但股价并没有出现持续的下跌，而且很快止跌回升，说明这是假突破动作，庄家大量地吃进筹码，封堵了股价的下跌空间。所以当股价重返形态后，就可以密切关注，一旦发力上攻就可以积极跟进与庄共舞了。

可见，该股一个重大疑点就是股价突破双重顶的颈线位后，没有恐慌盘涌出，股价没有持续下跌，显示筹码已经被锁定，该抛售的散户已经在前期抛售离场了。而且，虽然股价击穿了双重顶的颈线位，但股价距离前期低点非常接近，又有30日均线的支撑，这是多头的一道防线，只要这道防线没有被成功击穿，散户就大可不必为之担心。

（2）头肩顶形态向下假突破。头肩顶是一种典型的顶部反转形态，也是最著名、最可靠、最常见的技术形态，在理论和实盘中具有十分重要的技术分析意义。股价经过三次上冲后，力度已明显减弱，后市看淡已被越来越多的投资者所认同，庄家也难以再度引领市场人气，盘中缺乏承接力，成交量出现大幅萎缩，股价表现疲软，无法穿越头部高位，并随着股价的再次回落，跌破颈线位的支撑，预示大级别的下跌行情即将出现。但在实盘中，有时看似一个非常标准的头肩顶形态，而实际上却是庄家制造的一个空头陷阱，让不少散户上当受骗。

这种虚假的图形通常表现为，股价经过长时间的下跌调整后，处于市场底部区域，这时庄家开始逐步建仓。然后，股价出现一波小幅反弹行情，当股价反弹到一定的幅度后，遇到上涨压力而出现震荡，在震荡过程中形成头肩顶形态。或者，庄家为了吸纳更多的低价筹码，往往采用压箱顶方式建仓，在震荡过程中形成头肩顶形态，为了加强恐慌盘面气氛，故意向下击穿头肩顶颈线，造成技术破位之势。这时，就有不少投资者以为股价后市将会出现下跌走势，因而纷纷抛空筹码，可是不久股价企稳回升，步入上升通道之中，从而成为低位头肩顶陷阱。

图 2－19，沧州大化（600230）：该股随着基本面的好转，股价出现较大幅度的上涨，然后在相对高位出现盘整走势，在震荡过程中形成一个疑似头肩顶形态，2017 年 6 月 1 日股价向下击穿头肩顶形态颈线位，这时前期不少散户获利退出。

其实，庄家志在高远，炒作目标远没有到达，继续暗中吸纳筹码，进行充分的洗盘换手之后，股价再次步入升势，形成主升浪行情。

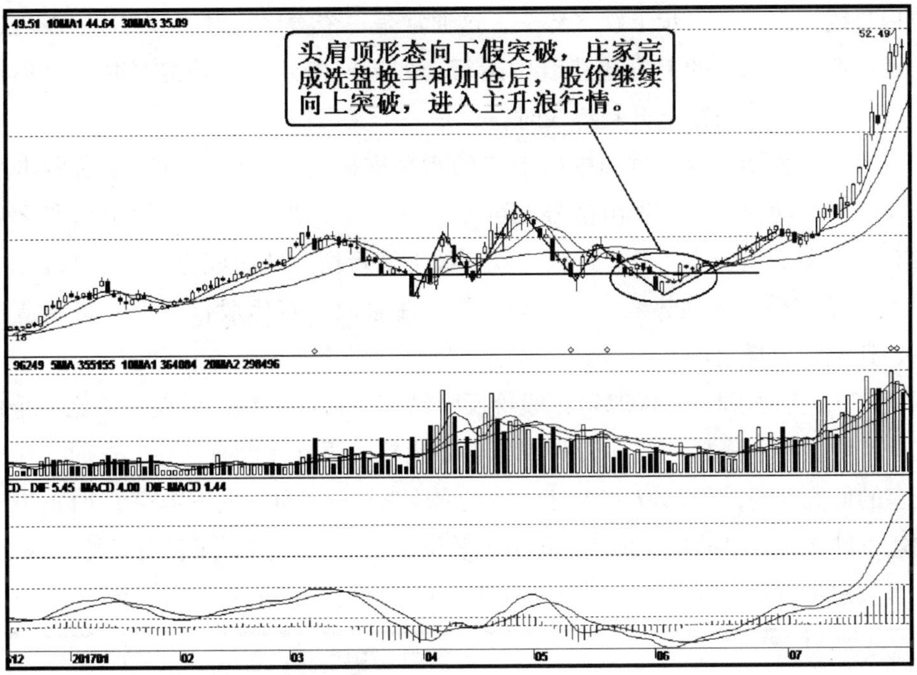

图 2－19

庄家故意将股价跌破头肩顶的颈线位，目的是为了在主仓期收集到更多的低价筹码，同时进一步构筑扎实的底部，这也是建仓、洗盘和试盘的综合反映。而且，更为重要的一点就是在股价跌破头肩顶的颈线位后，虽然引起市场散户的恐慌，但股价没有出现持续的下跌走势，而是盘踞在突破位置附近，这就成了假突破嫌疑。

散户不妨想一想，为什么一个标准的头肩顶形态向下突破后，而股价没有出现持续下跌呢？这不是假突破又是什么？在此，庄家的建仓意图暴露无遗，投资者应当逢低介入，与庄共舞。

通常头肩顶是一个顶部反转形态，向下突破是形态的基本特征，但经常看到向下假突破的情形。当股价成功构筑右肩后，在股价出现向下回落时，庄家借力使力一举突破头肩顶的颈线位，一个标准的头肩顶形态即告完成，这样看空后市的人就会多起来。但是，股价却在颈线位附近盘整数日后，又回升到颈线之上，随后出现升势行情。至此，一个头肩顶向下假突破的陷阱即告形成，这就是庄家意图所在。

在实盘中还有不少类似的形态假突破现象，如：倒V形、岛形、潜伏形、圆形、盘形、旗形、楔形、N形和长方形等向下假突破走势。投资者可以根据提供的相关技术要点，综合分析盘面，切实提高甄别庄家意图的能力和技巧。

4. 趋势假突破

股价在长期的下跌过程中，形成一条明显的下降趋势线，呈现一波比一波低的弱势盘跌走势，场内交投气氛冷淡。投资者对市场丧失了信心，导致抛盘加重，股价向下跌破趋势线，出现进一步下跌之势头，这通常是一个卖出信号。

或者，股价在明显的上升趋势线中运行，如果回落到上升趋势线时，得不到趋势线的有力支撑而向下击穿上升趋势线时，也是一个卖出信号。

又或者，在长期的运行过程中所形成的水平支撑线，股价一旦向下有效击穿这条水平支撑线时，同样是一个卖出信号。可是在实盘中，当散户纷纷抛出筹码之后，股价却没有下跌多少就企稳回升，进而出现一波上涨行情，从而成为一个空头陷阱。

（1）向下突破下降趋势线。在跌势末期，庄家故意打压股价，进一步制造市场恐慌气氛，让散户恐慌离场。

图2－20，正海磁材（300224）：股价反弹结束后再次下跌，低点一个比一个低，从而形成一条明显的下降趋势线，表明市场十分疲软，调整并没有结束。这时，庄家为了吸纳更多的低价筹码，在2017年5月下旬连续故意打压股价，向下击穿了下降的趋势线，形成加速下跌之势，给散户心理造成极大的恐慌，不少散户担心深套而不得不选择离场。可是，当散户卖出股票后，并未见股价下跌多少，很快企稳进入盘升行情。

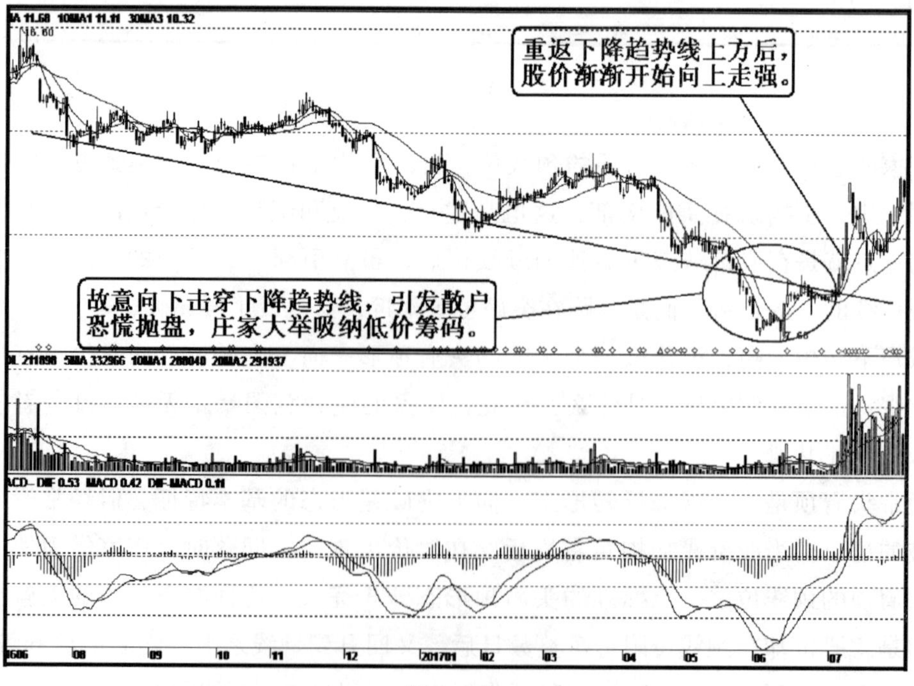

图2－20

那么，该股为什么不会持续下跌呢？庄家意图是什么呢？

第一，股价总体跌幅较大，继续大幅下跌的概率较小，长线投资价值凸现，因此低位向下突破成为空头陷阱的可能性大。

第二，该股在击穿水平趋势线支撑后，并没有出现放量现象。表明庄家没有出逃，筹码比较稳固，只是一些恐慌的散户抛出，因此不会有较大幅度的跌势出现。

第三，虽然在一度向下击穿下降趋势线，但并没有出现持续下跌走势，也没有出现加速下跌之势。这是庄家欺骗散户的一种常用手法。

第四，庄家先前介入的初仓筹码基本被套，鉴于股价处于底部区域，庄家基本不会大幅打压股价，否则容易造成坐庄负面影响。

（2）向下突破上升趋势线。在股价止跌企稳后，庄家故意打压股价，向下击穿刚刚形成的上升趋势线，形成阶段性行情结束的假象，让散户主动离场。

图2－21，方大炭素（600516）：该股经过充分的调整后，庄家入场收集筹码，股价渐渐企稳回升，并形成一条清晰的上升趋势线，股价沿着小通道向上爬高。

由于这时庄家手中筹码并不多，于是在2017年3月下旬故意向下击穿了这条上升趋势线，通常当股价跌破上升趋势线，说明反弹行情结束，股价再次步入下跌走势，从而构成卖出信号。

可是卖出股票后，股价并未下跌多少，就企稳盘升而上，因此形成一个空头陷阱。随后，在股价向上盘升过程中，庄家继续采用边洗盘、边加仓的手法，完成了整个建仓计划，6月23日开始股价出现加速上涨阶段。

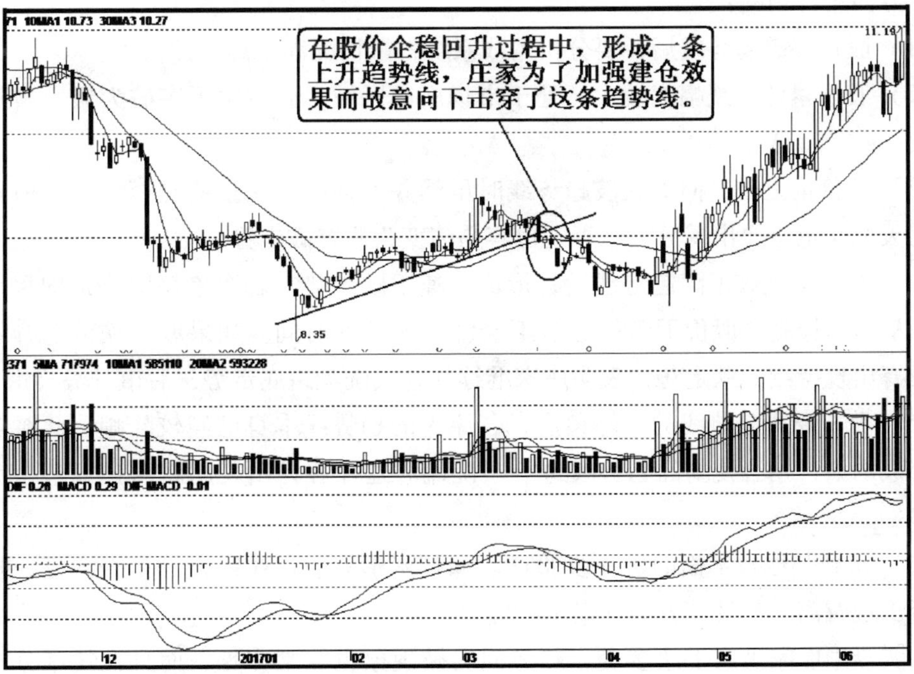

图2－21

那么，该股反映出什么技术问题呢？从该股的走势图中可以看出以下问题：

第一，股价向下突破上升趋势线时成交量不大，通常股价下跌时不强调成交量的大小，但在突破的关键位置也要有成交量的放大，才能加强突破的有效性。从该股的盘面分析，可以说明没有恐慌盘出现，庄家对筹码掌握非常好，向下突破则进一步加强筹码的稳定性。

第二，该股步入上升通道之后，没有进行一次充分的调整洗盘，庄家有必要进行一次洗盘调整，短期下跌当属合理，且洗盘是为了更好地上涨。

第三，从价位情况分析，股价总体下跌幅度较大，基本处于历史性底部区域，即使出现下跌走势，估计跌幅也不会很大。炒股票只要获取中间一截利润就可以了，对市场也不可能预测得那么精确，有时过于精算往往犯因小失大的错误。

据此，可以认定该股突破上升趋势线是一次庄家建仓行为。投资者遇到这种走势时以逢低吸纳为主，不宜盲目杀跌，或者等待回抽有效时再做定夺。

在实盘中，一条业已形成的上涨趋势线，对股价上涨起到助涨和支撑作用，反映市场持续做多势头，应当继续看多做多。可是，有时股价在上升趋势运行一段时间后，突然间被一股巨大的做空力量打破了上升趋势线的支撑，一时间搅乱了投资者的思维，认为股价涨势行情末了，因而纷纷抛售股票离场，这种现象在上涨初期经常出现。可是，股价在趋势线下方做短暂的停留后反转向上，步入了强劲的上涨行情，让出局者深感悔意。

通过上述两个例子的分析，投资者在实盘中遇到股价向下突破趋势线时，可从以下几个方面进行判断：

（1）股价突破趋势线后，要分析均线系统发散情况和乖离率的大小。

（2）股价累计下跌幅度较大，处于市场底部区域，此时向下突破为假突破的可能性较大。

（3）从价量上看，向下跌破趋势线时虽然并不强调成交量的是否放大，但在突破的那几天成交量也要出现放大，否则也容易演变为假突破走势。

（4）在股价跌破下降趋势线后，形成加速下跌走势，表明趋势即将走向尽头，空方在做最后的挣扎，股价下跌的趋势不会维持太长的时间。如果股价跌破上升趋势线后，没有出现持续下跌走势，表明庄家继续加仓或洗盘筑底走势，后市升势行情可期。

（5）分析原先趋势线的下降角度，若原先的趋势线本身已经较陡峭，此时若继续向下突破的话，则会使新的趋势线进一步陡峭。这样容易出现超跌反弹或产生市场反转走势。

（6）得到其他技术面的进一步验证。如技术形态、K 线组合等是否向好，技术指标是否出现背离、交叉或方向性提示。

在实盘中庄家坐庄手法多变，趋势假突破现象也非常多见，而且在技术分析领域也有各种各样的趋势线，如：轨道线、黄金分割线、百分比线、角度线、扇形线和速度线等。这些趋势线都有可能成为庄家制造虚假盘面信号的工具，投资者应综合分析盘面，深刻领悟庄家意图，密切注意庄家陷阱。

5. 前低假突破

股价在调整过程中形成的阶段性低点，一般具有重要的支撑作用，在投资者心理也产生重要的预期作用。如果股价向下跌破这个位置时，说明后市股价下跌空间被打开，则具有普遍看跌意义，投资者应及时退出观望。但在实盘操作中，股价向下突破前期低点经常是庄家故意打压建仓而设置的空头陷阱，股价突破后没有下跌多少就企稳盘整，庄家在此吸纳了大量的低价筹码后，股价渐渐向上回升并走出亮丽的上涨行情。

图 2－22，市北高新（600604）：该股见顶后逐波下跌，不断创出调整新低，每一个低点被有效击穿后，股价均出现不同程度的下跌行情。2017 年 4 月，股价经过再次暴跌后，在低点形成弱势震荡，这时庄家悄然吸纳大量的低价筹码。

庄家为了达到建仓效果，在 7 月 17 日故意向下打压股价，一根接近跌停的大阴线一举击穿了前面 5 月 24 日出现的明显低点，技术形态遭到严重破坏，大有加速下跌之势。

这时持有筹码的持股者开始恐慌了，认为股价还要再下一个台阶，于是纷纷止损离场观望。然而，市场总是有着太多的意外，股价很快出现企稳走势。经过 7 个交易日的震荡整理后，庄家成功地完成了建仓计划，7 月 27 日发力而上，短期出现飙升行情。

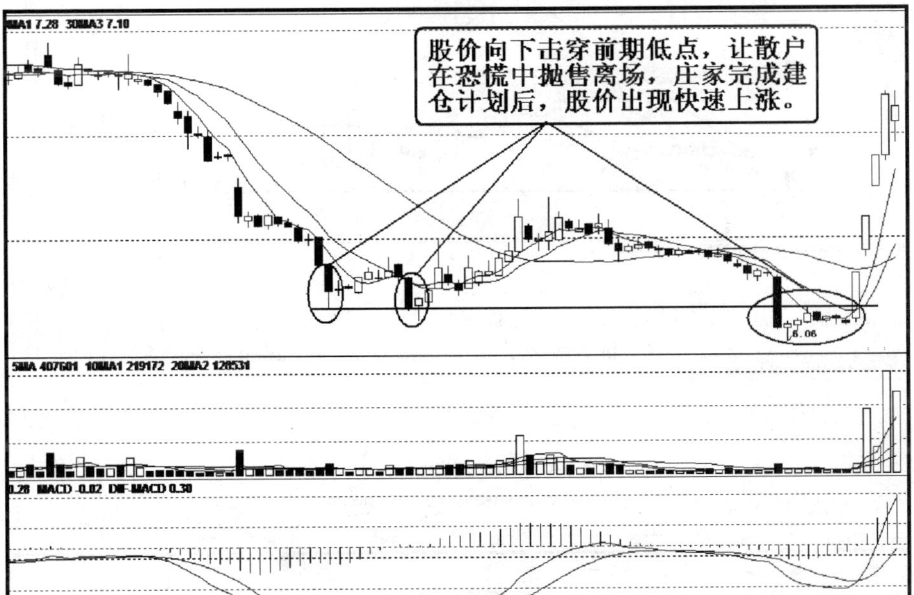

图 2－22

从该股走势图中可以看出，股价向下突破前期低点时，成交量没有放大，表明突破没有气势、没有力度。股价没有大幅压低而迅速脱离突破位置，而是缠绵于突破位置附近，这不得不让人产生假突破怀疑。而且，突破时没有成交量，说明下跌动能不强，盘中缺乏做空动能，筹码已经被庄家锁定，浮动筹码很少，属于无量空跌走势，为庄家故弄玄虚而已。另外，该股经过长期的下跌调整后，已经处于底部区域，下跌空间不大，向下突破是庄家故意打压的一个空头陷阱。因此，这是一次假突破行为，投资者应坚定持股信心。

图 2－23 云海金属（002182）：该股随着大盘的回落调整，在 2017 年 1 月 19 日创出一个明显的低点，然后出现一波有力的反弹行情，但是反弹结束以后，股价再次回落走低。

一般来说，前面这个低点具有较强的支撑作用，一旦有效跌破往往预示出现新的下跌走势，因此庄家就抓住这一点制造空头技术陷阱。5 月 26 日开始故意打压股价，连续收出三根阴线，向下击穿了前面的调整新低，从而导致市场出现一定的恐慌情绪，不少散户因此抛售筹码离场。

可是，市场似乎与抛空的散户过不去，当恐慌的散户离场后股价却止跌了，随后股价渐渐企稳回升，成交量也逐步放大，庄家大举吸纳筹码，很快出现一波上涨行情。

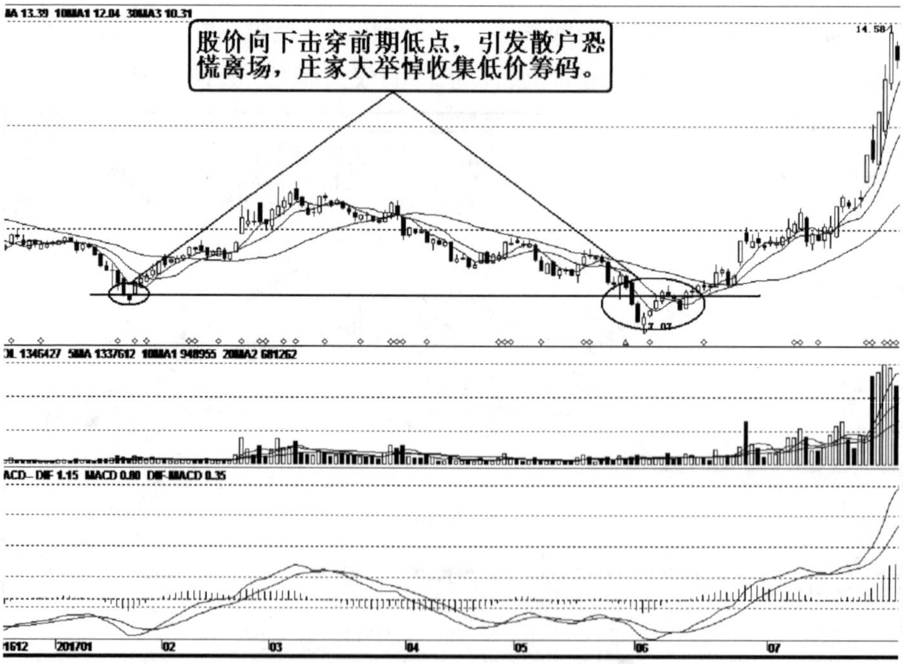

图 2－23

这两个例子的盘面走势基本相似，一个共同特点就是庄家利用散户对某一个技术点位的心理预期而采用的“反大众思维”操作。庄家利用手中的初仓筹码进行打压，突破前期低点支撑，从而使散户的心理预期破灭，继而做出抛售离场的决定。可见，在股市中庄家与散户之间，既是一种技术较量，更是一种心理博弈，在技术背后往往隐藏着更大的陷阱。

通常，股价无论向那个方向突破，一定要有气势、有量能、有力度，一气呵成，不拖泥带水，迅速脱离突破区域，大有一去不回头之势，这样的突破才是真实有效的突破。如果股价突破某一位置后，仍然在这一位置附近逗留而不愿意离去，那么这样的突破就值得怀疑，往往是假突破行为。

6. 盘区假突破

股价在某一个区域出现长时间的震荡整理或者巨大的换手时，就会形成一个成交密集区域或盘整区域。该区域对后市股价发展起着至关重要的作用，若是股价向上突破，该位置则起着强大的支撑作用；相反，若是股价向下突破该位置，则起着重大的压力作用，后市股价大多会出现一波持续的下跌行情，因此投资者应及时退出观望。

但是在实盘中，这种走势经常出现假突破现象，成为庄家拉高出货或打压吸货的一种坐庄手法。在股价真正进入上涨行情之前，先向下跌破成交密集区域或盘整区域，造成股价向下破位之势，引发投资者离场。当大家纷纷抛空筹码后，股价却不跌反涨，正式步入上涨行情，从而形成向下假突破的空头陷阱。

图2-24，北方稀土（600111）：股价见顶后逐波下跌，在低位出现长时间的震荡盘整走势，在震荡过程中形成一条长方形盘整带，股价在一个狭窄的通道内运行时间较长。

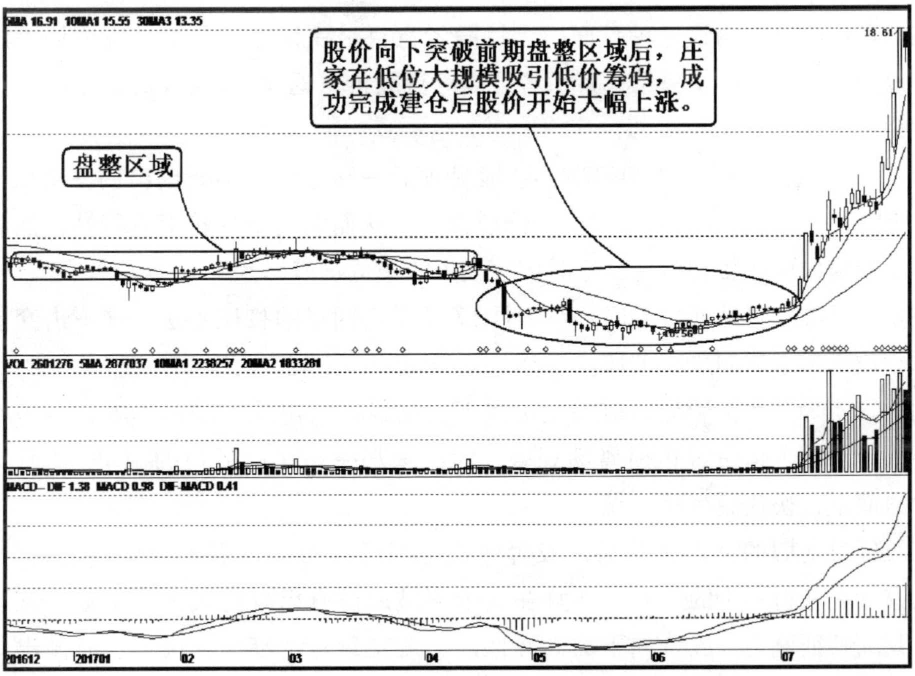

图2-24

2017 年 7 月 24 日，股价向下击穿了长方形下限支撑，脱离盘整区域并创出市场新低，预示股价将产生新一轮下跌行情，因此构成卖出信号。不少散户看到这样的破位大阴线而心生恐惧，最后做出低位止损离场的决定，而庄家却在暗中吸纳筹码。

值得注意的是，股价向下破位后，并没有出现持续下跌走势，很快企稳并形成新的盘整区域。庄家在此区域完成建仓计划后，在 7 月 6 日放量向上突破底部盘整带，从此股价步入上升行情。

该股为什么向下突破盘整带后股价没有出现持续下跌行情呢？从该股技术图形分析，存在以下两方面的技术疑问：

一是股价向下突破时没有成交量，无量空跌说明没有恐慌盘涌出，庄家对盘面掌控比较好，筹码已经被锁定，盘中浮动筹码较少。

二是股价累计跌幅较大，基本处于市场底部区域，下跌空间已经不大，庄家也不敢大幅打压股价，以免在低位丢失低价筹码。

但散户只要认真分析盘面细节，总会找出庄家阴谋之处，从该股走势图中可以看出，股价向下突破时成交量没有放大，表明下跌动能不强，盘中筹码已被庄家控制，浮动筹码很少，属于无量空跌走势。而且，股价经过长期的下跌调整后，已经处于底部区域，下跌空间不大，因此再次向下突破是一个空头陷阱。另外，从压缩图中还可以观察到股价下跌时出现“一急、二缓、三企稳”的现象，料想股价已是跌势的末期，后市股价下跌幅度不会太大。

在实盘中投资者遇到这种盘面时，持股者盲目杀跌显然不可取，应密切关注突破是否有效，然后再做买卖决策；持币者可以等待股价重返 30 日均线之上或向上突破盘整带时介入。

图 2－25，北京文化（000802）：该股见顶后一路走低，不断创出调整新低，2017 年 4 月 19 日一根大阴线向下击穿前期低位盘区，从而引发新一轮下跌行情，然后在底部再次呈现横向弱势整理格局，这时庄家大量收集低价筹码。

庄家为了继续吸纳低价筹码，在 7 月 17 日采用同样的打压手法，向下击穿前期盘区支撑，技术形态遭到严重破坏。

此时，不少散户由于受到前期股价向下突破盘区后出现大跌的影响，而担心出现新的下跌走势，于是纷纷止损离场观望，而庄家却一一吃进散户的抛单。7 月 27 日，股价发力而上，快速脱离底部盘区。

该股经过前期的大幅调整后，股价下跌空间已经很小，市场明显缺乏做空能量，说明庄家已经获得不少的筹码，而且在股价突破后没有出现持续下跌走势。该股一个明显的盘面特征就是，股价向下突破盘区时，成交量持续萎缩，说明这时抛出的是胆小的散户，而不是庄家。如果庄家大量减仓，那么成交量肯定会有所放大，否则无法出货。再说，股价见顶后的下跌幅度较大，最笨的庄家也不可能在这个价位出货，相

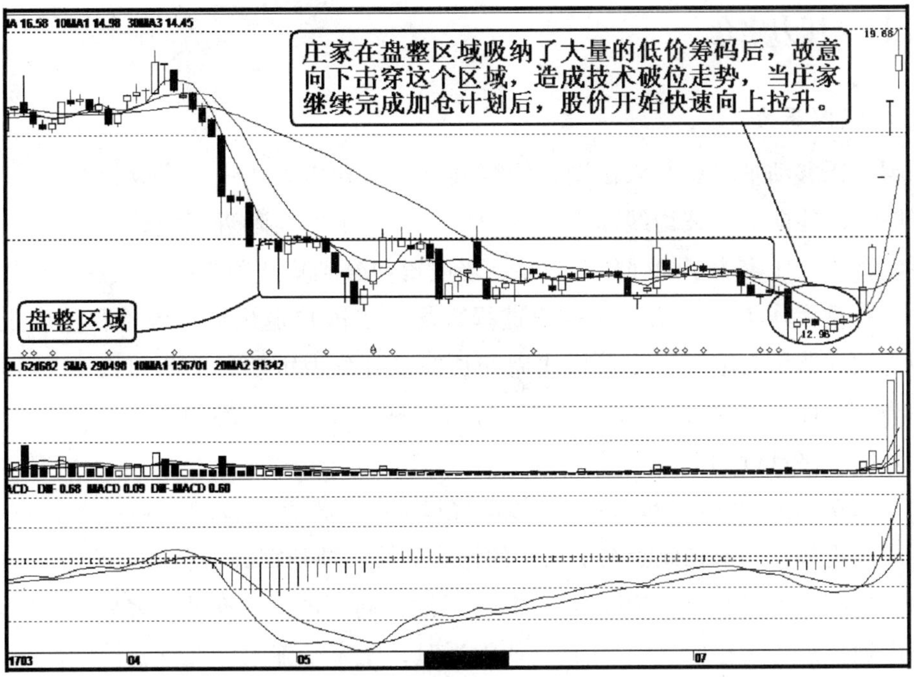

图 2－25

反，庄家正在这个位置大量吸纳筹码。既然庄家在建仓，想必股价不会大跌，否则套牢的将是庄家自己。

投资者如果分析了这些市场因素后，那么庄家意图就清楚了，庄家阴谋也就不攻自破，然后以其人之道还治其人之身，这是炒股的乐趣和境界。

在实盘操作中，如果出现以下盘面现象时，可以认定其为假突破。

（1）在向下突破盘区之前，股价累计下跌幅度较大，在低位出现明显的止跌迹象。通常，下跌幅度越大、盘整时间越长，则股价止跌企稳的可能性越大。

（2）在股价向下突破时，无气势、无力度，突破后股价没有持续下跌。

（3）在向下突破之后，股价很快企稳回升，或很快收复大部分失地。

成交密集区域和盘整区域的区别：成交密集区域往往以大成交量为特征，时间长短并不重要，而盘整区域往往持续时间较长，但累计成交量也不少。

在这类个股中，通常盘整时间越长，成交量越大，堆积的筹码越多，筹码换手越充分，从而形成一个成交密集区域，一旦股价向下突破这一区域，将成为中长期的一个重要阻力位。多头要想重新突破这一区域，需要很大的力量和良好的市场环境才能突破，也就是说需要技术面和基本面的配合才能使行情发生逆转。庄家在此制造空头陷阱，其建仓效果非常明显，因此多数庄家在股价正式启动之前，往往做出这种盘面形态。

意图5：压力建仓

1. 均线假压力

根据葛氏移动平均线八大法则，均线具有支撑和压力作用。当股价在均线之下向上反弹时，未能向上突破均线压力而受阻回落，显示均线附近压力较重，此为卖出信号。在实盘中，庄家为了加强建仓效果，当股价回升到均线附近时，故意不予以突破，形成均线有重大压力的假象，让散户选择离场。当散户退出后，股价很快向上突破，从而成为均线假压力陷阱。根据均线周期长短，可分为短期、中期和长期三种类型的均线压力。在此仅以30日均线为例进行分析，对于其他类型的均线压力，投资者可以根据提供的思路自行判别。

图2－26，厦门钨业（600549）：该股经过大幅下跌后，跌势有所放缓，在底部区域出现震荡走势，庄家在此吸纳了大量的低价筹码，顺利完成主仓期吸筹计划。

从走势图中可以看出，2017年4月24日股价向下击穿前期低点之后，引发了散户恐慌盘出现，然后企稳回升到30日均线附近时，庄家略施阴谋诡计，使盘面出现震荡走势，股价多次攻击30日均线，均无法形成有效突破，股价紧贴30日均线渐渐下滑。

这时不少散户认为30日均线对股价压力明显，短期股价无法向上突破，因而选择了离场操作，庄家此时大举加仓。6月2日，股价再次向下创出新低，当最后一批散户恐慌离场后，股价渐渐企稳回升，走出一波震荡上涨行情。

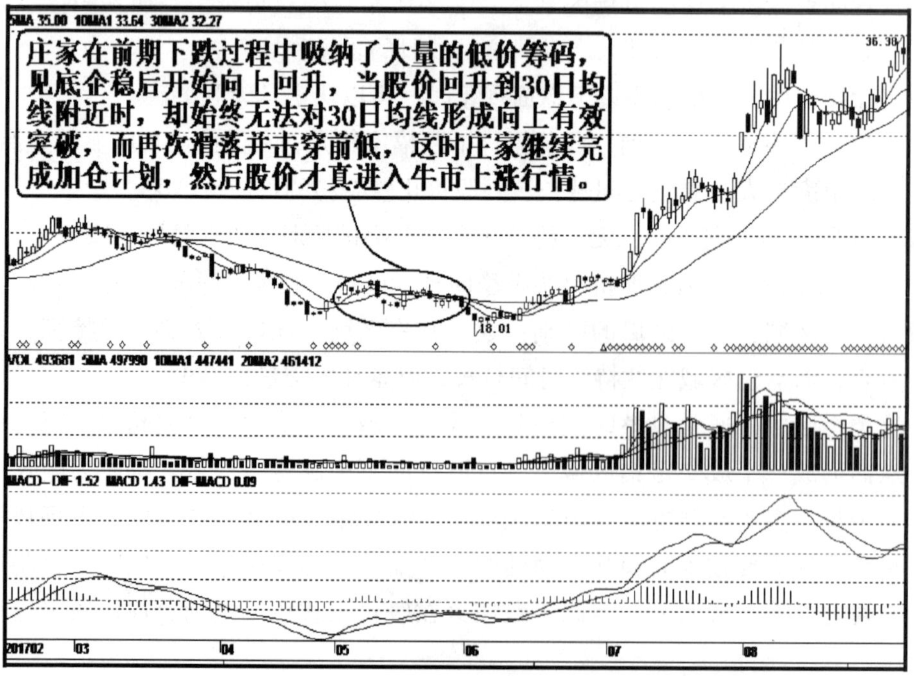

图2－26

其实，庄家在该股中有两大意图：一是故意打压意图，给散户造成心理压力；二是30日均线阻力意图，当股价反弹到30日均线附近时，形成股价反弹受阻的假象，使散户持股心态出现动摇，产生强烈的卖出欲望。

需要注意的是，该股的主仓期是在前期的低位盘整期间，最后的打压和30日均线的假压力只是坐庄过程中的一个次要的过程，其目的是完成最后的加仓计划和向下测试底部支撑。

图2－27，西水股份（600291）：股价见顶后逐波走低，然后出现一段较长时间的横向震荡走势，此时庄家手中筹码并不多，于是在2017年2月3日、6日连续两天大幅打压，造成股价向下击穿前期整个盘区，引发大量的散户抛盘出现。

然后，呈现“L”型整理，持续时间超过一个月，在此期间庄家吸纳了大量的低价筹码。3月中旬，当股价与30日均线接近时，由于受到下降的30日均线的下压，股价并没有形成向上突破走势，而是再次出现加速下跌，此时再次引发散户恐慌性抛盘。

但很快股价企稳回升，分别在4月12日和14日两次对30日均线发起攻击，但股价到达30日均线附近时，无法对30日均线形成突破，在股价回落过程中又有一批散户担心股价继续下跌而选择离场观望，这时庄家全部通吃散户抛盘。当庄家成功完成建仓计划后，5月2日股价放量向上突破，成功开启一轮牛市行情。

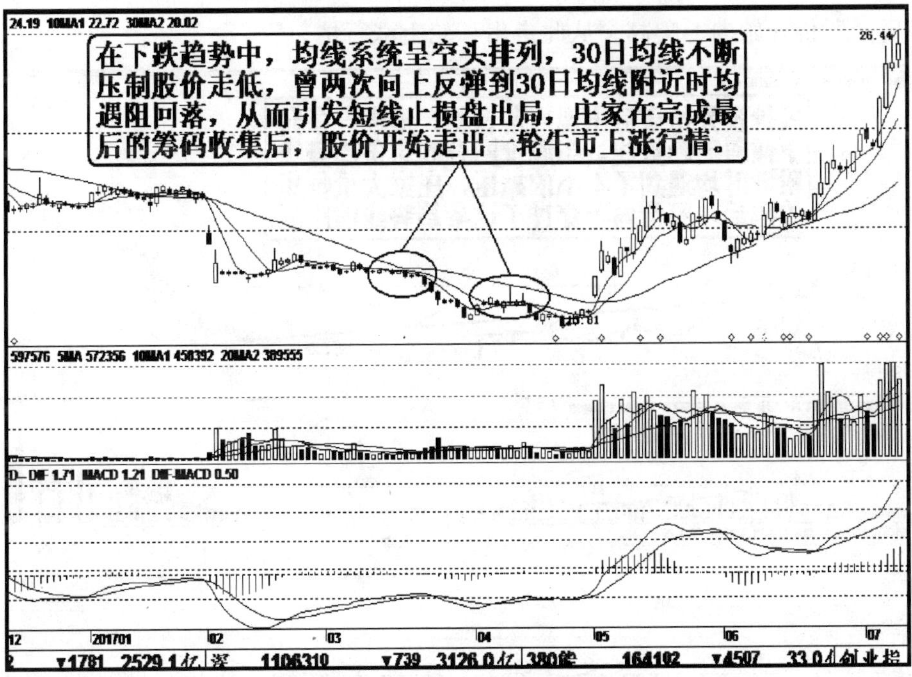

图2－27

该股庄家显然是利用下降的30日均线压力作用，“放大”了这种压力效果，形成股价突破失败或无法突破的假象，制造虚假的向下加速走势，使散户感觉到股价仅仅是一次弱势反弹而已，认定后市股价仍将会继续下跌，所以有不少散户争相在均线附近卖出股票。

2. 趋势假压力

在实盘操作中，下降趋势线一旦有效形成，将对股价构成重大的压力。股价回升到下降趋势线附近时，大多遇到压力而再次出现下跌走势，因此趋势线附近是一个卖出信号。但是这种情况也经常出现许多虚假的现象，往往成为庄家操控盘面的惯用手法。不少庄家陷阱就发生在这里，投资者应当综合分析研判，才能避免中了庄家阴谋之计。

图 2－28，马钢股份（600808）：该股反弹后逐波下跌，高点一个比一个低，形成一条向下倾斜的下降趋势线，股价每次反弹到趋势线附近时，均遇到强大的压力而再次下跌，因此在趋势线附近卖出是一个较好的止损点位。

但是，下降趋势线终将有被突破的时候，特别是长期下跌后的低位，很容易被庄家所控制。在 2017 年 5 月底至 6 月初的走势中，当股价再次反弹到趋势线附近时，盘面同样出现震荡走势，上方显得压力重重，无力向上突破。

不少散户看到这种情况后，认为股价上涨遇到趋势线压制而纷纷抛空操作，这样庄家就能轻松地拿到低价的筹码。此后该股并没有出现下跌走势，经过一段时间的蓄势整理后，股价开始向上爬高，从此走出一轮上涨行情。

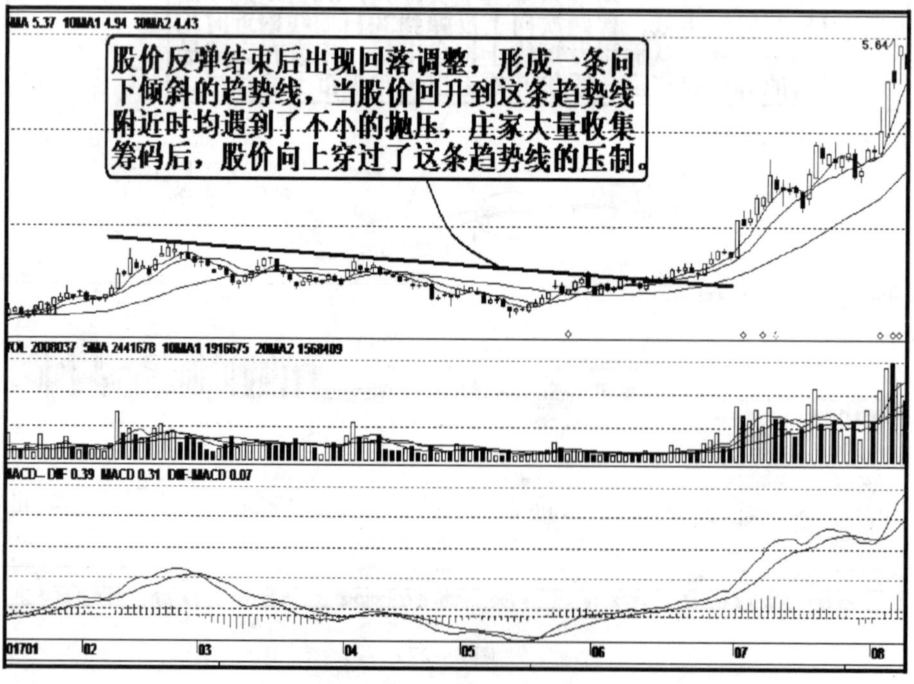

图 2－28

那么，如何分析该股的庄家手段呢？从图表中可以看出，股价反弹到趋势线附近时，庄家故意在趋势线附近磨蹭，使盘面产生股价上涨受阻的假象，误导盘中散户离场操作，同时警示场外的散户慎重操作，不要轻易介入。于是，在趋势线下方形成小幅盘跌走势，以逐步消化上方压力。通过一段时间的较量之后，磨掉了多空双方的意志，最终放弃了原来的计划。

在实盘中遇到支撑或阻力时，庄家常常采用磨的手法，最终将支撑或阻力消化殆尽。该股庄家就稳扎稳打，不急于攻克阻力，而是采用“磨杵成针”的手法，磨掉了持股者的意志，消化了上升阻力，最终成功地完成了建仓计划。

其实，从该股盘面分析，就能发现庄家手段所在。虽然股价反弹遇到趋势线附近时，看似遇到了不小的压力，但股价再次下跌的力度已大不如前，说明下方有一股承接力量。而这股力量绝非散户所为，因为散户难以充当跌势的中流砥柱，而只有庄家才能封堵下跌空间，这就说明庄家在此大量建仓。而且，在震荡过程中成交量与前期相比出现明显放大，显示有资金在暗中活动，大多属于建仓量。

图 2－29，同济科技（600846）：该股在震荡下跌过程中形成一条下降趋势线，股价每次反弹到这条趋势线附近时均遇阻回落，无法形成有效的向上突破。散户看到这种情况后，多数散户选择在 30 日均线附近减仓或离场。

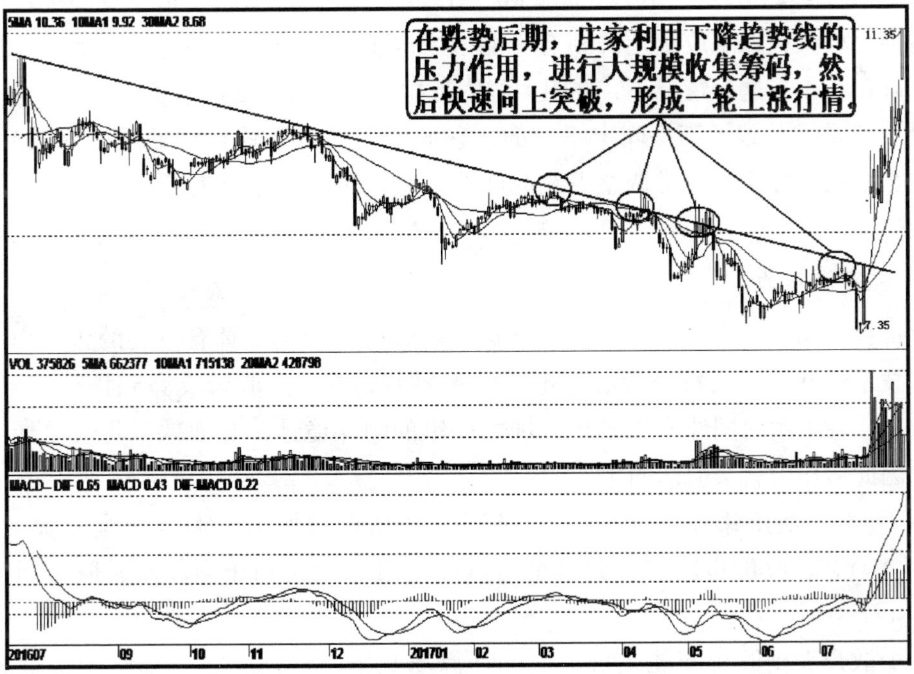

图 2－29

从走势图中可以看出，2017 年 4 月中旬当股价回升到趋势线附近时遇阻回落，股价再创调整新低。然后在 5 月上旬和 7 月中旬出现同样的走势，这时又有一批散户

“逢高”退出观望，此时一些先前已经退出的散户又不敢入场。这样经过几次震荡后，庄家就能轻松地拿到大量的低价筹码。7 月 19 日开始股价连拉两个涨停板，成功向上突破了下降趋势线的压力，从此开启一轮牛市上涨行情。

其实，从价位分析，股价经过长期的下跌调整后，已处于底部区域，下跌空间不会很大。通过这些盘面分析就能发现庄家在此大量建仓，投资者就可以积极入场与庄共舞。

在实盘操作中，当股价遇到趋势线压制时，对于其可靠性如何，还可以从以下几方面进行验证：

（1）趋势线所经过的次级下降顶部越多就越有意义。换句话说，若股价回到趋势线之上后，再度下跌时，如果下跌的次数越多，趋势线的有效性就越可以获得确认。

（2）趋势线延伸越长，股价离开趋势线而停留在低价位一段时间后才产生中级上升，并向趋势线靠近才有意义。如果股价距趋势线所连的两个次级底部相当远，并在此期间大幅度下跌，则它的可靠性越大。

（3）趋势线和它的两个顶部连线所形成的角度是估量中级趋势线的标准。一条角度非常陡峭的趋势线容易被一个横向的整理形态突破，对技术分析来说，这条趋势线的测量价值会降低。因此集体突破发生时，投资者都应提高警觉并采取对策。

（4）在下降趋势中，当股价上涨到阻力线附近时，如果成交量出现萎缩，股价受阻的可能性较大；如果放量上升则有可能形成股价突破阻力线并进一步上涨，摆脱原先的下降趋势。在这种情况下，在阻力线附近抛出股票就操之过急了。

（5）下降趋势线并不是固定不变的，它通常会随着下跌行情的展开而改变斜率。因此应当根据实际情况适时调整下跌趋势线，以便更准确地判断行情走向和把握买卖时机。

3. 前高假压力

股价在震荡过程中形成的阶段性高点，对后市股价上涨具有重要的压力作用，容易出现技术性共鸣，在投资者心理也产生重要的影响。当股价反弹到该位置附近时，大众散户往往不约而同地卖出筹码，加之庄家的阴谋诡计，盘面效果将会更加突出而逼真，因此假压力就会应运而生。

图 2 –30，洛阳钼业（603993）：该股反弹结束后回落，形成一个明显的高点。2017 年 4 月初，股价再次回升到这个高点附近时明显遇到压力，然后股价回落渐渐走低。

不少散户看到股价不能突破，而选择离场观望。这期间庄家却暗中悄悄大量吸纳筹码，然后在 6 月中旬股价回升到前期高点附近时，主力并不急于向上突破，而是出现同样的滞涨走势，此时又有一批散户在前高附近抛售离场。这样庄家成功完成了建仓计划后，股价在 7 月 6 日开始放量向上突破，此后股价盘升而上，中线走强。

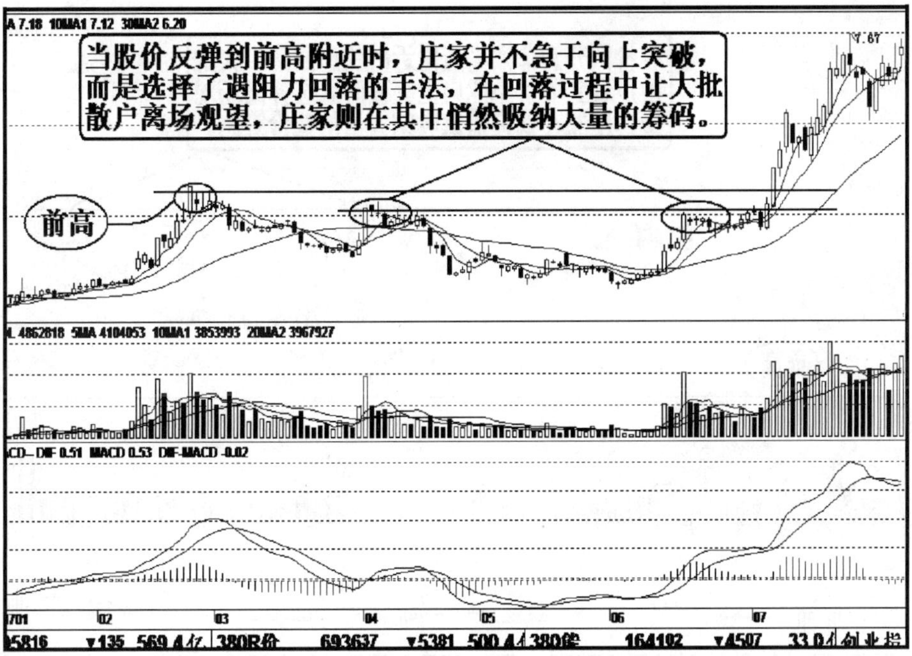

图 2-30

那么，该股庄家意图是什么呢？通过图表分析可以发现，庄家巧妙地利用前期高点这个显而易见的压力位，制造虚假的技术图形，让散户在前期高点附近抛出，从而实现自己的建仓目的。

其实，只要认真分析盘面细节，投资者就能揭穿庄家的坐庄意图。当股价回升到前期高点附近时，虽然没有出现突破走势，但股价并没有出现大幅回落走势，这从坐庄逻辑上讲就有问题了。大家不妨想一想，如果这是一个无法突破的压力位，那么股价就会很快回落，不会给散户逢高出逃的机会，既然庄家将股价长时间维持在压力位附近震荡，等待散户的抛售，敢于在此承接筹码，那么后市股价肯定有名堂。还可以再想一想，如果这是一个真正压力位的话，奸诈的庄家肯定会设一个多头陷阱，可以一口气将股价冲到前期高点之上，让散户感到股价突破压力而纷纷跟进之时，股价快速回落将散户全数套牢在高位之上。通过这样的假设就可以轻松看破庄家手段，接下来的操作就顺手了。

图 2-31，柳钢股份（601003）：该股出现一波放量反弹行情后回落震荡整理，经过一轮缩量下杀后，在 2017 年 5 月上旬出现快速拉高走势，股价迅速回升到前高附近，但股价并没有形成突破走势，而是出现快速回落，这时不少散户仓皇离场，庄家悉数接走散户的筹码，随后股价渐渐向上走高。

庄家这样做的目的就是利用前面已经出现的高点压力，制造无法突破的假象，让散户主动抛出筹码，以达到顺利建仓。因此，投资者在分析此类个股时，一定要做时空上的区分，不可以一概而论之。

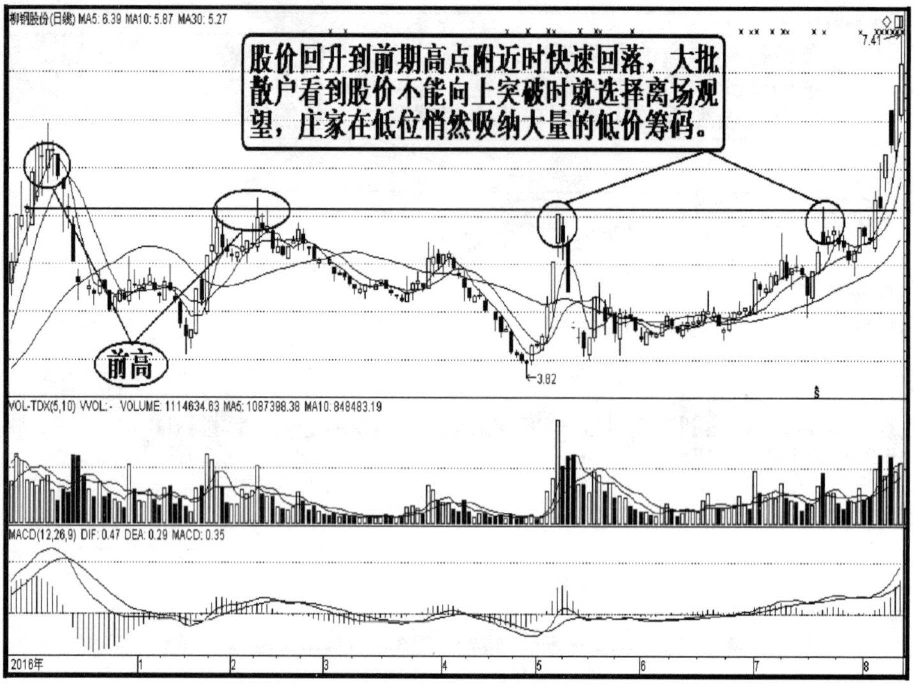

图 2－31

通过上述两个实例的分析，在实盘中遇到这类个股时应注意以下几点：

（1）股价前期下跌幅度较大，累计跌幅超过 50% 的，此时假压力的可能性较大；如果在见顶后的下跌初期，或向下突破某一个重要技术位置后回抽确认时遇阻回落，可能是真正的压力位。

（2）当股价遇到前期高点压力后，如果没有出现明显的下跌走势，可能是假的压力位；相反，当股价抵达压力位附近时，出现快速回落的，可能是真正的压力位。

（3）在股价前期高点附近，成交量出现明显的放大，但股价始终不能突破的，可能是真正的压力位，庄家在此进行诱多动作。理想的盘面形式就是股价以温和的形式，向上突破前期高点，这样持续性会更强。

4. 盘区假压力

盘区包括成交密集区，股价在某一个区域出现长时间的震荡或者巨大的换手时，就会形成一个盘整区或成交密集区，这个区域对后市股价发展起着至关重要的作用。当股价由下向上回升到这个盘整区域附近时，通常会遇到较大的压力而出现继续调整走势，特别是当股价无法向上突破这个区域时，而该盘区附近就是一个较好的卖出位置。但是在实盘中，庄家经常将盘整区域演变成虚假的压力区，让散户产生股价突破无望的感觉，从而引发散户抛盘出现，然后庄家在此位置下方大量吸纳筹码。

图 2－32，盛和资源（600392）：该股经过长时间的调整后，在渐渐止跌企稳盘整，形成一个盘整区，庄家在盘区内进行高抛低吸。

2017 年 1 月中旬，庄家采用打压手法吸货，股价向下击穿了盘区低点支撑。然后，股价企稳回升，但是回升到盘区附近时，股价受盘区压力而不能有效向上突破，底部获利盘和前期套牢盘涌出，导致股价再次回落到前期低点附近。在股价回落过程中，有大批散户选择离场操作，而庄家却在暗中吸纳低价筹码。当庄家顺利完成建仓计划后，7 月 7 日股价放量涨停，一举向上突破前期盘区和高点的压力，从此开启一轮上涨行情。

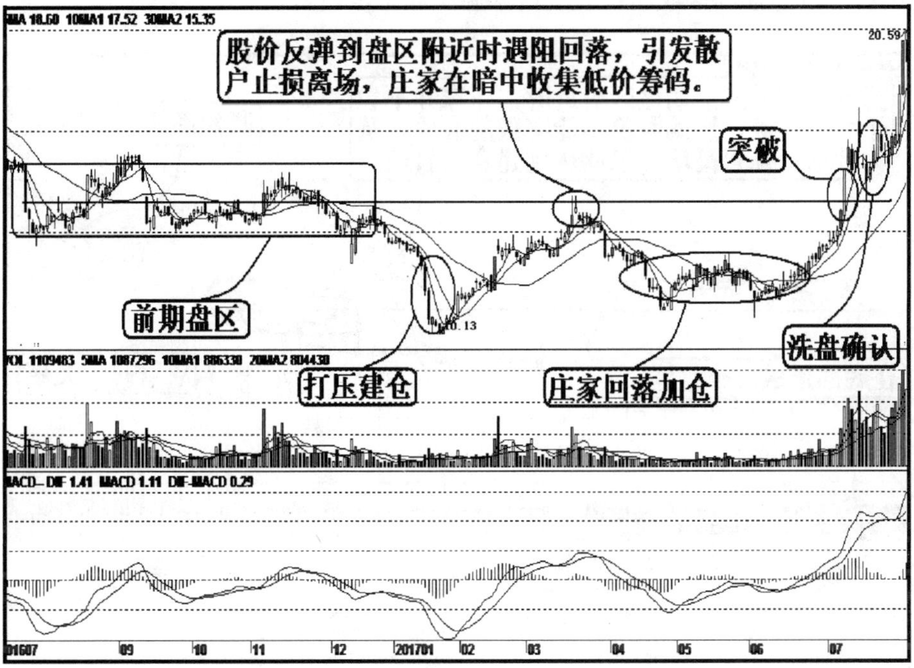

图 2－32

该股庄家就是利用前期盘整区的压力作用，来完成建仓、加仓计划和洗盘整理，因为这个盘整区存在一定的技术压力是不可争议的，这也是投资者的共同看法。因此当股价回升到这里的时候，多数庄家会在这里耍一些花招来欺骗散户。更多的是制造假的技术压力，形成股价上涨遇到阻力而不能有效突破的假象，误导散户选择离场操作，以此达到建仓和加仓目的。通常在这里具有加仓和洗盘两层意思，当庄家完成启动前的最后动作后，就会等待时机进入主升段行情。需要注意的是，在这种盘面中庄家的主仓期大多在前面的盘整区及下滑过程中，后面只是加仓和洗盘的辅助过程，因此有时候可能就出现直接拉升的现象，投资者需要结合即时盘面走势进行综合分析。

图 2－33，通威股份（600438）：该股经过长时间的下跌调整后，在底部形成横向震荡整理走势，在盘整震荡末期庄家采用打压手法向下击穿盘区，然后股价渐渐企稳回升。

当股价回升到这个盘区附近时，庄家志在高远，并不急于向上突破，而是在前期盘区附近展开震荡走势，这时不少散户认为股价无法形成突破走势，担心股价再次下跌被套，进而选择抛售离场操作。其实，图表背后隐藏着重大的庄家意图，庄家利用上方盘整区的压力，并故意“放大”压力效果，从而误导散户抛售离场，以此达到建仓目的。

当庄家完成建仓计划后，2017 年 7 月 31 日股价放量涨停，一举向上突破了盘区的压力，然后经过回抽确认成功，股价进入新一轮上涨阶段。

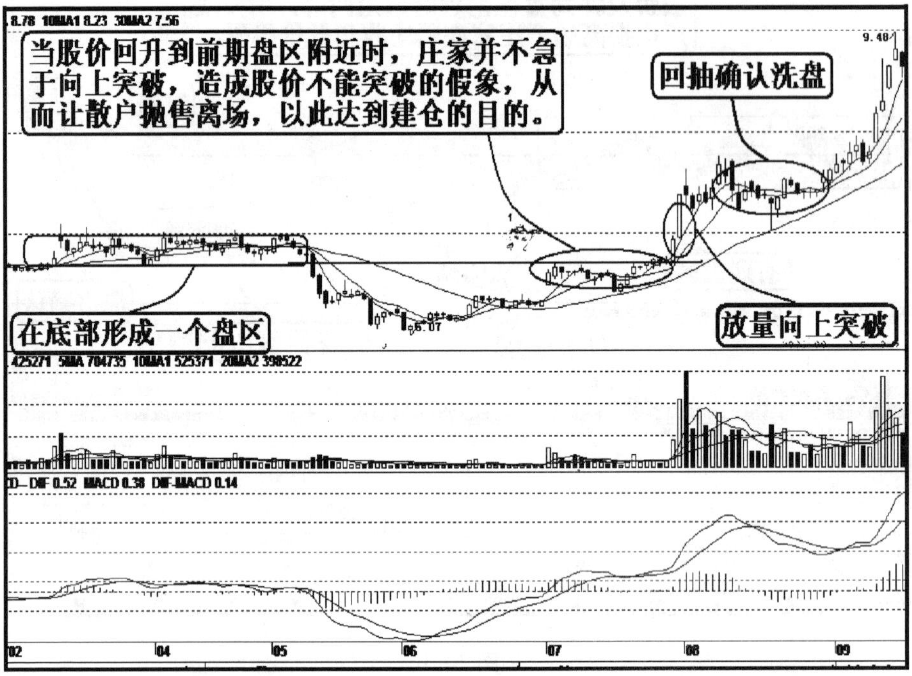

图 2 – 33

从该股图表分析，也能发现一些技术疑点。

一是股价前期调整时间长，累计下跌幅度也超过 50%。二是股价遇到上方压力后，没有再次出现大幅下跌走势，而是在前期低点附近获得企稳，说明股价下跌空间有限。三是股价能够回升到盘整区附近，显示下方有买盘介入，而这不是散户的零星买盘，应当有庄家持续吸纳，才使股价出现止跌企稳。所以，这是庄家利用假的压力位进行建仓，投资者可以逢低跟进。

在这两个实例中，庄家就是利用散户对上方压力位的担心和恐惧，采用“反大众心理”进行吸货。由于大多数的散户存在暴富的思想，看到短期股价久攻不破时，就会对未来股价不抱希望，最终在低位将筹码抛出，这是很可惜的。在这个市场里，牛股天天有，但牛股总是与缺乏分析的人擦肩而过。只要认真分析盘面细节，观察盘面变化，就能看穿庄家的坐庄意图。

这两个实例中的共同特点就是，股价已经处于低位，前期股价下跌幅度大，调整时间长。而且当股价向下脱离成交密集区后，并没有出现持续的下跌走势，这是值得怀疑的。另外，股价能够在压力位附近长时间震荡，说明有一股力量支撑着股价，这也是非常重要的盘面分析要点。

第三节　低位跌停、涨停意图

意图6：跌停——诱空出局

股价跌停确实令人心寒，意味着股价有加速下跌之势。但在股价大幅下跌后的低位出现跌停时，不一定就是坏事，它可能是一个空头陷阱。表明庄家在刻意打压股价，以逢低吸纳廉价筹码。但在实盘操作中，总有一些散户被庄家所蒙骗，在恐慌之中抛出筹码。那么庄家是如何利用股价跌停进行吸货的呢？

图2－34，盐湖股份（000792）：股价见顶后大幅下跌，庄家不断压制股价上涨，在低位形成一个盘区。2017 年 4 月 17 日再次向下破位后，股价不断向下探求底部支撑，直到做空动能完全衰竭，股价才渐渐企稳回升。

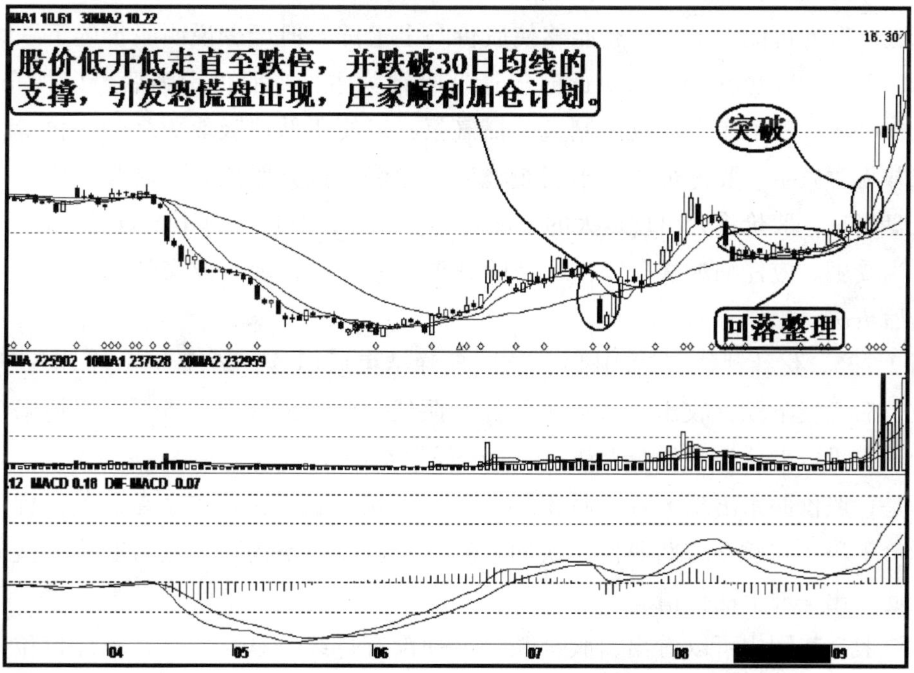

图2－34

但是，股价经过小幅反弹后，在7月17日股价低开低走直至跌停收盘，同时跌破30日均线的支撑，股价又回落到前期低点附近，在盘面上形成了极大的恐慌。不少散户担心股价破位下跌，便在跌停板价位上挂单卖出，庄家多次开板不断在跌停板位置上吃进散户卖单。可是，第二天股价并没有出现持续性下跌，股价企稳后渐渐向上推高。经过回调整理后，9月8日开始股价出现快速上涨。

该股庄家就是利用低位跌停板来诱导散户抛出，这种吸货方式在实盘中经常遇到。在低位庄家把股价打到跌停板价位，然后故意在跌停板上堆放较大的封单，此时有的散户看到封盘这么大，认为短期股价难有回升行情，因此也加入抛售行列之中。当盘中堆积了许多散户的抛单时，庄家把自己先前的抛单逐渐撤掉，用同样数量的卖单同时挂出，以此欺骗散户。

这样盘口上的抛单基本上没有明显的变化，但庄家自己的抛单已改挂在后面，而排在前面的抛单变成都是散户的了。并且，庄家非常清楚盘口上的抛单，有多少是自己的，有多少是属于散户的。此时庄家根据散户抛单大小，悄悄接走散户的卖单，按照时间先后优先交易原则，散户的抛单就会很快得到成交。这样庄家在跌停板位置就可以轻松地拿到散户的筹码。当散户的抛单渐渐减少时，庄家又封上一笔抛单，再次诱导散户跟风抛出，然后又撤单，再次吸纳。这样反复操作，自然可以达到低位吸货的目的。所以在低价位区域，如果一只股票跌停后又多次打开，且成交量比较大，十有八九是庄家吸货行为。

可见，在股价有较大幅度的下跌后出现跌停时，大多是空方的最后一跌，股价随时有见底回升的可能。虽然没有能够使股价马上上涨，但至少说明股价的下跌力度已经很弱，下跌空间也已经不大。此时应逢低吸纳为主，当股价走强后可以加仓买入。这种操作手法反映了庄家在盘中制造恐慌气氛，以便于低位吸取更多的廉价筹码。此时庄家并无意做空，股价很快将出现企稳回升走势。这类股票一旦转强，便会引来更多的买盘出现，股价将会出现较大的上涨行情。因此，散户千万不要盲目地追涨杀跌，以免上当受骗。应仔细观察盘口，跌停后是否迅速关门，观察成交量大小、换手率高低，然后再决定操作方向。

图2-35，亿纬锂能（300014）：该股反弹结束后回落，2017年4月24日开盘后股价破位后逐波下跌，收出一根放量跌停大阴线，K线图形十分难看，市场恐慌气氛加剧。不少投资者认为股价会大跌，因而纷纷抛空操作。

可是，股价并未出现大幅下跌走势，第二天就企稳盘整，庄家在盘整过程中大量吸纳低价筹码，在建仓后期股价再次向下打压，造成诱空动作，然后股价缓缓向上回升，从此走出一波上涨行情。

从该股走势图中可以看出，股价跌停后并没有持续下跌，而是在跌停价位附近维持弱势震荡，这给散户心理上造成不小压力，认为跌停后的弱势震荡是下跌中继整理走势，股价有可能再次出现新的跌势，认为早一天出局少一份损失，因而选择了离场操作的举动，这样庄家就可以顺利完成建仓计划。

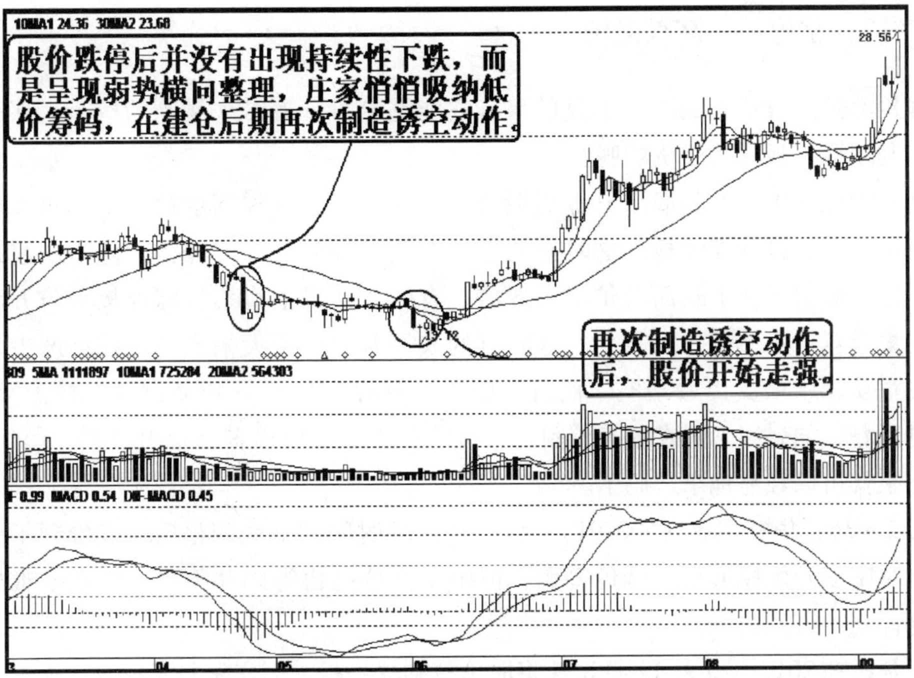

图 2 －35

其实，从该股技术方面分析也会发现一些疑点。

一是该股调整时间长，下跌幅度大，做空动能得到较好释放，向下调整空间已经不大。二是股价并没有击穿前期低点的支撑（观察压缩图），可以观察该位置的盘面反映。三是股价没有出现持续性下跌走势。这一点非常重要，这么一根跌停大阴线，股价却没有持续下跌，可谓雷声大雨点小，这就有问题了。说明下跌气势不盛，做空力量不强，因而是一个空头陷阱。

在实盘操作中，投资者遇到低位跌停时，应掌握以下技术要点。

（1）股价跌停出现在大幅下跌的末期，累计跌幅超过 50%，或出现阶段性暴跌走势，说明空方短期能量消耗过大，股价随时迎来超跌反弹或反转上涨行情。

（2）在出现跌停的当天，成交量出现异常。如果在接下来走势中，股价继续弱势下跌，但下跌的动力在逐步减弱，且成交量持续萎缩，那可以判断为庄家在诱空吸货，在股价下跌企稳时可以逢低买入。

（3）若在跌停的当天，放出巨大的成交量，挂在卖一位置的大量卖单被吃掉，这就说明盘中出现大量的主动性买盘。当卖一位置的挂单成交后，又有大手笔卖单挂出，如此反复出现，让散户感到卖盘沉重，这就完全可以确定是庄家在诱空吸货。

（4）在低位出现股价跌停时不要杀跌，这往往是庄家的诱空行为。这类个股最容易让那些心态不稳的投资者上当。不少踏空的投资者就是因为没有控制好自己的心态，看见股价快速下跌也跟着割肉出局，这显然是不可取的。

意图7：涨停——高兴离场

股价涨停是投资者最高兴不过的事，它能够给投资者带来暴利的机会。那么庄家是如何利用涨停板进行吸货的呢？

在实盘操作中，有的股票开盘后股价直奔涨停板，且瞬间堆放大单封盘，接着庄家用巨量抛单，打开涨停板。这时有的人一看股价即将打开涨停板，认为庄家封盘不坚决，担心股价再次下跌而急忙卖出股票。有的股票早上直接从涨停板价位开盘，把所有的集合竞价卖单都一网打尽。这时有的人一看到股价大幅高开，就会产生获利了结束的举动，结果卖出后踏空。而且，庄家在涨停板位置打开又封盘，封盘又打开，反复进行着，如果第二天在收盘价附近再震荡一下，散户很容易卖出股票，落袋为安，这样庄家就可以轻易地拿筹码了。

图2－36，华资实业（600191）：该股经过长时间的下跌调整后，股价到了底部区域，这时庄家开始逢低吸纳低价筹码，但由于低位抛售筹码并不多，庄家很难如期完成建仓计划。

于是，在2017年5月12日快速将股价拉到涨停板，但庄家并不封盘，而是在高位横向震荡，给散户一个出局的机会，这样庄家就可以大量收集筹码。

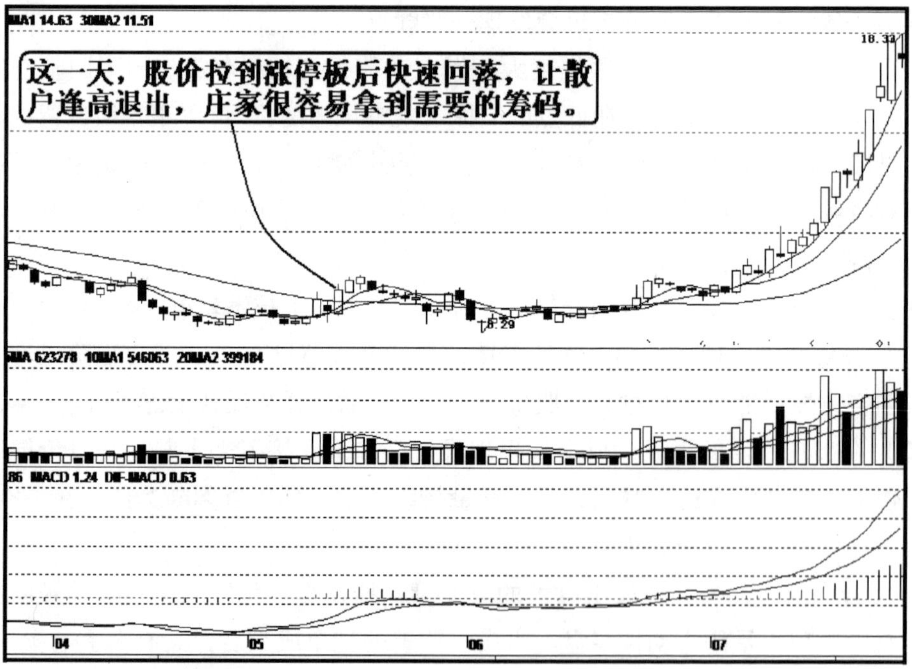

图2－36

该股的这个涨停板暴露了庄家的建仓手段，从盘面不难看出有这样的疑点。

一是涨停来得突然，没有任何技术方面的启动迹象，意外上涨，空穴来风。二是股价处于盘整之中，上方压力较大，受前期盘区制约，不可能有持续上涨行情出现。三是涨停后的第二天出现震荡走势，上涨势头遭到质疑。

由此可见，这是庄家明显的拉涨停建仓行为，庄家给散户送上“红包”，让散户得到“心灵鸡汤”，诱导散户在此逢高退出。当然，短线技术高手遇到这样的盘面时，还是先逢高退出观望，然后等待回调低点重新介入，可以成功地做一把差价。

在实盘中，有一种现象要注意，这就是当天股价涨停后，盘面封是很死，并没有打开过，但第二天或随后几天股价却在涨停板价位之下运行，这种走势与当天在涨停价位反复开板的意义是一样的，请看下面这个实例：

图 2－37，凌钢股份（600231）：股价反弹结束后继续回落到前期低点附近，庄家在底部吸纳了一部分的低价筹码后，在 2017 年 6 月 26 日临近收盘时，快速扫单将股价拉到涨停板，当天庄家并没有在涨停位置打开过，可是随后两个交易日均小幅低开高走，股价在涨停板位置反复震荡。

这种方式与分时走势中多次开板所起的作用是一致的，同样是一种吸货行为，此后股价稳步向上推高，走出一轮快速上涨行情。

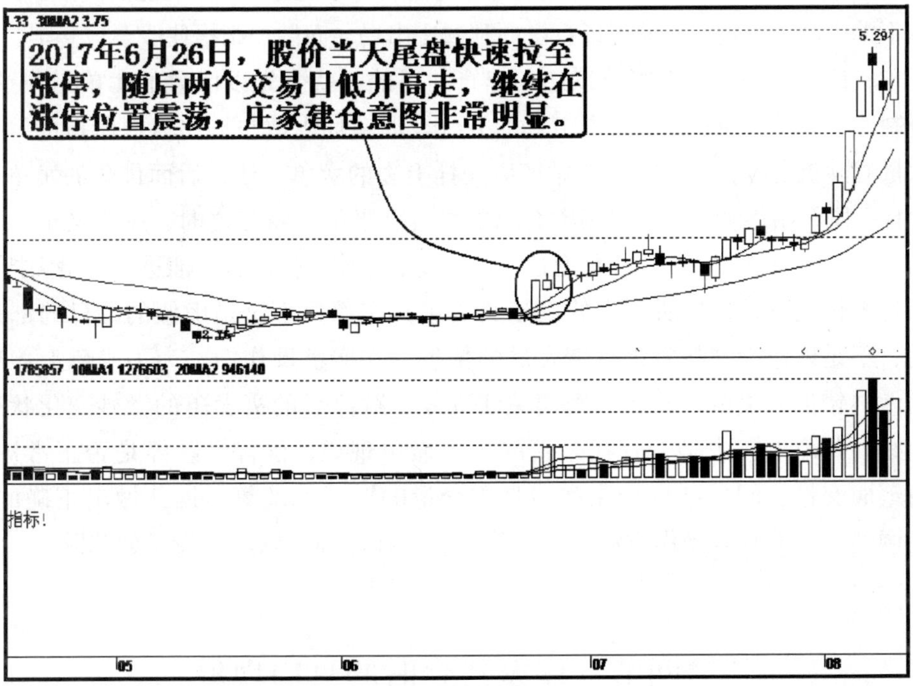

图 2－37

那么，如何分析涨停、跌停的后市走势呢？

我国股市实行的是涨跌停板制度，一些控盘庄家常常利用涨停、跌停的方式来欺骗、诱导广大投资者进入其事先设好的圈套之中。庄家之所以能利用涨停、跌停设置圈套，主要是因为停板有以下一些技术特征：

（1）封住涨停板时的买盘数量大小和封住跌停时的卖盘数量大小，说明了买卖双方力量的强弱程度。封盘数量越大，继续原有走势的概率则越大，后续涨、跌的幅度也越大；封盘数量越小，则相反。

（2）涨停的成交量小，将继续涨升；跌停的成交量小，将继续下跌。

（3）涨停的中途被打开的次数越多，时间越久，且成交量越大，则行情反转下跌的可能性越大；同理，跌停的中途被打开的次数越多，时间越久，且成交量越大，则行情反转上涨的可能性越大。

（4）涨停封住的时间越早，后市涨升的力度也就越大；跌停封住的时间越早，后市下跌的力度也就越大。

庄家就是充分利用涨停、跌停的这些特殊性来迷惑散户的。在具体操作中，庄家如果想出货，就会先以巨量的买单封住涨停板，以充分吸引市场的人气。本想抛售的散户就会因此而改变计划，而其他的散户则会以涨停板的价格追进，而此时庄家则会借机撤掉买单，挂上卖单，于是很快就将仓位转移到了散户手中。当盘面上的买盘消耗得差不多时，庄家又会在涨停板上挂出买单，以进一步诱惑散户，制造人气旺盛的假象；当散户再度追入时，庄家又开始撤去买单排到后面去。庄家通过如此反复操作，可以使筹码在不知不觉中高位兑现，从而保证自己顺利逃庄出局，而散户则捂住股票被套牢。

同理，庄家若是想买进筹码以达到建仓的目的，就会先以巨量的卖单封住跌停板，以充分制造空方的效应氛围，打击市场的人气，促使场内散户抛出自己所持的筹码。当吓出大量的抛盘之后，庄家就会先撤掉原先挂上去的卖单，让在后面排队的卖单排到前面来，自己则开始逐渐买进。当场内的抛单被自己吸纳得将尽之时，庄家又重新在跌停板上挂出巨量的抛单。庄家同样是通过如此反复的操作，保证自己能进一步增大持仓量。

在这种情况下，散户所见到的巨量买卖单其实都只不过是虚假的，目的都是让散户看的，不足以作为判断后市行情发展的依据。在实盘操作中，为了避免上述现象的误导而做出错误的决策，就必须密切关注涨停、跌停后的买卖单的微妙变化状况。同时，也必须判断出其中是否存在频繁的挂单撤单现象，涨停、跌停是否正常被打开，以及每笔成交量之间的细微变化和当日成交量的增减状况等。据此做出正确的判断，相应地调整自己的具体操作方法，以免陷入庄家在涨停、跌停时设下的陷阱。

第四节　庄家建仓时的盘口现象

现象1：大单压盘与大单买入

1. 大单压盘

所谓大单是指某一时段里委比出现严重偏离，甚至达到极限值（－100%或

+100%）。委比是衡量某一时段内买卖盘相对强度的指标，其取值范围在 -100% 到 +100%，+100%表示全部的委托均为买单，即涨停板时只有买单而无卖单委托，而跌停时为 -100%。委比为 0 时，表示买入托单与卖出压单相等。委买手数为所有个股委托买入档的总数量，而委卖手数为所有个股委托卖出档的总数量。

压盘是指某一时段里委卖量大大超过委买量，而实际买入成交单却不大，显示卖盘强而买盘弱，股价难有起色。一般来说，大单压盘只说明买入和卖出意愿的不平衡程度，并不能反应股票的活跃程度。活跃程度还是要看股票的换手率，且压单是随时变化的。

图 2-38，委卖量远远大于委买量，委比值达到 -73.68%。显示盘中卖压较重，空头气势强，市道较弱，容易引发抛盘出现，庄家顺利吸纳筹码。

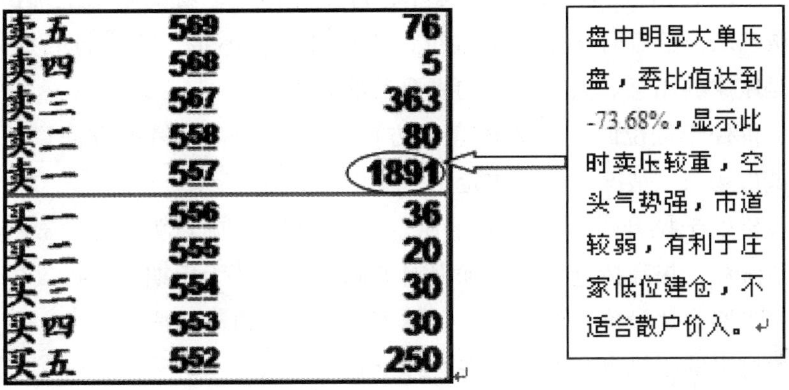

图 2-38

（1）大单委托卖出。股价上冲几个价位后，庄家故意在卖盘上挂出不能成交的大卖单，从而吓唬跟风盘以显示抛盘汹涌。同时压制股份上涨，然后用少量筹码向下压价，使投资者错误地认为庄家在出货，而将手中的筹码打低几个价位抛售，这时庄家可以从容进行收集。当这一价位没有了卖盘之后，再改挂高一点的价位继续收集。这笔挂单通常是几百手甚至几千手的，而且是故意出现在盘面上，但一般不会挂留太久，否则极有可能被其他大户抢去。

一般情况下，庄家总会在卖盘处（特别是卖三处）挂一些相对大一点的卖单，让短线散户看不到股价上升的希望，然后庄家的买盘会不断地将卖二、卖一处的抛单卷走。如果庄家非常有耐心，最终就会出现连续多日股价难升，但买盘不断卷走筹码的过程，大盘趋势稳定时，会导致股价出现平台走势。大盘走势疲态时，由于庄家压盘会导致股价走下降趋势。如果庄家性情急躁就会出现拉高扫盘的吸筹方法，但扫完卖盘之后，会择机再将股价打回原形或更低的位置，即使有一些浮动亏损也在所不惜。

在低迷状况中，某日股价有所异动，在卖盘上挂出巨大抛单，买单却比较少，此时如果有资金进场将挂在卖档的压单吃掉，可视为是庄家建仓动作。注意，这时的压单并不一定是有人在抛空，有可能是庄家自己的筹码，在吸引投资者注意。此时，如果持续出现卖单挂出便被吃掉的情况，可反映出庄家的实力。

投资者要注意，如果想介入，千万不要跟风对着卖盘买进，可以等到大抛单不见了，在股价回调时再介入，避免当日追高被套。庄家有时在卖盘挂出大单，也旨在吓走持股者。但在低位出现上述情况，介入一般风险不大，庄家向上拉升意图明显，短线有被浅套可能，但最终将会有所收益。与此相反，如果在个股被炒高之后，盘中常见巨大抛单，而买盘不济，此时便要注意风险了，一般此时退出，可有效地避险。

（2）大单压盘的目的。在实盘操作中，经常遇到一只基本面良好的股票，股价也不算高，大盘环境也不算差，但股价就是不温不火，不怎么涨也不怎么跌，不时地在卖档出现大单压盘。这通常是庄家吸货所致，或者根本没有庄家在里面（这种情况非常少见）。大单压盘具有拦截、阻止、恐吓、打压等作用，目的是给上涨的股价降温，总的来说是诱空之意。有时庄家仓位过重，或拉升资金不足，或进行高抛低吸，减掉部分仓位也是庄家的用意。大单压盘的主要目的如下：

一是当股价处于低位时，大单压盘一方面是诱空建仓，另一方面说明建仓结束，故意挂单测试市场跟风情况，然后决定下一步坐庄计划。

二是当股价处于拉升过程中，大单压盘一方面是控制上涨节奏，放缓上涨速度，另一方面诱空洗盘，提高持仓成本，加强对筹码的锁定，为后期拉升提供方便。

三是庄家不愿意让股价上涨过快，这样不利于降低自己的成本。

四是避免过多的跟风盘和对空方在心理上施压。

五是故意将股价锁定在关键的点位，造成一种不被突破的假象。

六是庄家攻守兼备的操作方式，特别是在比较重要的技术位置附近，利用大单压盘达到建仓效果。

（3）大单压盘的盘面现象。大单压盘在分时图中的表现，现象一：压了撤，撤了压，反复多次进行，让散户受不了而离场；现象二：在卖一位置堆放大单，长时间不动，让极小的买单蚕食；现象三：在卖一位置挂出大单后，在很短的时间里被大买单吃掉，股价小幅上冲后再次回落到该位置附近，同样出现大单压盘现象，最终当天股价没有上涨。

引起大单压盘的原因大致有：庄家耐心吸货、遇到大户抛盘、几个庄家内讧、庄家实力弱小等。庄家大多会选择大盘强势、板块上涨或散户买盘积极时，进行大单压盘吸货。经过大单压盘后，场内浮动筹码就会出现不安分的情绪。随后如果庄家再将股价拉高或打压几个价位，浮动筹码就会纷纷倾巢而出，这样庄家就可以达到吸货或洗盘的目的。

2. 大单买入

大单买入是指在某一时段里，盘面出现较大的买入成交单，但股价不涨或小涨，出现量价失衡现象。大单买入与大单压盘同步，有时出现连续性的大单买入。

图2－39，从图中可以看出，在卖一位置出现大单压盘，同时出现连续性的单向大单买入现象，但股价却变化不大。此时应根据股价所处的位置高低进行研判，若在低位出现这种时，大多是庄家压盘诱空，属于大单吸货行为。

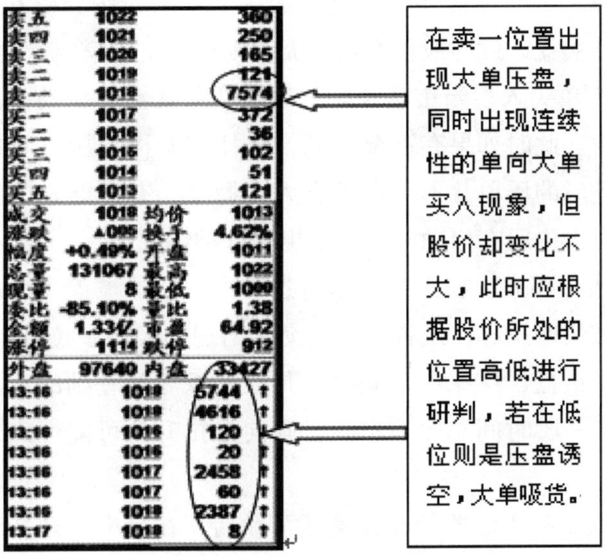

图2－39

大单买入的目的就是为了操纵股价、诱导市场，在股票处于不同价区时，其作用也不相同。当股价处于刚启动不久的中低价区时，主动性买盘较多，盘中出现压单时，往往预示着庄家有做多意图，可考虑介入跟庄追势；若出现大单压盘的同时，又出现持续性的大单买入，而股价不跌也不涨（或小涨），则庄家压盘吸货的可能性偏大，往往是大幅涨升的先兆。当股价升幅已大且处于高价区时，盘中出现压单，但走势却是价平量增，此时要留神庄家高位出货；若此时大单压盘较多，同时又伴随大单买入，而股价变化不大，则往往预示顶部即将出现，股价将要下跌。主要有以下几种盘面现象：

（1）连续单向大单买入。这种现象显然非中小投资者所为，而庄家也不会如此轻易买卖股票而滥用自己的钱。通常有两种盘面现象：一是压单不大，但在成交明细栏中却有持续的大单买入成交，股价小涨或不涨，即隐性买盘，一般多为庄家对敲所致，后市股价仍有反复；二是压单较大，同时出现持续大单买入，股价变化不大，多是庄家积极活动的征兆。如果涨跌相对温和，一般多为庄家逐步增仓所致。

（2）大单扫盘。在涨势中常有大单从天而降，将卖盘挂单连续悉数吞噬，股价出现持续上涨。在股价刚刚形成多头排列且涨势初起之际，若发现有大单一下子连续地横扫了多笔卖盘时，则预示庄家正大举进场建仓，或股价即将启动行情，是投资者跟进的绝好时机。

（3）隐性买卖盘。在买卖成交中，有的价位并未在委买、委卖挂单中出现，却在成交一栏里出现了大单，这就是隐性买卖盘，其中经常蕴含庄家的踪迹。单向整数连续隐性买单的出现，而挂盘并无明显变化，一般多为庄家拉升初期的试盘动作或派发初期激活追涨跟风盘。一般来说，在上有大单压盘时，而出现大量隐性主动性买盘（特别是大手笔），此时股价变化不大，则是大幅上涨的先兆。在下有大单托盘时，而出现大量隐性主动性卖盘，此时股价变化不大，则往往是庄家出货的迹象。

（4）低迷期的大单买入。当市场长期低迷时，某日盘面异动，卖盘上挂出巨大抛单，而买单则比较少。此时如果有资金进场，将挂在卖档的压单吃掉，可视为是庄家建仓动作。当然，此时的压单并不一定是有人在抛空，有可能是庄家自己的筹码，庄家在造量吸引注意。大牛股在启动前就时常出现这种情况。

（5）盘整时的大单买入。在平稳的运行过程中，突然被盘中出现的大抛单砸至跌停板附近，随后又被快速拉起，或者股价被突然出现的大买单拉升，然后又快速归位。这表明有庄家在其中试盘，庄家向下砸盘，是在试探底部基础的牢固程度，然后决定是否拉升。该股如果一段时间总收下影线，则向上拉升的可能性大，反之出逃的可能性大。

（6）下跌后的大单买入。股价经过连续下跌后，在盘中出现持续的大单买入，这是绝对的护盘动作，但这不意味着该股后市止跌了。因为股价靠护盘是护不住的，最好的防守是进攻，庄家护盘说明其实力欠缺或环境欠佳，否则可以推升股价。此时，股价往往还有下降空间，但投资者可留意该股，因为庄家已经不让股价下跌了。一旦市场转强的话，这种股票往往一鸣惊人。

（7）无征兆的大单解读。一般无征兆的大单多为庄家对股价运行状态实施干预所致。如果是连续大单个股，现行运作状态有可能被改变。如不连续也不排除是资金大的个人大户或小机构所为，其研判实际意义不大。如果股价处于低位，买单盘口中出现层层大买单，而卖单盘口只有零星小单，但突然盘中不时出现大单炸掉下方买单，然后又快速扫光上方抛单，此时可理解为吸货震仓。

在实盘中解读盘口语言的核心，是观察委买盘和委卖盘。股市中的庄家经常在盘中挂出巨量的买单或卖单，然后引导股价朝某一方向运行。许多时候，大资金时常利用盘口挂单技巧，引诱散户做出错误的买卖决定，委买卖盘常失去原有意义。比如，有时刻意挂出大的卖盘动摇持股者的信心，但股价反而上涨，充分显示庄家刻意示弱、欲盖弥彰的意图。因此，盯住盘口是关键，这将使我们及时发现庄家的一举一动，从而更好地把握买卖时机。

现象2：大单托盘与大单卖出

1. 大单托盘

托盘是指某一时段里委买量大大超过委卖量，而实际卖出成交单却不大，显示买盘强而卖盘弱，股价难以下跌。如果在买档位置长时间挂有大买单，这个买档的数量要比其他位置的卖单加起来还要大，就属于明显的大单托盘。而大单托盘的目的在熊市里是给该股场内散户信心，股价一旦出现松动，散户信心不强的时候，堆出大单托盘，以起到稳定军心的作用。

很多投资者认为，买入位置出现明显有大单是庄家有意的护盘行为，因而坚定地持股不动。而在牛市里，当买入大单出现时，会刺激原本正在关注该股而犹豫是否买入的人怕买不到股票，而诱使更多的人争相买入。通常大单托盘也只是说明买入和卖出意愿的不平衡程度，并不能反映股票的活跃程度。活跃程度还是要看股票的换手率，且托单是随时变化的。

图2－40，委买量远远大于委卖量，委比值达到＋75.89%，显示盘中买气强盛。这种情况若出现在牛市初期，预示股价将要启动；若发生在大幅上涨后的高位，疑似庄家出货行为，应谨慎操作。

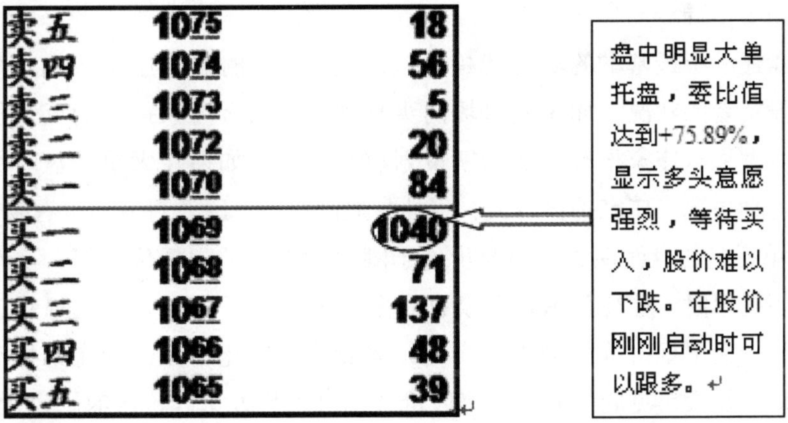

图2－40

（1）大单托盘。在买档中，如果买方的数量比卖方的数量有明显的优势，那么关注这只股票的投资者会认为该股的托单力量比较强大，更倾向于看多。股价先下行几个价位后，庄家在买档垫上大单，然后打出一大笔一大笔的卖单，将买盘逐步消掉。然后，在稍低一点的价位同样垫上大单，再打出大笔抛单。如此反复，让投资者误以为庄家出货而出局。但应注意，这种情况股价不一定能马上企稳回升，因为在股价下跌过程中，光靠庄家护盘是护不住的，一般股价还会有小幅下跌空间。这时应密切注意，一旦市场转强就会有不错的表现。

如果一天内偶然出现大单托盘，那么这有可能是其他大户所为。如果盘口连续性出现大单托盘，那可以断定这是庄家刻意操纵股价的行为。

（2）大单托盘的目的。在实盘操作中，经常遇到有的股票在盘中出现大单托盘，但股价变化似乎不大，这到底是怎么回事呢？大单托盘具有拦截、阻止、震慑、拉抬等作用，一般出现在股价上涨初期突破区和上涨中期洗盘区。此现象在个股不同阶段和不同市况下也有不同的意义。对庄家来说，大单托盘一般有四个作用：

第一，在个股处于阶段性下跌时，这种大单托盘通常是庄家为减少抛压而制造的短线诱多行为。

第二，在个股处于阶段性上涨阶段时，买档中如果经常出现连续的大单托盘，这通常是庄家为了吸引散户跟风，以减轻上升阻力的行为。

第三，在大盘整体趋势向坏时，个股买档中的大单托盘，通常是庄家为减少抛压而做出的护盘行为。

第四，股价高位出现大单托盘，这要仔细分析。一般用意有两个：一是部分出货；二是洗掉老散户，吸引新散户，通过提高散户的成本，进一步锁定筹码。多数情况下，在股价高位出现大单托盘时，属于骗线行为。在高位如果量能散乱，那就要特别谨慎了。此时庄家往往通过单笔或几笔大单拉升股价，以吸引散户跟风，从而达到暗中出货的目的。从投机行为来看，股价后市不放量突破盘整中枢没必要参与，当然放量跌破盘整中枢则要出局。

大单托盘还一个最基本的功能就是试探作用。大多时候是庄家想在这种状态下观察一下场内投资者的状况，如果此时场内买盘踊跃，那么庄家得到的反馈信息是股票筹码锁定良好，那么庄家很有可能近期策划拉升行情；如果在大单托盘时仍然出现较大的卖盘，这种情况是庄家护盘行为，目的是遏制股价下跌，对散户也有暗示作用。

（3）大单托盘的盘面现象。当股价处于刚启动不久的中低价区时，主动性买盘较多，盘中出现托单时，往往预示着庄家有做多意图，可考虑介入跟庄追势；若出现大单托盘的同时，又出现持续性的大单卖出，而股价却变化不大，则庄家托盘吸货的可能性较大，往往是大市见底的先兆。当股价升幅已大且处于高价区时，盘中出现托单，但走势却是价平量增，此时要留神庄家诱多出货；若此时大单托盘较多，同时又伴随大单卖出，而股价却变化不大，则往往预示顶部即将出现，股价将要下跌。

大单托盘在分时图中的表现有四种现象：

现象一：在低位撤单后再托单，反复多次进行，股价变化不大，多为庄家吸货动作，散户在迷茫中离场。

现象二：在买档位置堆放大单，长时间不动，少量卖单抛出，多为庄家吸货行为。

现象三：在买档位置挂出大单后，在很短的时间里被大卖单打掉，股价小幅下跌后再次回升到该位置附近，同样出现大单托盘现象，最终当天股价没有下跌。

现象四：在买档位置挂出大单，同时出现大单抛盘，如果股价没有下跌，多为庄家吸货行为，如果股价出现下跌走势，多为庄家诱多出货行为。

庄家大多会选择大盘弱势、板块下跌或散户抛压较大时，进行大单托盘吸货。经过持续性的大单托盘后，市场出现分歧意见，盘面出现异常波动，这样庄家阴谋便顺利得逞。

2. 大单卖出

大单卖出是指在某一时段里，盘面出现较大的卖出成交单，但股价不跌或小跌，出现量价失衡现象。大单卖出与大单托盘同步，有时出现连续性的大单卖出。

图2－41，从图中可以看出，在买一位置出现大单托盘，同时出现连续性的单向大单卖出现象，但股价却变化不大。此时应根据股价所处的位置高低进行研判，若在低位出现这种现象时，大多是庄家通过大单卖出进行诱空，属于大单吸货行为。

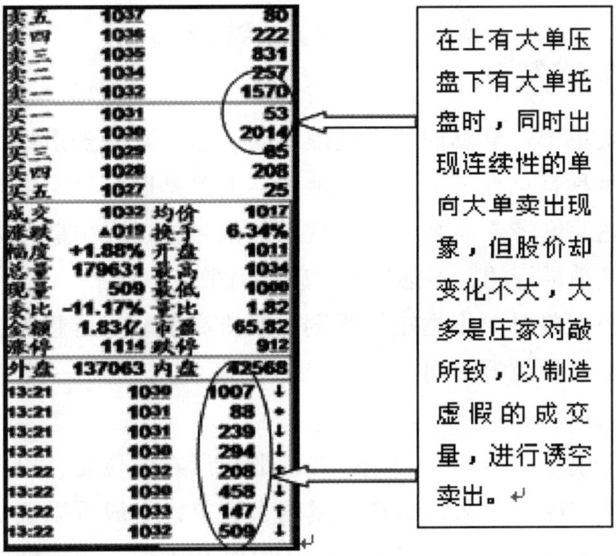

图2－41

（1）连续单向大单卖出。这种情况一般有两种盘面现象：一是托单不大，但在成交明细栏中却有持续的大单卖出成交，股价小跌或不跌，一般多为庄家对敲所致，具有诱空意义；二是托单较大，同时出现持续大单卖出，但股价却变化不大，多是庄家制造虚假的成交量，以期引起市场的注意，在低位时多为诱空，在高位时多为诱多。

（2）大单砸盘。在买档出现大单托盘，同时出现大单卖出，将托单一一砸掉，然后在下一个价位再次托盘，再次被砸盘。

这种现象出现在低位时，托单是为了吸货，砸盘是为了诱空；在涨幅不大的中位，托单是为了换手，砸盘是为了洗盘整理；在涨幅较大的高位，托单为护盘之意，砸盘为庄家大举出货行为。因此托单与砸盘并举，具有双重意义。投资者在分析这种盘面时不可以重此轻彼，否则容易造成失误。

（3）低迷期的大单卖出。当市场长期低迷时，某日盘面异动，买盘上挂出巨大托单，而同时出现大单卖出。当股价上涨一个价位后，再次出现大单托盘，不断将股价推高。这种情况大多出现建仓末期，后市可能出现两种现象：一是股价突破底部区域，直接进入拉高阶段；二是小幅上涨后回落，属于试盘行为。

（4）盘整时的大单卖出。在平稳的运行过程中，突然被盘中出现的大抛单砸至跌停板附近，随后又被快速拉起，或者股价被突然出现的大买单拉升，然后又快速归位。这表明有庄家在其中试盘或建仓，庄家向下砸盘，是在试探底部基础的牢固程度，然后决定是否拉升。

（5）下跌后的大单卖出。股价经过连续下跌一段时间后，在盘中出现持续的大单卖出。这是典型的诱空动作，庄家利用散户对前期股价下跌走势而心有余悸时，继续制造恐慌盘面，诱导散户低位割肉离场。但这不意味着该股后市止跌回升，因为股价需要一段时间恢复上涨元气，所以有一个筑底整理过程。

3. 盘口分析技巧

在盘口委托买卖单中，真真假假，虚虚实实，蕴含着许多市场信息，正确识别盘口委托买卖单对实盘具有重要意义。简单地说，大单是股价异常波动的信号，多数时候是庄家向散户表达股价将要向某个方面变动的信号，以吸引散户跟风。而庄家真正的吸货和出货则是悄悄进行的，不会让散户感觉出来。

所以散户在出现大单时要根据市场强弱、股价高低、运行趋势、庄家意图等情况进行分析，并不一定放量拉升就可进入（如短期高位），也不一定放量下跌就该卖出（如短期低位，则往往是最后一跌）。

（1）分析股价位置。主要还是要结合当前股价所在的位置，以及在某个价格区间运行的时间。当在低位横盘较久，出现大量的大买单，一般可以确定庄家开始想要拉升了。如果此时跟着出现很多大卖单，可能庄家继续吸纳筹码，此时就要结合买卖单的比例去判断要不要跟进。当在高位时出现大量的买单和卖单，则极有可能是庄家在利用对倒做出成交量用以吸引散户追高的，此时一定要小心庄家暗中出货。

股价在相对低位的时候，盘口在几分钟内出现连续的大买单（普通交易单的3倍以上），可以认为庄家吸货行为。但是股价在低位启动的时候，成交量短时间内放出大量，出现大量的隐性买卖大单，这时候应该认为是对倒盘。

对于大单买卖如果在买二、买三左右有大单托着，在卖二、卖三左右有大单压着，这应该是庄家在控制股价。这时具体要看股票的现行趋势，若在上升趋势中应该是庄家在吃货，在下行趋势中可能是庄家在出货。

（2）观察盘面细节。委托买单，多数情况属于诱多手法，股价会越来越低；少数情况属于护盘动作，但后市股价仍以下行居多。委托卖单，多数情况属于压盘吸货，少数情况属于出货。有时也会出现上下都有大单的时候，但成交的量却很少，这说明庄家完全控盘了。

具体关注以下几种盘面现象：

现象一：盘中突然有大卖单打压股价，低位又有大买单接走。一般为庄家在调整仓位，可适当跟踪，该股快拉升了。

现象二：大买单扫盘，一下子把股价提上几个价位的大手买单，把委卖单全部扫掉，庄家拉升股价的意图明显，表明拉升行情就要开始了。

现象三：委卖位的大单，经常在价格的整数位（如 5 元、10 元）出现，庄家挂单的意图为显示抛压重，造成散户恐慌抛盘，庄家在吸货，仓位不够。

现象四：委买位的大单，也经常在价格的整数位出现。庄家在稳定散户信心，在股价下跌中护盘，防止走了散户，套了自己。

现象五：委卖、委买的某两个价位堆着大单，股价走势平稳，说明股价仍在整理之中，拉升还要等待时机。

现象六：大盘蓝筹股的大单太多没有意义，如中石化、联通、农行的分笔成交。

（3）注重实际成交。一般来说，大单委托不能反映股票的活跃程度和市道强弱，因此应注重实际成交的单子。如果在盘口常见有大买单或大卖单成交，可以说明这只股票的股性活跃，可适当关注。很多时候，盘口的大单欺骗成分居多，因为庄家操作的意图不可能让人轻易从盘口发现。有时在卖一挂出大单，以便庄家在低位吸筹；有时在买一挂大单，投资者以为是支撑有力，结果买进被套，因此要看最后的实际成交单。

（4）关注突破时机。通常在横盘整理期间，没有什么特别的买卖单出现，成交渐少（此为悄悄吸货时期，散户很难觉察得到），但在某日盘中出现很多的主动性大买单。此时可高度关注，股价很快将会向上攀升（注意，不是突然某天大幅飙升，此为明确的向上做多信号，应及时跟进），大笔买卖盘渐渐多起来。然后经过数天爬坡，股价出现越升越快，最后进入加速阶段。反之亦然，在高位横盘后，出现大笔卖单，要高度小心股价回落。高位横盘是庄家在慢慢出货，到最后阶段时出现大笔卖单，股价向下跌破平台，则是庄家加速最后清仓的信号。

（5）分析当前市况。各种情况出现大单的意义是不一样的。在低迷期的大单，当某只股票长期低迷，某日股价启动，卖盘上挂出巨大抛单，买单则比较少。此时如果有资金进场，将卖档的压单吃掉，可视为是庄家建仓动作。此时的压单并不一定是有人在抛空，有可能是庄家自己的筹码，庄家在造量吸引注意。下跌中的大单，某只个股经过连续下跌后，在其买档中有大手笔买单挂出，大多为护盘动作，这并不意味着该股就止跌了，也有可能是掩护出货。如果遇到这种情况时，还是随庄家一起出局，尤其是跌破关键阻力位，但可留意该股日后止跌时可以抄底。

（6）分析技术状况。如果均线呈多头排列，股价相对位置较低，多数是为了挖坑诱空，消化低位获利盘和前期套牢盘，然后迅速转身上行，股价一飞冲开。如果均线呈空头排列，股价距离大底较近，多数是由于庄家耐心吸货，来回折腾散户，当顺利完成建仓计划后，股价就会迅速上涨。如果长期均线相互纠缠，且价位较低，盘子又比较大，说明仓位不够，这样的股票离大涨还有一段时间。如果均线多头排列，股价处于高位，那还是小心为妙，君子不立危墙之下，先走为妙。

（7）大买单、大卖单的理解

一般来说，大的买单成交的基本就是吃货，而大的卖单基本就是在出货。

大买单的理解：

第一，在买一至买五中大单不多，但往往在突破大单压盘时出现大单买入，一般表明庄家上攻意愿较强。

第二，在向上突破过程中，随着股价的上升但在买一有大量买盘堆积，大多表明庄家上攻意愿较强。

第三，随着股价的上升在买四、买五中有大量买盘堆积，可能有两种情况：一是庄家不愿让股价下跌；二是小心庄家诱多，制造假象让散户抬轿。

大卖单的理解：

第一，在股价整数关口有大单压盘，一般的情况是庄家打压股价。

第二，在卖一到卖五的委托单中出现大单压盘，但股价仍能积极上升（大买单不多）时，往往可以看到先前的大卖单不见了，这个时候小心庄家诱多。

第三，当股价到达支撑位附近时，出现连续的大单砸破支撑位，说明庄家做空非常坚决。

需要说明的是，大单买卖的前提是分清大单是否出自于庄家。虽然散户也能做出一个涨停，但是出自庄家的大单才具有分析意义。而且，大单的买卖都是相对的，有买必有卖。关键看某一时间点上交易量突然放大后，股价是走低还是走高，还是不动。走低的话，应该是庄家走人；走高的话，可以理解为强力拉升。

当然也不是绝对的，庄家间的博弈也使得股价可能大起大落。不过，大单有相当的参考价值。同时，分时盘口信息是出现在买档和卖档、笔数和手数之中。要了解和读懂这些信息，必须长期跟踪观察，盯紧盘口变化，在操作中不断探索，不断完善自己，深刻领悟坐庄意图。了解和读懂盘口信息语言，这是散户投资者的基本功，因此必须潜心苦练。

第五节　散户出招：如何识别庄家建仓意图

招数1：计算庄家的持仓量

1. 持仓量的构成

一只股票能不能涨起来？涨升的方式如何？洗盘的时间和力度怎样？股价上涨的目标价位在哪里？这些都是散户最希望了解的信息。想要做出较全面和准确的判断，必须分析庄家的持仓量。

庄家的持仓量，是指庄家持有某只股票流通盘的那一部分筹码。筹码收集到什么程度才有条件坐庄？无法一概而论。这与股票流通盘的大小、股票基本面、大盘行情，以及庄家的资金实力和操盘风格等因素都有关系。

（1）持仓量的大概分布。在透析庄家的持仓量时，必须对股票流通筹码的持仓分布做一个大致的分析。

通常，流通盘中20%左右的筹码是锁定不动的。这部分股民是真正的长线投资者，无论庄家如何震仓、洗盘，也不容易收集到。当然，他们对庄家的拉高和派发也不会造成太大的干扰。剩下80%左右的筹码在中短线投资者手中，其中大约有30%的筹码在高位深幅套牢。这部分筹码在庄家拉升时构成强大的阻力，所以在吸筹阶段，往往通过长期低位横盘或小幅震荡，散布利空消息。在大盘上涨时故意压价，让套牢者割肉出局，丧失解套希望，才能达到筹码收集的目标。另有30%左右属于我们通常所说的浮动筹码，这部分筹码最容易拿到手。还有20%左右的筹码落于民间大户（或老庄）之手，庄家必须消灭掉这一部分筹码，在拉升时才不会遇到太大的困难。

（2）庄家需要多少持仓量。通常，庄家坐庄的持仓量在20%～80%之间。长线庄家持仓量占流通盘50%～70%的情况居多，这时股性活跃，易走出独立行情；中线庄家持仓量占流通盘的40%～60%，这时股性也活跃，易于操盘；短线庄家持仓量占流通盘的30%～50%，股价一般随大势涨跌而动。个别强悍庄家持仓量超过流通盘的80%。由于筹码过于集中，盘面未免过于呆板，散户可操作性不强。

一般情况下，一只股票的升幅，一定程度上由该股筹码的分布状况以及介入资金量的大小决定。庄家的持仓量越大，控盘能力越强，庄家运用的资金越大，拉升之后的利润也越高。但是持仓量也不是越高越好，因为持仓量越大，需要庄家投入的资金越大，损耗的费用越大，筹码收集的时间也越长，操盘周期也相应延长，风险会加大。另外，庄家持仓量过大，场内散户很少，无法形成赚钱效应，股性变得较死，派发难度较大。

2. 判断庄家持仓量的基本方法

（1）用数学计算结果进行判断。主要有三种方法。

一是根据吸货期的长短计算。对吸货期很明显的个股，可大致估算出庄家的持仓量。计算公式：

庄家持仓量 =（吸货期 × 吸货期每天平均成交量 ÷ 2）－（吸货期 × 吸货期每天平均成交量 ÷ 2 × 50%）

式中：吸货期每天平均成交量 = 吸货期成交量总和 ÷ 吸货期；2 代表内盘和外盘；50% = 大约有30%是根据持仓分布确定的浮动筹码 + 大约有20%是庄家对敲量。

从等式看，吸货期越长，庄家持仓量越大；每天成交量越大，庄家吸货越多。因此，若投资者看到上市后长期横盘整理的个股，通常为黑马在默默吃草。注意：吸筹期的选定一定要参照股价走势，主要根据投资者的悟性判定。吸货期选定失误，会造成估算结果的失真。

二是根据换手率大小计算。换手率 = 吸货期成交量总和 ÷ 流通盘 × 100%

在低位成交活跃、换手率高、股价涨幅不大的个股，通常为庄家吸货。此间换手率越大，庄家吸筹越充分，“量”与“价”似乎为一对不甘示弱的小兄弟。只要“量”先走一步，“价”必会紧紧跟上“量”的步伐，投资者可重点关注“价”暂时落后于“量”的个股。

三是根据内盘和外盘计算。计算公式：

当日庄家买入量 =（外盘 ×1/2 + 内盘 ×1/10）÷2。然后，将若干天的庄家买入量进行累计，当换手率达到 100% 以上才可以，取值时间一般以 30 ~ 60 个交易日为宜。

（2）用整理时的盘面表现来判断。有些个股吸货期不明显，或是老庄卷土重来，或是庄家边拉边吸，或是在下跌过程中不断吸货，难以划分吸货期。这些个股庄家持仓量可通过其在整理的表现来判断。老股的庄家要想吸筹，必须是股价已有了充分地回调，场内几乎无获利盘。一般而言，股票从前期高位回落超过 50% 时，基本上可认为回调到位。当然，前期庄家如果大幅拉高的，则另当别论。若前期上涨幅度不是特别大的股票，回调幅度超过 30% 时，市场中的获利盘已微乎其微了。

（3）用上升过程中的放量情况判断。一般来说，随着股价上涨，成交量会同步放大。某些庄家控盘的个股随着股价上涨，成交量反而缩小，股价往往能一涨再涨。这些个股可重势不重价，庄家持有大量筹码，在未放大量之前即可一路持有。

（4）用上市公司股东总户数来判断。据统计，凡是庄家派发充分、筹码全部转移到散户手中后，流通盘在 3 亿左右的，一般单户持有流通股都在 3000 股左右。这样，在年报或中报时，根据上市公司披露的股东总户数，可以通过计算得到目标公司的单户持有流通数。单户持有流通股凡是在 5000 股左右的，说明已有庄家在场，但持仓比例不超过 50%，难以控盘；凡是单户持有流通股超过 10000 股的，说明庄家的持仓已有可能达到 70%，应予以重点关注，日后拉升幅度一般都在 100% 以上。但随着大盘股的逐步上市，单户持有流通股数可能随之增加。

（5）用走势与量价配合情况来判断。在建仓阶段庄家持仓量从 0 开始，所以一只股票从高位下来，跌到地量地价，庄家持仓量是最低的时候。从底部开始，庄家的持仓量逐步增加。有些股票是在低位做大底。其实这个底，不见得是庄家做出来的，也许是市场做出来的，是规律的产物。这样的底，不管多大，庄家持仓量都等于零。另外一种底，是庄家做出来的，在底部震荡过程中，庄家持仓量是在增加的。如何分辨这两种底？前一种底，形态是随波逐流，往往弱于大盘，成交量是在短期头部时较大，其他时候都很小；而后一种底，往往是强于大盘，即大盘连续下挫时，该股能够守住底线不破。成交量比较均匀，上涨和短期头部时都不是很大。而且后一种底部时间要比前一种短，一般在 3 个月之内。

招数2：计算庄家的持仓成本

1. 庄家成本的构成

持仓成本是指为炒作某一只股票而消耗的费用。庄家坐庄如同其他生意，需从“销售收入”中减去成本，才能获取利润。投资者不妨帮庄家算算账，目前价位庄家有无获利空间，以及获利大小。若目前价位庄家获利菲薄，甚至市价尚低于成本，该股前景光明；若目前价位庄家已有丰厚的账面利润，庄家操心的是如何将钱放进口袋，亦即是伺机脱逃的问题，此时指望其再攻城夺寨、勇创新高显然不现实，不宜将“钱”图寄托在这样的逃兵身上。庄家的操盘成本主要包括进货成本、利息成本、拉升成本、公关成本、交易成本等。

（1）进货成本。庄家资金量大，进场时必然会耗去一定升幅，尤其是拉高建仓或者接手前庄的筹码，其进货成本比较高。这类庄家一般后续题材比较丰富，庄家志向高远，不计较进货价格。但有人看见股价从底部刚涨了10%，便担心升幅已大，不敢再买。其实，升20%甚至50%有可能为庄家在吸筹，关键要看在各价位区间成交量的多寡。低位成交稀少，庄家吸筹不充分，即使已有一定的涨幅亦不足为惧。我们很多跟庄的朋友会有这样的体会，虽抓到了黑马，但不是在庄家的震仓洗盘中割肉出局，就是马儿刚上路在小有获利时出局，就与黑马失之交臂。

（2）利息成本。利息成本也叫融资成本，除了少数自有资金充足的机构庄家外，大多数庄家的资金都是从各种渠道筹集的短期借贷资金，特别是配资金，要支付的利息很高，有的还要从坐庄赢利中按一定比例分成。因此，坐庄时间越久，利息支出越高，持仓成本也就越高。有时一笔短期借贷款到期，而股票没有获利派发，只好再找资金，拆东墙补西墙，甚至被迫平仓出局。因此，股价越需要向上拓展空间。

（3）拉升成本。庄家无法买到最低价，同样也无法卖在最高价，通常有一大截涨幅是为人作嫁的：船小好调头的跟风盘跑得比庄家还快。有的庄家拉升时高举高打，成本往往很高，短期会有大涨幅；有的喜欢细水长流，稳扎稳打，成本较低，为日后的派发腾出空间。手法高明的庄家拉高时只需借助利好煽风点火，股价就能由追涨的散户抬上去。但是大多数庄家需要盘中对倒放量制造股票成交活跃的假象，因此仅交易费用一项就花费不少。另外，庄家还要准备护盘资金，在大盘跳水或者技术形态变坏时进行护盘，有时甚至要高买低卖。

（4）公关成本。庄家的公关优势包括很多层面，主要有管理层、券商、银行、上市公司、中介机构等公关，这些方面的重要性是不言而喻的。但庄家也应为此付出必要的成本，否则就难圆其美了。

（5）交易成本。尽管庄家可享受高额佣金返还，但庄家的印花税还是免不了的。这笔费用不得不计入持仓成本之中。

2. 计算庄家成本的基本方法

在股市中，庄家介入的资金大多在谋求利润最大化，很少会形成亏损离场的局面。正因为如此，投资者越来越关注庄家的持仓成本，希望通过这种分析方法来达到获利的目的。但是庄家的真实持仓成本，外人一般很难准确了解到，不过可以通过一些统计方法，对庄家在某一阶段的市场平均成本作大致的评估，并利用这个评估结果，对短期调整的支撑位或者反弹的阻力位加以判断。庄家的成本，可通过以下几种方法来测算。

（1）通过平均价测算庄家成本。庄家若通过长期低位横盘来收集筹码，则底部区间最高价和最低价的平均值，就是庄家筹码的大致成本价格。此外，圆形底、潜伏底、双重底、箱体等也可用此方法测算持仓成本。庄家若是通过拉高吸筹的，成本价格会更高一些。

图 2－42，罗顿发展（600209）：股价经过一波急跌后，形成三重底形态，形态内最低价为 3.53 元，最高价为 5.16 元。形态内成交量比较均匀，也没有异常的价格波动，可以排除其他非正常因素的干扰，因而可以采用算术平均数计算。通过计算市场平均价为 4.34 元，这个平均价就是庄家的大概持仓成本区。用这种市场平均成本的分析方法判断庄家的持仓成本十分有效，而且可以说相当精确。

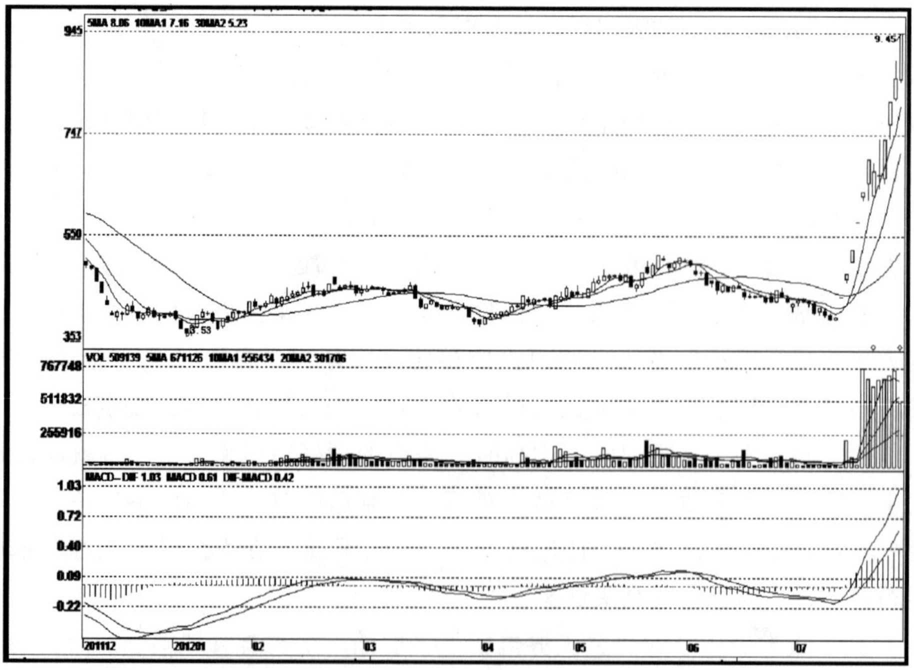

图 2－42

（2）统计换手率测算庄家成本。对于老股票，在出现明显的大底部区域放量时，可作为庄家建仓的成本区。具体计算办法是计算每日的换手率，直到统计至换手率达到 100% 为止，以此时段的市场平均价，作为庄家持仓成本区。有时候庄家的成本区距最低点的价差有相当大的差距。对于新股，很多庄家选择在上市首日就大量介入，一般可将上市首日的均价或上市第一周的均价，作为庄家的成本区。以上图为例，为了计算准确以三重低中间的底为准，向两边计算换手率达到 100% 的市场平均价，通过计算平均成交价格为 4.32 元，反映出庄家在此期间已经收集到了相当多的筹码。

（3）根据最低价测算庄家成本。在最低价位之上的成交密集区的平均价，就是庄家建仓的大致成本。通常其幅度大约位于最低价的 15% ~30%。以上图为例，最低价上涨幅度的 15% 为 4.07 元、30% 为 4.62 元，因此庄家成本区就在 4.07 元 ~4.62 元，其平均价为 4.34 元。

（4）根据股价测算庄家成本。此方法也是以最低价格为基准，低价股在最低价以上 0.50 元 ~1.50 元，中价股在最低价以上 1.50 元 ~3.00 元，高价股在最低价以上 3.00 元 ~6.00 元。以上图为例，该股属于低价股，据此可以推定庄家的平均成本在 4.03 元 ~5.04 元，其平均价为 4.53 元。

（5）还有一种计算方法是：庄家持仓成本 = （最低价 + 最高价 + 最平常的中间周的收盘价）÷3。作为一个庄家，其控盘的个股升幅最少应在 50% 以上，大多数为 100%。一般而言，一只股票从一段行情的最低价到最高价的升幅若为 100%，则庄家的正常利润是 40%。因此就可算出庄家的最基本目标位，在这个目标价位以下介入，都可以赚钱。仍以上图为例，庄家持仓成本 = （3.53 +5.16 +3.96）÷3 =4.22 元。

运用上述 6 种方法测算，测得该股的庄家持仓成本分别为：4.34 元、4.32 元、4.34 元、4.53 元、4.50 元、4.22 元，计算结果差别较小，持仓成本大体一致，准确性比较高，因此可以断定庄家的成本区间在 4.22 元 ~4.53 元。知道了这个区间，散户就可以与庄家斗智斗勇了。

3. 特殊个股成本的预测方法

除了上述几种测算庄家成本的方法外，再提供一些特殊性个股的预测方法。

（1）新股、次新股。许多人喜欢炒新股、次新股，但又苦于不了解庄家的成本区。其实，新股、次新股的庄家成本最好了解：若为该股十大股东之一的基金坐庄，其成本为发行价加上 15% 左右的发行价费用。如果从发行到上市的时间长，融资的利息和费用较高，附加价便多一些；反之，则少一些。

（2）横盘整理的庄股。在底部或中底部有较长时间（3 个月以上）横盘的庄股其成本一般都为横盘时的均价。横盘时间愈长，庄家吸货愈充分，其横盘价即为成本价愈准确。由于种种原因，造成某只庄股在高位久盘、之后又往上做的，其高位久盘的平均价可作为该股的第二成本价。至于其总成本区，可视其中的放量情况。如果从第一成本区到第二成本区之间，未曾放量的，其总成本区可简单取两者的算术平均值；如果在高位横盘之前已放量的，则第二成本区即为其成本区。

（3）震荡上行的庄股。在市场中有许多震荡上行的慢牛庄股，其走势沿着一条坚挺的上升通道，每次调整时间不长，幅度不大，极少超出上下通道线。对这类庄股，如果在拉升之前，并无底部长时间的横盘供其吸货。拉升之前又无放量拉升的情况，庄家无法一开始就控盘，只能边拉边吸货。此时庄家的成本区，常常就是整个上升通道的中间价格。从盘面上可以发现，每当股价回调到该成本区时，便止跌上行，并且缩量，在 OBV 指标上几乎呈一条平滑直线。

（4）急拉放量的庄股。在中低部，由于形势紧迫（如获知有重大利好题材），某些庄家匆忙入市，采用急拉快速建仓的手法，往往在三五天内便完成建仓任务。对这类庄股，其成本价通过统计放量拉升这几天的成交量，若达到流通盘 30% ~50% 的，这几天的均价也大体反映了庄家的成本价。因为之前并没有机会让庄家有过多的吸货，中低价又适合庄家吸筹。

（5）箱体整理的庄股。这是指几乎呈水平方向作大箱体形整理的庄股，若是震荡上行的则按第 3 点处理。对这类庄股，庄家的成本价当在箱体形的中轴附近，其算术平均价即是成本价。期间，如果有间歇放量的，其放量区的价格也是重要的参考价。

招数 3：庄家建仓结束有异动

股价涨不涨，关键看庄家炒不炒，这是目前股市的特点。庄家什么时候最有炒作激情？在吃饱了廉价筹码时最有激情。那么，如何判断庄家建仓是否完成？

庄家坐庄过程中，大家最关心的是建仓，若是在庄家建仓初期，此时介入犹如啃未长熟的青苹果，既酸又涩；若股价处于拉升末期，此时买入犹如吃已过保鲜期的荔枝，味道索然。因此，散户跟庄炒股如能准确判断庄家的持仓情况，盯住一只建仓完毕的庄股，在其即将拉升时介入，必将收获一份财富增值裂变的惊喜。大家知道，表现良好的个股前期都有一段较长的低位整理期，而拉升期或许仅仅十几个交易日，原因在于庄家建仓耗时较多。通常，庄家吸货时所耗的时间与盘子大小、坐庄风格、大盘整体走势有密切的关系。据多年经验，具备下述特征之一，可初步判断庄家建仓已渐入尾声。

（1）用量少就将价拉高。放很小的量就能拉出长阳或封死涨停。庄家相中股票后，进场收集筹码，经过一段时间收集，如果庄家用很少的资金就能轻松地将股票拉至涨停，那就说明庄家筹码收集工作已近尾声，大部分筹码已经被庄家锁定，浮动筹码很少。这时候庄家具备了控盘能力，可以随心所欲地控制盘面。尤其是在开盘 30 分钟内就将股价拉到涨停板，全天封盘不动，成交量即时萎缩，大有充当领头雁之风范。通常，在低位经过反复整理，成交量萎缩至地量后，慢慢地出现脉冲式放量，不断地向阻力位发起冲击，表明建仓工作准备充分，庄家拉升跃跃欲试。

（2）走势不受大势影响。股价走势独立，我行我素，不理会大盘走出独立行情，即大盘跌它不跌，大盘涨它不涨（或者涨幅远远超过大盘）。这种情况通常表明大部分筹码已落入庄家囊中。当大盘向下时，有浮筹砸盘，庄家便用筹码托盘，封死下跌空间，以防廉价筹码被人抢了去；大势向上或企稳时，有游资抢盘，但庄家由于种种原因此时仍不想发动行情，于是便有凶狠的砸盘出现，封住股价的上涨空间，不让短线热钱打乱炒作计划。此时，股票的K线形态出现横向盘整，或沿均线小幅震荡盘升。或者，在大盘跌它不跌，大盘企稳回升时，涨幅远远超过大盘，这类股票涨势明显强于大盘。投资者遇到这类股票时应积极参与，未来股价上涨空间十分巨大。

图2－43，方大炭素（600516）：上证指数在2017年4月12日至5月11日之间，出现了一轮较大的下调走势，而该股同期的走势却不受大盘调整的影响，拒绝向下回调，依然坚挺地将底部向上抬高，出现与大盘背离的走势，显示庄家建仓已近结束。随后，当大盘出现企稳回升时，该股不断向上攀升，涨势明显强于大盘，从而进一步证明庄家建仓已经完成，此后出现一轮涨升行情，一时成为两市人人皆知的龙头股。

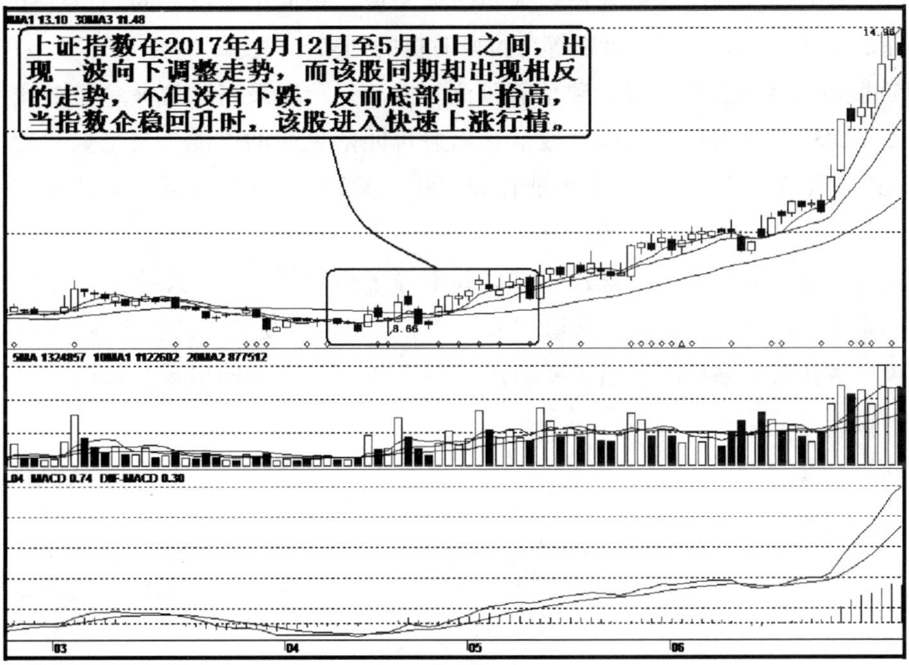

图2－43

（3）股价开始剧烈波动。股价在起涨前，走势起伏不定，而分时走势图剧烈震荡，成交量极度萎缩。庄家到了收集末期，为了洗掉短线获利盘，消磨散户持股信心，便用少量筹码做图。从日K线上看，股价起伏不定，一会儿冲到浪尖，一会儿回到谷底，但股价总是冲不破箱顶，也跌不破箱底。而当日分时走势图上更是大幅震荡。委买、委卖之间价格差距也非常大，有时相差几分，有时相差几角，给人一种莫名其妙、飘浮不定的感觉。成交量也极不规则，有时几分钟成交一笔，有时十几分钟才成交一笔，分时走势图画出横线或竖线，形成矩形，成交量也极度萎缩。上档抛压极轻，下档支撑有力，浮动筹码极少。

（4）遇利空时不跌反涨。遇利空消息打击，股价不跌反涨，或当天虽有小幅无量回调但第二天便收出大阳，股价迅速恢复到原来的价位。突发性利空袭来，庄家措手不及，散户筹码可以抛了就跑，而庄家却只能兜着走。于是，在盘面可以看到利空消息袭来当日，开盘后抛盘很多。但此时的接盘更多，不久抛盘渐渐减少，股价慢慢获得企稳。由于庄家担心散户捡到便宜筹码，第二日股价又被庄家早早地拉升到原来的位置。

（5）突破重要压力位置。建仓完成时通常都有一些特征，如股价先在低位构筑一个平台，然后再缓缓盘出底部，均线由互相缠绕逐渐转为多头排列。特别是一旦放量长阳突破盘整区，更加可确认建仓期完成，即将进入上涨阶段。

（6）低位整理时间充分。通常在低位盘整的时间越长，庄家越有时间从容进驻吸筹，行情一旦启动，后市涨幅往往较大。一般来说，在低位横盘时间超过 3 个月，庄家基本完成了建仓任务，只是默默等待拉升时机的到来。

（7）股价见底的位置可以大致估算预测。方法是：以最高股价 × 一定的比例，如 2/3、1/2、1/3、1/4 等，就可以大致估算出股价回落见底的可能位置。如，最高价为 20.00 元，则股价见底的大致位置可能在 20.00 元 × 2 ÷ 3 = 13.33 元，以此类推的价位依次为 10.00 元、6.66 元、5.00 元等。

投资者需要注意的是：庄家建仓完成并不等于会立刻拉升，庄家拉抬通常会借大盘走强的东风，已完成建仓的庄家通常采取沿某一价位反复整理的姿态等待拉抬时机。因此，投资者在看中某只股票后，要有耐心地等待主升行情的出现，与庄家一同分享丰收的喜悦。

第三章　巧妙试盘——盘面反应检验一切

第一节　试盘解读：目的和规律

一、股价启动前的检验

庄家试盘贯穿于整个坐庄过程中，在建仓、拉升、出货等各阶段中都有试盘行为，只是试盘目的有所不同。这里所说的“试盘”是指建仓之后、拉升之前的试盘动作。庄家吸纳到大量的低价筹码之后，虽然此时涨升的心情十分急切，但并不一定马上进入拉升状态，还要最后一次对盘口进行全面的测试和反馈，这就是试盘。其目的如下：

（1）测试盘中是否有其他庄家或大户存在，以免作对，相互制约。

（2）测试盘内筹码稳定性情况，从而决定是否到了拉抬时机。

（3）测试庄家之外的那部分浮动筹码，是集中于民间大户之手，还是分散在大众投资者手中。若集中在大户之手，庄家则继续与之周旋较劲，竭力捣散外围筹码，以免将来拉抬时遭遇不测。

（4）测试股价近期的支撑位和阻力位，以便确定价格的波动区间。

（5）测试市场追涨杀跌意愿，庄家的每一个动作都在无数双眼睛注视下进行的。有追涨者，庄家拉抬轻；有杀跌者，庄家拉抬重。

（6）测试市场对该股的关注程度，是热门股还是冷门股。

（7）通过测试，决定究竟采取哪种方式拉抬股价。采用连续快速拉抬呢，还是缓升推高，或者波浪式上扬等。

二、庄家如何进行试盘

试盘是庄家利用量价信息，有目的地对多空双方力量进行反馈分析的操作方法。庄家对反馈来的信息，进行研究分析后决定是否拉升、用什么方式拉升、拉到什么价位等，但不同时期、不同位置、不同市况的试盘重点有所不同，庄家根据试盘目的运用各种技术陷阱，来达到试盘效果。庄家通过盘面测试和反馈来的第一手信息资料，进行认真的分析研究，给自己一个准确的市场定义。对市场定义的恰当与否，也会影响到庄家坐庄的成功与否，因此试盘是坐庄的必要手段。庄家通常有以下几种试盘方式。

1. 进庄之前试盘

庄家通过一系列的准备工作后，在成熟的时机里选择目标股票进驻。这时首先要测试一下盘面变化情况，这属庄前试盘。庄前试盘的作用有二：

一是观察盘中有无其他庄家存在，如果没有其他庄家存在，就可以安心埋伏其中建仓；如有强庄进驻其中，就要费脑筋了。这时的应变策略是：①换。拱手相让，这个窝就让他占吧，再另觅新窝；②斗。与对方斗智斗勇，展开筹码争夺战，结果胜负难分，两败俱伤而收兵；③和。互利双盈，和气生财，双方达成建仓、拉升、出货以及利润分成等种种合作协议。不管怎么样，大部分庄家均不希望同一目标股票中有两个以上庄家存在，因为这种合作操盘的风险极大，一方食言，后果可想而知。如在2017 年的波段行情中，两个庄家同时看好一只浙江的民营上市公司，该股是一只小盘股，双方在吸货之后，都已持仓相近的流通筹码，这可进退两难了。由于庄家之间不能进行“和好”，所以该股上下震荡，彼此相互制约，不能顺利上攻，错过了一波上拉行情。所以，进驻前要进行“试盘”，从而决定进庄与否。

二是判断场中筹码的稳定度，以计算建仓的时间和建仓所需的成本。若筹码有松动，便于建仓，可以缩短建仓时间；若筹码锁定性好，则要延长建仓时间与散户周旋夺筹码了。

2. 进庄之后试盘

庄家进驻股票后的试盘，也叫庄后试盘。包括吸货试盘、拉升试盘、出货试盘、砸盘试盘、阻力位试盘、支撑位试盘等，各阶段的试盘目的都不同。我们分析的试盘是拉升行情之前的一个独立阶段，是为拉升行情的顺利进行作铺垫的一个辅助阶段，也是本章所讲述的内容。

3. 庄家随意试盘

随意试盘就是庄家不主动进行打压或拉升股价，让股价自由波动。庄家自己不参与其中买卖操作，由散户担当主角，股价涨跌全由市场决定，但不排除庄家在重要位置的点拨作用。庄家静观其变，根据盘面抛盘和接盘的变化情况，判断当前市场性质，做出相应的操盘方法。通常，接盘力度大于抛盘力度时，股价会出现缓升走势；接盘力度与抛盘力度相当时，股价会维持盘整走势；接盘力度小于抛盘力度时，股价会出现缓跌走势。在实盘中，这种试盘方法一般不连续使用，通常是庄家间歇休整时的放任姿态。

4. 庄家主动试盘

主动试盘与随意试盘正好相反，就是整个试盘活动过程中，是在庄家的掌控之下进行的，轻重深浅、时间长短由庄家自己把握。包括在平衡市试盘、强势市试盘、弱势市试盘、技术位试盘以及利用消息、板块试盘等都是庄家的主动行为。

5. 向上拉升试盘

庄家完成建仓后，在某个时段里突然放量向上拉升试盘，摆出一副上攻的架势，让场内资金明显感到有庄家进场操作，当股价快速上升到重要阻力位时遇阻而回落。有时庄家为了吸纳更多的低价筹码，在底部采用涨停板的手法来强行试盘，并在涨停板位置不断开板，以吸引筹码松动，趁机收货。场内筹码遇股价反弹上涨机会斩仓离场，筹码出现松动，庄家则照单全收。场外资金见盘面异动而介入操作，提高散户持仓成本。向上拉升试盘的目的是，测试盘中筹码稳定性情况和抛压大小，以及散户跟风情况，从而确定拉升股价的上限即压力位。

6. 向下打压试盘

有时候股价的真实底部，庄家未必能知道，因此只有经过反复探测，才能探明底部的位置。底部未探明之前，就不能指望涨升行情的出现。为了探测这个底部位置，庄家便使用各种手法来恐吓投资者，直到投资者不肯抛出股票，股价跌无可跌，这才是真正的底部。

通常，庄家故意在 K 线图上做出横盘的姿态，高低点之间的空间幅度越来越窄。最后股价于某日突然破位下跌，下跌时能量放大，盘中散户以为股价再次大跌，于是纷纷斩仓离场。庄家在低位照单全收，并于当天收盘时将股价拉回至开盘价附近，在 K 线图上留下一根较长下影线阴（阳）K 线。有时庄家利用砸盘动作，将股价砸到跌停板位置，制造加速下跌的恐慌气氛，使盘中斩仓筹码蜂拥而出，庄家趁机卷走低价筹码。向下打压试盘的目的是，测试盘中抛压情况，以及场外买盘的力度，从而确定打压股价的下限即支撑位。

此外，从试盘速度上还可以分为快速试盘和慢速试盘，从持续时间长短上还可以分为单日试盘和多日试盘，从技术形态上还可以分为简单试盘和波段试盘等。

第二节　庄家试盘的神秘内幕

意图 8：测试压力大小

在庄家完成建仓后，往往利用关键技术位即阻力位（线）或支撑位（线）进行试盘，如短期均线、趋势线、颈线位、重要技术形态以及成交密集区、黄金分割位和重要心理关口等。当向上或向下突破这些重要技术位置时，观察买盘和卖盘的变化情况，从而决定下一阶段的操盘思路。

一般情况下，对上方的阻力位进行试盘，以观察阻力的大小和市场的跟风情况，从而决定是否进入拉升阶段。一般有两种盘面现象：

（1）股价到达阻力位附近时，受到阻力位的明显压制，股价向下回落式试盘，重点测试股价受阻力后的抛压情况。

（2）股价到达阻力位附近时，不受阻力位的压制，股价向上突破式试盘，重点测试突破后的盘中跟风情况。

在实盘中，当股价通过这些重要技术位置时，可以反映出很多盘面信息，因为这些重要技术位置是大多数散户包括庄家在内所关注的。一个重要技术位置的攻克和失守，往往预示着一轮行情的产生和结束，所以试盘效果较好。如果股价通过这些重要技术位置时，没有什么大的阻力和支撑，行情就可能向纵深发展，反之要重新调整坐庄计划。

图 3－1，盐湖股份（000792）：该股经过大幅下跌调整后，由于庄家压制股价上涨，从而形成较长一段时间的横向震荡走势。

2017 年 4 月 17 日，庄家向下打压股价，形成技术破位走势，然后庄家在低位吸纳了大量的低价筹码。不久，股价渐渐企稳回升，将股价拉升到前期盘区附近，对前期盘区阻力情况进行试盘，以观察上方的压力情况。然后，股价小幅回落，经短暂的整理后，全面消化了上方的阻力。9 月 8 日，股价放量涨停，一举向上突破了盘区的阻力，从此开启一轮上涨行情。

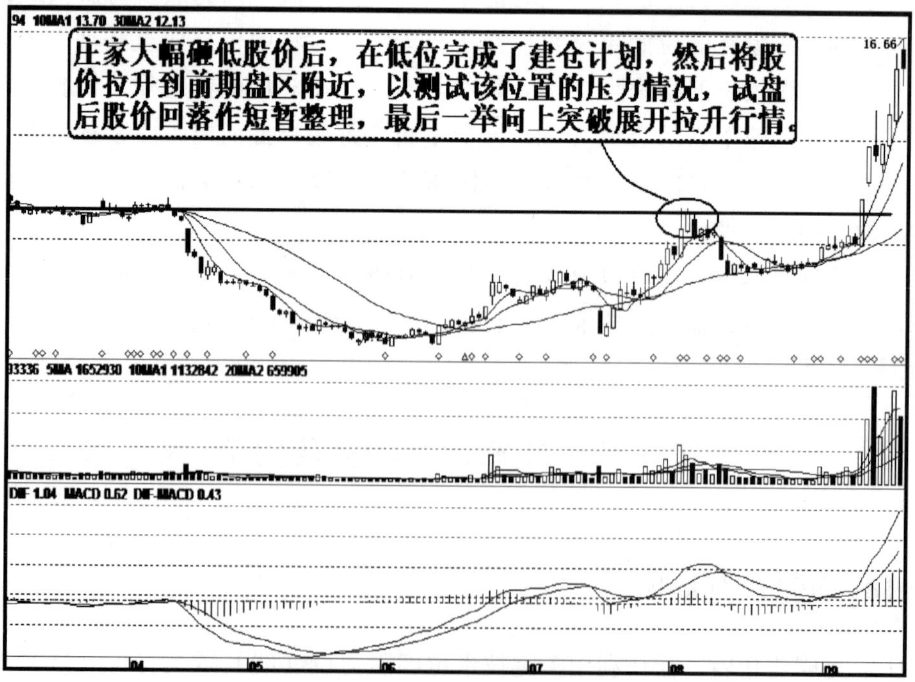

图 3－1

这种走势中庄家意图具有试盘和洗盘双重意义。利用前期盘区的阻力作用，形成股价遇到阻力而出现回调走势，从而测试该位置的抛压情况，诱导散户离场观望，起到洗盘的作用。当浮动筹码基本退出后，也是洗盘结束之时，股价就出现新的上升行情。

图 3－2，浪潮信息（000977）：该股见顶后出现长时间的下跌调整走势，在跌无可跌的低位出现企稳震荡走势。

2017 年 5 月 19 日，股价出现放量涨停，第二天继续向上试盘，以测试上方小盘区和 30 日均线的压力情况。试盘后，股价回落作技术修正走势，并采用向下打压手法制造空头气氛。7 月 27 日，采用同样的向上试盘手法，将股价拉到涨停，第二天继续冲高，以进一步观察上方压力和市场跟风情况，然后再次回落消化上方压力。经过前后二起二落后，市场得到较好的检验，浮动筹码得到清洗，庄家成功地完成了试盘和洗盘过程，股价从 8 月中旬开始进入盘升行情。

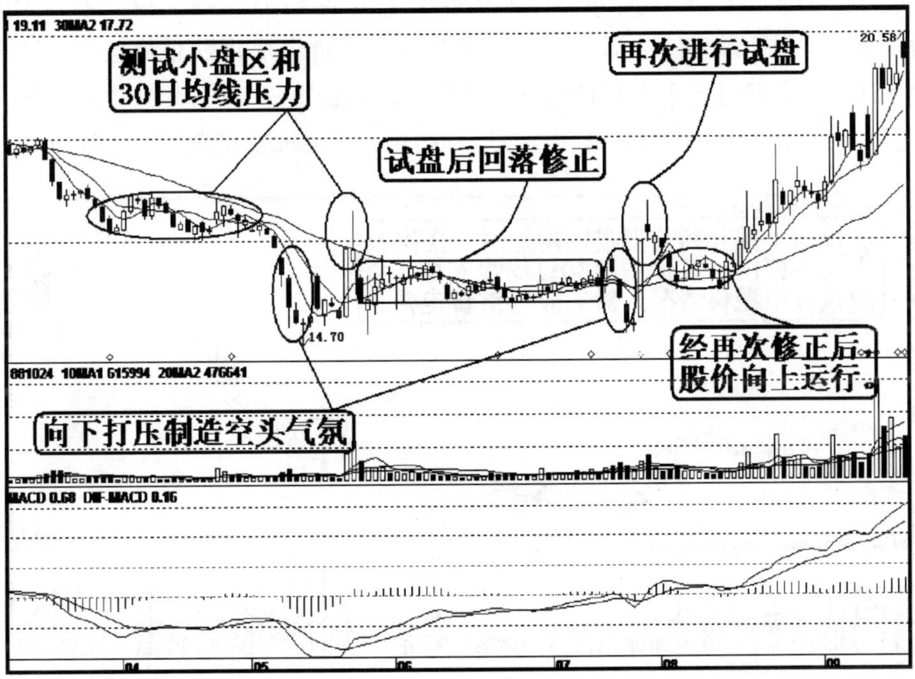

图 3－2

在实盘操作中，投资者遇到这种走势时不要过早介入，应等待股价向上有效突破后逢低跟进。短线高手可以在明显的压力位附近退出，在回落低点重新介入，波段操作收益更丰。

意图 9：测试支撑强弱

当庄家成功完成建仓计划后，股价渐渐脱离底部区域，但庄家一般不会直接进入主升段行情，通常对底部基础是否扎实还要进行一次测试，这也叫二次探底或回抽确认。中长线庄家大多有这一环节，短线庄家由于驻庄期较短，一般没有二次探底过程。能够成为支撑作用的有：均线、趋势线、颈线位、重要技术形态以及成交密集区、黄金分割位和重要心理关口等。庄家通过对这些技术位置试盘后，如果抛压不重，又有跟风盘介入，股价可能很快进入主升段行情。相反，如果抛压较重，又缺乏买盘跟风，股价可能重新进入调整走势，此时不宜做多。一般有两种盘面现象：

（1）股价到达支撑位附近时，得不到支撑位的支撑，股价向下破位式试盘，重点测试突破后的盘中抛压情况。

（2）股价到达支撑位附近时，受到支撑位的支撑，股价向上回升式试盘，重点测试股价获支撑后的跟风情况。

图3－3，沱牌舍得（600702）：该股经过长时间的震荡整理后，股价渐渐向上爬升，均线系统呈现多头排列。当股价上涨到前期盘区附近时，庄家开始试盘和洗盘整理。

2017年7月17日，一根放量跌停大阴线向下击穿30日均线支撑，第二天股价开盘后继续下探，但下跌动能衰竭，买盘积极介入，股价出现止跌企稳迹象。这种现象说明抛盘并不大，经过3个交易日的震荡整理后，股价重返30日均线之上，构成一个“早晨之星”组合形态，表明试盘和洗盘顺利结束，此后股价出现震荡上涨行情。

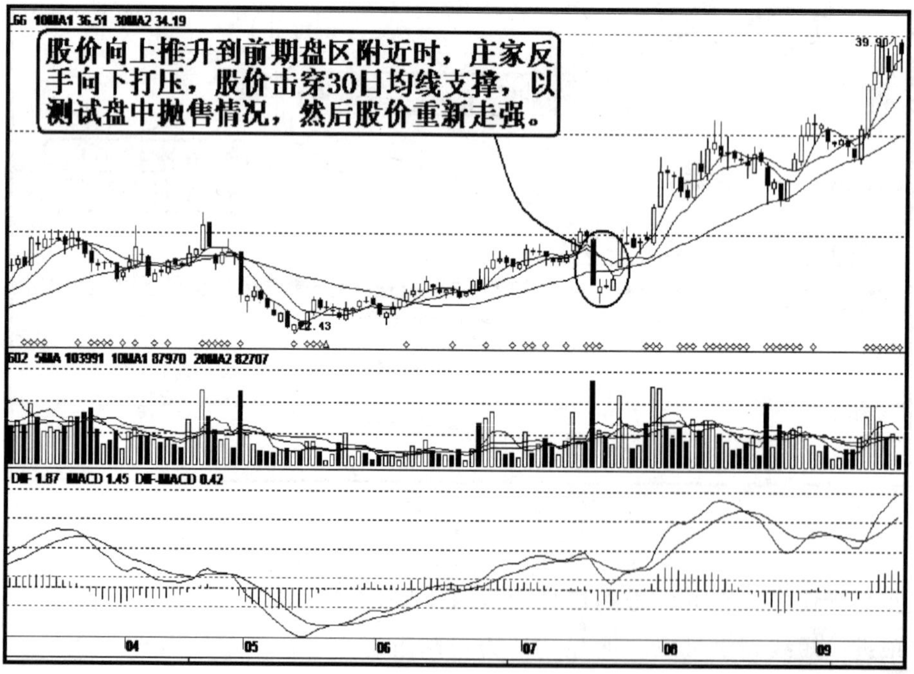

图3－3

在该股中庄家对两个重要技术位置进行了成功的测试，一是测试30日均线的支撑力度，二是对前期低点进行测试，观察这两个位置的市场反应。庄家意图就是击穿30

日均线后，制造一定的恐慌气氛，观察散户的心理承受能力，同时测试前期低点附近的跟风情况，也是检验该位置是否得到市场的广泛认同，然后决定下一步的操作计划。如果得到市场的广泛认同，那么庄家拉高股价就顺水推舟，事半功倍，以后的出货也就不成问题了。否则就是逆势而行，事倍功半，庄家就不敢拉高股价，因此试盘是非常重要的一环。

在该股走势中，散户只要认真分析一下盘面特征，就不会出现操作失误。首先，30 日均线持续上行，对股价形成向上牵引作用。其次，股价距离前期低点不远，而该低点又经过较长时间的整理，通常有一个支撑作用。其三，日 K 线图中产生“早晨之星”组合形态，后市股价向好的概率大增。

图 3－4，宝泰隆（601011）：该股庄家在前期股价下跌过程中，吸纳了大量的低价筹码，成功地完成了建仓计划，股价渐渐向上盘出底部，均线系统出现多头排列。但庄家并没有盲目拉高股价，而是再次回落对底部是否扎实以及浮动筹码进行一次试盘确认，也是 30 日均线的支撑力度进行一次测试，2017 年 7 月 17 日当股价回落到 30 日均线附近时，就得到买盘的积极响应，股价很快反身向上走势。因此，30 日均线将成为一个有效的技术支撑位，股价进入主升浪行情。

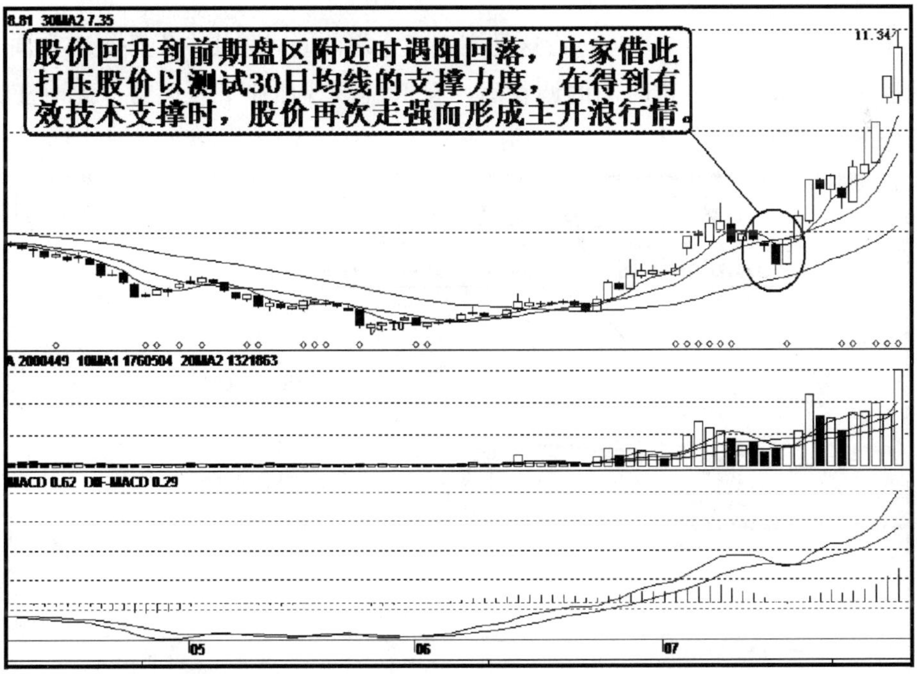

图 3－4

从图中可以看出，庄家对 30 日均线的支撑力度进行测试，观察该位置的市场反应，从而决定后市拉升与否。投资者遇到这种走势时应该如何操作呢？持股者应密切关注该位置的支撑情况，一旦有效被击穿，则果断退出，在没有突破之前可以继续持股；持币者应等待股价有效向上突破前期高点时，再行寻找低点介入，在没有突破之前应继续观望。

意图 10：突破试盘秘密

试盘可以出现在坐庄过程中的任何阶段，在底部可以在建仓之前进行试盘，也可以在建仓之后进行试盘。主要手法大多是对某一个技术位置进行假突破，以观察市场的反映，从而决定建仓或拉升。这种试盘方式可以分为向上假突破和向下假突破两种。

1. 向上假突破

在底部区域，股价向上突破某一个技术位置时，如果此时盘中抛压较重，若是庄家建仓之前试盘，那么庄家就会在股价回落过程中实施建仓计划，这样建仓成本较低，但建仓期可能较为漫长；若是庄家建仓之后试盘，后市股价可能继续调整，期间庄家也会进行高抛低吸，充分消化上方压力之后才能出现上涨行情。相反，如果此时盘中抛压不重，若是庄家建仓之前试盘，庄家可能会采用打压或拉高的方式实施建仓计划，建仓成本相对要高一些，但建仓期可能不会很长；若是庄家建仓之后试盘，只要时机成熟，股价很快就会进入拉升行情。

图 3－5，安凯客车（000868）：这是庄家建仓之前同时采用向上假突破和向下假突破的试盘例子。股价经过长时间的调整后，在低位出现加速下跌走势，此时庄家吸纳了一部分低价筹码。

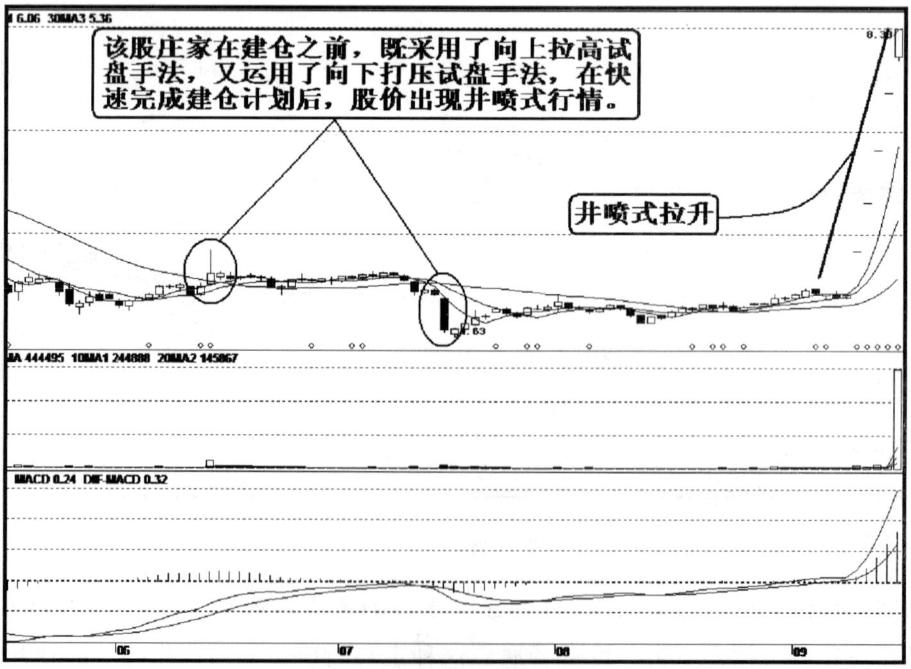

图 3－5

2017 年 6 月 14 日，开盘后股价出现快速上涨，突破了 30 日均线的压力，但股价出现冲高回落走势，随后进入横向震荡走势，成为一次假突破行为。

7 月 17 日，庄家采用了向下打压手法进行试盘，股价出现向下破位走势，引发了大量抛盘出现，然后庄家在低位大举建仓。从图中可以看出，股价向下破位之后，并没有出现持续性下跌走势，说明这是一次假突破的诱空动作，目的就是为了建仓的需要。在庄家完成建仓计划后，股价从 9 月 11 日开始出现井喷式上涨行情，一连拉了 5 个涨停板。

从该股的盘面反映，股价在向上突破时的压力重重，无论是庄前或庄后的试盘，短期内股价难有起色，这也决定了股价进入长时间的震荡盘整后，再次选择向下打压的做法。经过向上和向下两次试盘之后，庄家基本完成了建仓计划，最后引爆了井喷式行情。

图 3 –6，海天味业（603288）：这是庄家建仓之后向上假突破的试盘例子。该股在长时间的横盘震荡过程中，庄家基本完成了建仓计划。

2017 年 1 月 13 日开始，连续两日向上试盘，股价向上突破了 30 日均线的压制，以观察市场跟风情况。但是，股价突破 30 日均线后，并没有出现持续上涨行情，而是继续回落到 30 日均线附近作窄幅震荡，从而成为一次向上假突破行为。经过一段时间的整理之后，股价在 3 月下旬开始进入盘升行情。

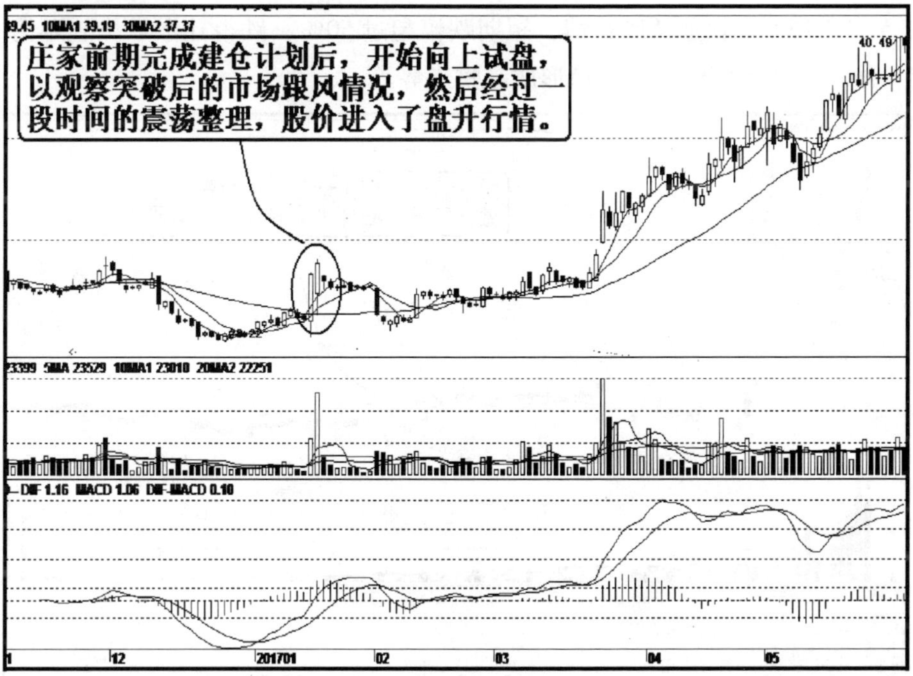

图 3 –6

在实盘操作中，散户遇到这种走势时，可采取以下操作策略：

（1）掌握突破的三个条件。一是突破幅度要大于 3%；二是有效站稳时间在 3 天以上；三是有成交量的积极配合。

（2）后市密切关注该位置的市场表现。当股价有效向上突破时才能跟进，否则继续观望，或在该位置之下高抛低吸。

（3）判断是否属于假突破走势。重点观察突破后的市场走势，如果突破后股价很快大幅回落，则假突破的概率较高；如果股价只是小幅回调，则属于正常的消化上方压力走势，为真突破的可能性较大。

（4）结合其他技术因素进行综合研判。如指标、形态、趋势、浪形以及股价所处的具体位置和坐庄运行阶段等。

2. 向下假突破

在底部区域，股价向下突破某一个技术位置时，如果此时盘中抛压较重，若是庄家建仓之前试盘，庄家就会在突破位置之下实施建仓计划，这样建仓成本较低，但建仓期可能要长一些；若是庄家建仓之后试盘，说明底部基础不够扎实，后市股价可能继续进行筑底走势。相反，如果此时盘中抛压不重，若是庄家建仓之前试盘，庄家可能会采用打压或推高的方式实施建仓计划，建仓成本相对要高一些，但建仓期可能不会很长；若是庄家建仓之后试盘，那么后市行情万事俱备，只欠东风。

图 3－7，中房地产（000736）：这是庄家建仓之前向下假突破的试盘例子。该股在2017 年 5 月出现一轮快速杀跌行情，短期跌幅超过 50%，跌得让散户措施不力，蒙受巨大经济损失，然后股价渐渐企稳形成盘整走势。

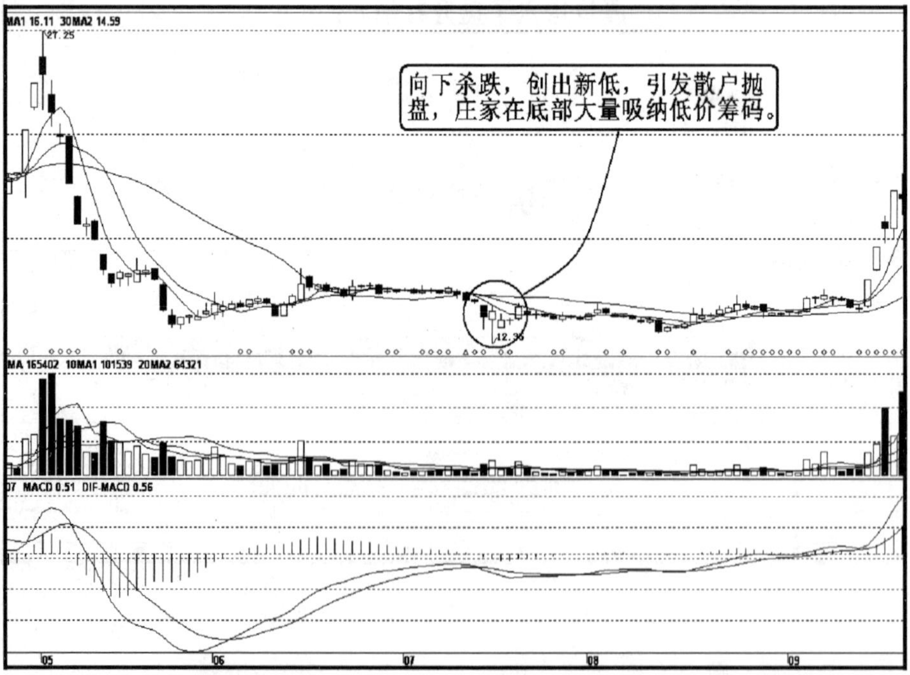

图 3－7

那么股价是否已经真正跌到尽头了呢？恐怕连庄家自己也搞不清楚，只有通过试盘才能知道。7 月 14 日，庄家再次大开杀戒，连续两天向下打压，股价创出调整新低。这时，经历前期大跳水的散户对股价下跌心存余悸，担心股价再次出现大跌，而纷纷选择离场操作，庄家却在低位悄然大量收集筹码。当庄家完成建仓计划后，股价在 9 月 14 日拔地而起，走出一波暴涨行情。

图 3 –8，同济科技（600846）：这是庄家建仓之后向下假突破的试盘例子。在股价长期的震荡下跌过程中，庄家吸纳了大量的低价筹码。在股价上涨之前，庄家进行了一次试盘动作。

2017 年 7 月 17 日，庄家刻意向下击穿整理平台的支撑，形成技术破位之势。但破位之后第二天股价就企稳，并没有出现持续性大幅下跌，也没有明显的抛盘涌出，表明盘内筹码稳定牢固，股价拉升时机已经具备。

第三天，股价重回技术位之上，并展开一轮快速上升行情。这种走势是通过向下假突破走势来测试底部支撑的经典，股价一旦返回到支撑位之上，投资者可以大胆买入。

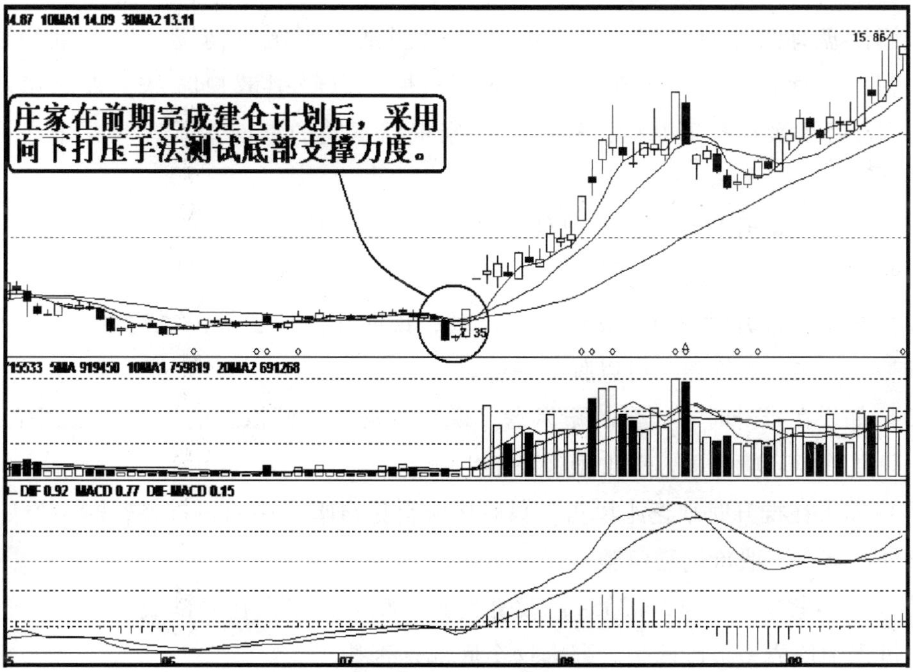

图 3 –8

一般情况下，股价无论向那个方向突破，一定要有气势、有量能、有力度，一气呵成，不拖泥带水，迅速脱离突破区域，大有一去不回头之势，这样的突破才可靠。如果股价突破某一位置后，仍然在这一位置附近逗留而不愿意离去，那么这样的突破就值得怀疑。

从该股走势图中可以看出，股价向下突破整理平台后，盘面没有气势，股价没有大幅压低而迅速脱离突破位置，而是缠绵于突破位置附近，这不得不让人产生假突破怀疑。而且，突破时没有成交量，说明筹码没有大规模抛出，盘中缺乏做空动能，为庄家故弄玄虚而已。

分析这种盘面可以从价位、成交量、技术形态以及坐庄意图、操盘手法、盘面特征和市场气势等因素进行分析。从该股盘面来看，股价处于低位区域，前期跌幅较大，这是庄家向下试盘的一种手法。

意图11：停板试盘手段

1. 涨停试盘

在实盘操作中，庄家经常运用涨停板进行试盘，以观察盘中的抛售量与跟风量的对比情况，分析和判断筹码的稳定程度。涨停试盘的盘面走势，大多在涨停之后的次日展开放量震荡，第三天股价出现下跌，或者横向整理。如果涨停后股价继续上涨，可能已经进入拉升阶段，此时不能以试盘对待。

涨停试盘有两方面的好处：一方面可以测试盘中抛售情况，以及散户的跟风热情；另一方面还可以出现在当天的涨幅榜中，以吸引散户眼球，提高市场“知名度”，为后续操盘打下基础。这时，庄家根据不同的盘面情况，将采取不同的操作策略。

（1）如果在推升时有大量的抛盘涌出，说明在此位置筹码稳定性差，庄家拉升时机未成熟，但适合于长线建仓。

（2）如果在推升时仅有少量的抛盘出现，说明在此位置筹码稳定性较好，庄家拉升时机基本成熟，股价随时可以脱离底部。

（3）如果在推升时有大量的跟风盘，说明投资者看好该股的后市，庄家拉升条件具备，只要其他环境许可，股价很快就会上涨。

（4）如果在推升时缺乏跟风盘，只有庄家自拉自唱，说明投资者暂时不看好该股，拉升条件不具备，股价仍需盘整。

图3-9，蒙草生态（300355）：股价大幅下跌后，庄家在底部成功完成建仓计划，在建仓过程中形成一条震荡带，那么这个底部是否扎实呢？

2016年7月6日，股价跳空高开高走，当天收出一根涨停大阳线，以观察该位置的抛压和跟风情况，第二天股价出现高开放量震荡走势，第三天、第四天股价继续震荡走低，既是一个“倾盆大雨”形态，又是一个“三只乌鸦”形态，这两种K线组合形态，既说明上方有一定的压力，又反映市场欠跟风，也显示散户抛售不明显。根据这些盘面因素，庄家采取了整理消化走势，然后股价进入拉高行情。

图3-10，横店东磁（002056）：该股长时间在底部震荡，庄家在此吸纳了不少的

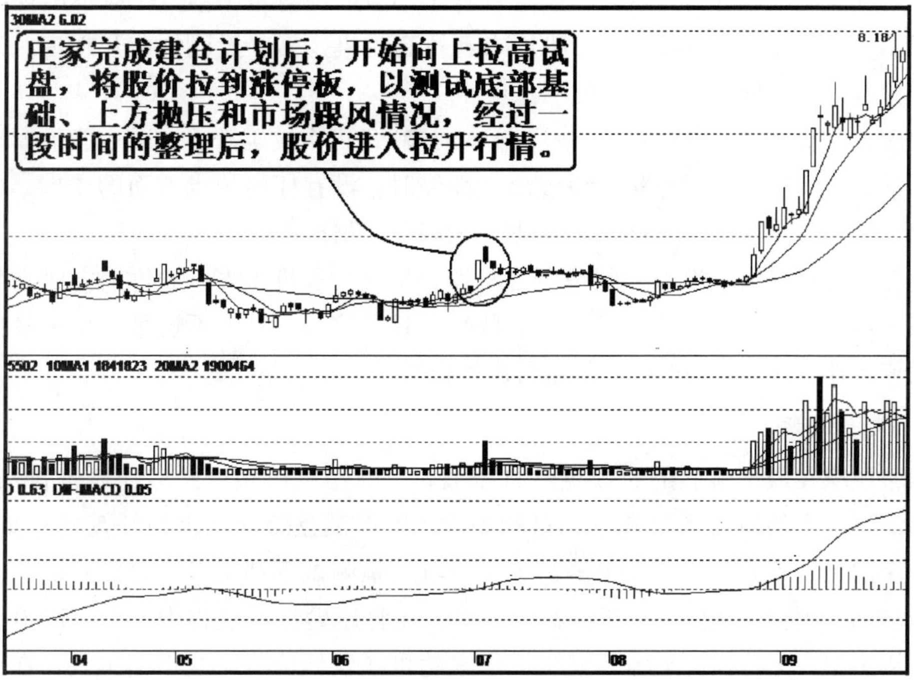

图 3－9

低价筹码。2017 年 5 月 5 日庄家开展一次试盘动作，这天股价小幅低开后两波拉至涨停，当天直到收盘封单不动。

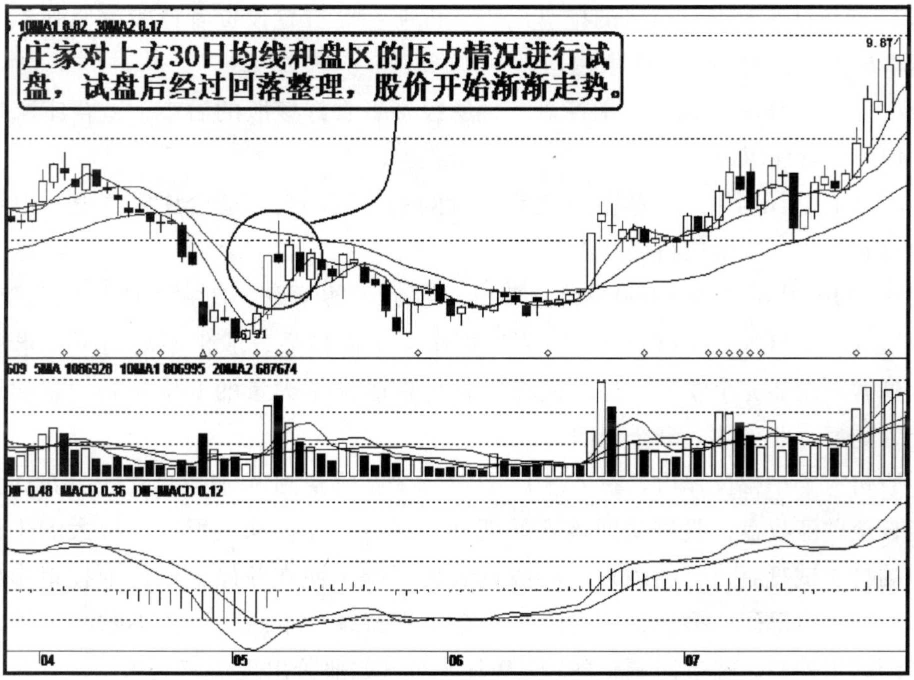

图 3－10

从当日盘面可以看出，在卖档位置堆积了不少的抛盘量，第二天股价出现冲高回落，说明盘中多空双方分歧较大，股价未到拉高时机，第三天股价低开震荡，虽然最后勉强拉起，但也反映盘中筹码的不稳定性。

此后，股价经过一段时间盘整后，于6月20日再次拉至涨停，随后股价渐渐向上拉高。其实，从技术角度分析，该股出现涨停时，没有任何技术方面的支持，也就是说股价涨停来得非常突然，是庄家明显的一次试盘动作。

从图中可以看出，30日均线呈下降状态，不支持股价做多。股价上方遇到前期成交密集区域，很难一次性跨越，因此不是一个起涨信号，最多不过是一个企稳信号而已。投资者遇到这种盘面时，不妨进行高抛低吸做短差。

2. 跌停试盘

通常庄家在风平浪静的时候突然打压股价，直至跌停板，然后让股价自然发展，以此来测试盘中的持股意愿和承接盘的动向。跌停试盘兼具试盘与洗盘的双重作用，在操作手法上以不断向下用大单砸盘为主。目的是测试下档买盘力量的强弱，如果买盘力量较强，则会继续向下打压砸盘，同时，在打压砸盘的过程中，也可以迫使部分投资者因害怕巨大亏损而恐慌性抛出，庄家趁机在较低价位再次悄悄买入。在跌停试盘过程中，成交量持续萎缩，当出现地量水平时，即宣告试盘动作结束。庄家根据盘面情况，将采取不同的操作策略。

（1）若在打压时有大量的抛盘涌出，说明在此位置投资者持股意愿很弱，稍有风吹草动就会离场，庄家拉升时机未到，但适合于长线建仓。

（2）若在打压时仅有少量的抛盘出现，说明在此位置投资者持股意愿强烈，拉升时机基本成熟，此时不适合庄家建仓。

（3）若在打压时有大量的承接盘，说明投资者看好该股的后市，适合庄家拉升和出货，但不适合庄家建仓。

（4）若在打压时缺乏承接盘，说明该股的关注度不高，适合庄家建仓，但不适合庄家拉升和出货，股价仍将继续盘整。

图3-11，盐湖股份（000792）：股价见顶后大幅下跌，庄家不断压制股价上涨，在低位形成一个盘区。2017年4月17日再次向下破位后，股价不断向下探求底部支撑，直到做空动能完全衰竭，这期间庄家在低位吸纳了大量的低价筹码，完功地完成了建仓计划后，股价才渐渐企稳回升。

当股价有了小幅反弹后，在7月17日突然大幅跳空到30日均线之下开盘，盘中低开低走直至跌停收盘，股价又回落到前期低点附近，在盘面上形成了极大的恐慌。通过这样的打压试盘后，有的散户担心股价破位下跌，便在跌停板价位上挂单卖出，庄家则不断地收集筹码。第二天，股价并没有出现持续性下跌，该跌不跌必上涨，随后股价渐渐向上推高。经过回调整理后，9月8日开始股价出现快速上涨。

图3-12，东方财富（300059）：庄家吸纳到大量的低价筹码后，2017年7月17

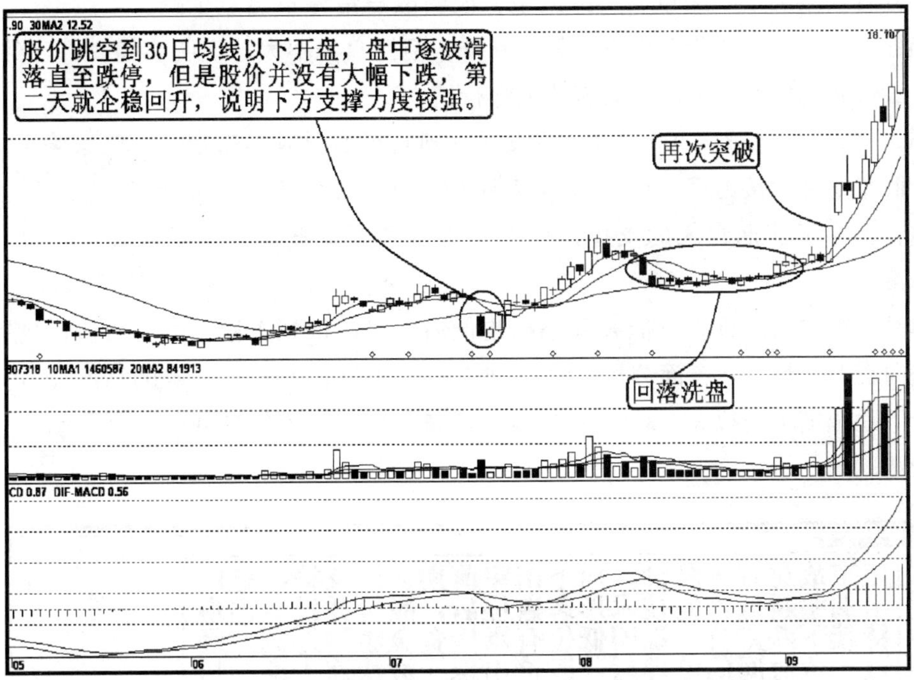

图 3－11

日进行向下试盘，股价大幅跳空低开，当天收于跌停价位，均线系统呈现空头排列，做出股价要大跌的势头。

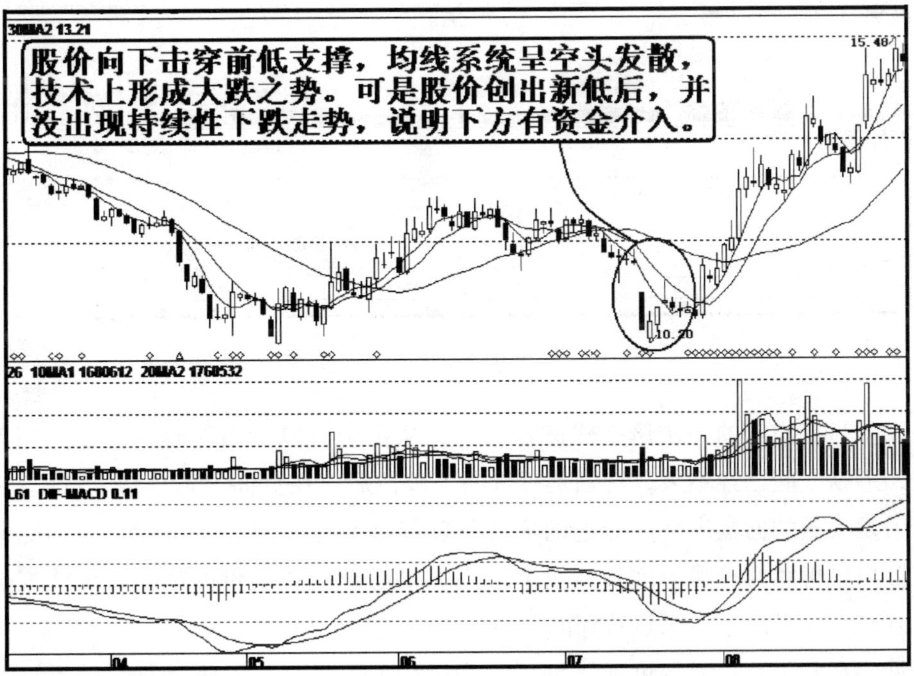

图 3－12

从分时观察到下跌缩量、上涨放量，说明散户惜筹不愿意杀跌，当然追涨力度也不是很强大，第二天股价惯性下探创出新低，但抛盘也不大，说明市场底部已经明了。很快，股价企稳回升，走出一波震荡上涨行情。

图3－13，新易盛（300502）：该股回落到底部后形成震荡走势，庄家为了测试低位的持股意愿和承接力度，在2017年7月17日开盘后，股价一路走低，收出一根跌停大阴线，击穿了前期盘区的支撑，技术形态遭到严重破坏，无疑给散户造成了恐慌心理。

但是，第二天股价跳空低开并小幅走低后，很快得到企稳，随后股价出现一段时间的横向震荡走势。从盘面分析，散户惜售心理明显，下方有一定的抄底盘介入，说明股价下跌幅度不会很大，8月16日股价放量涨停，向上突破底部盘区，引发了一波拉升行情。

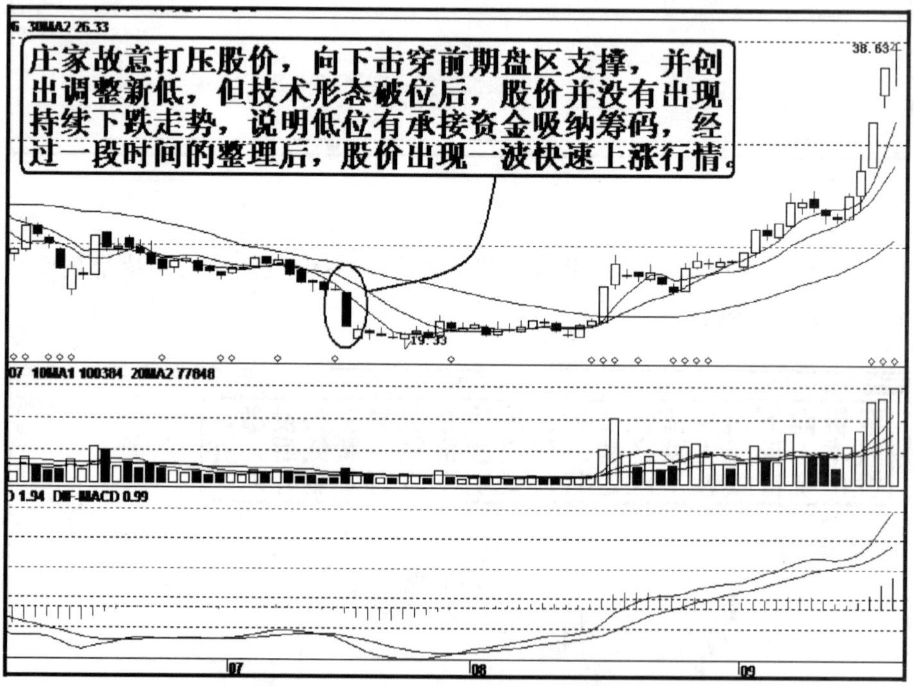

图3－13

该股明显是庄家的一次诱空式试盘行为。从图中可以看出，股价处于长期下跌后的低位，下跌空间已经不大，特别是股价向下破位后，在盘面上营造强大的空头形态，但并未引发大量的抛盘出现。低迷的成交量就能证明这一点，说明盘中浮动筹码所剩无几，散户惜售意愿较强。这种情况下庄家如果继续打压股价的话，有可能在低位丢失廉价筹码。这是庄家不愿意看到的，所以股价很快获得企稳回升。

可见，在股价有较大幅度的下跌后出现破位时，大多是空方的最后一跌，股价随时有见底回升的可能。虽然没有能够使股价立即上涨，但至少说明股价的下跌力度已经很弱，下跌空间也已经不大。此时应逢低吸纳为主，当股价走强后，可以加仓买入。

意图 12：长影线试盘手段

1. 长上影线试盘

庄家在当天盘中一度放量冲高，之后以回头波展开调整，在当天的 K 线上就形成较长上影线。这种方式主要是测试盘中抛压力度，以此判断筹码的稳定程度，同时也吸引市场跟风者的注意力，为后续操盘打下基础。这种试盘方法在当天盘中攻击时，以冲击型量峰为主，说明庄家在短时间内快速投入资金拉高股价。当上涨到一定幅度后，盘中撤出买盘资金，观察卖盘抛压状态，导致当大股价冲高回落，由于庄家处于主导地位，可以从盘面上获得真实的买卖信息。

一般情况下，在重要压力位附近出现的长上影线，都属于庄家试盘行为。如果发现庄家试盘后继续拉高股价，意味着抛压较轻、跟风活跃，此时投资者可以积极参与；如果发现庄家试盘后开始打压股价，意味着抛压较重、跟风冷淡，股价还要继续盘整，投资者观望为宜。

图 3－14，上海机场（600009）：在股价长时间的震荡中，庄家吸纳了大量的筹码，然后在 2016 年 11 月 29 日和 2017 年 2 月 24 日采取了两次向上试盘动作，对前期成交密集区域的压力进行测试，股价开盘后立即向上拉起，然后股价慢慢回落，当天收出带长上影线 K 线。此后经过短暂的整理后，股价出现向上突破走势，从此开启一波大行情。

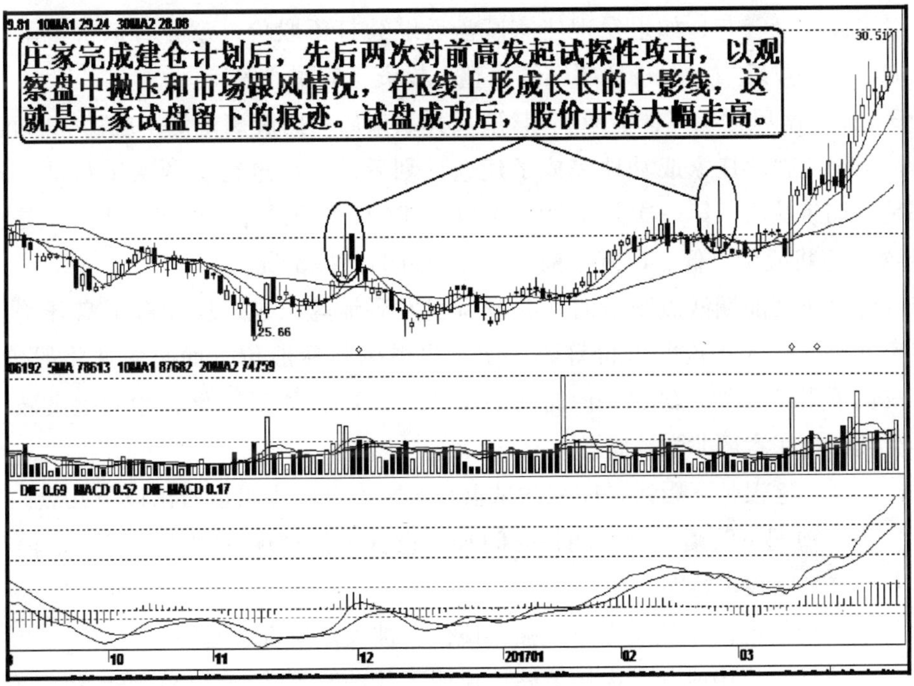

图 3－14

在实盘操作中，遇到这样的K线形态时，应密切予以跟踪关注，一旦后市股价向上突破这根K线的上影线时，就是一个非常好的买入时机，稳健者可以等回落时逢低介入，一般会有一段不错的行情，这与“仙人指路”K线形态有点相似，可以参考该形态的相关技术要点进行操作。该股在向上收复上影线并经回抽确认有效时，就是最理想的入场机会，随之而来的涨升行情就属于你的。

从图中可以看出，该股处在市场底部区域，庄家并没有获利，这种带长上影线K线的出现只不过是庄家在试探上方的压力大小，然后根据上方压力大小决定拉升与否。如果上方阻力较重，那么便会在上涨途中进行洗盘整理，洗去浮动筹码以及不坚定的短线投资者，以减轻后期拉升的压力，因此在洗盘结束后股价还会继续进行整理。投资者遇到这种情形时，如果股价放量上涨突破长上影线高点时，应当及时跟进做多。

2. 长下影线试盘

这种试盘方法与长上影线试盘所不同的是，长上影线主要测试抛压，而长下影线则主要测试支撑。庄家在盘中向下砸盘至技术支撑位后，再将卖盘位置卖单撤出，以此观察买盘位置相关大户与散户投资者的买入量变化，进而判断该股在市场中的关注度。同时，盘中向下打压砸盘，也可迫使部分投资者因害怕亏损而恐慌性抛出低价筹码，达到再次吸筹的目的。

一般情况下，在重要支撑位附近出现的长下影线，都属于庄家试盘行为。如果发现庄家试盘后股价止跌企稳，意味着该价位附近散户持股意愿较强、承接盘有力，此时投资者可以积极参与；如果发现庄家试盘后继续打压股价，意味着该价位附近持股意愿较弱、承接盘乏力，股价还要继续盘整，投资者应耐心等待。

图3－15，南风化工（000737）：该股反弹结束后一路震荡走低，成功探明底部后，股价渐渐企稳盘整。庄家成功地完成了建仓计划后，先后进行了两次试盘动作，以检验底部是否构筑扎实。第一次是在2017年7月17日采用跌停式试盘，第二次是在8月14日再次快速将股价打低，以观察前期低点附近的支撑情况。

当股价打压到前期低点附近时，并没有引发恐慌盘出现，反而有买盘开始挂单介入，庄家发现散户入场抢购低价筹码，便不再继续打压股价，而是快速将股价拉起，从而形成长下影线K线。经过一段时间的盘整后，8月24日股价开始向上突破，然后洗盘再突破，坐庄意图非常清晰。

为什么说，这根长下影线是庄家的试盘行为呢？从图中可以看出以下几点：

（1）该股前期下跌幅度大，调整时间长，投资价值显现。这从前期下跌幅度和调整时间方面就可以找出答案。

（2）股价受前期回调低点支撑较强，该位置被大众投资者看好。

（3）在下跌过程中成交量大幅萎缩，说明下跌动能不强，浮动筹码已经很少。

（4）带长下影线K线出现后的几天里，股价并没有继续走弱，说明庄家试盘只是

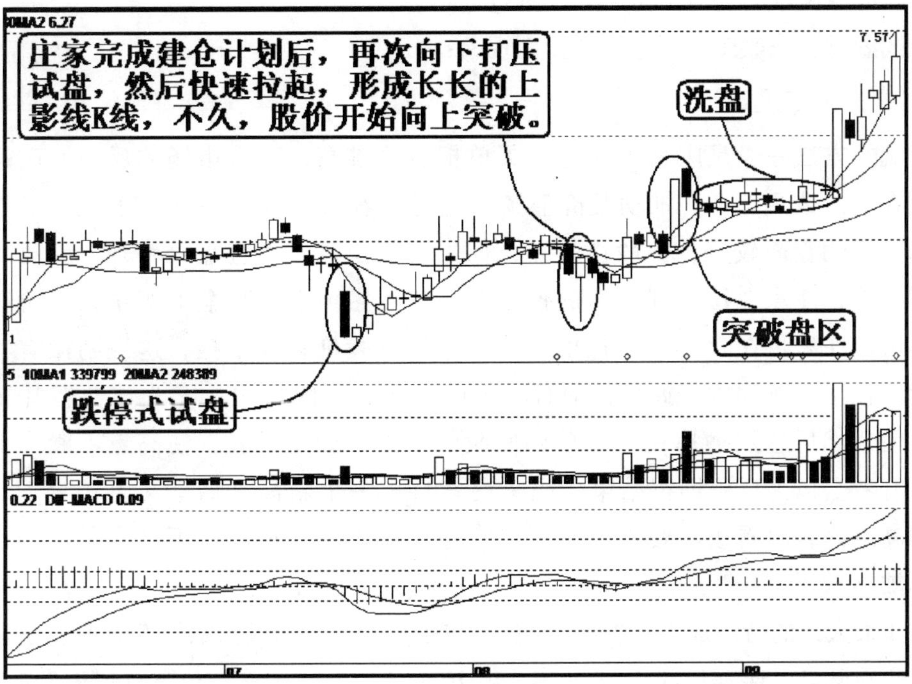

图 3－15

点到为止，并且在随后的几个交易日里，股价出现向上盘高。

投资者在实盘操作中，遇到这种情形时应密切关注前期低点支撑情况，并可以在该位置少量做多，只要不破前期低点就可以大胆持股。或者，在股价走强后成功突破盘区时，可以适当地加大持仓量。

第三节 散户出招：洞悉庄家试盘意图

招数 4：识破庄家试盘意图

庄家吸货到大量的低价筹码之后，并不是马上进入拉升状态。虽然此时拉升的心情十分急切，但还要最后一次对盘口进行全面的检验。

从一般情况看，中线庄家持有的筹码占流通盘的 40%～60%。在较长的吸货阶段中，庄家并不能肯定在此期间没有其他庄家或大户介入，集中的“非盘”如果在 10%～15% 或 15% 以上，这就会给庄家造成不小的麻烦。

在操作过程中，经常会出现两个庄家几乎同时介入同一只股票的情况，持仓比例也差不多，这样拉升十分吃力。这只股票质地虽然不错，但股价就是不涨，盘面上下震荡，成交量时大时小。之所以出现这种情况，大多是几个庄家碰了头，彼此相互制约，陷入进退两难的境地，所以必须进行“试盘”。

在试盘时，一般庄家制造下列盘面现象：

1. 股价上下震荡

试盘的方法一般是庄家用几笔大买单把股价推高，看看市场的反应。庄家将大买单放在买二或买三上，推动股价上扬，此时看看有没有人在买一上抢货。如果无人理睬，说明盘面较轻，但股性较差；如果有人抢盘，而且盘子较轻，就成功了一半。紧接着，庄家在拉升到一定的价位时，忽然撤掉下面托盘的买单，股价突然回落。然后，庄家再在卖一位置挂出大卖单，如果股价轻易下挫，这说明没有其他庄家吃货。在推升过程中，如果盘中有较大的抛压，此时庄家大多先将买盘托至阻力价位之前，然后忽然撤掉托盘买单，使股价下挫。如此反复，使高点不断降低，该股的持有者会以为反弹即将结束。庄家突然打出一个新高之后，又急转直下，此时比前期高点高，眼看很快要跌回原地，持有者（非盘）再不敢不减仓了，于是集中的抛单被拆散了。

比如某大户的持股成本在10元左右（与庄家的成本相近），共15万股，庄家在11元左右开始试盘。连续几日从11元多下触10元，有一天突然破位下行到9.8元，此时大户减磅3万股，，紧接着又猛地拉起到10.80元，大户认为应该拿回筹码，于是买回1万股。然后股价又拉至11.80元，大户还没来得及高兴，股价就又跌到10元。大户感到抛压太大，又减磅4万股，至此大户持仓为15－3＋1－4＝9万股的筹码，而且平均成本比过去高得多。这样在11元位置上的抛盘数量由15万变成了0。

2. 制造活跃盘面

试盘的种种情况探明了市场中的持仓情况，股性死板没有关系，在大盘弱势中逞强，强势中压盘，就能很快地活跃起来。常见的手法有以下几种：

（1）在盘整中向上拉升或向下打压试盘。

（2）在强势中拉高后不参与的方式试盘。

（3）在弱势中通过拉高或压低股价试盘。

（4）利用颈线、趋势线、黄金分割线、均线、通道上下轨等技术试盘。

（5）利用利好、利空消息拉升或打压股价进行试盘。

（6）利用板块整体启动或调整等情况进行试盘。

图3－16，盛路通信（002446）：股价从高位下跌后，在底部出现横盘走势，下方形成一条支撑线，股价多次回落到这条支撑线附近时，均遇到支撑而回升。

不久，庄家进行试盘，将股价向下击穿下方的支撑线，此时支撑线转化为阻力线，通常是一个卖出信号。可是股价仅在支撑线下方停留几日，就重新返回到趋势线上方，并出现盘升走势，说明散户抛盘不明显，并有逢低买盘介入，但也反映跟风不积极的一面，因而需要较长时间的盘整后，才能发动大行情。

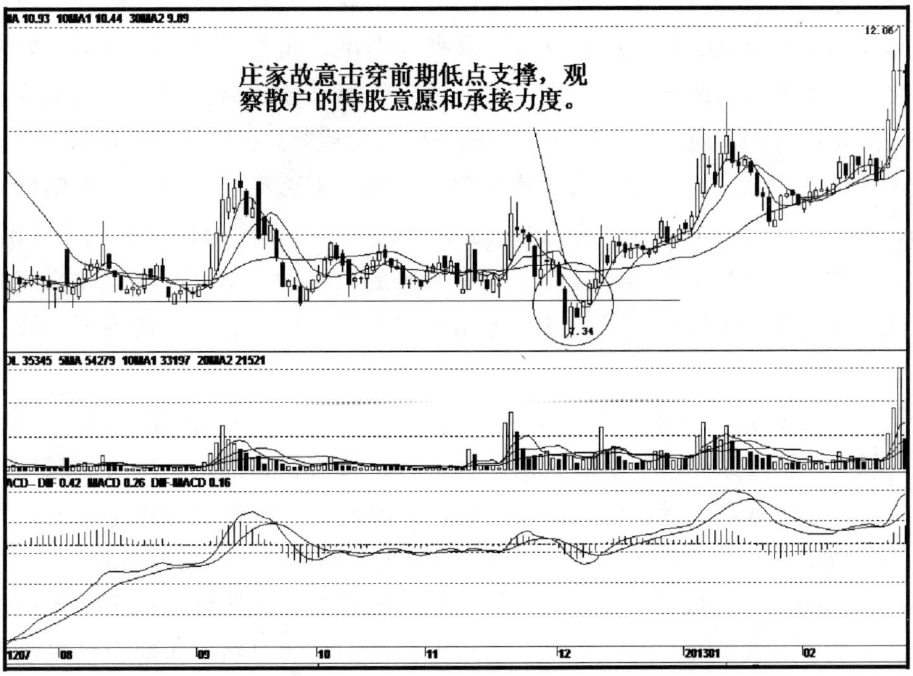

图 3－16

从该股图表中可以看出，股价无量向下突破支撑线，说明盘内筹码依然稳固，没有出现松动迹象。向下突破反映了庄家故弄玄虚，欺骗散户的筹码。

股价击穿支撑线后，没有迅速脱离突破区域，尚无出现大幅下跌走势。只是在趋势线下方作短暂的停留后，便返回到趋势线之上。说明庄家也不敢在此停留太长的时间，以免造成低位筹码损失。

从价位方面分析，经历了较长时间的下跌调整。股价已经到了底部区域，投资价值凸显出来，是中长期战略投资者的建仓区域，此时出现向下突破值得怀疑。

从坐庄角度分析，股价处于市场平均持仓成本和庄家持仓成本区域附近。根据实盘操作经验，一个比较均匀的水平通道形态，市场的平均成本价大概是水平通道的中心价附近，庄家的成本价位相对略低一些，但不会相差太远，更不会超出中心价至下轨线的垂直距离。通过测算该股庄家的大致持仓成本为 9 元左右，因而股价不会长时间的大幅下跌，向下破位是底部空头陷阱。

由此可见，这是庄家一次打压建仓或打压试盘行为，投资者遇此情形切不可盲目斩仓割肉，持币者可以逢低介入。

3. 异常盘口信息

盘口信息是研判庄家控盘程度的重要之窗，盘中筹码稳固与否，只有通过盘口信息才能做出正确的判断。

（1）拉升时挂大卖盘。一只股票不涨不跌时，挂出的卖盘比较正常，而一旦拉升时，立即出现较大的卖盘，有时甚至是先挂出大卖盘，然后才出现上涨。出现这种现象时，如果卖盘不能被吃掉，一般说明庄家吸筹不足，或者不想发动行情；如果卖盘被逐渐吃掉，且上攻的速度不是很快，大多说明庄家已经相对控盘，既想上攻，又不想再吃进更多的筹码，所以拉升的速度会慢一些，希望散户抬轿，帮助吃掉一些卖单。

（2）下跌时没有大承接盘。如果庄家建仓不足，那么在试盘时，不希望损失更多的筹码，因而下跌时低位会有一定的承接盘，自己卖给自己，有时甚至是先挂出接盘，再出现下跌动作。而在庄家已经控制了较多筹码的股票中，下跌时卖盘是真实的，低位不会主动挂出大的承接盘，目的是不想增仓，有时还要减仓，以便为下一波拉升做准备。

（3）即时走势自然流畅程度。庄家介入程度不高的股票，上涨时显得十分滞重，市场抛压较大，而庄家相对控盘的股票，其走势比较流畅自然的，成交也较活跃，盘口信息显示，多方起着主导作用。在完全控盘的股票中，股价涨跌则不自然，平时买卖盘较小，成交稀疏，上涨或下跌时才有挂单出现，明显给人以被控制的感觉。

（4）大阳线次日的股价表现。一只没有控盘的股票，大阳线后的第二天一般都会成交活跃，股价上蹿下跳，说明多空分歧较大，买卖真实自然，庄家会借机吸筹或派发。如果在大阳线过后，次日成交清淡，波澜不惊，大多说明已被控盘，庄家既无意派发，也无意吸筹。

4. 不同势道中的试盘手法

庄家试盘的手法，往往会结合大势状况和其他一些基本面变化情况来进行的，重点关注以下不同势道中的试盘手法。

（1）强势中的试盘手法。当庄家基本上完成建仓计划时，准备开始拉升行情，K线形态上为小阴小阳的方式缓慢上涨，成交量呈温和放大，股价有脱离底部的明显特征，庄家会常常采用不参与的手法，听任股价随意波动，以此来试探中小散户的抛盘和接盘情况。

（2）盘整中的试盘手法。在股价相对较低的价位区域，且行情较为平淡时，庄家往往会对目标股进行突然的大幅拉升或大幅打压，收出一根中、长阳线或阴线，以此来观察筹码的锁定状况，以及市场对该股关注度和参与度。

（3）弱势中的试盘手法。在弱势时庄家一般都喜欢借题发挥，也就是借助于大势的偏弱，乘机更加夸张地造成股价大跌气氛，使得市场持股者恐慌加剧，极大地动摇散户的持股信心。走势上表现为中长阴线、无量下跌、短期均线呈空头排列等。

（4）除了利用大势背景试盘外，庄家还有其他一些试盘的手法。利用消息试盘，包括市场消息和上市公司的消息，也包括利多和利空消息，操作上庄家有时夸张地扩大消息的作用，有时与消息的效果反向行动。这使得绝大多数投资者云里雾里摸不着头脑，失去判断能力而操作失误。还有利用板块联动的方式来试盘，这点也包括正反两方面的战术和故意不作为的手法。当然，偏好技术分析的人士，也可以非常普遍地看到庄家利用技术特征方式的试盘，如高开阴线、低开阳线、射击之星等。

5. 成交量放大

试盘时成交量大多出现放大现象，因此不要一看到放量就跟进，有时候放量是很危险的。此时要注意放大量时，均价线如果向下则不能买入，这说明是假买进真抛出的量。当股价下跌到一定价位时，若发现抛盘加大，而价格却不随着抛盘而下跌，此时就可以买入了。这同样也是大量，要仔细对比，才能做到操作自如。注意放量的另一个问题，就是一般散户无论买卖都不大，如果出现三位数以上买卖单的，只有庄家才有，这时可以结合盘面进行具体分析。此外，无论是中长线还是短线，如果发现突发巨量，尤其是在高位放量，此时就得警惕了，判断股价是否到顶了；若在底部放大量，大可不必担心，看好自己关注的股票，瞄准好买点随时出击。

6. 试盘时间和空间

庄家风格不同，试盘的时间和空间也不同。短线庄家几分钟、十几分钟即完成一次试盘动作，中线庄家可能持续几天时间，长线庄家的试盘可能达几周时间。试盘的次数也不同，有的一次性完成，有的反复多次试盘，大型的试盘有可能出现波段性走势。试盘空间大多在5%～15%，过大过小均达不到试盘效果，了解这个空间的大小，有助于在股市中取胜。试盘特别复杂，非高手不宜参与，但可以借用庄家试盘，洞察庄家的操盘意图，进而调整自己的操作方式。

招数5：掌握试盘时的盘口现象

庄家试盘时的特点，归纳起来就是“快、急、短、小”四个字。快，就是试盘来得快，毫无预先征兆；急，就是大起大落，来得急、去得快，令人追杀不及；短，就是行情持续时间短暂，有的仅在几分钟完成；小，就是涨跌幅度小，可操作性不强。

1. 开盘

（1）大幅跳空高开，开盘时以涨停或很大升幅高开，在成交时股价又慢慢地回到前一日收盘价附近。其目的：一是突破了关键价位，庄家不想由于红盘而引起他人跟风，故意做成阴线，也有震仓的效果；二是庄家吸筹的一种方式；三是试盘动作，试探上方抛盘是否沉重。

（2）大幅跳空低开。开盘时以跌停或很大跌幅低开，在成交时股价又缓缓地回升前一日收盘价附近。其目的：一是出货；二是为了收出大阳线使图形好看；三是为了探底。在盘面上留下一根孤立的K线，其形态有大阴线、大阳线。

2. 盘中

股价在原先通道（上行、横盘、向下）中运行，某日庄家突然在盘中瞬间放量大幅拉高或打压股价。主要为做出长上、下影线，有以下两种情况：

（1）瞬间大幅拉高。盘中以涨停或很大升幅一笔拉高，瞬间又回落。其目的：一是试盘动作，测试上方抛盘是否沉重；二是使图形难看，达到洗盘效果。

（2）瞬间大幅打压。盘中以跌停或很大跌幅一笔打低，瞬间又回升。其目的：一是试盘动作，测试下方接盘的支撑力及市场关注度；二是做出长下影线，使图形好看，吸引投资者；三是庄家资金不足，抛出部分后用返回资金拉升。在 K 线中出现上下影线较长的十字星。试盘型上影线，是用上影线试探上方抛压，也可称“探路”。上影线长，但成交量未放大，股价在一个区域内经常收出带上影线的 K 线，这是庄家试盘所为。如果在试盘后该股放量上扬，则可安心持股，如果转入下跌，则证明庄家试出上方确有抛压。此时可跟庄抛股，一般在更低位可以接回。注意，当一只股票大涨之后拉出上影线，最好马上退出。

3. 收盘

（1）收盘前瞬间拉高。在收盘前半分钟（14：59）突然出现一笔大买单提高几个价位买入，把股价拉至很高。其目的：由于庄家资金实力有限，为节约资金而能使股价收盘收在较高位或突破具有强阻力的关键价位，所以选择在尾市“突然袭击”，瞬间拉高。尾市偷袭由于大多数人未反应过来，当反应过来时，也已收盘而无法卖出，庄家因此达到目的。

（2）收盘前瞬间下砸。在收盘前半分钟（14：59）突然出现一笔大卖单减低很大价位抛出，把股价砸至很低。其目的：一是使日 K 形成光脚大阴线，或十字星，或阴线等较“难看”的图形，使持股者恐慌而达到震仓的目的；二是使第二日能够高开并大涨而跻身升幅榜，吸引投资者的注意。

第四章　嗜血洗盘——击垮散户心理底线

第一节　洗盘的基本规律

洗盘行为大多出现在中、长线庄家之中，短线庄家由于筹码不集中、驻庄期短，一般没必要也没能力进行洗盘。从盘面运作方面，洗盘可以分三种：横向震荡洗盘、回落洗盘整理、向下打压洗盘。这三种洗盘方式就其力度来说，横盘洗盘最弱，回落洗盘次之，打压洗盘最猛。就其持续时间来讲，横盘洗盘最长，回落洗盘次之，打压洗盘最短。

规律1：横向整理洗盘

这种洗盘方式就是庄家成功完成建仓计划后，股价开始渐渐向上走高，然后形成横盘整理走势，让股价随波逐流，由散户自由完成筹码换手，股价震荡幅度渐渐收窄，成交量出现明显的萎缩。这种洗盘方式看似非常温柔，但洗盘效果非常好，不少散户看到股价长时间没什么起色，就会及时了断，另觅他股。而部分场外散户看到股价不跌，便会择机入场，从而实现筹码换手，提高市场平均持仓成本。

这种洗盘方式大多属于长线庄家所为，庄家持仓比较重。需要提醒的是，横向洗盘不能单纯地理解为水平移动，有时会出现上移或下行的走势，只要波动幅度不大，都可以理解为横向洗盘。

图4-1，盛和资源（600392）：该股庄家完成建仓计划后，开始缓缓向上推高，2017年7月7日股价放量向上突破，然后在相对高位维持横盘整理，股价波动幅度收窄，成交量也略有萎缩，期间并不理会大盘的涨跌情况。这时许多缺乏耐性的散户以为股价已经见顶，而纷纷逢高抛售离场，庄家成功地完成了洗盘计划，盘中筹码得到很好的交换。7月28日，成功完成洗盘后股价开始向上突破，从此展开一轮主升浪行情。

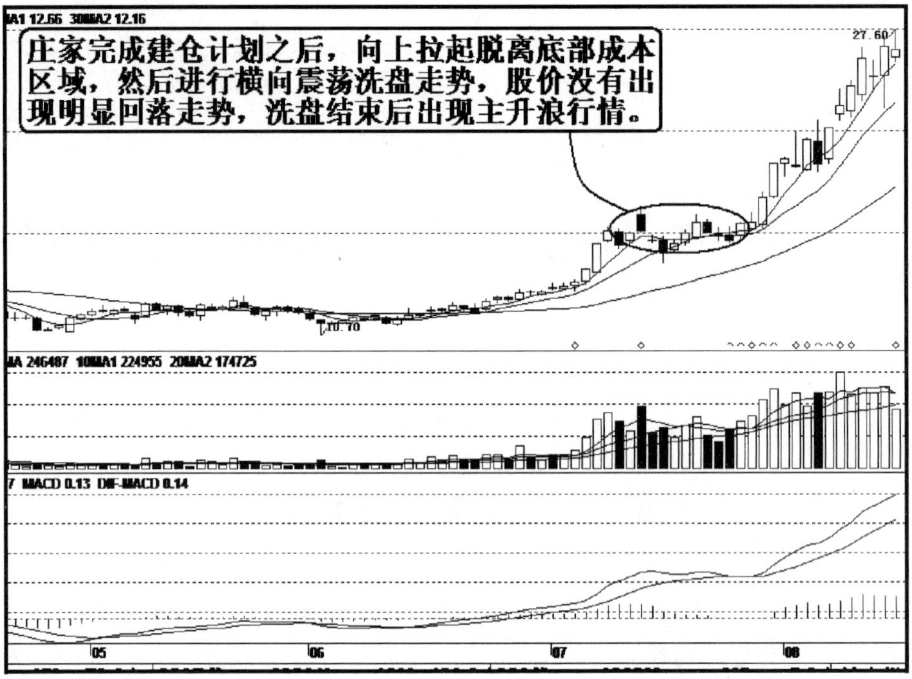

图 4－1

这种洗盘方式的特征就是股价在某一区域形成时间较长的横盘格局，利用散户缺乏耐性的弱点，用时间去消磨散户的意志和信心。在横盘期间，成交量呈萎缩状态，偶尔有脉冲式放量出现。这种洗盘方式，侧重于用时间去消磨，以时间换空间，平台横行的时间越长，波幅越窄，洗盘越彻底，后市涨幅就越大。这种洗盘方式，较多地出现于大市上升的时候，因为大市上升，市场相对比较活跃，股票出现普涨。面对个股牛皮盘整的走势，很多跟庄者有强烈的换股欲望，往往会失去持股耐心，使庄家达到洗盘震仓的目的。

庄家就是防止降低市场平均持仓成本，因此将股价维持在一个较高的价位上进行洗盘，让散户将所持的筹码在这个平台内完成充分自由换手。庄家将股价控制在一个很窄的范围内，形成长期的牛皮沉闷走势，从而消磨散户的持信心，同时又让一些眼光远见的投资者进入。这样就能完成筹码换手，提高市场平均持仓成本，消除后市股价上涨的压力。

遇到这种情况时散户的操作方法，以多看少动为宜。在先前底部介入者，若耐不住横向整理的话，可择高先行退出。在股价放量突破盘整区域时，重新考虑介入，或者成交量不断放大时，设法在低价买进股票。

对于向上突破平台整理的个股，重点应注意：第 1 次放量向上突破平台时，可重仓或加仓买入；第 2 次放量向上突破平台时，可适量参与；第 3 次以上放量向上突破平台时，谨防假突破，应做好随时退出的准备。

规律2：震荡回落洗盘

这种洗盘方式就是股价经过小幅上涨后，盘中出现了一定的获利盘，这时股价向下回调一定的幅度，形成一个阶段性头部，让低位获利盘出局，场外散户进场，实现筹码成功换手，同时庄家自己也进行高抛低吸。大多庄家都喜欢采用这种方式洗盘，这种方式对于各种类型的庄家都适宜，股价起伏比较明显，波峰浪谷清晰。

图4-2，天茂集团（000627）：该股庄家成功完成建仓计划后，2017年6月23日出现放量向上突破前高，突破后庄家并不急于向上拉高，而是缓缓向下滑落，释放了大量的短期筹码。当股价回落到10日均线附近，看好后市的资金开始介入，股价获得支撑而再次拉起，市场出现新一轮上涨行情。

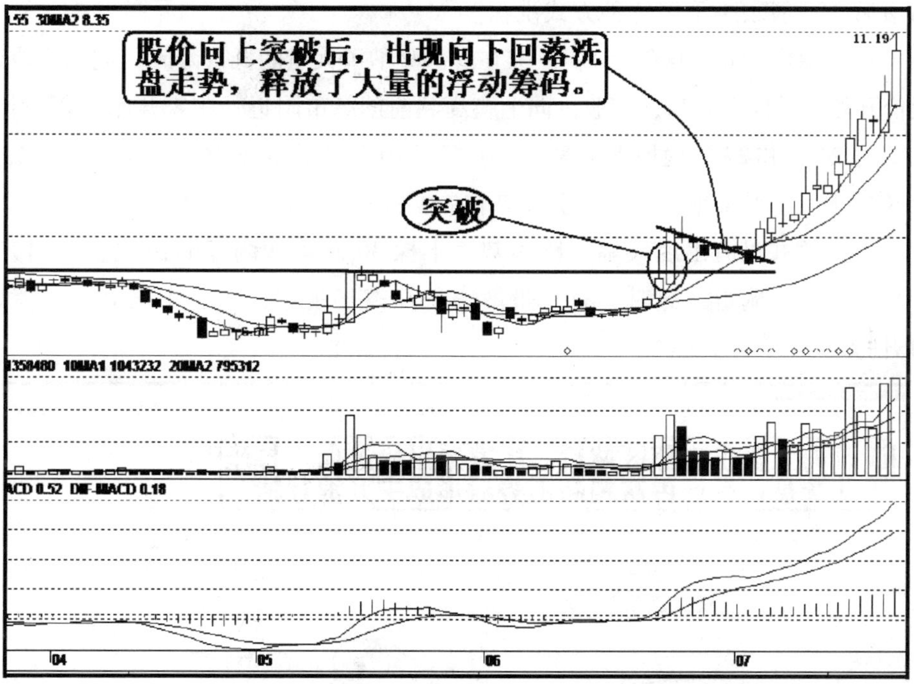

图4-2

这种洗盘方式既运用了打压震仓的原理，又运用了长时间消磨耐心的技巧，是洗盘最常用的手法。其特点在于：跟横向式洗盘相比，可以缩短洗盘时间；跟打压式洗盘相比，可以避免低价筹码的损失。有时候出现上下大幅震荡走势，股价起伏不定，庄家利用高开低走、拉高、再惯低、再拉高，通过反复上下震荡的方式进行洗盘。

在股价长时间频繁上下震荡中，扰乱投资者的跟庄步伐，让跟庄者捉摸不定，常处于追涨杀跌之中，根本无法搞清股价的运行方向。弄得投资者迷惑不解，买也不对，卖也不是，从而被迫离场观望。而能够忍受这种庄家洗盘的投资者，往往是市场中的佼佼者。

这就是庄家根据散户的追涨杀跌心理而进行的洗盘方式。散户买进股票后，遇到了股价回落时，往往选择退出观望。当股价下跌了一定的幅度后，此时场外散户又入场了，从而抬高市场平均持仓成本。

遇到这种情况时散户的操作方法是，持股者在股价放量滞涨时，择高先行退出；在股价缩量整理时，保持观望；在企稳回升时，重新介入；在放量突破前期高点时，再度加仓买入。

规律3；快速打压洗盘

这种洗盘手法非常凶狠，股价向下砸破一些重要的技术支撑位，造成极度恐慌的盘面，连技术派人士也看空后市。这种洗盘方式中短线庄家用得比较多，一些游资庄家也喜欢用这种方式洗盘。长线庄家可能在底部区域时，会使用这种手法，一旦进入上涨通道后，一般很少采用这种方式洗盘。

图4－3，京汉股份（000615）：庄家在底部吸纳了大量的低价筹码，成功完成建仓计划后股价开始缓缓向上爬高，当股价向上爬高到前期高市附近，庄家开始打压股价洗盘。2017年2月24日和27日两根大阴线一举击穿了10日均线的支撑，造成技术形态非常难看，在K线上又呈双重顶形态，看空气势非常强烈，不少散户在恐慌中纷纷抛出筹码。

可是，股价并没有出现大幅下跌走势，下探30日均线附近时出现止跌回升走势，股价重新回到前高附近，此时又有一批散户选择离场观望，随后庄家借利好消息出现快速拉升行情。

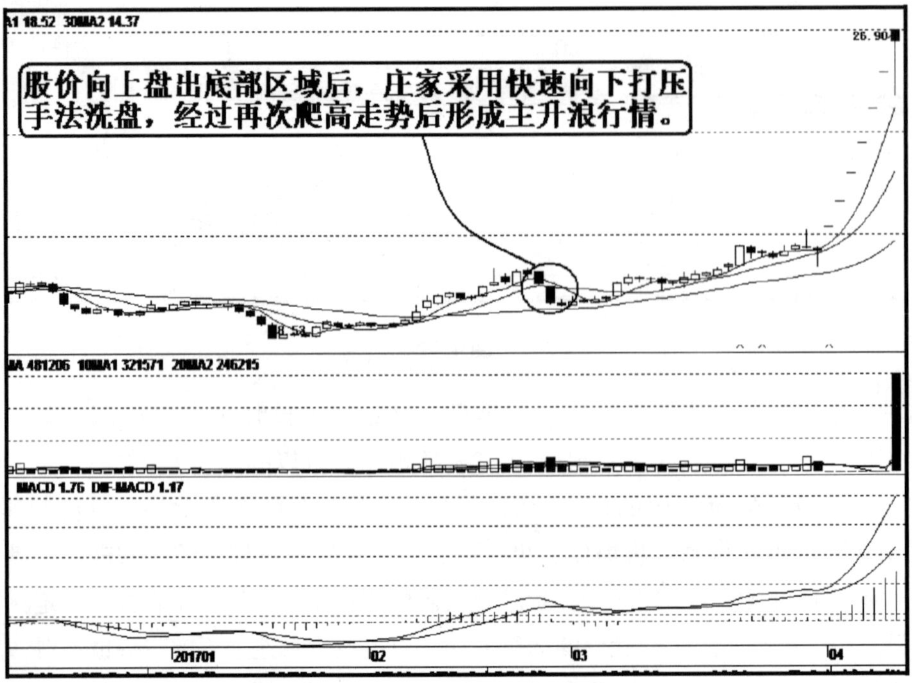

图4－3

打压式洗盘的特点就是“快”和“狠”，其打压速度非常迅猛，打压手法非常凶狠。这样既节省了洗盘的时间，又达到了洗盘的效果。庄家在大幅拉升股价之后，盘中积累了大量的获利盘，利用投资者较强的获利回吐欲望，以凶狠快速的方式向下突然砸盘，使股价大幅回落，形成一根长长的阴线。针对投资者容易产生恐惧的弱点刻意打压，制造市场的恐慌气氛，从而动摇投资者的持股信心，使他们最终无法接受股价大幅下跌的事实而抛出股票，达到将获利筹码震荡出局的目的。

庄家的手段就是针对那些投机性强、没有实质性投资价值、短线有一定升幅的个股进行猛烈的打压。因为这些股票本身不确定因素就多，散户的持股信心容易产生动摇。股价回落砸破某一个重要的技术支撑位时，极易使跟庄者产生“大势已去”的错觉，继而迅速将手中的股票获利了结出局。但一般在低位停留的时间不会太长，一般在一周内甚至第二天跌势就结束了，让前日抛股者莫名其妙。打压洗盘的最佳时机是在大盘调整的时候，个股向下打压效果更好。

遇到这种情况时散户的操作方法是：中长线投资者可以不理会股价的一时涨跌起落，免得从马背上摔下来；短线投资者应根据均线、成交量、阻力位和支撑位等技术要素进行综合分析。比如，股价放量上涨远离均线时，预示洗盘将要出现，为短期卖出时机；当股价缩量回落到均线时，预示洗盘将要结束，为短期买入时机。

第二节　庄家洗盘的惯用手段

◪ 意图13：向下破位

1. *跌破均线洗盘*

股价出现止跌上涨后，均线系统由空头排列转为多头排列。此时庄家为了加强洗盘力度而刻意打压股价，向下跌破均线系统的支撑。股价由均线上方转为均线下方，造成技术破位走势，均线系统转为走平或形成空头发散，市场恐慌气氛再次形成。不少散户看到这种情形后，认为股价涨势结束，后市将出现下跌行情，因此纷纷卖出股票。这样就落入庄家打造的空头陷阱之中了。

图4－4，亿帆医药（002019）：该股在长时间的震荡过程中，成交量出现持续萎缩。庄家在盘跌过程中采用各种建仓手法，成功完成建仓计划。2017年6月2日，探出一个明显的低点后，股价出现见底回升走势，30日均线由下行状态渐渐转为上行状态，均线系统呈现多头排列。

当股价回升到前期高位盘区附近时，为了进一步夯实底部基础，庄家停止了向上推升步伐，展开向下打压洗盘走势，7月17日一根下跌大阴线故意将股价打压到30日均线之下，盘面造成技术破位之势。这时散户形成一定的恐慌气氛，低位获利盘和前期套牢盘相继抛出。庄家顺利完成了洗盘换手，并在下跌过程中实施加仓计划，第二天股价就企稳走强，从此走出一轮震荡上涨行情。

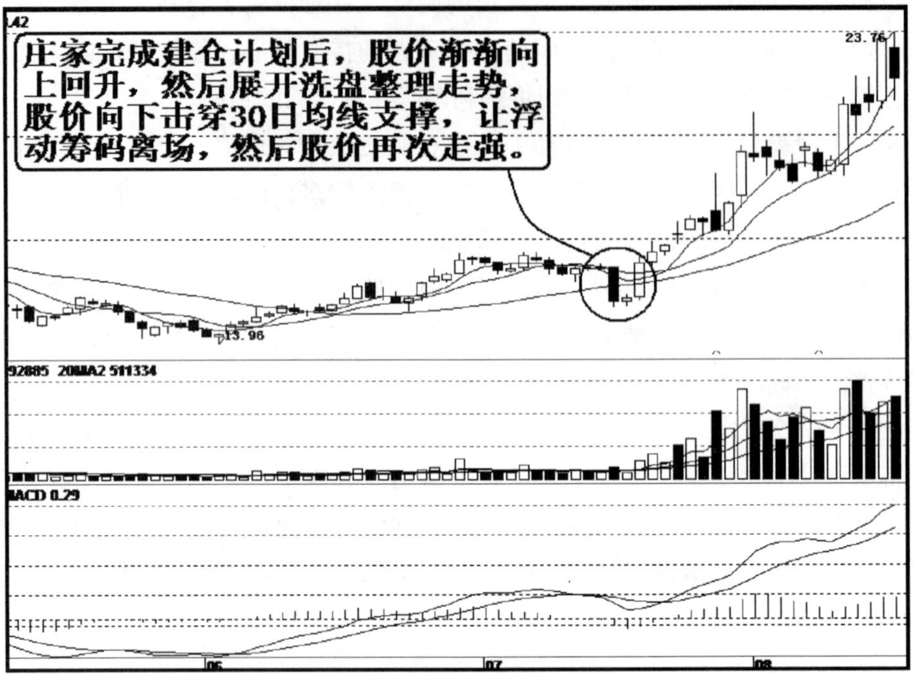

图 4-4

从该股走势图中可以看出，在股价企稳之前，已经有了较长时间的调整，庄家已经成功地完成了建仓计划。庄家利用向下跌破 30 日均线支撑，目的很明显就是制造一个空头陷阱，让散户产生反弹结束的错觉，从而导致操作失误。这既是一次洗盘行为，也是一次向下试盘和加仓过程，这是庄家一举多得的综合性操作方式。因此投资者遇到这种走势时，可在前期低点轻仓试多，当股价向上突破双重底的颈线位后，可以加仓到 80% 以上的仓位做多。

其实，从走势图中可以看出，该股属于典型的洗盘性质，其理由如下：

（1）市场转为强势之后，股价首次回落到 30 日均线之下，后市除非有特大利空消息的打击，一般股价有重返 30 日均线之上的可能。在实盘中，当市场处于强势时，均线系统呈现多头排列。在股价第一次回落到 30 日均线之下，绝大多数会返回到 30 日均线之上，在股价第二次回落到 30 日均线之下，也有多数个股会有一次反弹。如果在三次以上股价回落到 30 日均线之下，那么有可能不会再回到 30 日均线之上了，此时应做好卖出准备。在实盘中有许多这样的实例，投资者可以自行检验一下，肯定会发现其中的规律。如果再用好这样的规律，那么你就是一个操盘高手。

（2）在股价向下突破 30 日均线后，按理说有一波下跌行情出现，但盘中并没有出现持续下跌走势，在前期盘整区域获得了技术支撑而回升，说明这是一次假突破行为。

（3）在股价回落时成交量持续萎缩，符合缩量回调走势，也反映庄家没有大规模退出，仅仅是一些浮动筹码抛售所为。可见，庄家利用向下跌破30日均线支撑，制造一个空头陷阱，投资者可在前期低点轻仓试多，当股价重返30日均线之上或突破前期高点时加仓介入。

2. 跌破前低洗盘

股价在震荡过程中形成的明显低点，具有重要的支撑作用，一旦股价向下击穿前期调整低点，意味股价将要出现新一轮下跌走势，因此是一个卖出信号。但在洗盘过程中，庄家为了加强洗盘效果，而刻意向下突破前期低点，造成一定的恐慌气氛，诱导散户离场。可是，股价没有下跌多少就企稳回升，并由此走出强劲的上涨行情，因而成为一个空头陷阱。

图4－5，中国平安（601318）：该股小幅上涨后出现盘整走势，庄家为了检验盘中抛压情况，在2017年4月12日进行了明显的打压动作，股价向下击穿前期低点支撑。虽然这一举动导致市场出现一定的恐慌情绪，也使不少散户抛售筹码离场观念，但是当恐慌的散户离场后股价却止跌企稳了。经过短暂的整理后，股价渐渐盘升而上，成交量也开始温和放大，股价出现一波非常好的拉升行情。

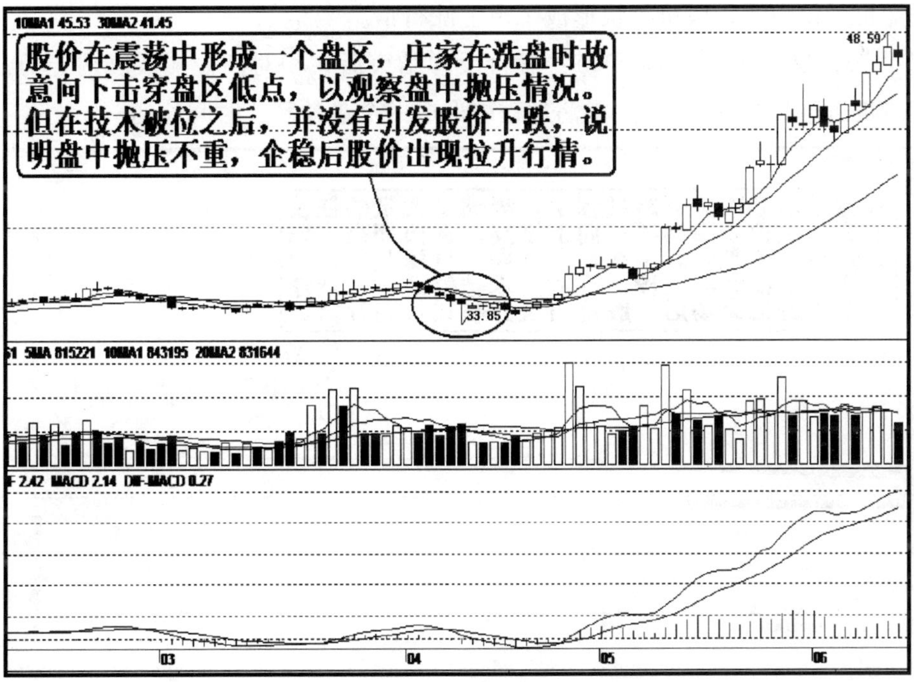

图4－5

从该股走势图中可以看出，股价向下突破前期低点时，没有大幅压低迅速脱离突破位置，而是在突破位置附近盘整，说明做空气势较弱。而且，突破时没有成交量，说明下跌动能不强，盘中缺乏做空动能，筹码已经被庄家锁定，浮动筹码很少，属于无量空跌走势，为庄家故弄玄虚而已。这是庄家利用散户对某一个技术点位的心理预期而采用的“反大众思维”操作，刻意打压股价跌破前期低点支撑，从而使散户的心理预期破灭，继而做出抛售离场的决定，以此达到洗盘目的。

散户遇到这种走势时，应密切注意随后的走势。如果股价没有持续下跌，那么就可以判定为是庄家洗盘行为所致，也就不必为此产生恐慌。一般而言，股价无论向那个方向突破，一定要有气势、有量能、有力度，一气呵成，不拖泥带水，迅速脱离突破区域，大有一去不回头之势，这样的突破才是真突破。如果股价突破某一位置后，仍然在这一位置附近逗留而不愿意离去，那么这样的突破就值得怀疑的，该股就是一个典型的例子。因此，向下跌破前低是庄家故意打压的一种洗盘行为，投资者应坚定持股信心。

3. 跌破盘区洗盘

股价经过一轮小幅上涨行情后，在相对高位形成一个盘整区域，该区域对后市股价发展将产生重要的影响。一旦成功向下突破这个盘区，该位置往往成为后市较长时间的一个重大压力位，后市股价因此可能会出现一波持续的下跌行情，此时构成一个卖出信号。

但是在实盘中，这种走势经常出现假突破。庄家经常采用打压洗盘的手法，向下击穿盘整区域，造成股价向下破位之势，引发散户恐慌离场。当散户纷纷抛空筹码后，庄家洗盘也就结束了，股价很快形成牛市上涨行情。

图 4 -6，建设能源（000600）：股价反弹结束后在相对高位形成震荡走势（庄家在此阶段也进行高抛低吸），在震荡过程中形成一个盘整区，时间长达一年之久。

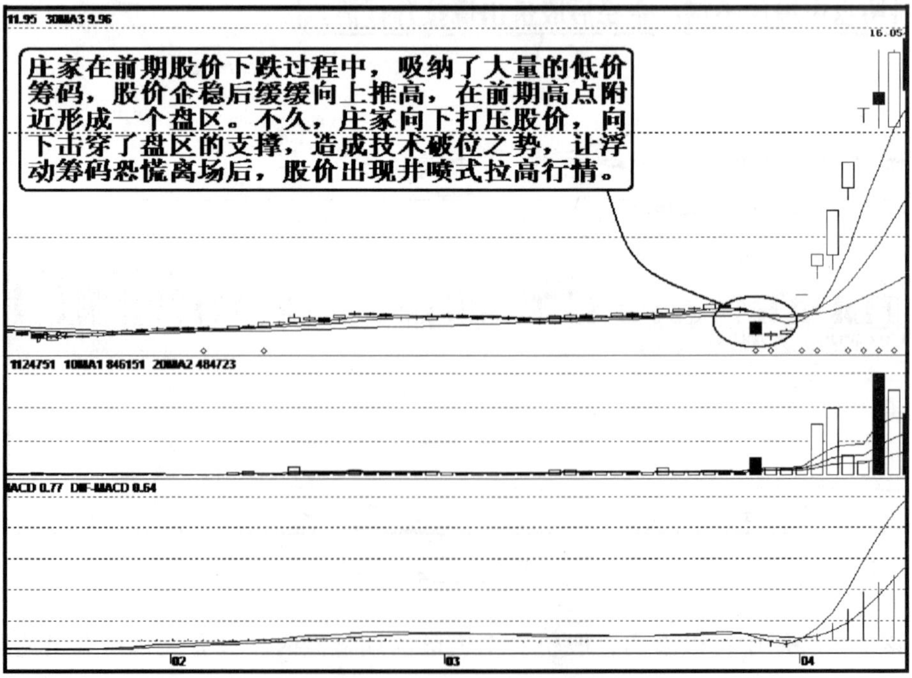

图 4 -6

2017 年 3 月 29 日，一根大阴线向下脱离了该盘整区域，形成技术破位之势，预示股价将向下走跌，因此构成短线卖出信号。可是，当散户纷纷离场之后，股价并没有出现持续下跌走势，第二天就止跌企稳。4 月 6 日，借雄安新区利好消息，股价跳空上涨，出现一波快速上涨行情。

该股为什么向下突破盘整区域后，股价没有出现持续下跌行情呢？从该股技术图形中，发现以下几点技术疑问：

（1）股价向下突破时没有成交量，无量空跌说明没有恐慌盘涌出，庄家对盘面掌控比较好，筹码已经被锁定，盘中浮动筹码较少。

（2）股价向下脱离盘整区域后，没有出现持续的下跌走势，说明庄家并没有大规模出逃。如果庄家已经完成出货的话，那么股价就会快速大幅下跌，就不会进行护盘动作。

（3）这是一只强庄股，也是一只长庄股，庄家介入程度较深，盘面走势具有独立性。

投资者在实盘中遇到这种盘面时，持股者应坚决持股，应密切关注突破是否有效，然后再做买卖决策。当然如果对技术有把握的话，也可以进行波段操作，其收益会更好。持币者可以等待股价重返 30 日均线之上或向上突破盘整区域时介入，仓位可以控制在 80% 左右，在高位出现滞涨或大幅波动时离场。

对于这类个股的走势，投资者只要认真分析盘面，不难发现一个明显的矛盾，股价在涨幅不大的相对高位维持长时间的盘整，而向下突破盘区之后其跌幅又不大。这就有问题了。投资者可以思考一下，假如说庄家在高位盘整出货的话，那么盘整之后的向下突破，则说明庄家基本完成了出货目的，随后股价肯定会大跌。而事实恰恰相反，股价突破之后并没有大幅下跌，这也就否定了庄家出货的假设，这样庄家的意图就明确了。

在实盘操作中，如果出现以下盘面现象时，可以认定其为假突破。

（1）在向下突破盘区之前，股价出现明显的走强迹象，但累计上涨幅度并不大，一般涨幅在 50% 以下为佳，个别强庄股可能大于这个幅度。

（2）在股价向下突破时，无气势、无力度，突破后股价没有持续下跌。

（3）在向下突破之后，股价很快企稳回升，或很快收复大部分失地。

在出现这些盘面特征时，一旦股价向上突破，则表明洗盘调整结束，可以买入做多。

4. 跌破形态洗盘

有时候在慢速洗盘过程中，由于持续时间较长可能会形成某些技术形态，如常见的双重顶、头肩顶、三角形等整理形态。股价一旦成功向下突破这些技术形态，说明顶部技术形态成功构成，股价将沿着突破方向继续向下运行，达到最小“量度跌幅”，因此是一个普遍看空的卖出信号。但是，庄家经常会采取假突破的方式来完成洗盘目的，不少散户因受骗被洗盘出局，大牛股失之交臂。

图 4－7，中国建筑（601668）：该股成功见底后，股价渐渐向上盘升，然后在相对高位出现震荡整理走势，在震荡过程中形成一个疑似双重顶形态。2016 年 9 月 12 日，庄家为了加强洗盘效果，刻意向下打压股价，多根下跌阴线向下击穿了双重顶形态的颈线位支撑，这样一个标准的双重顶形态成功构筑。说明股价顶部已经形成，后市股价以下跌为主，因此是一个卖出信号。

可是，股价下跌幅度并不大，经过短暂的蓄势整理后，股价出现放量向上突破走势，前期的双重顶形态成为一个空头陷阱。

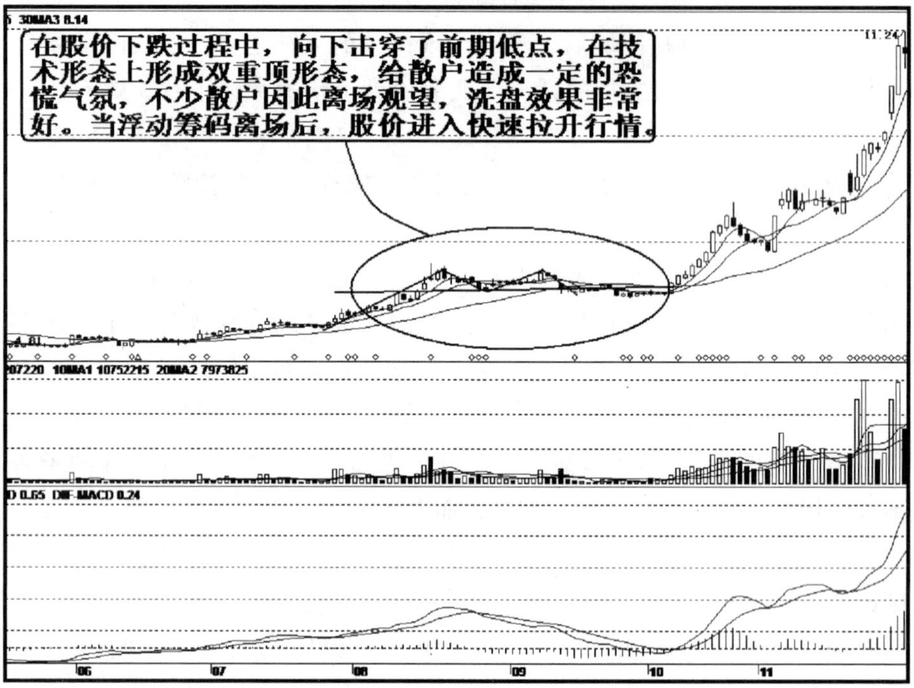

图 4－7

那么，如何解读这种盘面走势呢？从图中可以看出，这是庄家的一次洗盘过程。

（1）股价见底后的上涨幅度不大，大约在 50% 左右。庄家获利不大，可以基本排除庄家出货的可能性。

（2）股价向下突破前后的成交量都不大，说明做空力量有限，仅仅是一些胆小的散户抛出，庄家依然掌控筹码。

（3）在股价跌破双重顶的颈线位后，虽然引起市场散户的恐慌，但股价没有出现持续的下跌走势，调整幅度非常有限，在 0.618 黄金分割位附近获得支撑，符合洗盘技术要求。

由此可见，这是庄家的正常洗盘调整走势，投资者可以在股价企稳时少量介入，重返 30 日均线之上时加仓做多，突破前期高点时继续加仓操作。

股谚说：“水无常态，股无常形。”在洗盘阶段，如果用正常的趋势、K 线、形态、波浪、切线等技术分析手法去解读股市，就很容易犯错误。如趋势线或切线被突破后，不久股价却朝相反的方向运行，红三兵、三只乌鸦等K线组合并非人们想象的那样，标准的形态或波浪却没有标准的行情出现，凡此等等，不胜枚举。

一般而言，标准的图表出现大涨或大跌的概率较小，而真正的涨跌行情往往隐藏在或虚或实的图表之中。道理很简单，庄家不会用“显而易见”的图表进行坐庄的。这就需要散户有识破这种图表的本领，练就“雾里看花”的功夫。

意图14：上涨遇阻

这种洗盘方式就是庄家将股价拉升到阻力位附近时，刻意制造震荡走势，造成难以突破的假象，从而“放大”阻力效果，散户见到股价攻而不破时，以为后市股价上涨无望而放弃持股，以达到庄家洗盘要求。

1. 借均线压力洗盘

股价一旦回落到均线系统之下，均线就会对股价构成反压作用，实盘中庄家经常利用均线的反压作用进行洗盘整理。通常短期快速洗盘以5日、10日为压力，中期洗盘以30日均线为压力，而长期慢速洗盘以60日均线为压力。不少散户看到股价遇到均线压力而不能有效突破，就会选择离场操作，因而洗盘效果非常好。

图4-8，万华化学（600309）：该股庄家利用30日均线的反压作用进行洗盘整理。该股庄家完成建仓计划后，采用边拉升、边洗盘的方式稳步将股价向上推高。

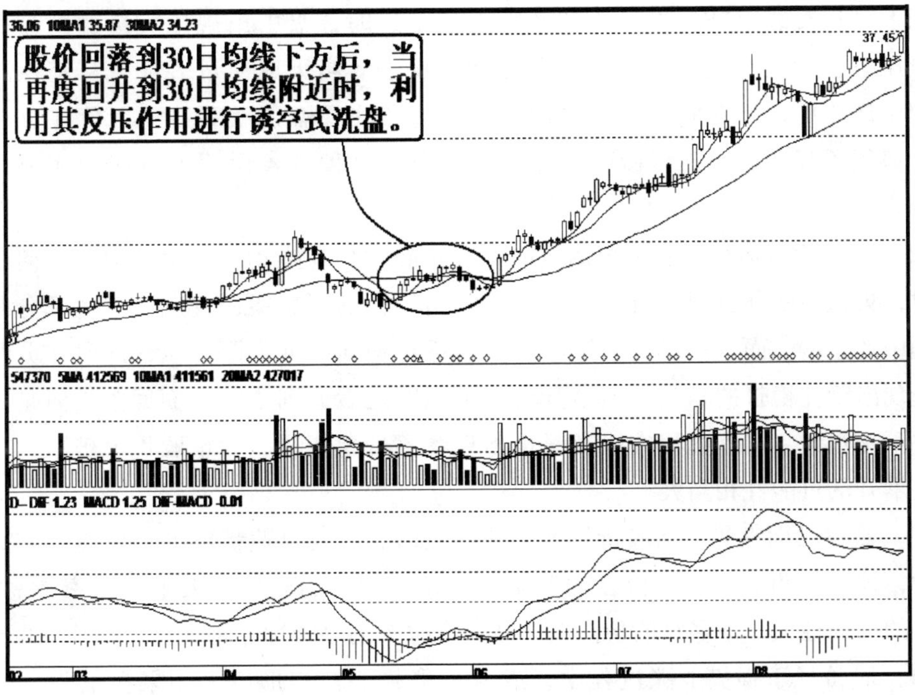

图4-8

2017 年 4 月下旬股价回落调整，股价回落到 30 日均线之下，30 日均线由原先的支撑作用转化为新的压力作用。通常，30 日均线是散户心目中的中短线强弱分界线，大家都非常关注 30 日均线的得失。

随后，股价多次攻击 30 日均线时，虽然有所刺破动作，但未能有效形成突破，结果无功而返又向下滑落，由此看空气氛明显加强，不少散户在 30 日均线附近抛售离场。可是，股价并没有出现持续性下跌走势，6 月 7 日一根放量大阳线成功地返回到 30 日均线之上，从此股价产生新一轮快速拉升行情。

该股明显是庄家的洗盘意图，从图中可以发现其中一些技术疑点。

（1）股价向下击穿 30 日均线之后，并没有形成持续下跌之势，而是在突破位置附近盘整。说明做空气势不够强盛，股价向下击穿但不向下走跌，这就有问题了。

（2）股价出现持续的缩量现象，这符合股价回调蓄势特征，也说明没有恐慌盘出现，场内筹码处于稳定状态。

（3）在前期上涨过程中，有大量的新增资金入场，而这部分资金没有获利，庄家不会拿钱过不去。

（4）距离底部盘整区域不远，下跌空间不会大。

由此可见，这是庄家利用 30 日均线的反压作用，所实施的一次洗盘意图。当股价重返 30 日均线之上时，投资者可以积极参与。

投资者遇到这类个股时，可以观察以下几方面的盘面细节进行综合分析。

（1）当天股价开盘后快速冲击阻力位，且上冲时主要依靠对倒单拉上去的，在分时图上呈现直线上升。当股价到达阻力位附近时，盘中出现了大量的抛盘直接把股价打压下去，而在股价回落之后多方无力反击。当天成交量大部分都是在股价回落过程中产生的，而在股价下探之后的回升过程中买盘却很稀少。股价在分时走势上的走势很不畅通，出现缓慢震荡回升的现象。这种现象说明上方压力明显，应逢高离场观望。

（2）如果股价运行到阻力位附近时，股价经常出现主动性回落，但在回落到一定程度时，买盘不断涌进把股价拉起，经常收出较长的下影线，且成交量大部分是在回升过程中产生的。而且在股价下探回升之后逐步地向上冲击阻力位，此时在分时走势图上呈现出稳扎稳打的攀升，当攀升到一定程度之后遇到了阻力而回落。但是回落的幅度并不是很大，回落过程中成交量也出现萎缩现象，那么后市股价突破阻力位，继续向上攀升的可能性相当大。

（3）观察盘面气势。当股价触及均线附近时，出现迅速折反的，表明空方力量气势强大，则压力明显。若股价在均线附近逗留，则压力较弱，大多是庄家故意所为，假信号的可能性大，不多日股价向上突破这个位置的可能性非常大。

（4）股价处于强势上涨过程中，或者上涨趋势初步形成。如果在下跌反弹过程中，遇到均线系统反压时，应引起高度警惕。而且，对于涨幅过大的个股要小心，特别是阶段性涨幅超过一倍甚至几倍的个股。当股价回落均线系统之下时，应引起高度警惕。

2. 借前高压力洗盘

在股价反弹过程中形成的阶段性高点，对后市股价上涨具有重要的压力作用，容易在此位置附近出现受阻回落走势，在投资者心理也产生重要的影响。当股价反弹到该位置附近时，大众散户往往不约而同地卖出筹码，加之庄家刻意“放大”阻力效果，股价受阻会更加突出，从而产生较好的洗盘效果。

图 4 –9，鞍钢股份（000898）：该股反弹结束后再次回落，形成一个明显的高点，在回落过程中庄家大量吸纳筹码，全面完成建仓计划。然后股价渐渐企稳回升，2017 年 7 月中旬当股价回升到前期震荡高点附近时，盘面出现震荡滞涨现象。散户发现股价久攻不破，认为上方压力较大，便纷纷离场观望。股价在此经过一段时间的震荡调整后，庄家成功地完成洗盘换手工作，在 8 月初股价向上突破了前期高点压力位，此后股价出现一波快速上行情。

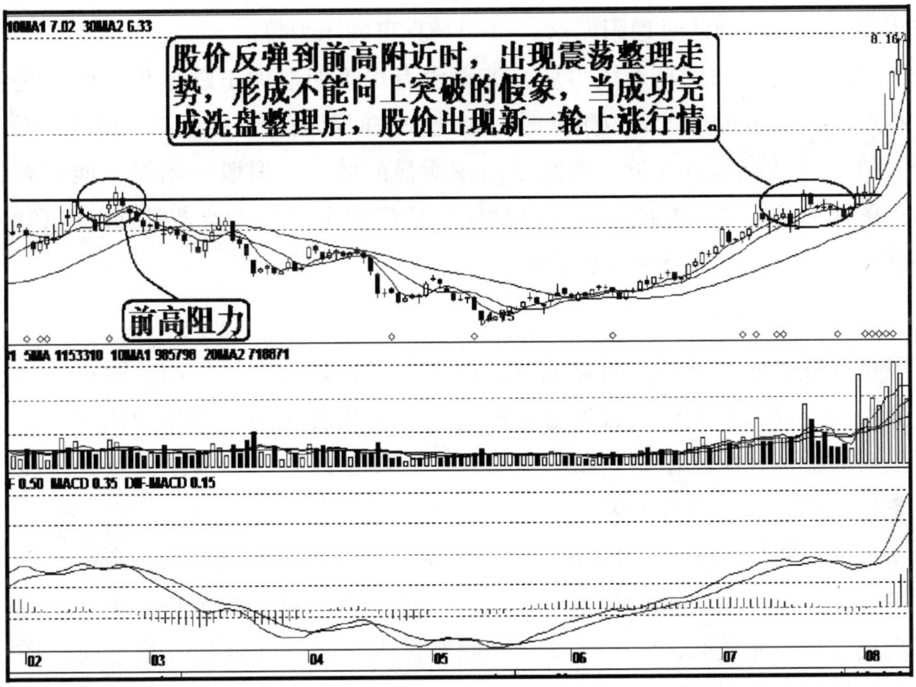

图 4 –9

那么，该股的庄家意图是什么呢？从图中可以看出，庄家巧妙地利用前期反弹高点这个显而易见的压力位，制造虚假的技术压力，让散户在前期反弹高点附近抛出，从而实现自己的洗盘目的。

其实，只要认真分析盘面细节，投资者就能发现庄家的坐庄意图。当股价上涨到前期反弹高点附近时，虽然没有出现突破走势，但股价并没有出现大幅回落走势，这从坐庄逻辑上讲就有问题了。大家不妨想一想，如果这是一个无法突破的压力位，那么股价就会很快回落，不会给散户逢高出逃的机会，庄家也不会将股价拉到这个位置附近，而是在下面就已做好撤退计划。

假如这是一个真正压力位的话，奸诈的庄家肯定会设一个多头陷阱，可以一口气将股价冲到前期反弹高点之上，让散户感到股价突破压力而纷纷跟进之时，股价快速回落将散户全数套牢在顶上。通过这样的假设就可以轻松看破庄家的意图，接下来的操作就顺手了。而且，从成交量方面分析，在前期出现持续放量上涨走势，说明有明显的多头资金介入，而在股价回落时却明显缩量，表明前期介入的资金没有出逃，量价配合默契，因此属于正常的回调洗盘走势。

在该股中庄家意图也非常明显，就是利用前面已有的压力位在散户心中产生的影响，来制造上方阻力重重的假象，让散户主动抛出筹码，以达到洗盘目的。

在实盘中分析这类个股时，应注意以下几点技术因素：

（1）股价前期调整充分，已成功见底走强，盘面强势特征明显，股价累计涨幅也不大，此时上方的压力有可能被突破；如果在见顶后的下跌初期，或向下突破某一个重要技术位置后回抽确认时遇阻回落，可能是真正的压力位。

（2）当股价遇到前期高点压力后，如果没有出现明显的下跌走势，可能是假的压力位；相反，当股价抵达压力位附近时，出现快速回落的，可能是真正的压力位。

（3）在股价前期高点附近，成交量出现明显的放大，但股价始终不能突破的，可能是真正的压力位，庄家在此进行诱多动作。理想的盘面形式就是股价以温和的形式，向上突破前期高点，这样持续性会更强。

3. 借前低压力洗盘

在股价整理过程中形成的明显低点，通常具有较强的支撑作用。股价一旦有效击穿这个低点的支撑，那么该低点将由原先的支撑作用转化为新的压力作用，在较长一段时间里对股价构成反压作用。在实盘操作中，庄家经常利用前期低点的反压作用进行洗盘整理，欺骗散户抛售离场。

图4－10，龙力生物（002604）：该股反弹结束后再次走低，初步企稳后形成平台整理区域。2017年4月，股价再次向下破位，出现新一轮下跌走势。庄家在低位大举建仓，当建仓计划完成后，股价渐渐向上回升。当反弹到前期低点附近时，庄家利用前期低点位置展开洗盘调整，因为该位置已由原先的支撑作用转化为新的压力作用。这时，不少散户看到股价不能向上突破，而选择了抛售操作，庄家如愿以偿达到洗盘目的，9月13日开始股价出现井喷式上涨。

其实，该股已经到了大幅下跌后的低位，股价继续下跌的空间十分有限，当然股价上涨气势需要一定的时间来恢复和聚集。这时候往往是在考验投资者的毅力和信心。

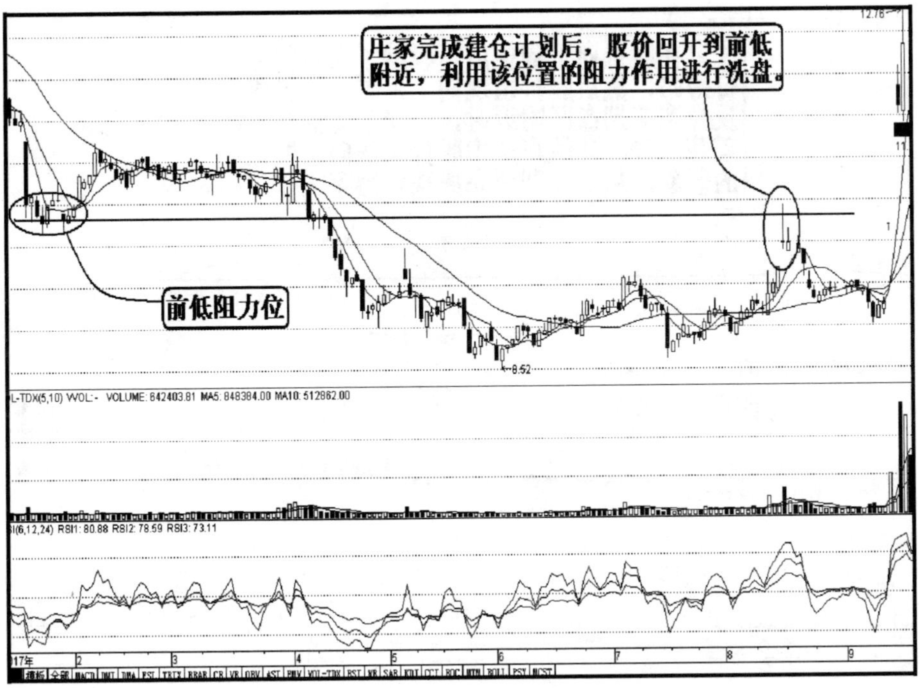

图 4－10

这是庄家利用前期低点的压力作用展开洗盘调整走势，目的是让低位获利盘和前期套牢盘出局，以减轻日后对庄家拉高出货的威胁。同时，庄家也借此进行高抛低吸操作，既可以获得差价利润，又可以降低持仓成本。因此有时候股价涨不涨跟庄家一点关系都没有，只要有机会庄家就做差价，照样可以获得盈利。而散户不可能长期做差价，也不可能长期顺手。投资者遇到这种盘面时，应结合股价位置、庄家成本、坐庄意图以及盘面现象等进行认真分析，尽量多看少动，以免在低位丢失筹码。

4. 借盘区压力洗盘

股价在长时间的震荡过程中，经常形成一个盘整区域。当股价回升到盘整区域时，通常会遇到较大的压力而出现继续下跌走势，因而盘区附近是一个较好的卖出位置。但是在实盘中，庄家经常将盘整区域演变成虚假的压力区，让散户产生突破无望的感觉，从而引发散户抛盘出现。然后，庄家在此大量吸纳筹码或进行成功的洗盘调整。

图 4－11，西水股份（600291）：在前期大幅打压过程中，庄家在低位完成建仓计划后，于 2017 年 5 月 2 日开始企稳向上拉高，但当股价回升到前期盘区附近时，股价停止了向上拉升。这时庄家就利用前期盘区的压力作用进行洗盘整理，让散户产生股价无法向上突破的假象，经过一段时间的震荡整理后，浮动筹码基本已经抛售离场。当庄家基本完成了洗盘换手后，股价于 6 月 21 日开始再次向上发起攻击，从此股价出现一波主升浪行情。

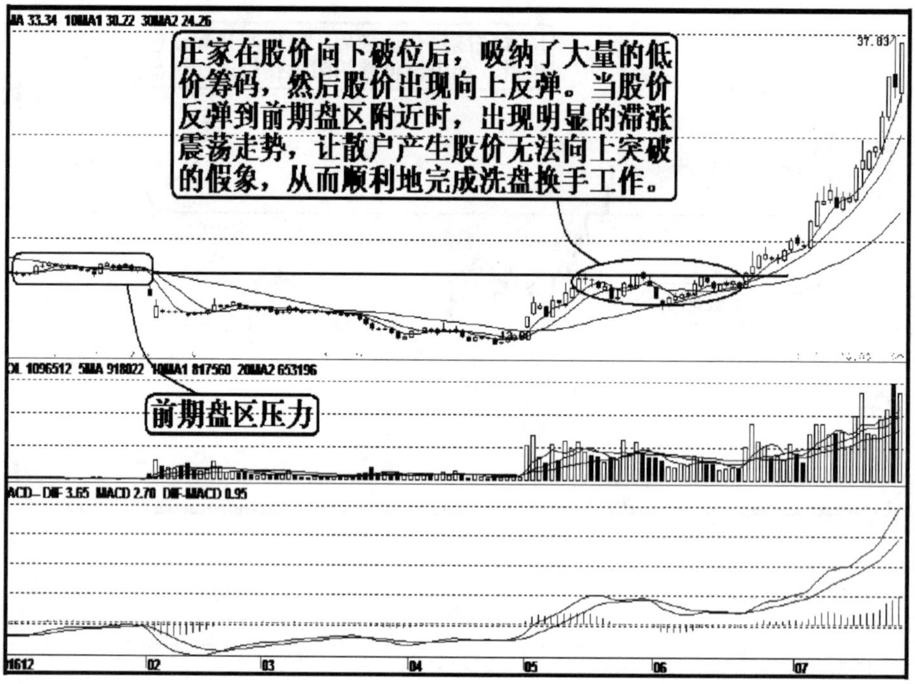

图 4－11

该股中的庄家手段就是利用前期的盘整区完成洗盘整理，因为这个盘整区存在一定的技术压力是不可争议的，这也是投资者的共同看法。因此当股价回升到这里的时候，多数庄家会在这里耍一些花招来欺骗散户，更多的是制造假的技术压力，形成股价上涨遇到阻力而不能有效突破的假象，误导散户离场操作，以此达到坐庄目的。

从该股图表分析，就可以发现一些明显的技术疑点。

（1）股价前期调整时间充分，累计下跌幅度较大，说明股价继续下跌空间已经不大。

（2）股价遇到上方压力后，没有再次出现大幅下跌走势，说明做空力度有限。

（3）股价能够回升到盘整区附近，显示下方有买盘介入，而这不是散户的零星买盘，应当有庄家积极护盘，才使股价出现止跌企稳。

所以，这是庄家利用压力位进行整理，往往具有加仓和洗盘两层意思。当庄家完成启动前的最后动作后，就会等待时机进入主升段行情。对于这类个股投资者应密切关注盘面变化，一旦向上突破前期盘整区域时，就应立即跟进。

意图 15：快速下跌

把握好速度快慢节奏，能使庄家做盘增色不少。许多优秀的操盘手，往往都将时间与速度结合起来，达到最佳的操作效果。在庄家制造恐慌盘面时，更是离不开速度这个概念。快速洗盘大多出现主升段行情中，其主要特征如下：

（1）速度与时间的关系。下跌速度快，持续时间短，恐慌气氛浓；下跌速度慢，持续时间长，恐慌气氛淡。暴风骤雨式的下跌，来得快，跌得猛，让人难以承受，这多是洗盘所为；慢慢悠悠的下跌，来得慢，跌得柔，使人容易接受，这多是出货所为。

（2）快速下跌的一般伴有较大的成交量，庄家用大单向外发货，将股价压低；慢速下跌的一般成交量不大，但有时庄家刻意对敲放大量。

（3）在盘面上，一般低开后快速向下滑落，呈逐波下行态势，甚至直逼跌停。有时甚至一开盘就跌停，而在尾盘又放量打开封盘。这样持续几个交易日，给投资者造成极度恐慌。

图4－12，华菱管线（000932）：该股庄家在长时间的阴跌过程中，吸纳了大量的低价筹码。2017年7月10日，股价受利好消息影响而出现快速上涨，市场进入主升段行情。7月20日，股价高开冲高回落，在高位收出一根带长上影线的阴线，构成一个“倾盆大雨”K线组合形态。这个形态在投资者心里产生极大的威慑力，不少散户纷纷选择离场操作。可是，股价并没有就此结束上涨行情，经过短暂的洗盘换手之后，股价再次展开新一波上涨行情。

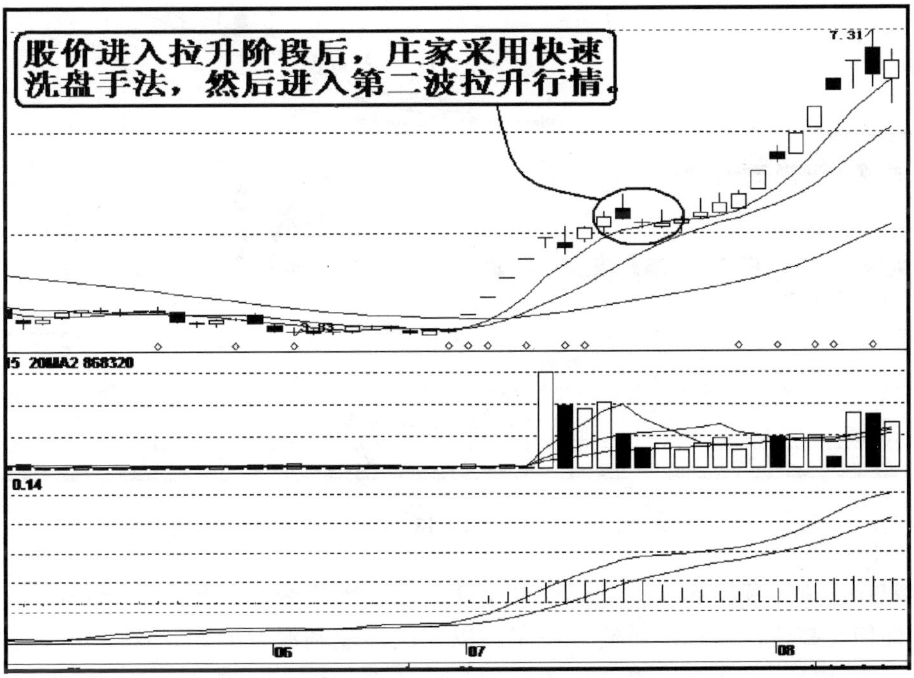

图4－12

在该股中庄家就运用了快速洗盘方式，在洗盘之前股价成功脱离底部区域，盘面已经成功被激活，市场处于强势之中，做多气氛高涨。但此时短期股价处于超买状态，需要一次技术性修复走势，因此在高位收出这样一根滞涨阴线。显然，这根阴线难以挫伤多头的上涨势头，其下跌力度也非常之弱，很快又被主力拉起。而且，股价得到

10日均线的支撑，多头排列的均线系统对股价上涨起到“助涨”作用。可以想象，如果庄家在此位置进行长时间的洗盘整理，势必会影响多头士气，一旦做多热情涣散，庄家就很难重整旗鼓。因此庄家必须快速结束洗盘，一鼓作气地将股价拉升到位，然后在高位出货或减仓。

图4－13方大炭素（600516）：该股庄家成功完成建仓计划后，股价渐渐盘出底部区域，并进入加速上涨阶段，上涨势头非常猛烈，但此时股价严重超买，庄家不断地需要洗盘换手。在2017年7～8月的上涨行情当中，庄家多次采用快速洗盘手法，给持股信心不足的散户造成一定的心理打击，担心股价见顶回落，加重了获利了结的思想，而且放出较大的成交量，认为庄家已在暗中出货，因此使散户更加产生强烈的抛售念头。可是，每一次洗盘结束之后，股价均再次向上创出新高，直到行情真正见顶结束。

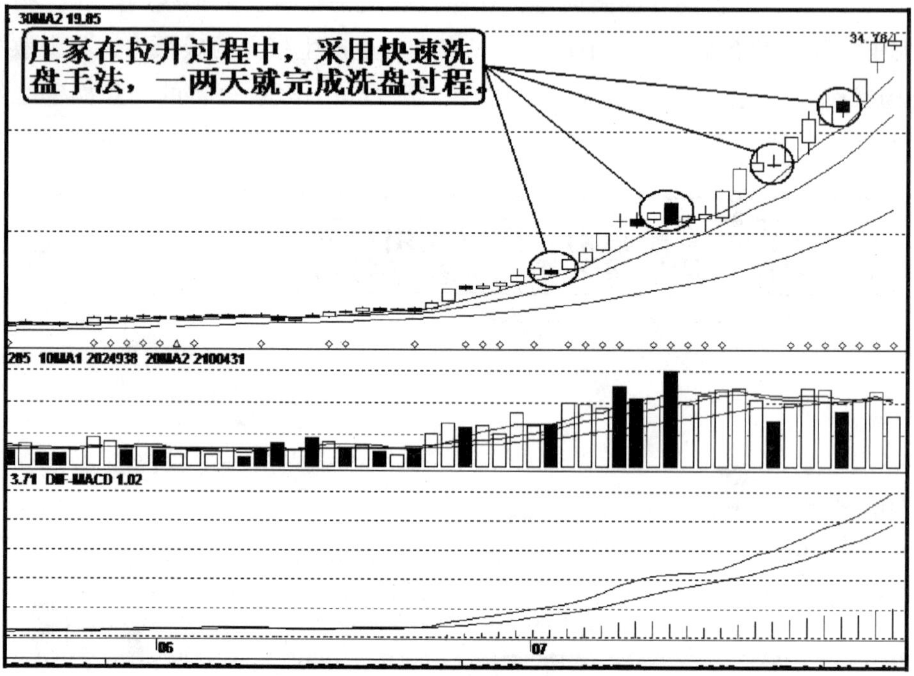

图4－13

该股在洗盘整理出现之前，股价形成强劲的上涨势头，一根大阴线难以阻挡上涨之势，即使在高位也会有所反复，庄家难以一次性顺利派发筹码，这时介入的风险反而不大。因此散户对涨势中突然出现的调整阴线，不应一概看跌，大多属于快速洗盘行为。

从上述两个例子中可以看出，投资者在实盘操作中要多观察多辨认，不能单凭一两根大阴线就枉然断定股价已经见顶。要认真分析大阴线出现的原因和即时的市场环境，观察大阴线前一天或几天的股价走势情况，以及K线的排列位置，还要结合均线、趋势线、技术形态及其他技术指标等进行综合分析，这样才会提高操作的安全性。

意图 16：慢速洗盘

顾名思义，这种洗盘方式的时间要相对长一些。股价经过小幅上涨后，陷入漫长的洗盘整理走势，少则一两周，长则几个月不等，热点渐渐退却，几乎被市场所遗忘。在整个洗盘过程中，盘面呈现复杂多变的走势，或横向整理，或震荡起伏。有时可能构成某种技术形态，如三角形、箱体形、潜弧形等，成交量也时大时小，但总体呈缩量态势。

导致慢速洗盘的原因大致有：①大势环境欠佳，庄家等待拉升时机；②庄家可能仓位不够，继续收集筹码；③散户持仓坚定，延长洗盘时间。

图 4－14，中国联通（600050）：该股经过大幅下跌后渐渐企稳，庄家在低位吸纳了大量的低价筹码，然后渐渐向上脱离底部区域。经过一波小幅上涨行情后，从 2016 年 8 月 19 日开始洗盘整理，股价调整时间长达到 1 个多月，直到 10 月 11 日放量涨停才结束洗盘，从此出现一轮主升浪行情。在这段时间里，盘面复杂多变，股价起伏不定，成交量明显萎缩。一般散户很难拿得住筹码，经过庄家的一阵折腾后，摇摆筹码相继离场，结果落入庄家的陷阱之中。

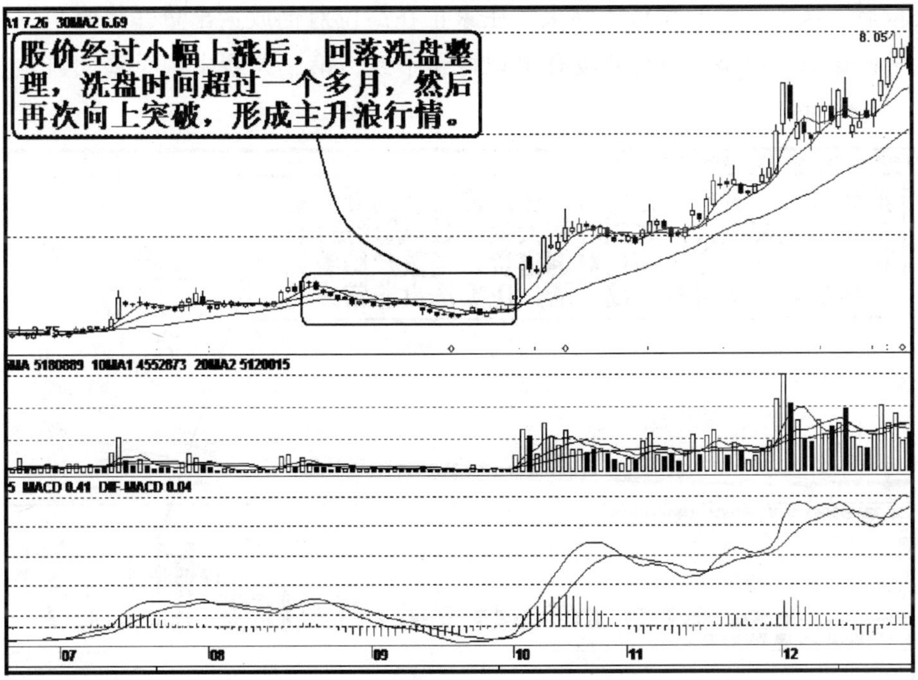

图 4－14

慢速洗盘就是一种折磨人的意志的做盘方式，使散户产生“久盘必跌”的心理，从而失去持股信心，该股就是一个典型的例子。该股小幅拉高后，展开较长时间的调整，技术形态遭遇一定的破坏，使散户对后市产生怀疑。

其实，从该股盘面也能发现一些蛛丝马迹，首先成交量大幅萎缩，说明浮动筹码不多；其次股价回落到30日均线以下后，并没有出现大幅下跌走势；其三股价得到前期回调低点的支撑。由此可见，这是一次洗盘蓄势整理走势，而不是出货派发行为，此后不久股价出现向上突破，成功构筑一个头肩底形态，股价出现新一轮拉升。

意图17：放量洗盘

股价经过小幅上涨后，在相对高位出现滞涨或回调走势，成交量创出近期天量，形成庄家放量出货的假象。散户看到成交量大幅放大，认定庄家在暗中出货，担心随后股价出现回落走势，因而趁机抛空筹码。不久，股价洗盘结束后，庄家发动新一轮上涨行情，散户因此被庄家所骗。

图4－15，方大炭素（600516）：该股庄家成功完成建仓计划后，股价渐渐盘出底部区域，并进入加速上涨阶段，当股价突破前期高点后，庄家展开洗盘换手走势。

2017年7月13日跳空高开后，股价出现向下回落走势，在高位收出一根大阴线，在K线组合上呈阴包阳形态，当天成交量大幅放大，换手率达到16.85%，这个量是近一年半以来的一个天量。这个量对散户来说具有一定的恐惧感，不少散户看到这么个的成交量后，认为本轮上涨行情结束，庄家正在高位对倒放量出货，因此不少散户将手中的筹码抛出。可是，股价并没有出现持续下跌，第二天就出现企稳回升走势，并进入新一轮上涨行情。

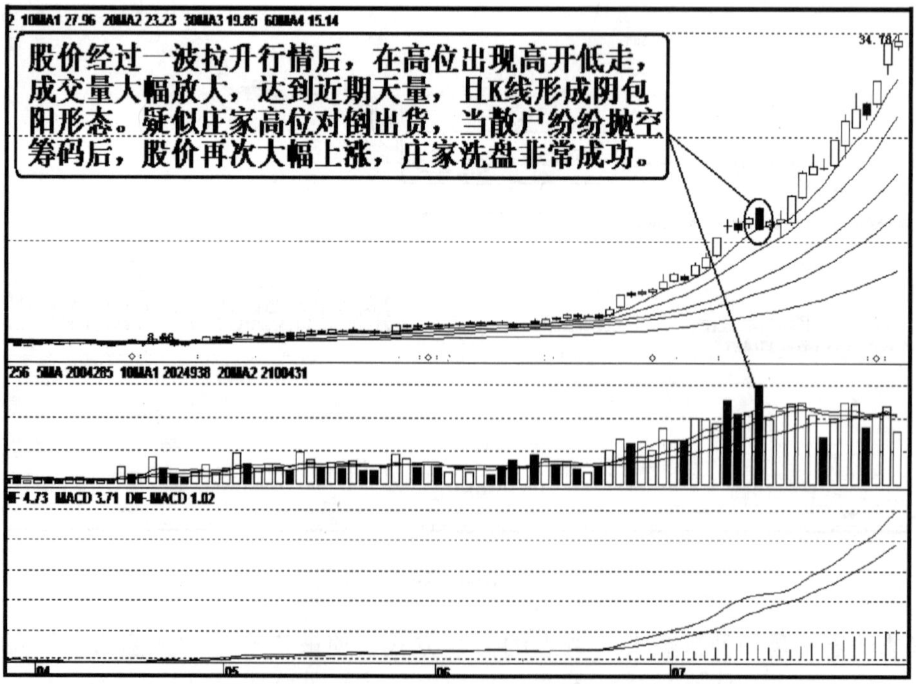

图4－15

该股展示的就是，庄家根据“高位放量会跌”的传统经验所采取的一种洗盘方式。庄家通过对敲放出巨大的成交量，让散户产生庄家大量出货的错觉。尤其是放巨量收阴线时，其洗盘效果更佳。

图4－16，大华股份（002236）：该股庄家在长时间的震荡整理中，顺利地完成了建仓计划后，股价开始渐渐向上攀升，突破了前期盘区高点的压力，随后庄家展开洗盘换手走势。

从图中可以看出，2017年3月27日和5月12日两次在高位收出放量大阴线，疑似庄家在对倒放量出货的假象。因此使不少散户在判断上造成错觉，认为股价已经见顶，担心后市股价回落套牢，于是把自己手中的筹码抛空操作，这样庄家顺利地达到洗盘的目的。此后，股价经过短暂的震荡整理之后，再次进入稳步的向上攀升走势，股价累计涨幅较大。

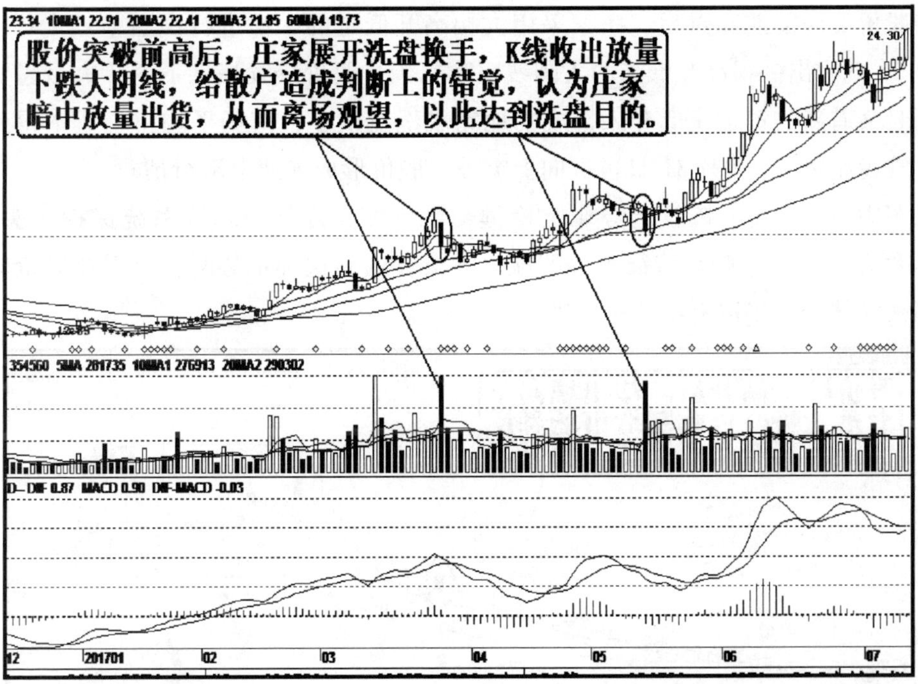

图4－16

该股庄家利用前期高点的压力位，通过对倒制造巨大的成交量，形成股价遇阻后庄家放量出货的假象，让前期介入的散户离场，以此达到洗盘目的。

在实盘操作中，投资者遇到这种走势时，应当分析成交量放大的性质，是出货量还是进货量，或是故弄玄虚的对倒量。若是对倒量，则要分析股价所处的位置、运行阶段和盘面细节等，进而判断庄家放量意图，这样可以避免掉进庄家的陷阱。

意图 18：高开低走

这种洗盘方式是以大幅震荡为主基调，股价大幅跳高开盘，甚至以涨停板开盘，然后通过对敲方式，大手笔卖单杀出，股价逐波下行，甚至几乎是杀到跌停板附近，当天收出一根实体较长的大阴线。此时缺乏信心的散户仍在较低价位抛售股票，直到没有人愿意以更低价卖出为止。

有时候，股价下探到一定的幅度后，再向上一档一档地拉升。随着场外资金的不断介入，股价大幅走高，甚至急速拉到涨停板价位，在日 K 线图上出现”T 字形”态，当天成交量大幅放出。采用这种方式洗盘的庄家，其实力都非常强大，操盘手法极其凶猛。

图 4－17，云铝股份（000807）：该股庄家成功完成建仓计划后，股价缓缓向上走高。当股价突破前期高点后，庄家采用大幅高开低走的手法进行洗盘整理走势，2017 年 7 月 26 日收出一根高开低走的大阴线。第二天，股价继续惯性下杀，大量恐慌盘离场，同时又有新的资金逢低介入，成功地完成洗盘换手，市场平均持仓成本得到大幅提高。洗盘结束后，7 月 31 日再次向上突破，股价形成加速上涨行情。

从图中可以看出，该股走势非常稳健，量价配合默契，均线系统保持多头发散，30 日均线坚挺上行，强势特征十分明显。投资者遇到这种走势时，可以在股价向上超越大阴线实体的一半以上价位时积极买入。

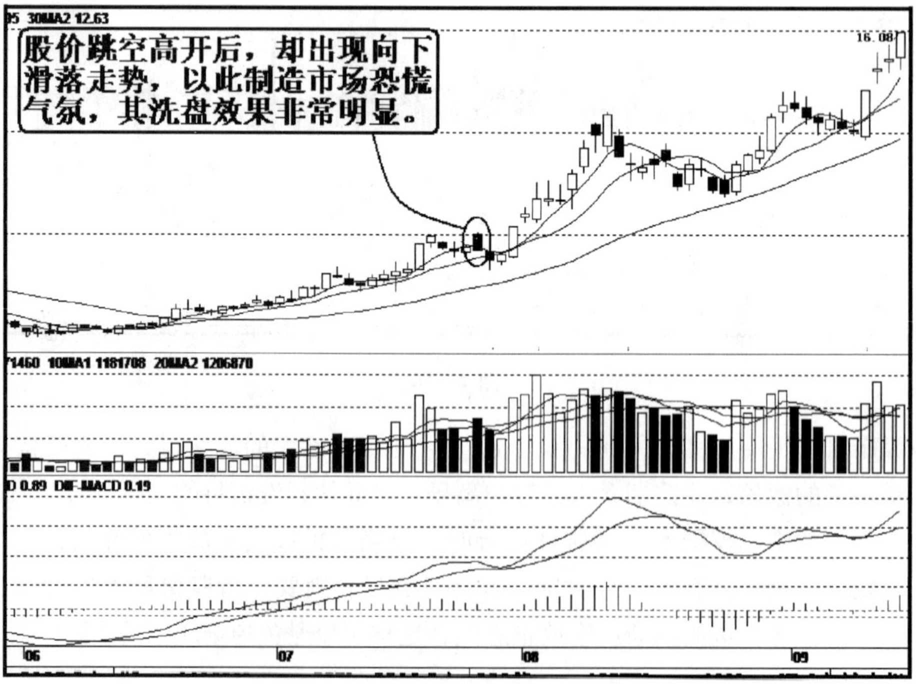

图 4－17

采用这种洗盘方式的庄家，就是根据散户见好就收的心理而进行的，庄家通过大幅高开后，展开洗盘动作。如果抛压不大，没有砸盘出现，浮动筹码得到充分交换，就能提高市场平均持仓成本，日后拉升也就不会遇到大的阻力。如果抛压较大，有大量砸盘涌出，表明盘内筹码出现松动，就会造成洗盘失败的处境，这时会延长洗盘整理时间。这种洗盘方式要恰到好处，既让获利盘出局，又让跟风盘介入。

在实盘操作中有一种盘面现象值得注意，股价经过波段下跌后企稳回升，在反弹过程中出现高开低走大阴线，然后股价再次回落在前期低点附近企稳。此时在K线图中形成一个双重底形态，这种高开低走大阴线属于庄家洗盘行为，有时也是庄家阶段性减仓所致，后市仍然看好。在这种形态中，存在三种不同的盘面现象，分别是：以高开低走大阴线为双重底形态的中点，左右两边股价低点基本持平；右边低点高于左边低点；右边低点在左边低点之下。

还有一种洗盘方式在实盘中也非常多见，这就是边拉边洗的洗盘方式，将洗盘寓于拉升之中，盘面节奏十分完美。庄家先是连续拉高股价，然后突然停止做多，由于短线升幅过大，庄家在高位抛出一小部分筹码，使股价出现回落走势，将短炒者及信心不坚定的浮筹震出。这种洗盘方式庄家采用的是化整为零的操作策略。在日K线图上，以小阴小阳或十字星的K线形式出现，找不到明显的洗盘图形，有时在当日分时走势中完成边拉边洗行为。在形态上，股价每次回落的低点一个比一个高，每次拉升的高点也一个比一个高，股价的重心不断地往上移。采用这种方式洗盘的庄家，其实力都比较强大，控筹程度比较高，时机上多数出现在大势向好的环境之中。

庄家通过高开低走大阴线洗盘，目的就是既不想让股价下跌，又要洗出心态不稳的跟风者。于是，刻意做出这种大阴线以达到快速洗盘的目的。投资者遇到或发现这种大阴线后，千万别被它所蒙骗而卖出股票或者不敢介入。这种大阴线所透露出来的市场信息，就是该股离上涨不远了，或者次日就会止跌创出新高。因此，当次日股价上涨突破了大阴线的开盘价，就可以确认大阴线是一次快速的洗盘行为，此时投资者可以积极介入做多。

◪ 意图 19：跌停洗盘

跌停式洗盘是最恐怖也是最有效的一种洗盘方式。这种方式有两种盘面现象：

（1）股价以正常方式开盘后，在盘中股价逐波下跌直奔跌停板，封盘几分钟后再打开，多次跌停，多次开板，尾市稍向上拉动。散户看到股价跌停，心理十分悲观，唯恐第二天继续跌停，于是也抢先在跌停板价位挂卖单杀出。

庄家待散户卖单达到一定程度数量而不再增加时，迅速将自己挂在散户前面的卖出单撤掉。几乎在同一时间里，又在散户后面挂出数量与撤单相近的卖出单，这样盘面上看封盘数量没有变化，不会引起散户的注意。然后，庄家将散户的抛单慢慢地吃光，封盘被巨大买单打开。这时持币者见打开封盘，股价开始往上拉抬，也加入买盘行列。不久，股价又向下跌停。庄家如此反复多次进行，盘中浮动筹码得到很好的交换，从而达到洗盘的目的。若洗盘还不够充分的话，则第二天可能还会如法炮制。

图4－18，天原集团（002386）：该股反弹结束后再次步入下跌通道，庄家在下跌过程中吸纳了大量的低价筹码，顺利完成建仓计划股价后，股价于2017年6月出现企稳回升走势，当股价向上突破了前期反弹高点后，庄家展开洗盘整理走势，盘面出现大幅震荡。8月11日，股价小幅低开后逐波下跌，当天收于跌停板位置。这时有的散户担心股价继续下跌而作出离场操作，因而大量的恐慌盘得到了释放，洗盘效果非常好。当浮动筹码得到充分的换手后，股价出现了新一轮快速上涨行情。

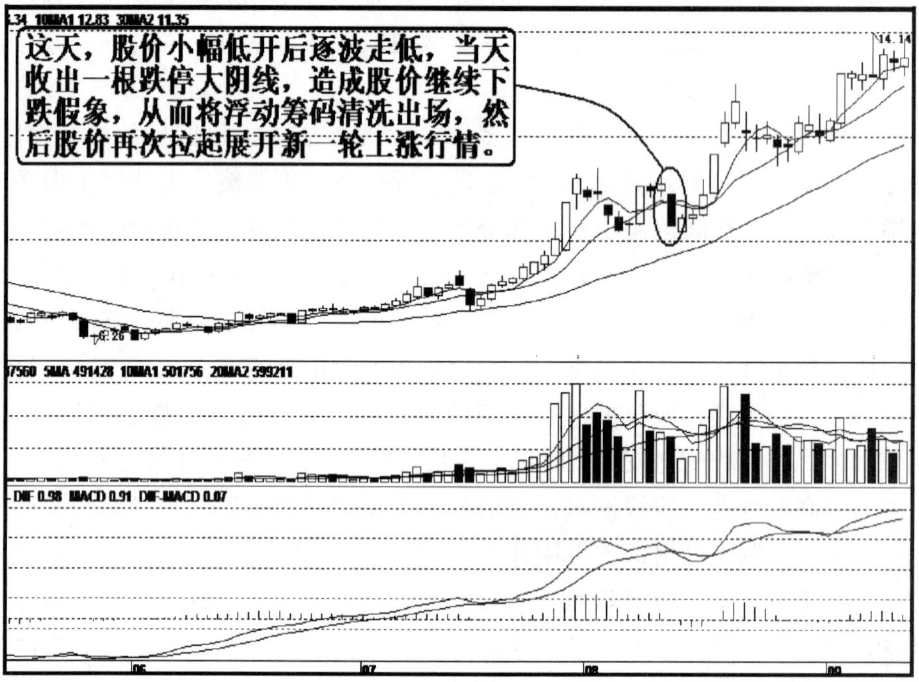

图4－18

这是庄家针对散户看到股价跌停而产生的恐惧心理，而采取的一种洗盘方式。庄家通过股价的深幅下跌，制造极度恐慌盘面，让散户逢高离场。投资者在实盘中遭到这种情况时，持股者可以择高先行出局，免得因洗盘造成利润缩小而影响操作心态，持币者可保持观望，等待调整结束后逢低重新介入。

其实，从该股图表中分析，也能看出这样一些技术疑点。

一是没有出现恐慌抛盘，萎缩的成交量能反映出这一点，说明持股心态较稳。

二是股价破位后没有出现持续下跌走势，疑似庄家故意打压行为。

三是30日均线依然保持上行状态，对股价具有向上牵引作用。

四是基本面方面有利好消息支持。

由此可见，这是一次庄家故意打压洗盘或试盘行为。当股价重返30日均线之上或突破前期高点时，可以大胆介入做多。

（2）股价直接从跌停板价位开盘，大部分时间处于封盘状态，突然在盘中放出巨量，打开跌停板上的封盘量，让散户一个退出的机会。或者，出现一两个跌停板后，股价不再继续封于跌停，而是打开跌停板让恐慌盘得到充分释放，以此达到洗盘目的。

图 4－19，新疆众和（600888）：该股见底企稳后形成一条上升趋势线，这条上升趋势线对股价构成强大的支撑作用。该股由于停止资产重组，2017 年 6 月 14 日复牌后，股价出现“一”字跌停，第二天继续在跌停价位开盘，随后庄家用巨量打开跌停板时，有的散户担心股价继续下跌而作出离场操作，因而大量的恐慌盘得到了释放，洗盘效果非常好。当浮动筹码得到充分的换手后，股价开始企稳震荡上行。

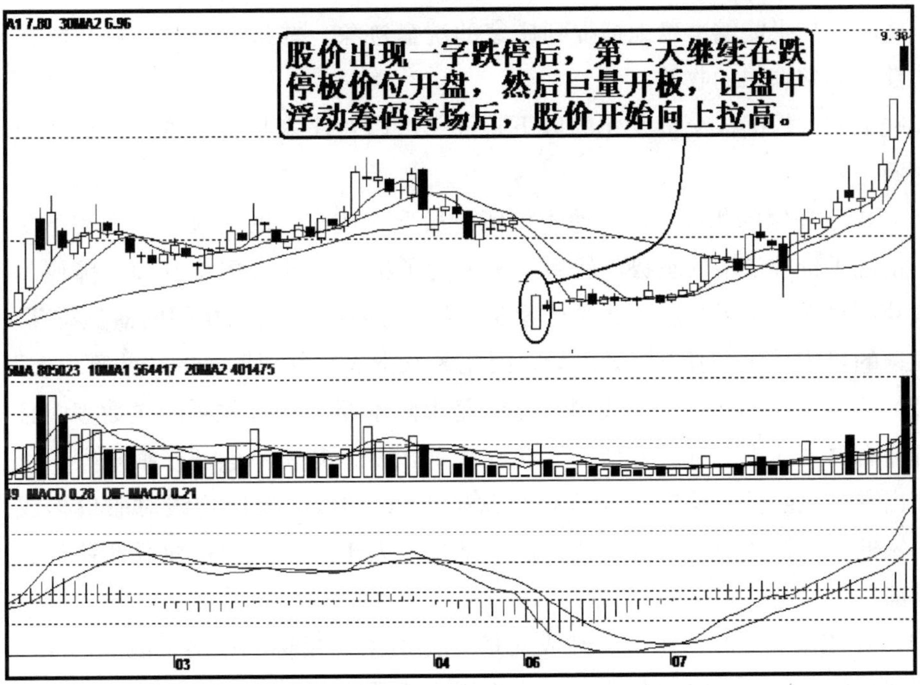

图 4－19

在股市中投资者最担心的莫过于股价跌停，这在心理上会造成巨大的压力和恐慌。庄家摸清散户心理后，顺水推舟制造更大的陷阱。投资者遇到这种情形时，重点关注打开跌停后的市场变化，如果出现放量不跌，说明盘中换手积极，后市股价仍有上涨的机会。当然，如果股价涨幅巨大或者属于问题股，那要另当别论，小心大幅跳水。

第三节　散户出招：主动应对庄家洗盘

招数 6：掌握洗盘盘面特征

1. 洗盘时的成交量特征

一般来说，当庄家尚未准备拉抬股价时，股价的表现往往很沉闷，成交量的变化也很小。此时研究成交量没有实际意义，也不好断定庄家的意图。但是，一旦庄家放量拉升股价时，庄家的行踪就会暴露，这时研究成交量的变化就具有非常重要的实际意义。此时，如果能够准确地捕捉到庄家的洗盘迹象，并果断介入，往往能在较短的时间内获取非常理想的收益。

实践证明，根据成交量变化的以下特征，可以对庄家是否在洗盘作出一个较为准确的判断。

（1）由于庄家的积极介入，原本沉闷的股票在成交量的明显放大推动下变得活跃起来，出现了价升量增的态势。然后，庄家为了给以后的大幅拉升扫平障碍，不得不将短线获利盘强行洗去，这一洗盘行为在 K 线图上表现为阴阳相间的横盘震荡。同时，由于庄家的目的是让一般投资者出局，因此 K 线形态往往成明显的“头部形态”。

（2）在庄家洗盘阶段，K 线组合往往是大阴不断，并且收阴的次数多，且每次收阴时都伴有巨大的成交量。好像庄家正在大肆出货，其实不然。仔细观察一下就会发现，当出现以上巨量大阴时，股价很少跌破 10 日均线，短期均线对股价构成强大支撑。庄家低位回补的迹象一目了然，这就是技术人士所说的“巨量长阴不跌，庄家洗盘必有涨”。

（3）在庄家洗盘时，作为研判成交量变化的主要指标——均量线、OBV，也会出现一些明显的特征。主要表现为：当出现以上大阴巨量时，5 日、10 日均量线始终保持向上运行，说明庄家一直在增仓，股票交投活跃，后市看好。另外，成交量的量化指标 OBV 在股价高位震荡期间，始终保持向上，即使瞬间回落，也会迅速拉起，并能够创出近期新高。这说明单从量能的角度看，股价已具备大幅上涨的条件。

如果一只股票在经过一波上涨之后，它的成交量变化出现以上特征，那就说明该股庄家洗盘的可能性极大，后市看好。

2. 洗盘时的分时走势特征

既然洗盘是为了吓出信心不足的散户筹码，庄家必然会制造出疲弱的盘面假象，甚至凶狠的跳水式打压，让人产生一切都完了的错觉，才会在惊恐中抛出手中筹码。有意思的是，在关键的技术位，庄家往往会护盘，这是为什么呢？答案很简单，庄家要让另一批看好后市的人进场，以达到垫高市场平均持股成本的目的。常见的分时盘口特征有以下几点：

（1）打压洗盘。先行拉高之后实施反手打压，但一般在低位停留的时间（或天数）不会太长。

（2）边拉边洗。在拉高过程中伴随着回档，将不坚定者震出。

（3）大幅回落。一般发生在大势调整时，庄家会顺势而为，借机低吸廉价筹码。投机股经常运用这种手法，或庄家已获利颇丰。

（4）横盘整理。在拉升过程中突然停止做多，使缺乏耐心者出局，一般持续时间相对较长。

（5）上下震荡。此手法较为常见，即维系一个波动区间，并让投资者摸不清庄家的炒作节奏。

3. 洗盘时的 K 线图特征

日 K 线组合形态变化多端，阳线、阴线经常交替产生，屡现空头陷阱，而盘中动作难以把握。按 K 线组合的理论分析，在这阶段常见的 K 线组合有：穿头破脚、下跌三部曲、三只乌鸦、乌云盖顶等看空形态。概括起来，主要有以下几种特征：

（1）大幅震荡，阴线阳线夹杂排列，市势不定。

（2）常常出现带上下影线的十字星。

（3）股价一般维持在庄家持股成本的区域之上。若投资者无法判断，可关注 10 日均线，非短线客则可关注 30 日均线。

（4）按 K 线组合的理论分析，洗盘过程即整理过程，所以图形上也都大体显示为三角形整理、旗形整理和矩形整理等形态。

招数 7：正确判断洗盘结束点

洗盘的根本目的就是将筹码进行换手，提高市场平均持仓成本，减轻上行压力。庄家的洗盘行为，可以反映出庄家的坐庄意图，也是散户认识庄家的有效手段。如果庄家在洗盘时，有刻意打压而敢于充分接单，说明其对后市抱有较大期望，后市的升幅也会较为可观；如果庄家洗盘时不想破坏已建立的上升通道而想就此拉升，说明庄家对控盘的要求不强烈，后市可能会见高出货；如果庄家在洗盘时，虽有打压之意，但大势、人气没有配合，短线散户没有充分出货，那么后市也不会太强，常会出现波浪上升的态势。

就短线操作来说，买点显得更为重要。如果买入早了会耗时间，甚至会被庄家磨去耐心而卖出；如果买入迟了，股价成本就高，会大大减少短线盈利空间，甚至遭到套牢。所以，若能正确判断出庄家洗盘的结束点，并适时跟进，无疑是成为大赢的关键。真正做到之后，其快乐不亚于武林高手练就了一剑封喉的绝招。下面介绍正确判断洗盘结束点的方法。

1. 洗盘结束的成交量特点

洗盘的前提是先前已经有大量的筹码入场，因而有一个放量上涨的过程，而且，洗盘不是大量筹码卖出，所以不会有很大的成交量出现，往往是缩量下跌。因此当股价再次出现放量上涨时，表明洗盘已经结束。

2. 洗盘的量价和庄家持仓特点

（1）超短线洗盘。个股短线单日走势出现放量上涨，呈中阳或大阳线，成交量明显放大，最明显的特征是庄家资金大量流入。第二天开始洗盘，股价回落，并明显缩量，最明显的特征是庄家资金并没有大量流出，甚至有少量流入。

（2）短线洗盘。个股在开始几日放量上涨，最直接的是几天庄家资金流入明显。当短期有一定的涨幅后，庄家会开始洗盘，股价回落，成交量萎缩，呈阶梯状下跌走势，最重要的是股价回落时没有明显的庄家资金流出，甚至缩量下跌中出现庄家资金流入。上述超短线和短线洗盘在结构上有相似之处，一般超短线由于浮筹较少，洗盘时间也相应较短，而短线洗盘由于前期有一定的涨幅，浮筹较多，洗盘时间也会较长。

（3）中长线洗盘。股价在成交量的配合下有过一段上涨行情，由于低位获利盘和前期套牢盘较多，洗盘时间会大大延长，因而也会出现一些整理形态，如三角形、楔形等。

3. 洗盘结束的特点

在上述缩量时并不是最佳买点，因为庄家有可能继续缩量洗盘，前景并不明朗，所以在确定洗盘结束时是最佳买入点。其特点如下：

（1）当日放量。前期缩量表明浮筹在减少，当天放量应该不是浮筹在卖出，极有可能是庄家资金流入，要开始拉升了。

（2）分时庄家资金。当然最直接的还是看庄家资金线，如果当日分时庄家资金在大量买入，表明放量不是浮筹或散户所为，而是庄家行为。

（3）占比。也就是主动性买入或主动性卖出所占成交量的比量，这里的主动性买入或卖出不仅仅是特大、大单，也包含所有特大、大、中、小单，这样就能解决庄家用中小单做单的欺骗手法。

4. 经常出现的三种形式，是判断洗盘结束的关键

（1）下降通道被扭转。有些庄家洗盘时采用小幅盘跌的方式，在大盘创新高的过程中该股不断收阴，构筑一条平缓的下降通道。股价在通道内慢慢下滑，某天出现一根大阳线，股价下滑的势头扭转，慢慢站稳脚跟，表明洗盘已近尾声。

图 4－20，天齐锂业（002466）：该股经过长时间的下跌调整后，股价渐渐见底企稳回升。当股价上升到一定的幅度后，庄家在 2017 年 4 月 17 日开始展开主动洗盘走势，股价向下滑落，高点一个比一个矮，低点一个比一个低，形成一条下降小通道线，

并击穿了30日均线的支撑，技术形态遭到了严重破坏。6月13日，一根放量上涨大阳线向上突破了下降通道的上轨线压制，并成功站在30日均线上方，表明洗盘整理结束。此后，该股出现一轮盘升行情，累计涨幅巨大。

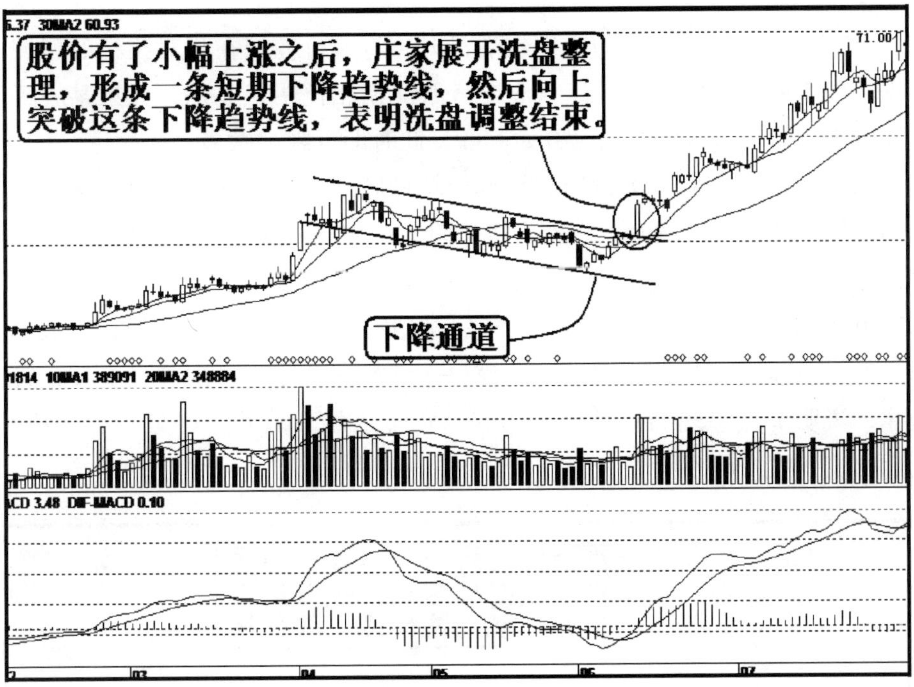

图4－20

从图中可以看出，这根上涨大阳线就是洗盘结束的标志。在分析这根大阳线之前，必须对前面的洗盘动作有一个适当的了解。该股已经到了历史底部区域，股价已经渐渐企稳回升，但总体升幅不大，此时可以排除庄家出货的可能。在股价向下突破均线系统和整理平台区域后，成交量并不大，回调幅度也不深，说明抛压不大，因此这是庄家洗盘的可能性较大。当大阳线向上突破均线系统时，可以确定前面股价下跌就是一次洗盘动作，而这根大阳线反映洗盘调整已经结束，后市将步入上涨行情，因此在当天可以大胆介入。

但是有的投资者认为，这根大阳线并未突破前期整理平台高点，担心股价后市继续陷入整理或下跌走势，因而不敢贸然介入。这种判断确实有一定的道理，为什么这天股价不直接创出新高呢？但仔细想一想这是庄家故意所为，如果这是一根滞涨大阳线的话，此时庄家只要稍用一下力就可以轻而易举地突破前期高点，这样岂不更好地吸引散户入场吗？因此这是庄家故意留给市场的一个悬念，给散户更多的猜测，目的是让最后一批散户解套离场，以便日后更好地拉升股价。在实盘操作中，激进的投资者遇到这种现象时应积极做多，稳健的投资者可以观察第二天的盘面走势，如果第二天股价向上创出新高时，可以大胆做多。

再看看洗盘结束后的大阳线盘面特征：①出现在涨势中；②股价重心向上，回调一般不会跌破大阳线开盘价；③成交量可大可小，但不会出现爆量；④起到空中加油作用，进一步拓展股价上升空间。这种大阳线的操作方法是：继续持股，若大阳线开盘价被击穿，应及时止损离场。

（2）缩量之后再放量。有的主力在洗盘时，将股价控制在相对狭窄的区域内反复震荡整理，庄家放任股价随波逐流，成交量跟前期相比明显萎缩，如果某一天成交量突然重新放大，表明沉睡的黑马已开始苏醒，此时即可跟进做多。

图 4－21，韶钢松山（000717）：该股成功见底后，出现温和放量上涨走势。当股价回升到前期成交密集区域时，庄家借用该阻力位展开洗盘走势，股价出现缩量回落，并一度击穿 30 日均线的支撑，盘面造成了一定的恐慌性。

2017 年 8 月 25 日，股价出现放量涨停，收出一根放量涨停大阳线，形成具有标志性 K 线。从成交量上分析，出现放量上涨——缩量回调——再次放量上攻，符合洗盘基本规律，说明洗盘整理结束，也表明有新资金入场。因此，这是一个理想的买点，股价此后出现井喷式飙升行情。

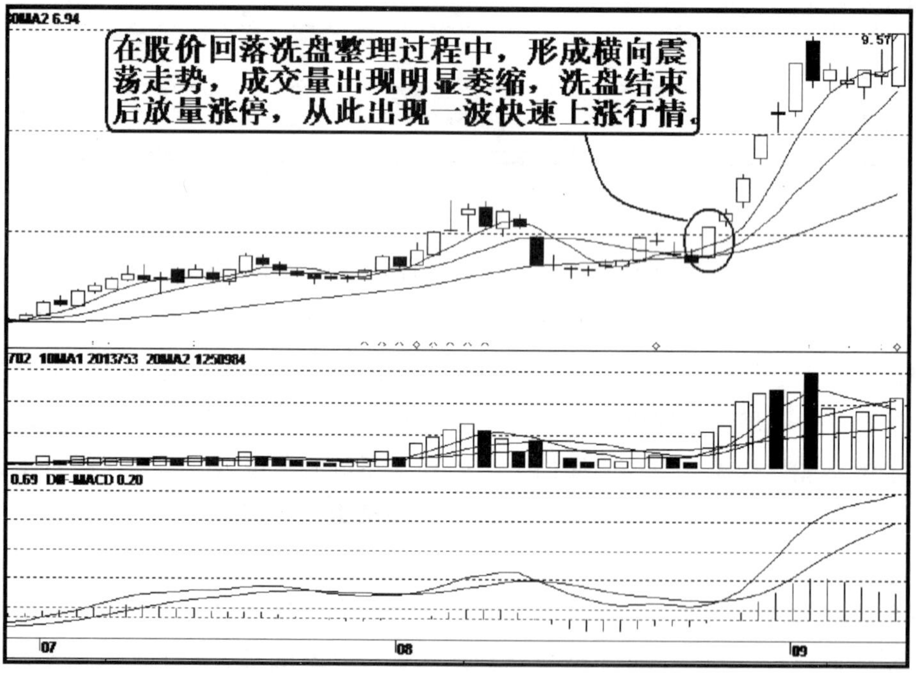

图 4－21

（3）向上脱离盘整区。股价开始放量向上脱离洗盘盘区，而此时上涨趋势仍保持完好，均线系统呈多头排列，表明洗盘整理结束。

图 4－22，韶钢松山（000717）：该股反弹结束后回落，庄家在底部吸纳了大量的低价筹码。然后，股价企稳回升到前期成交密集区域附近，庄家借用前高阻力位展开

洗盘走势，股价出现横向缩量整理，让散户感觉到股价无法向上突破的假象，诱导部分散户离场。

2017 年 9 月 4 日，股价放量向上突破前高压力，然后再次形成横向震荡整理，把大批散户清洗出局之后，股价于 9 月 18 日向上突破盘区，表明洗盘整理结束，从此股价出现快速上涨行情。

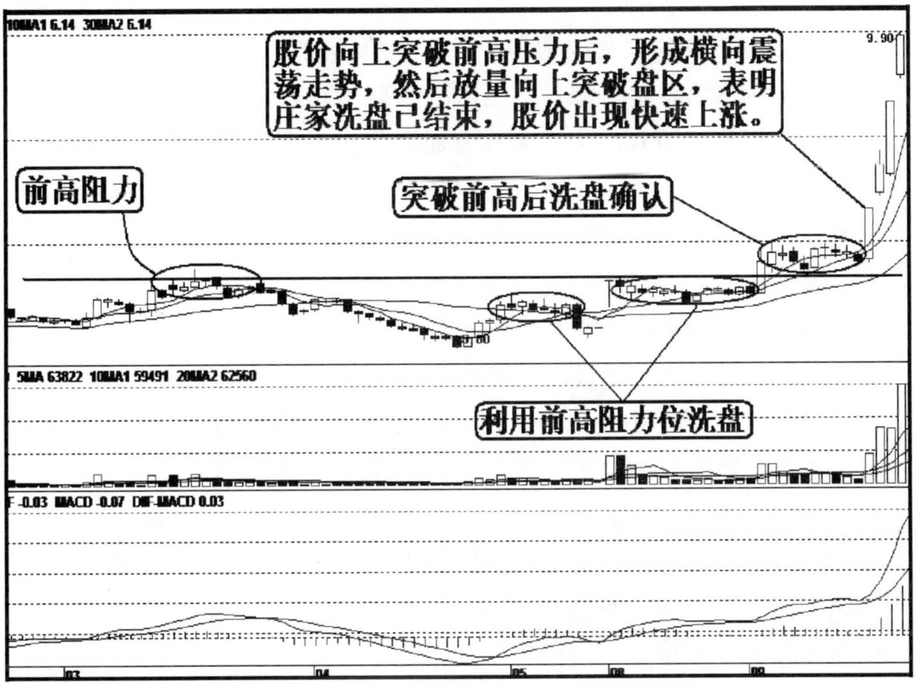

图 4－22

总之，要判断是否是庄家洗盘，重要是判断前期回落的高点是否是头部。这需要从累计涨幅、股价的相对位置以及操盘经验等方面来综合分析判断。

招数 8：正确区别洗盘与出货

在股市中，如果能够正确区分洗盘与出货，就可以从容出入，自由驾驭，稳赚不赔。然而，分清洗盘和出货是件很不容易的事，很多人不仅无法完全正确判断出洗盘和出货，而且往往会在两者之间造成误判。当庄家洗盘的时候误以为是出货，慌忙出逃，结果大黑马、大牛股失之交臂。等到庄家出货时，又误以为那只不过是庄家在洗盘而已，在最危险的时候反而死抱股票，结果套牢在高位。

为什么会这样呢？让我们从庄家的心态分析一下就明白了。庄家洗盘时总是刻意制造恐怖气氛，千方百计动摇散户的信心，而出货时必将以最美好的前景给人以幻想的余地。其实，庄家洗盘与出货从性质上看截然不同，从手法上看各有特点，从目的上看也恰恰相反。在实盘操作中，区分洗盘与出货的问题显得极为迫切，那么有哪些区别呢？

（1）洗盘深度一般不会很大。因为深度过大往往让散户识别后趁机抢走低价筹码，因而一般不会下破30日均线，即使在盘中下破也会在尾盘拉起。而出货时庄家的目的是让手中的获利筹码尽快卖出，并不介意下破多少条均线，即使在杀跌过程中在尾盘拉起，亦只是力求卖个好价钱或拖延时间。从日K线图形上看，出货往往表现为高点一个比一个低，而低点也一个比一个矮，重心下移明显。

（2）庄家洗盘往往利用大盘波动和个股利空消息进行，而出货则往往利用市场指数大幅上涨或个股利多消息趁机派发。当进驻股票是在投资者和整个市场一致看好后的环境下，为了获得足够的筹码，庄家一方面进行较长期的横盘打压外，也借助外力或内部利空消息进行洗盘。大家试想，庄家持有大量筹码，在突发性的暴跌面前怎能拔腿而逃？总结历史走势可以看出，每次暴跌都是逢低买入良机而绝不是卖股的时候。

（3）洗盘的位置一般处于第一上升浪之后，有时也会在较低的位置，一般涨幅在30%以内。而出货一般出现在第5浪上升之后的高位区，一般大于50%，甚至在100%以上。因此，区分是洗盘还是出货，视股价处于高位区域还是阶段性低位，投资者可以测算目前价位庄家是否有获利空间。若目前价位庄家获利很薄，苦心经营已久，岂会轻易弃庄而逃呢？若目前价位庄家获利较丰，则应高度警惕了。

（4）洗盘目的是为了吓出跟风盘，因而洗盘时庄家往往假戏真做。假出货真回购，把图形做得越难看越容易达到目的，这在图形上往往表现为大阴线。而出货则是为了尽快派发筹码，出货则是真戏假做，把出货的企图时不时用一两根阳线来掩盖。从趋势上看，出货往往表现为高点一个比一个低，重心下移明显，而洗盘最终目的是向上突破。

（5）观察庄家的洗盘次数。如果庄家在吸足筹码之后的第一次进行洗盘，投资者不妨继续持股。如果是已经经过了几次洗盘之后再次出现回落，而且累积升幅已相当可观时，则要随时警惕庄家出货。

（6）股价形态上连续出现多个上升缺口，高位的回落也伴随着缺口的出现，而且短期内不予回补（三天之内不回补），说明庄家出货坚决，此时应立即离场观望。

（7）洗盘时股价快速回落，往往击穿一些重要的支撑点位，但又迅速拉回，不有效击穿。这说明庄家并不希望股价进一步走低，而是通过营造短期的空头气氛，将盘中浮筹震荡出局。在高位形成明显的头部形态，要求形态要大一些，判断的结果才更准确。

（8）均线发散趋势。洗盘时均线仍然向上呈多头排列，但上攻的斜率不是很陡，且喇叭口刚刚发散。出货时均线多头排列已被破坏或开始向下，先前上攻的斜率一般已经大于45度角，且喇叭口发散程度放大，股价重心开始小幅下移。

（9）分析盘面下跌气势强弱。当股价突破一个重要的技术支撑位时，股价快速脱离该位置，说明做空气势强盛，大多是见顶后的下跌走势。如果股价虽然突破了一个技术支撑位，但股价仍然围绕突破位置徘徊，说明这是假突破走势，是洗盘动作而非出货行为。

图4－23，五粮液（000858）：该股实力庄家介入后，在低位吸纳了大量的低价筹码，股价出现逐波上涨走势，在上涨过程中不断出现洗盘整理。

2017年9月和12月下旬，股价向下击穿30日均线的支撑，大有形成顶部之势。不少散户因此纷纷退出观望，以规避股价下跌风险。可是，随后的走势大大出乎意料，在均线下方缩量整理一段时间后，股价继续稳步向上走高，至今在上升通道中运行。

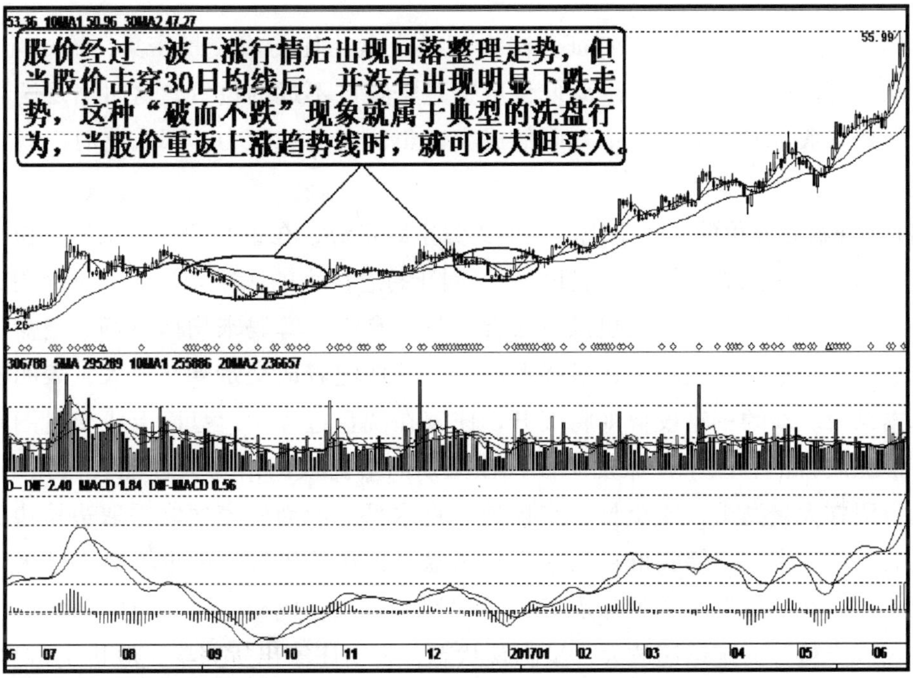

图4－23

该股明显属于该跌不跌类型，按理说股价跌破均线系统后，有一波跌势行情出现，但股价突破后仍然围绕均线盘整，而且成交量大幅萎缩，说明做空气势不盛，为庄家故弄玄虚而已。这种“破而不跌”是典型的洗盘整理行为，绝不是庄家出货走势。因此当股价再次走强时，投资者应当积极介入做多。

（10）结合我国股市20多年的运行规律，可通过以下几种特征进行综合研判和识别。

第一，价格变动的识别特征。洗盘的目的是为了恐吓市场中的浮动筹码，所以其走势特征往往符合这一标准，即股价的跌势较凶狠，用快速、连续性的下跌和跌破重要支撑线等方法来达到洗盘的目的。而变盘的目的是为了清仓出货，所以其走势特征较温和，以一种较缓慢的下跌速率来麻痹投资者的警惕性，使投资者在类似“温水煮青蛙”的跌势中，不知不觉地陷入深套。

第二，成交量的识别特征。洗盘的成交量特征是缩量，随着股价的破位下行，成交量持续不断地萎缩，常常能创出阶段性地量或极小量。而变盘时成交量的特征则完全不同，变盘在股价出现滞涨现象时成交量较大，而且，在股价转入下跌走势后，成交量依然不见明显缩小。

第三，持续时间的识别特征。上涨途中的洗盘持续时间不长，一般 5 至 12 个交易日就结束。因为时间过长的话，往往会被投资者识破，并且趁机大量建仓。而变盘的时候，股价即使超出这个时间段，仍然会表现出不温不火的震荡整理走势或缓慢阴跌走势。

第四，成交密集区的识别特征。洗盘还是变盘往往与成交量密集区有一定关系，当股价从底部区域启动不久，距离低位成交量密集区不远的位置，这时出现洗盘的概率较大。如果股价逼近上档套牢筹码的成交密集区时遇到阻力，那么此时出现变盘的概率比较大。

（11）洗盘时股价的回落呈现典型的无量空跌走势，在重要的技术支撑点位会缩量盘稳，“缩量跌”是洗盘的主要特征之一。对于持仓巨大的庄家来说，他不会用大量筹码来洗盘，这既没有现实意义也没有必要，只会拿部分筹码来均衡市场。当盘中浮筹越来越少，成交量呈递减趋势，最终形成突破并伴随着成交量骤然放大，表明洗盘过程已基本结束，新的一轮攻势即将展开。庄家在洗盘过程中，盘面上成交量图形呈现明显有圆弧底特征。庄家在派发阶段，在见顶回落前或回落当天伴随着巨量的出现，也就是筹码在大量抛出，成交量一直保持较高水平。因为庄家通常采取边拉边派、高位派发为主的战术，即使股价在回落后止跌盘稳，在造势过程中也不会再度大手笔买入。股价往往在顶部形成放量滞涨或无量空涨的现象，成交量比洗盘时密集得多，但出货后期成交量不一定迅速放大，呈阴跌状态，表明庄家出货完毕，股价由散户支撑，必然继续一跌。

总之，面对庄家的各种形式的洗盘方法以及出货的方式，投资者应加以严格区分和辨别。如果能够正确地识别庄家正在洗盘，那么上下打压之时，就是逢低买入与逢高卖出的时机。如果庄家在高位出货，或遇有重大利空出货，由于其所持有的筹码量巨大，投资者的卖出时机要比庄家更快，常会使股价形成巨幅波动、多次反弹，形成较多的短线机会，投资者可以把握更多的短线机会。虽然投资者害怕被庄家套牢，而庄家更怕被广大的投资者所舍弃。

第五章　疯狂拉升——完美构筑虚假空头

第一节　拉升的基本规律

拉升阶段的庄家手段与爬高阶段时相似。既要吸引散户积极参与，又不让散户获得太多的盈利，但拉升显然要比爬高凶猛得多。散户在这一阶段中积极为庄家抬轿，但不见得获取丰厚回报，弄不好还遭受亏损，这就是赚了指数不赚钱。

规律1：震荡式拉升

庄家完成建仓计划后，股价渐渐脱离底部区域，不断向上震荡攀高。盘面特点就是通过上下震荡的方式向上推高股价，没有明显的拉高和砸盘动作，波峰浪谷不清，也没有集中性的放量过程，一切在边拉高、边洗盘、边整理之中，盘面走势非常温柔，很少有惊心动魄的场面，股价在不知不觉中走高。在这种盘面走势中，庄家沿着一定的斜率向上拉高股价，在当日分时走势图上，表现为下方有大量买单出现，以显示庄家实力强大，避免股价出现下跌。然后，庄家将股价不断向上推高，有时拉升一段时间后，还常常故意打压一下。凶猛的庄家还出现“跳水”式的打压，以吸引买盘去逢低接纳，然后又将股价拉上去。在日K线图上，小阴大阳，进二退一，股价震荡上行。采用此法拉升的庄家实力一般较强，控筹程度比较高，上涨行情往往持续时间较长，股价累计涨幅也比较大，出货时往往还会有上市公司题材配合。其坐庄优点就是来时悄无声息、去时无影无踪。

庄家的手段就是在拉升过程中，不断地出现上下震荡走势。一般散户很难坚定持股信心，容易把获利筹码清理出局，同时又让持币者介入。这样筹码完成一进一出，得到充分交换，同时锁定长线筹码，为庄家日后大幅拉升股价减轻压力。散户在这种盘面中操作难度较大，特别是激进者机会更少，很难把握股价运行节奏，也很难预测股价的顶部。当你追高买入时，容易遭受短线回调套牢，当你等待低点出现时，却没有明显的回落低点形成，股价又重新上涨，买入机会稍纵即逝。在这种盘面中散户很难做一波完整的行情，一旦不慎操作效果和投资心态就会很糟糕。

震荡式拉升大致有两种现象：直进式震荡拉升和推进式震荡拉升。

（一）直进式震荡拉升。股价上下震荡频繁，回落幅度不深，持续时间也不长，看不出明显的波形。

图 5－1，西水股份（600291）：在股价前期下跌打压过程中，庄家收集了大量的低价筹码后，股价开始向上脱离底部区域，然后经过成功的洗盘整理后，从 2017 年 6 月 21 日开始出现一波升幅较大的上涨行情。

在上涨过程中，股价时涨时跌，看起来上攻力度不强，但股价大涨小回，盘面张弛有序，K 线阴阳交错，形态坚挺有力，量价配合默契。庄家不管上方有多大的阻力，基本上都沿着一个固定的角度向上攻击，中间没有出现明显的大幅回调走势，但也不是一步到位的“井喷式”飙升走势，而经过一两天的快速整理后，股价再次强势上行，盘面走势十分稳健，股价累计涨幅较大。

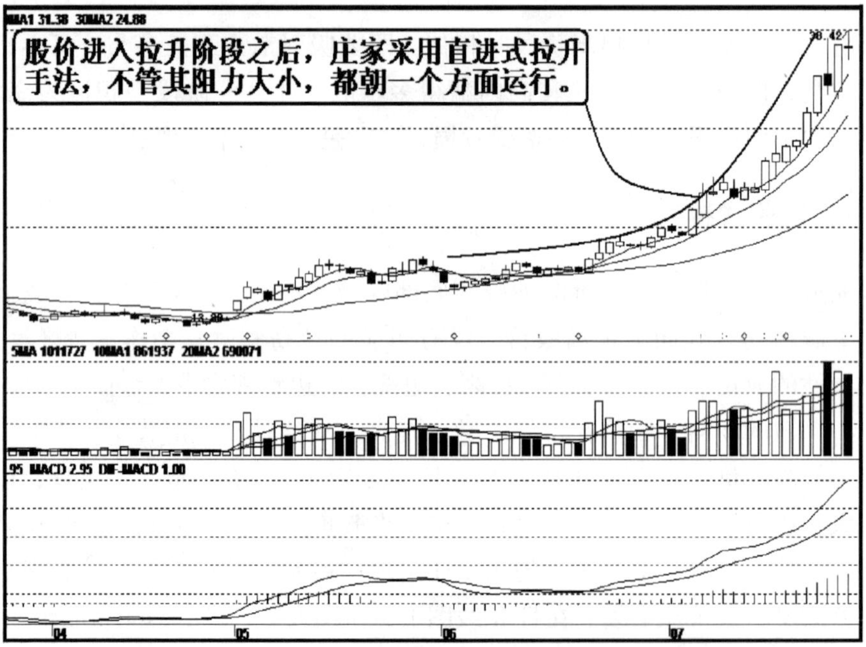

图 5－1

（二）推进式震荡拉升。股价走势与直进式震荡相反，盘面出现小波段式震荡走势，股价回落幅度较深，持续时间也较长，波峰浪谷清晰。

这种盘面走势中，庄家意图就是不让盘中散户快速获利，而是通过震荡上涨让胆小的散户提早离场。一般散户没有坚强的毅力很难与庄共舞到底，同时又给场外散户一个介入的机会。散户遇到情形时要保持良好的心态，不要频繁操作。上涨过程中出现的小幅震荡是正常的盘面现象，只要盘面没有出现异常波动，上涨行情就不会结束。但当股价出现冲高回落，形成见顶 K 线形态或出现异常的成交量时，应该给予注意。

图5－2，贵州茅台（600519）：这是人人皆知的中国A股市场中的大牛股，庄家在底部成功完成建仓计划后，股价进入稳健的上涨过程。在拉高过程中，股价虽然出现过较大幅度的震荡走势，但盘面坚挺有力，趋势稳步向上，量能温和有序，一切阻力均阻挡不了上涨势头，上涨行情已经持续了3年多，股价突破了每股500元之后继续上攻，最高突破了800多元，谁也不知道这股会走多远、走多高，但成为A股市场第一大牛股已非它莫属，近期市场很难打破这一记录。

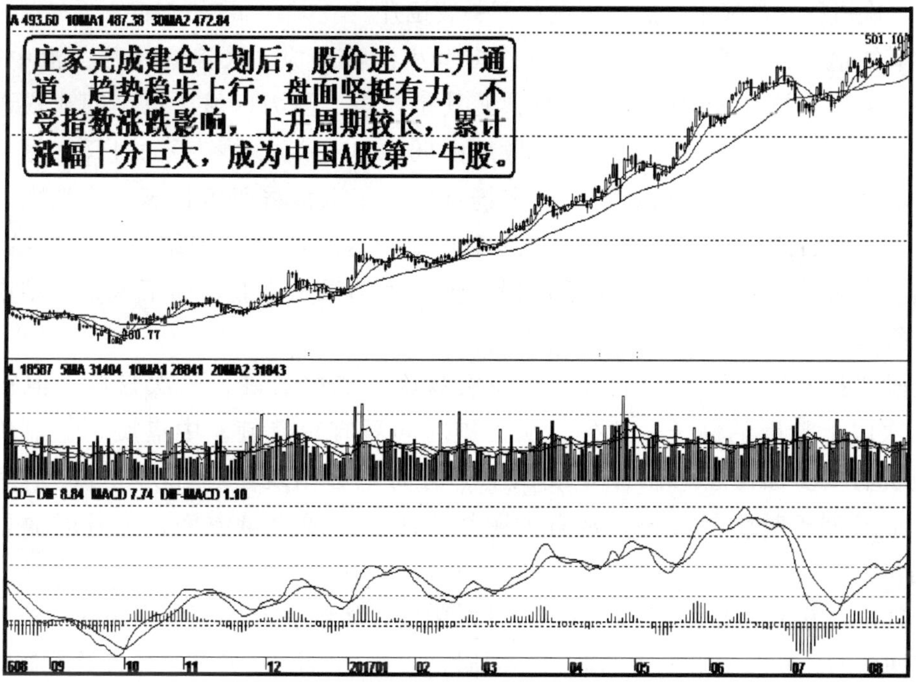

图5－2

这类股票在拉高过程中，盘面出现大幅度震荡走势，庄家在震荡中拉高股价。从图中可以看出，在股价大幅震荡过程中，散户一会儿看涨一会儿又看空，投资思想出现摇摆现象，以致造成对后市的误判，因而散户难以坚持得住，最终选择离场操作。同时，场外一些散户发现盘面异动后，有短线差价机会而逢低入场做多。经过几个回合的上下震荡后，市场平均持仓成本大大提高，所以股价不断向上拉高，而散户却很难获利。由于散户的持仓成本比庄家高，后市拉高股价时就不会有太大的风险，庄家意图也就轻易得逞。

散户操作策略：这种盘面走势正是短线高手大显身手的最好时机，进行高抛低吸，波段操作，收益更丰。中长线投资者可以参考30日均线，只要30日均线保持完好，应一路持股不动，不必理会30日均线之上的任何震荡现象。这是对付庄家的最好策略。

规律2：波段式拉升

这种拉升方式多发生在大盘股和中盘股中，在盘面中表现出十分稳健的姿态，比较容易被投资者所接受，并达到推波助澜的目的，多数庄家乐意采用这种方法。采用这种方式拉升时，在股价加速爬升过程中由于拉升速度太快，短期累计获利盘也多，于是当股价拉升到一定高度时，获利盘蜂拥而出。庄家不得不释放这部分获利盘，股价回落再次进行洗盘换手，然后再进行下一波拉升。

大家知道，在一个大波浪之中有许多个小波浪组成，大浪套小浪，浪中有浪。这种手法通常在拉升过程中进行洗盘，尤其是在重要阻力区域，以小回或横盘震荡的整理走势来消化上方阻力，并完成散户由低成本向高成本换手的过程，尽量减轻上行时的压力。然后趁着利好消息或市场良好的氛围再将股价拉高一个波段，股价重心上了一个台阶。最后股价会打破这个规律，这时产生两种结果：一种结果是，形成向上突破，股价进入加速上扬阶段；另一种结果是，股价向下调整，结束波段式拉升行情。

波段式拉升呈盘旋形式上行，有一次盘旋、二次盘旋、三次盘旋，但很少见到有四次以上盘旋的例子。此外，从盘旋时间看有短盘旋、中盘旋、长盘旋，这一点投资者要多加注意。在日K线图上，有时也会出现“一字形”或“T字形”涨停，股价回落时阴阳交替，常有大阴线出现。在成交量方面，拉升时放量，回落时缩量。

这种拉升方式的庄家意图就是在拉升之中清理短线获利筹码，当短线散户看到股价滞涨回落时，就会卖出手中的股票。同时，一些先前没有买入且又长期看好该股的散户，在庄家展开调整时逢低买入。这样对庄家后市拉升，起到推波助澜的作用，而且庄家也随机应变，加入高抛低吸行列之中。

当然，这种拉升方式也反映出庄家的一些弱点。可能是庄家实力不够，控盘程度不高，支撑不住获利盘的抛压，因此只能选择在大势良好的情况下，采取循序渐进、稳扎稳打的方式推高股价。

图5-3，道氏技术（300409）：该股庄家在前期下跌过程中，成功吸纳了大量的低价筹码，然后向上突破短期下降趋势的压力，从2017年6月开始股价向上走强。庄家采用波段式拉升手法，通过盘旋的方式不断向上拉高，每完成一波拉升后，股价出现一定幅度回落整理。整理结束后，再次上拉。操作手法干净利落，K线走势脉络清晰，股价张弛有序，盘面如诗如画，股价涨幅也相当惊人，至截稿时股价依然运行于上涨通道之中。

由于这种方式的波浪起伏比较明显，运行规律容易掌握，高抛低吸比较容易。散户的最佳操作方法为：在股价出现放量冲高回落，收出长上影线的阴线、黄昏十字星、阴包容等K线时，可以考虑卖出；在股价经过充分整理后，出现明显的止跌信号时，

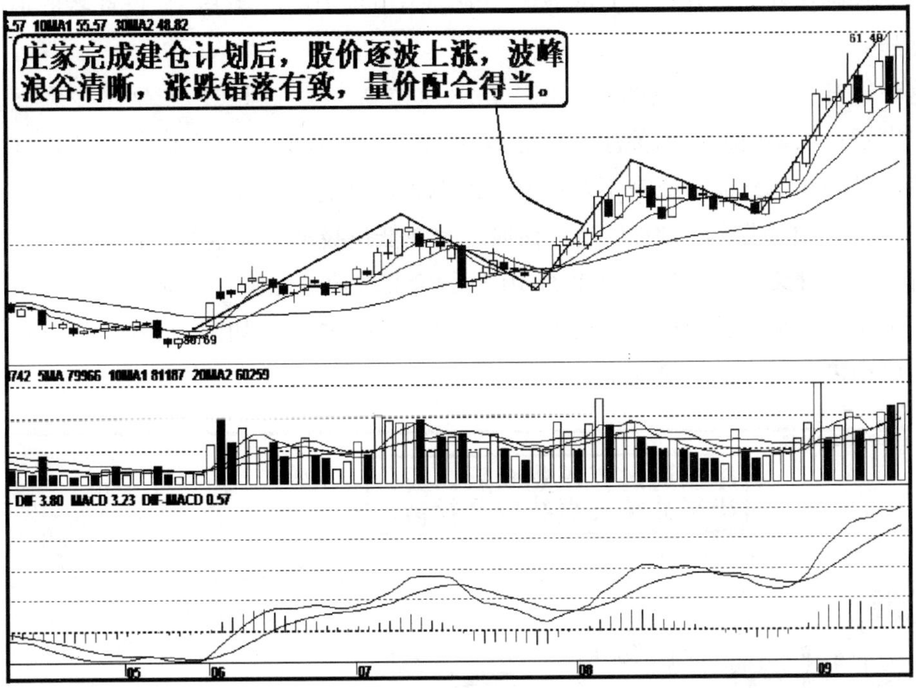

图 5－3

如放量大阳线、早晨十字星、阳包容线等 K 线形态时，可以考虑买入。

通常，后一个波浪的涨幅，等长于前一个波浪的涨幅，相差一般在 5% 以内，可以相互参考。据实盘经验，前面 3 波的浪形规律性较强，准确率较高，4 波以后的浪形其准确率较低，可能会出现变盘，应谨慎操作。通常一个完整的中级循环浪的涨幅在 30% 左右，所需时间在 40 日左右，但不同风格的庄家，不同类型的个股，其拉高幅度和所需时间也不相同。需要说明的是，这里的波浪浪形不是艾略特波浪理论中的浪形，而是自然的循环浪，两者应严加区别。

规律 3：直线式拉升

采用这种方式拉升的庄家，一般资金实力比较雄厚。在低位收集了大量的低价筹码，达到了高度控盘，操作手法极其凶狠。庄家并不在乎剩余筹码的威胁，股价一旦上涨其势如破竹，任何压力位都阻止不上股价的上涨势头。这样既可以节省资金，缩短拉升时间，又可以向上打开上涨空间。

在日 K 线图上，常常连续拉出涨停大阳线，或连续出现“一字形”和“T 字形”K 线，且连续跳空高开留下短期不被回补的缺口，形成一波“井喷式”行情，有时经过短暂的洗盘整理后，出现梅开二度的“第二春”直升式行情。在拉升过程中，成交量也同步放大，但以跳空涨停形式出现时，成交量反而见小，这说明庄家高度控盘了。这种方式大多出现在小盘股或中盘股，通常具备投资价值或有特大的利好题材作为支持，市场基础良好。直升式拉升的股票一般都是市场中的“黑马”，投资者的追涨意识十分强烈。

这种拉升方式的庄家意图有三：一是急速拉高，一气呵成，产生坐庄利润，在高位实施出货；二是引发市场关注，诱导跟风盘介入，帮助抬轿拉高；三是若有重大利好支持，可防止消息泄露或来不及拉升而影响坐庄利润。

图5-4，富煌钢构（002743）：该股庄家在低位吸纳了大量的低价筹码后，通过诱空式打压手法继续加仓，2017年8月10日股价突然放量涨停，形成“井喷”式飙升行情。庄家拉升手法极其凶悍，一气呵成，势如破竹，越过一切阻力，成交量快速放大，市场跟风积极，诱导散户追涨买入。

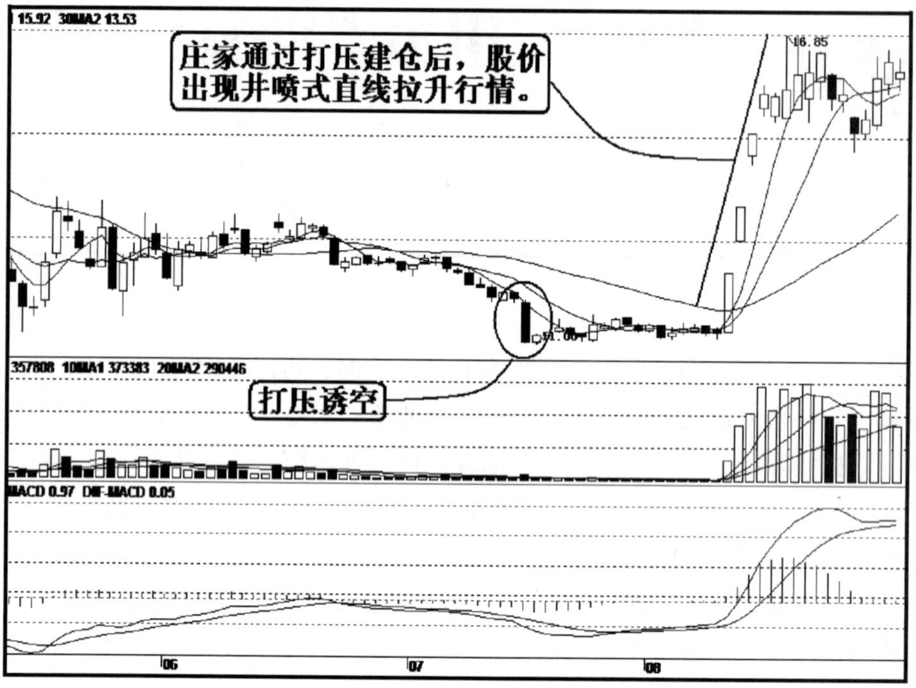

图5-4

对此，散户的最佳操作方法为：这类个股启动前有一个低迷期，成交量出现萎缩，此时应跟踪关注。当股价出现放量向上突破，或者以很小的成交量就能把股价拉到涨停且封盘不动，就应立即跟庄进入，这是最佳进场时机。如果此时没有发现或没有来得及介入，而接着股价一开盘就涨停，根本无法买进时，也不必着急。这种拉升方式，由于速度快、涨幅大，庄家很难在高位一次性完成出货任务。通常股价有一个短暂的回落整理过程，或在高位维持平台整理走势，然后展开第二波拉升。若是回落整理，可以在股价回落到5日均线与10日均线之间买入；若是平台整理，可以在平台放量向上突破时买入。

第二节　虚假的技术形态

意图20：单日大阴线

1. 高位大阴线

一般而言，股价经过一段时间的上涨行情后，如果在相对高位收出下跌大阴线，反映中短期涨幅过大，市场过度投机或炒作，股价有回落整理要求，同时也意味着庄家在高位有出货动作，从而形成大阴线卖出信号。但是，实盘中庄家经常利用大阴线制造技术手段，当散户纷纷卖出股票后，股价并未出现大幅下跌走势，经小幅回落后获得企稳而再度大幅走高，从而形成高位大阴线卖出意图。

图5－5，四川双马（000935）：该股庄家在长时间的底部震荡过程中，成功地吸纳了大量的低价筹码。2016年8月22日，股价以一字板涨停形成向上脱离底部区域，完成一轮拉升行情后，分别于9月23日和10月20日在高位拉出高开低走大阴线，这两根大阴线势头十分恐怖，成交量也出现明显放大，看似庄家要大肆出货。

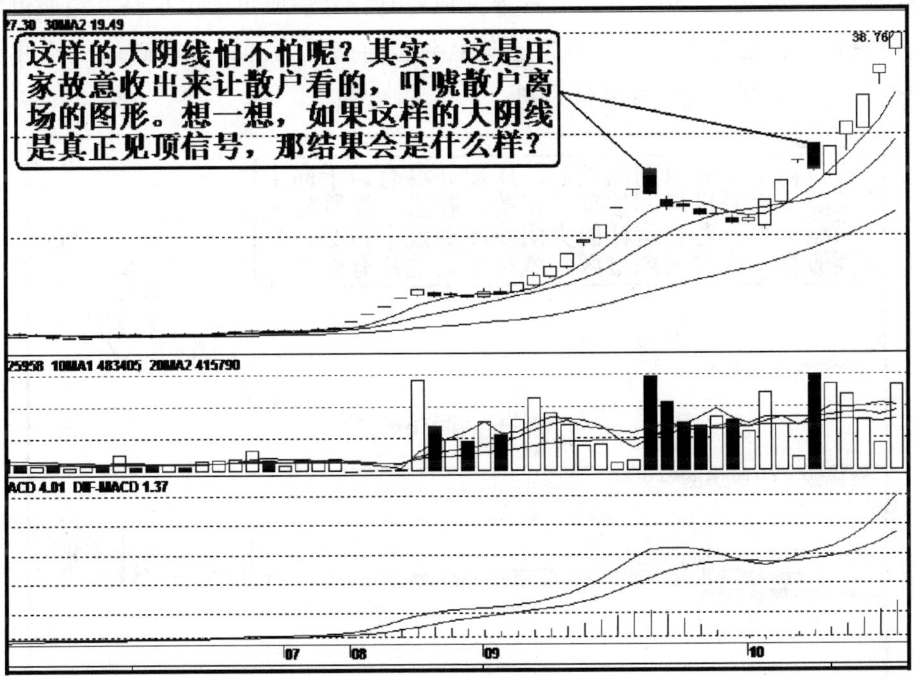

图5－5

从上涨幅度分析，股价累计已有200%以上的涨幅，庄家获利十分丰厚，在此位置散户自然会联想到庄家要出货。所以，对于这种盘面现象，就有不少散户判断为庄家出货信号，因而纷纷抛出筹码，落袋为安。可是，据此操作的散户，都中了庄家的诱空诡计，随后股价又开始大涨。

想一想，如果这样的大阴线是真正的见顶信号，那会是什么样的结果呢？庄家自己肯定会套牢。先分析第一根大阴线，这根大阴线一旦成为头部，那么就是一个倒V型形态，在这样的形态中庄家很难顺利出货，往往散户离场，庄家套牢。再分析第二根大阴线，这根大阴线一旦成为头部，那么与第一根大阴线遥相呼应，就构成一个标准的M顶形态，庄家也很难完成出货计划。而且，虽然阴线很长，并股价并没有下跌多少，因为都高开低走的大阴线，这与庄家的意图显然违背。可见，最笨的庄家也不会做出这样显而易见的顶部形态，让散户出逃而套牢自己的图形，所以这两根大阴线是拉升途中的洗盘走势，而不是真实的见顶信号。

2. 回抽大阴线

在实盘操作中，要特别注意股价向上突破之后的回抽大阴线，这时很容易出现误判。当股价向上突破某一个重要技术位置后，往往会出现向下回抽动作，盘中收出一根或多根下跌阴线，此时很容易误判为头部信号。其实，回抽是确认股价突破有效的一种盘面波动形态，也是一种反趋势的短暂现象，回抽结束后股价将重归上涨之路。所以，在回抽过程中出现的大阴线，不会形成持续下跌走势，投资者反倒是可以逢低介入。

图5－6，铁龙物流（600125）：庄家完成建仓计划后股价向上推高，当股价回升到前期高点附近时，稍做休整后一举放量向上突破前高阻力区，但突破后股价并没有出现持续性上涨，而是出现回抽确认走势。

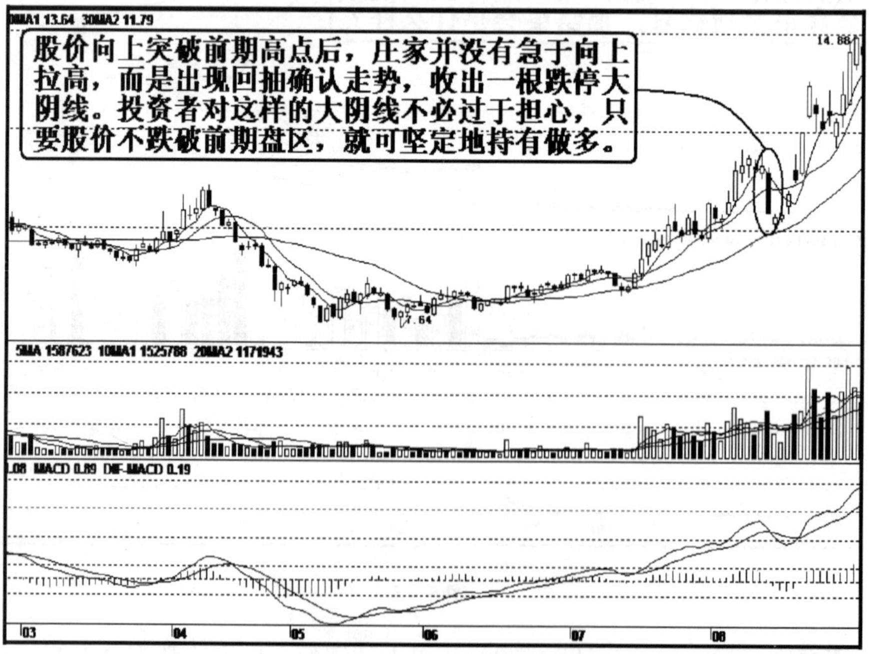

图5－6

2017年8月11日，股价向下回落收出一根跌停大阴线，对股价突破进行回抽确认。当股价回调到前期盘区附近时，获得了技术支撑而回升，说明股价向上突破有效，后市短期继续看涨。但是，有的投资者看到这根下跌阴线后害怕了，以为股价见顶下跌而选择抛空操作，结果因股价上涨而踏空。

那么，如何解读这根大阴线呢？投资者应如何操作？

（1）股价向上突破前期高点后，由原先的压力变为现在的支撑，大阴线回落时得到该位置的支撑。

（2）随后股价企稳回升，说明股价向上突破有效，回抽确认成功，股价再次上涨。

（3）股价没有出现持续性下跌走势，得到30日均线的有力支撑而再次走强。

（4）成交量明显放大，说明多头资金开始活跃。

在实盘操作中，通常成为股价突破的技术位置，有均线、趋势线（通道线）、技术形态、整数点位、黄金分割位或成交密集区域等。这些都是非常敏感的位置，股价突破后大多会出现回抽确认过程。因此，投资者遇到这类个股时，不要对大阴线产生怀疑。在技术没有遭到破坏之前，应以回抽确认对待为好，一旦技术走坏则应及时止损出局。

3. 假大阴线

在拉高过程中，也经常出现假大阴线情况。股价大幅跳空高开后，在卖盘的抛压下，股价渐渐向下滑落，最终在最低点或次低点收盘，从而形成一根大阴线。但当天股价不一定是下跌的，有时股价甚至是上涨的，所以将这根K线称为假大阴线。由于这种大阴线是股价大幅高开所致，所以其可信度要次于标准的大阴线，属于次要的看跌信号，但洗盘效果非常好。因此庄家经常运用这种手法做盘，设下空头陷阱，使很多散户上当受骗。比如，在股价上涨中途，庄家为了达到洗盘换手的目的，但又不敢将股价大幅压低，以免造成筹码丢失，不得已时特意将股价大幅高开，形成一根长长的大阴线。它如同一把达摩利克斯之剑悬挂在市场的顶端，随时有向下滑落的可能，从而形成上涨中的诱空陷阱。

图5-7，盛和资源（600392）：庄家完成建仓计划后，拉高股价脱离底部区域，2017年7月13日股价大幅跳空高开，当天股价在盘中缓缓向下滑落，最终在次低点收盘，产生一根大阴线，从而构成一个“倾盆大雨”K线组合形态。

这根大阴线看起来非常恐怖，预示后市股价走势不妙，有的投资者因此逢高选择离场操作，然而这恰恰上了庄家洗盘的当。随后，股价只是小幅向下调整，调整结束后股价出现主升浪行情。

不可否认，仅单根大阴线而言具有强烈的看跌意义，但如果与前面的K线结合起来分析，看跌意义就不那么明显了，因为股价短期的快速上涨后，本身需要一次调整走势。而且，图表上虽是一根大阴线，但当天股价实际上是微幅上涨的，没有对股价形态和趋势造成破坏，也就是说股价仍然处于强势格局之中。这就是庄家利用高开低

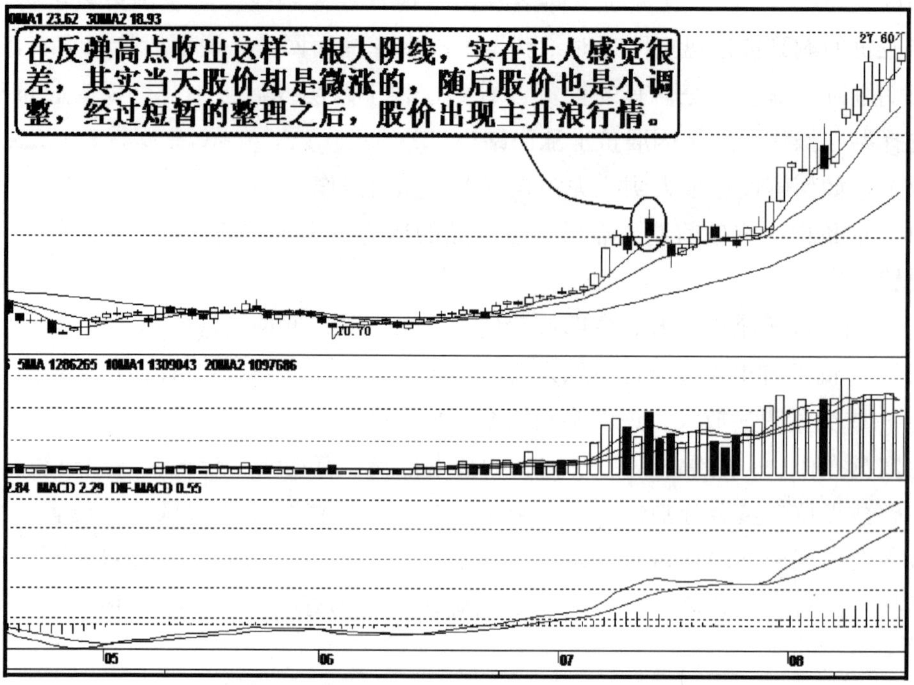

图 5－7

走的方式，故意收出大阴线，制造诱空动作，其坐庄意图不攻自破。

投资者在实盘中遇到这种 K 线图形时，应关注随后的市场表现，如果在假大阴线出现后的几个交易日里股价持续下跌，并继续收出下跌大阴线，则后市出现下跌的可能性大，如果随后几个交易日里股价只是小跌或止跌，甚至收出止跌性上涨阳线，那么这根假大阴线就是空头陷阱，应大胆持股。

意图 21：假 K 线组合

1. 假乌云盖顶

股价经过一段时间的上涨行情后，在相对高位拉出一根加速上涨的大阳线。接着第二天市场借势高开，但略作冲高后，坚守不住市场抛压，股价向下滑落到第一天的大阳线实体之内且吞没了大半条阳线，形成乌云盖顶形态，此为卖出信号。投资者据此纷纷抛售股票离场，等待股价的深幅回调。可是，乌云盖顶形态产生后不久经过短暂的整理后，股价重拾升势，形成乌云盖顶形态陷阱。常见的有反弹高点乌云盖顶、上涨过程中的乌云盖顶、洗盘或试盘中的乌云盖顶和突破前的乌云盖顶等形态。

图 5－8，通策医疗（600763）：该股经过长时间的下跌调整后，在低位出现横向盘整走势，2017 年 10 月 10 日股价放量突破箱体形态，当日股价强势涨停，可是第二天股价高开低走，收出一根大阴线，形成“乌云盖顶”形态。

这个形态对股价上涨十分不利，且股价又遇到前期成交密集区域压制，因而后市发展难以乐观，卖出信号更加强烈。可是，股价经过短暂的整理后，在10月24日再次形成突破走势，从此进入中期上涨行情。

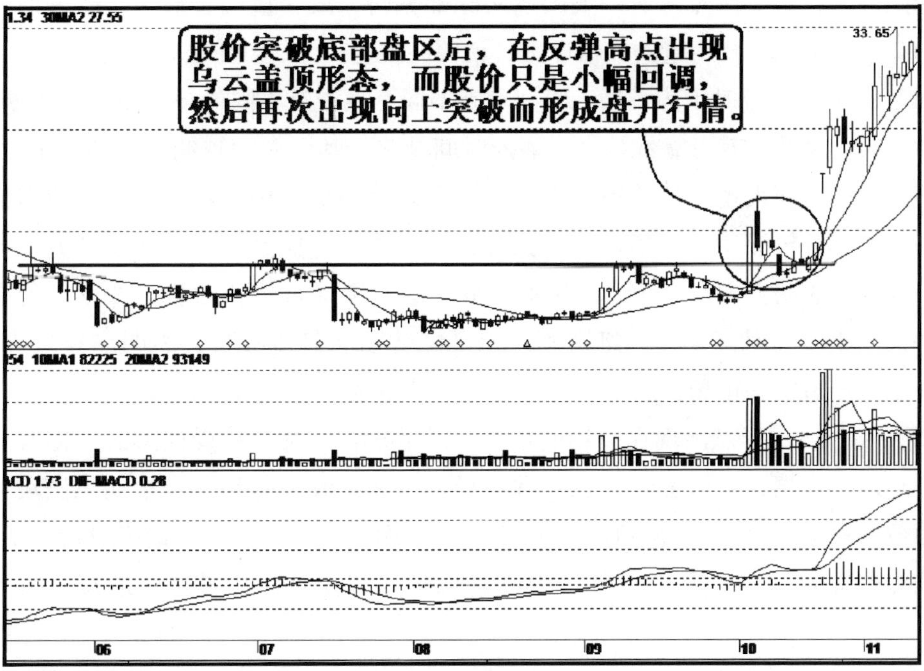

图5-8

在实盘操作中，有时庄家采用边拉边洗的方式将股价稳步推高，这时候乌云盖顶形态经常出现。利用乌云盖顶形态制造空头陷阱，既可以达到洗盘的目的，又不会对大趋势造成破坏，坐庄效果非常好。

该股庄家利用乌云盖顶形态，成功制造了一个空头陷阱。从技术图表分析，不难发现空头陷阱的一些蛛丝马迹：

（1）在见底反弹时，成交量出现温和放大，量价配合默契，反映做多动能悄然而成。但在调整过程中成交量大幅萎缩，说明浮动筹码渐渐减少，庄家已经控制了整个盘面。

（2）股价成功向上突破底部箱体整理，摆脱底部震荡闷局，而乌云盖顶形态正是对突破后的一次回抽确认过程。

（3）股价成功站于均线系统之上，均线系统向多头发散，30日均线有力地支撑股价上行。由此可见，该股技术面已由弱势转为强势，又得到基本面的支持，此时出现乌云盖顶形态属于庄家正常的洗盘换手过程。

实盘操作策略，当乌云盖顶形态形成后，如果出现一根长长的阳线实体，而且其收盘价超过了乌云盖顶形态的最高价，或者股价直接开盘涨停，突破乌云盖顶形态

（该股就是如此），那么这可能预示着新一轮上冲行情的到来，可以积极买入。

在实盘操作中，判断乌云盖顶形态的真假时，可参考下列技术要点。

（1）一般情况下股价下跌无须成交量的配合。但乌云盖顶形态如果有成交量方面的积极配合，在向下深入到前一天阳线实际部分时，成交量同步放大，超过前一日成交量的2/3以上或5日均量的一倍以上，说明高位抛压大，其形态的可靠性会增强。

（2）分析当日分时走势，插入时间早晚不同，也会有不同的分析意义和判断结果。通常插入时间越早，其可靠性越高；插入时间越晚，其可靠性越低。特别是尾盘打压，都是不正常的盘面表现，其欺骗性更大。在乌云盖顶形态中，若开盘后很快即插入到阳线的实体部分较深，表明第一天的拉升为假动作，为庄家出货而刻意拉升。若在中盘时段插入，表明上方压力较大，庄家放弃上攻，上涨行情暂时告一段落。若在尾盘几分钟甚至更短的时间里，以迅雷不及掩耳之势偷袭打压股价，表明庄家故弄玄虚，虚晃一枪，制造空头市场，后市还将有续升行情出现。

（3）乌云盖顶形态出现在市场的顶部，是散户普遍可以接受的形态。但有时出现在水平整理的末端，其形态效果也非常明显。比如，股价遇到一个短期无法攻克的重要阻力位，庄家一时又无耐心消化这个阻力位，而主动选择放弃，最终股价向下滑落，其杀伤力也是可怕的。散户不要以为不是市场顶端，而轻视了这个形态，结果吃了大亏。

（4）看股价所处的位置。股价较高的，涨幅较大的。特别是主升浪行情之后出现的乌云盖顶形态，其可靠性远远比底部出现的信号要高得多，应适时逢高减仓或出局观望为宜。尤其是那些上涨超过一倍或几倍的股票，市场本身累积了巨大的风险。或者，在乌云盖顶形态出现之前，股价有过加速上涨走势的，风险都很大。

（5）有经验的投资者还可以观察一些盘面细节。在乌云盖顶形态出现之前，股价加速拉升过程中经常会在委买处挂出大手笔买单，但真正成交的却很少，这是庄家引诱散户接盘的假象。在形态出现的当天，盘中出现了大量的主动性抛盘，且在股价下跌过程中在买二或买三的位置不断有大手笔的买单挂出，但股价却步步走低。当股价下跌几个价位后，这些大买单又会在下面的价位上重新挂出，如此反复多次，庄家的筹码也所剩无几了。当形态出现后，在委买价位就没有大买单了，只是出现一些零散小单，且盘面上出现大量的主动性抛单。根据这些盘面细节变化，可以确定乌云盖顶形态的可信度。

（6）乌云盖顶形态产生后，结合技术指标、形态、趋势和波浪等因素综合分析，进行相互验证统一。比如技术指标有无出现死叉、顶背离现象，股价是否向下突破一个重要技术形态，如下降三角形、上升楔形、头肩顶等，以及乌云盖顶形态是否出现在第5浪上升的后期。若出现这些因素，乌云盖顶形态的可靠性比较高，应及时离场观望。

2. 假阴包容线

股价经过连续一段时间的攀升行情后，在相对高位一根大阴线飞流直下，包容了前面的一根或数根上涨阳线，或者包容了一根或多根小阴小阳线，或者包容了数根十字线。通常这些形态出现后，往往是一个见顶信号，投资者以卖出操作为主。但是在实盘操作中，并不像投资者预期的那样悲观，股价没有下跌多少就止跌回升，且形成强劲的上涨行情，因此就成了顶部阴包容线陷阱。在 A 股市场中出现这类陷阱的概率比较多，投资者应谨慎操作。

图 5－9，方大炭素（600516）：该股庄家成功构筑底部后，股价渐渐脱离底部区域，并出现加速上涨势头。2017 年 7 月 13 日，股价高开低走收出一根大阴线，这根大阴线穿头破脚，完全吞没了前一天的中阳线，一个标准的阴包容线形态泯灭了前一天的上涨势头，不少投资者见此形态而纷纷抛售离场。

可是，股价并没有出现明显的回调，第二天股价就企稳回升，再次步入强势上涨行情，从而成为阴包容 K 线组合陷阱。

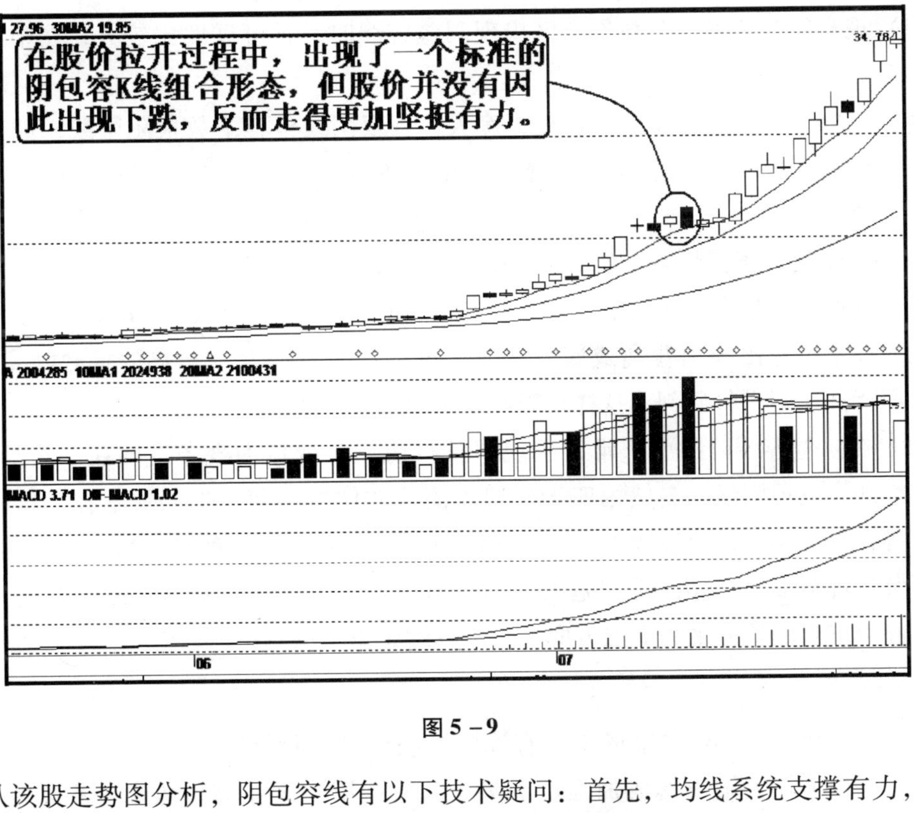

图 5－9

从该股走势图分析，阴包容线有以下技术疑问：首先，均线系统支撑有力，30 日均线有力地支撑股价持续上行。其次，盘面走势稳健，股价涨跌有序，回调恰到好处。第三，在阴包容线形态产生之后，股价并没有出现持续下跌走势，这就更加怀疑该形态的真实性。由此可见，虽然该股出现了一个阴包容线形态，但并未对整个形态造成破坏，属于庄家正常的上升换挡过程。

在实盘操作中，判断阴包容形态的真假时，可参考下列技术要点。

（1）观察形态产生时间的早晚。通常插入时间越早，其可靠性越高，插入时间越晚，其可靠性越低。特别是尾盘打压或拉升，都是不正常的盘面表现，其欺骗性更大。

在盘面细节上，开盘后很快就插入到第一天K线的实体部分较深，表明第一天的K线为假动作所为，为庄家刻意行为。若在中盘时段插入，表明上方压力较大，庄家放弃上攻，上涨行情暂时告一段落。若在尾盘几分钟甚至更短的时间里，以迅雷不及掩耳之势打压股价，表明庄家故弄玄虚，虚晃一枪，制造空头市场，后市还将有续升行情出现。

（2）分析次日走势。包容线只有两根K线组合而成，但仅凭两根K线组合情况分析判断后市，断然以此作为买卖依据，未免有点主观牵强性。因此建议投资者观察次日（或多日）的走势状况，如果次日股价在前一日收盘价附近盘稳或继续朝着包容方向纵深发展，则形态信号的可靠性较高。如果次日股价反向回到包容线以内较深位置运行，或反而重新包容前一日的K线，则构成新的包容，说明对方力量十分强大，先前的形态属于庄家刻意所为，具有欺骗的性质。

（3）观察股价位置。在高价位区出现阴包容线时，其可靠性比较大，在中、低价位区出现阴包容线时，其可靠性比较差。

（4）观察力度大小。如果包容线力度大，一根阴线包容了数根阴阳线，如同一把“屠刀”，切断了各种中、短线的支撑，其信号的可靠性高，否则可靠性低，为疑似信号。

（5）观察技术指标状态。如KDJ、RSI、W%R等在超买超卖区域出现严重钝化或钝化时间较长，则包容线的可靠性高，反之可靠性低。再如MACD、RSI、KDJ等有背离功能的技术指标出现顶背离或底背离时，也是判断行情发展趋势的重要技术指标。可以根据背离法则进行研判，这样可以克服K线的某些盲点。

（6）在阴包容线陷阱中，常常出现“反打前三”的盘面现象，即在多头趋势中，前面连续涨了三根阳线，突然第四天一根大阴线实体把前面三根阳线吃掉。盘面上的这种形势，具有相当的威慑效果。尤其在散户对股价的运行仍存有相当大疑虑的时候，大部分散户都会极度恐惧，纷纷抛出筹码退出市场。当这些没有信心的散户离开市场之后，股价却仍然朝原来的上涨方向前进，连续走出上涨行情。

3. 假黄昏之星

在实盘操作中，黄昏之星形态也有许多虚假信号。股价经过较长时间的持续上涨行情后，一根上涨大阳线形成加强上涨势头，但在第二天在高位收出一根十字星线，股价上涨势头遇到一定的扼制。第三天一根大阴线从上而下，股价的上涨势头被彻底扭转，一个看跌的黄昏之星形态油然而生。投资者见此图形而纷纷抛售手中的股票。可是，随后的股价走势并没有出现预期的下跌行情，股价只是小幅回落或经短暂的横向整理后，股价重返升势，甚至走出主升浪行情，否定了这个具有强烈看跌意义的黄昏之星形态，从而形成一个空头陷阱。

图 5 - 10，创业环保（600874）：股价经过长时间的下跌调整后，庄家顺利完成建仓计划，然后股价快速向上脱离底部区域。短期股价涨幅较大，这时股价开始回调，2017 年 4 月中旬股价在高位形成一个看跌黄昏之星形态。

那么这个黄昏之星形态是不是见顶信号呢?

初看起来很有可能，特别是调整阴线伴随着巨大的成交量，这通常都是庄家出货的表现，而且短期股价也已经有不小的涨幅，所以被许多人理解为看跌形态。可是，在黄昏之星形态产生之后的几天里，股价并没有出现持续的下跌走势，黄昏之星形态受到质疑。经过短暂的回调整理后，股价再次出现快速上涨行情，黄昏之星形态成为一个洗盘整理形态。

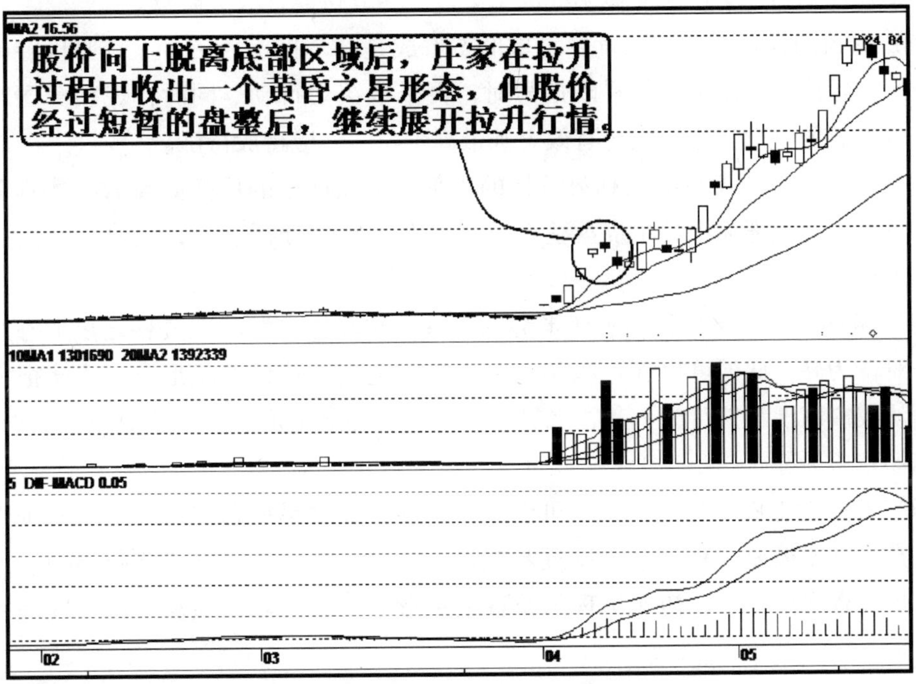

图 5 - 10

在实盘操作中，判断黄昏之星形态的真假时，可参考下列技术要点。

（1）认真分析行情性质。通常在由散户主导的行情、庄家自救的行情之中，黄昏之星形态要高度警惕，随时有可能出现下跌走势。当然，如果有足够的理由证明庄家在洗盘换手，可以不必理会其形态，甚至可以采用反技术操作。

（2）看黄昏之星形态出现的位置。形态发生在高位，股价累计涨幅比较大，可能是真正的见顶形态。形态发生在低位，股价涨幅不大的，属于正常回档整理的可能性较大，后市仍有上涨潜力。一般而言，在长期的熊市末期，股价从高位下行跌幅超过 50%，若出现黄昏之星形态时，其可靠性较差。同样股价从底部开始，经过充分炒作后上涨幅度达到一倍甚至两三倍以上的，若出现黄昏之星形态时，其可靠性较高。对于回调洗盘的认识，一般正常的洗盘幅度在20%左右，超过这个幅度时，其形态值得分析。对于反弹行情的认识，虽然反弹幅度有时难以预测，但可以运用阻力位、黄金分割线、成交密集区域等进行判断。若在这些区域附近出现黄昏之星形态，其信号的可靠性较高。

（3）如果形态中的上影线较长，并伴随较大的成交量，应采取减仓观望的保护性措施。

（4）股价远离均线、乖离率偏大时，市场存在回调的要求。此时如果出现黄昏之星形态，其准确率较高。

（5）黄昏之星形态产生后，第四天继续拉出阴线，其可靠性更高。如果第四天股价盘中反弹时，超过第三天实体阴线的1/2以上，其可靠性大大降低。

（6）谨慎的投资者可以把黄昏之星形态看成是一个提示性信号。待股价突破上升趋势线、技术形态或出现其他看跌信号时，再采取买卖行动。同时，观察黄昏之星形态最高价附近的盘面反应，股价有效突破最高价位时，应持股待涨。

（7）黄昏之星形态只有在趋势行情的顶部、下跌途中的反弹高点时，才具有测市判势的意义。在上涨途中，牛皮盘整市里，则无实质性分析意义，应改用其他技术分析方法进行研判。

（8）黄昏之星形态与回抽确认走势的关系。在涨势初期出现黄昏之星形态，以庄家建仓对待为好，此处可以逢低吸纳，在涨势中途出现黄昏之星形态，不妨把它当成回抽确认或震荡洗盘对待为上。在涨势末期出现黄昏之星形态，不管成交量是否放大，以先离场观望为好。

（9）在一轮上涨趋势行情中，可能多次出现黄昏之星形态。初次出现的黄昏之星形态，其可信度最差，其后准确率逐步提高。反之，在一轮下跌趋势行情中，也可能多次出现黄昏之星形态。初次出现的黄昏之星形态，其可靠性最高，其后准确率逐步降低。

（10）将黄昏之星形态与阻力位结合一起进行分析。如果股价上涨遇到重要阻力位，如趋势线、技术形态、一个浪形的转折点、黄金分割线、成交密集区域和整数关口等，若在这些区域附近出现黄昏之星形态，其信号的可靠性较高。或者说，处在阻力位之下的黄昏之星形态，看跌效力更加强烈。

4. 假三只乌鸦

股价经过一波较大的上涨行情后，多方力量得到较好的发挥。同时又遇到上行压力，股价停止了原来的上涨趋势，盘面形成震荡调整走势。不久，三根持续向下的阴线形成了三只乌鸦形态，彻底动摇了多方的信心。技术形态呈现空头趋势，预示股价将要出现深跌，因此是一个较好的卖出时机。

可是在实盘操作中，投资者根据这个技术形态卖出股票后，股价并没有出现预期的下跌行情。仅仅是小幅的技术性回探，很快结束调整走势，市场出现新一轮上升行情，令出局者唏嘘不已。

出现这种盘面现象的主要原因有：①正常的庄家洗盘行为；②遇到技术压力需要消化；③庄家故意向下试盘行为；④股价未到庄家目标价位；⑤有时庄家坐庄手法失误，造成一时筹码松动，庄家不得不重新锁定筹码，这时也有可能出现技术陷阱。

图5－11，雅戈尔（600177）：股价经过长期的盘跌后渐渐见底回升，股价经过一波小幅反弹后，在高位出现一个“三只乌鸦”形态。不少投资者看到这个形态后，就产生恐惧心理，认为股价又要下跌了，于是就抛出了股票。可是，随后股价走势否定了散户的这个判断。经过短暂的整理后，股价再次出现上涨行情，“三只乌鸦”形态成为一个空头陷阱。

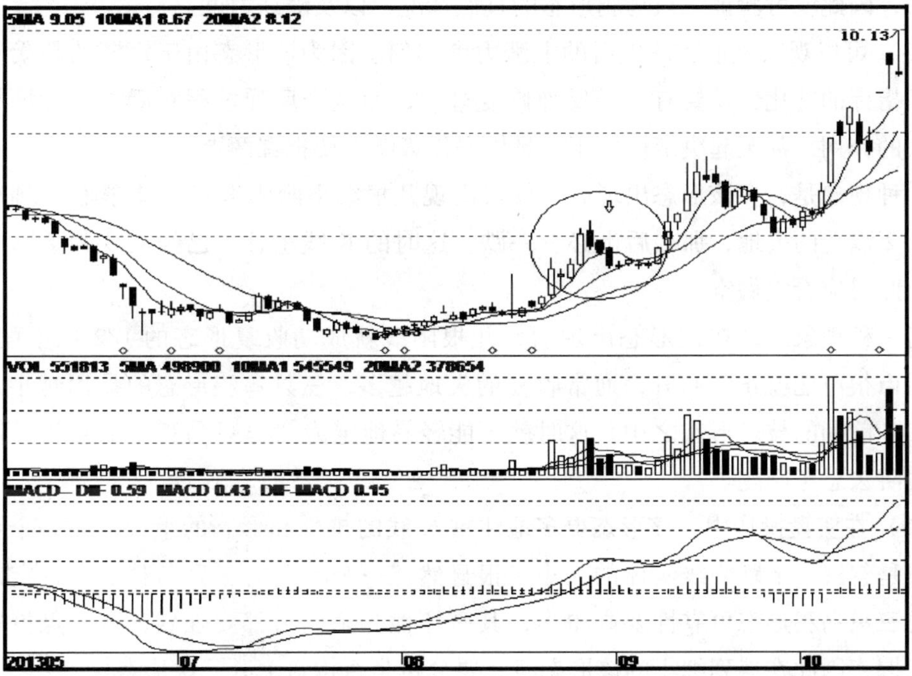

图5－11

对于这类个股，投资者可以从以下几个方面进行分析。

（1）关注形态出现的位置，在股价涨幅较大的高位，出现这种形态时可以不考虑后市走势如何，先行离场保住胜利的果实是上策。在股价盘整的突破走势，可以与均线、技术指标以及技术形态、趋势等结合起来进行分析。如果该形态得到空方技术趋势的支持，则下跌的可靠性比较大。如果该形态与多方的技术趋势相反，则有可能回归到多方技术发展方面之中，这时的三只乌鸦形态就演变为空头陷阱。

（2）在三只乌鸦形态产生过程中，成交量必须出现明显的萎缩。而且这个过程中股价的回落幅度不能太大，盘中也不能出现过多的主动性抛盘。

（3）在三只乌鸦形态产生过程中，经常会出现大单挂在卖三或卖四位置，但是在股价回落到一定程度之后，这些大单又不见了。这里的大单，明显是庄家故意挂在上面压制股价上涨。投资者可以想象得到，如果庄家真想出货的话，那么就不可能会在上面挂大卖单了。因为这样做的话，就等于直接告诉投资者庄家在出货，最笨的庄家也不会这么做。

（4）分析三只乌鸦形态形成后的技术意义，是否成功击穿均线的支撑。通常股价回落到30日均线附近时，将会遇到强大的支撑而回升。在这个过程中，买盘明显要比之前强劲，随后股价就会直接向上突破5日或10日均线的压力。同时，观察股价是否脱离一个技术形态，如：三角形、箱形、楔形等，或脱离一个长期形成的盘区，如前期成交密集区域、整数点位、黄金分割位等。这时技术因素对三只乌鸦形态的验证十分有效，因此就可验证三只乌鸦形态的真假情况，以及涨跌力度。

（5）可以观察该形态产生后的上涨力度如何。因为该形态由于短期的超卖行为导致技术指标的钝化，需要有一个反弹修复过程，而这个反弹过程对后市的发展趋势起到很大的作用，甚至起决定性作用。具体操作策略上要把握两点：

一种现象是，在该形态出现后，仅仅出现几根细小阴阳K线，未能收复到形态的至少1/2以上的失地，那么后市必有一跌，这时的K线组合，已经演变为下跌三法形态了，此时应看空做空。

另一种现象是，在该形态出现后，几根阳线就成功收复形态的1/2以上的失地，那么后市很可能就止跌回升，通常收复的失地越多，三只乌鸦形态的作用越小，股价重新回到前期的技术形态之中，这时就不能轻易地定为“三只乌鸦”的结论，而应从空头陷阱去思考问题。

（6）在实盘操作中，该形态更多地注重K线的排列和形态的组合，而一个重要的缺陷就是忽视了下跌阴线实体的大小。很显然，一个粗大的三只乌鸦形态肯定比一个细小的三只乌鸦形态可靠性要高得多，其破坏性和杀伤力都要强烈，这一点投资者一定要把握，因此在遇到细小的该形态时，要分析是否构筑上升三法形态。

（7）在实盘操作中，该形态出现时往往短期股价已经有一定的跌幅。此时如果跟风杀跌，可能会卖在短期低点位置，不妨等待回抽反弹时逢高出局。可见，三只乌鸦形态理想的卖出时机不是形态形成时立即卖出，而是等待回抽反弹确认有效后再度下跌时卖出，这样可以减少损失。

意图22：假技术形态

1. 假倒V形顶形态

倒V形顶是非常猛烈的顶部反转信号，标志着原来的多方突然翻空，使整个形态发生突变。仅此而言，倒V形顶其实本身就是一个巨大的陷阱。因此，研究倒V形顶的技术陷阱就是分析其形态的失败。

图 5－12，中国武夷（000797）：庄家吸足筹码后股价逐步脱离底部，连续几天出现快速拉升走势，然后股价快速回落形成倒 V 形形态，预示股价涨势已经结束，构成卖出信号。可是，股价经过小幅调整后，遇到强大的均线系统支撑而止跌上涨，接着出现短期飙升行情，从而形成倒 V 形顶陷阱。

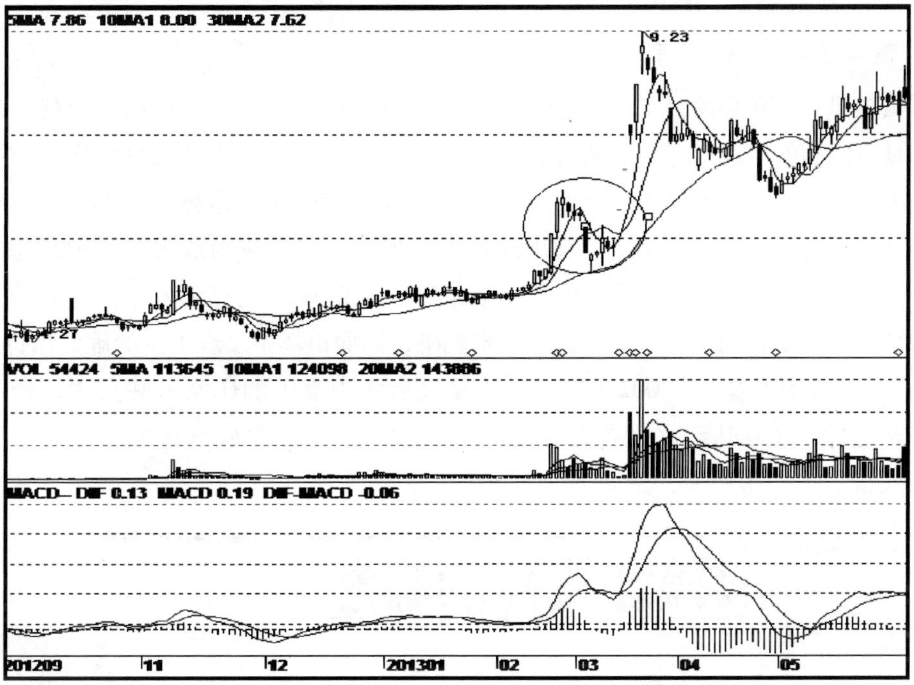

图 5－12

那么，从该股的这个倒 V 形形态中，我们能看出什么问题呢？

（1）该股虽然出现几天的快速上涨行情，但总体上涨幅度不大。如果行情就此了结，庄家获利并不大。从坐庄成本角度分析，庄家就此结束行情的可能性非常小，反而说明这是庄家借用技术形态进行洗盘整理。

（2）一般而言，倒 V 形成为中级顶部需要在下跌过程中有成交量的放大配合。因为倒 V 形顶意味着原来的多方突然翻空，不惜一切地逃命，成交量放大是发生这种情况的验证信号。如果没有成交量的配合，倒 V 形往往只是短期顶部形态，经过调整后股价仍然走高。该股在回落时成交量明显萎缩，表明庄家没有大规模抛售筹码，筹码仍然处于庄家掌控之中，抛出的只是一些低位介入的散户，因此下跌动能不足。

（3）股价下跌时遇到均线的支撑，不断上移的 30 日均线有力地支撑着股价进一步走高，而且股价下跌时也遇到前期高点的有力支撑。前期高点的阻力已成功转化为支撑，阻止了股价的继续下跌，因此股价下跌只是技术性回调而已。

可见，在判断倒 V 形顶的真假时，要看价、看量、看位置、看均线。在此，不妨真诚地告诉大家一条经验，如果股价成功站上30日均线后，且这条均线是上行趋势的，当股价第一次回落到30日均线附近时，几乎有90%以上的概率会出现强势反弹。当股价第二次回落到30日均线附近时，通常也有小幅反弹行情出现。当股价第三次回落到30日均线附近时，这时就很难说了，要结合其他技术综合分析，当然最好的方法是此时不参与。因此投资者遇到这种走势时，应当在支撑位附近大胆做多操作，保守估计也会有一段反弹行情。

2. 假双重顶形态

双重顶是一个重要的顶部反转形态，预示上涨行情已告结束，后市股价将出现下跌行情，具有强烈的看跌意义。因此可以根据双重顶形态的买卖法则及时卖出做空，等待股价的下跌。但在实盘操作中，双重顶不一定完全出现在原始趋势的顶部区域。有时候在市场上涨行情的整理过程中，也会出现双重顶形态，因而成为双重顶失败形态。也就是说，双重顶形态形成之后，后市股价出现继续上涨的情况也经常发生。这就给判市测势增加了不少难度，加之庄家故意设下技术陷阱，因而市场中出现不少的虚假信息。

图5－13，雅化集团（002497）：股价见底后实力强大的庄家入驻其中，经过充分的震荡筑底后，庄家达到高度控盘程度，然后股价悄然脱离底部区域。经过一波上涨行情后股价出现回落调整，然后继续上攻。

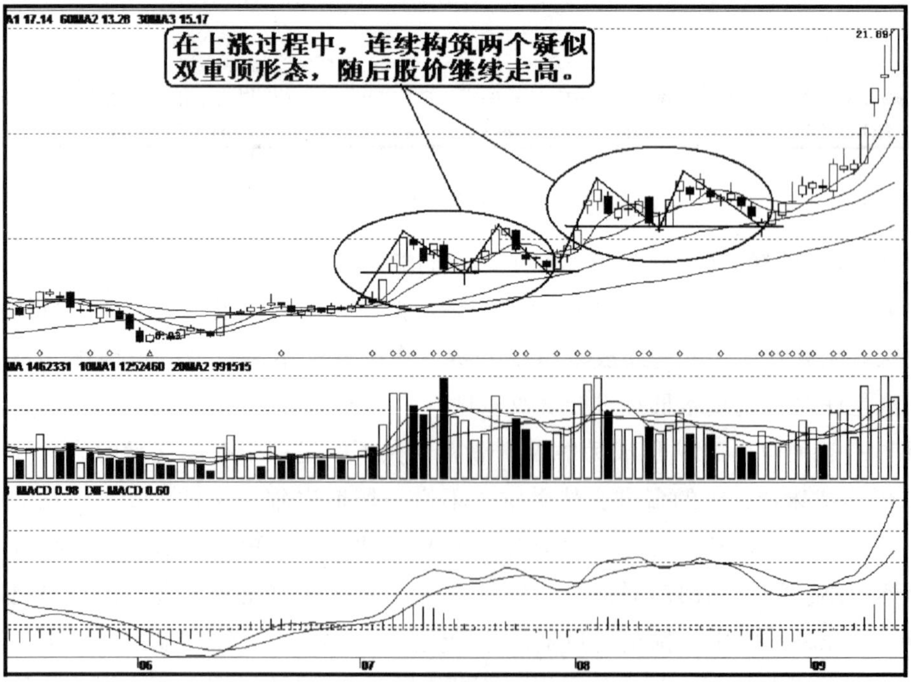

图5－13

2017年7月，当股价突破前期高点后，并没有形成持续拉升行情，而是在高位出现震荡走势，几起几落，K线图形成了两个疑似双重顶形态，通常这是一个短线卖出信号。谁知，这是一个假的双重顶形态，股价小幅回落后在30日均线附近获得企稳，并展开新一轮放量上涨行情，从而形成双重顶失败形态，使不少散户上当受骗。

该股是一个典型的双重顶失败形态。从表面上观察，确实像双重顶形态，两个顶部很对称，时间跨度也适中，很标准的一个双重顶形态。

那么为什么说会失败了呢？有经验的投资者早已看出，该双重顶形态并没有成功构成，股价向下突破颈线时遇到强大支撑而回升。其实，确切地说这只是一个双重顶的雏形。这个雏形能否成为现实，最终要看能否有效突破。事实说明结果没有成功突破，其原因有四。

一是得到双重顶中间回落低点的支撑，即颈线附近的支撑。股价到达此位置时，买盘逐渐增加，将股价逐步推高。

二是得到前期成交密集区域的支撑。该股的颈线恰好是前期成交密集区域的上边线，此处已由原来的压力转化为新的支撑，对股价起到较强的技术支撑作用。

三是得到30日均线的有力支撑。股价回落时恰巧遇到30日均线，不断上移的30日均线支持股价进一步走高，一时对股价不会构成威胁。

四是股价调整时成交量大幅萎缩，做空动能不足，表明庄家没有出货机会。

由此可见，该股双重顶不能成立。投资者在实盘操作中，就不要提前下结论。该股的“第二卖点”和“第三卖点”均未出现，因而不必为之惊慌。在“第一卖点”即前期顶部附近卖出的投资者，倒是可以在股价重回双重顶时再次适量买入。

在实盘操作中，遇到双重顶形态时应掌握以下技术要点。

（1）一些有经验的投资者，在双重顶形成之前就采取了必要的减仓措施，取得了很好的成效。具体做法是：

第一，假如第一个顶点出现后股价下跌幅度较深，其后股价再次上涨到第一个顶点附近时，而当时成交量与前期相比明显减少。这就要怀疑它有可能构成双重顶，此时应卖出一部分筹码，而不要等到双重顶形成时采取行动。

第二，假如第一个顶点出现后，股价跌到一个相当幅度的低点时，突然发现第一个顶点的图形，似乎有构成圆顶的迹象。但这个圆顶尚未完成向下突破，而在这个圆顶形态中的成交量却呈现着不规则的变动，其后股价再度上升到第一个顶点附近时，也可暂时怀疑它将构成双重顶的形态，而考虑将筹码卖出。

第三，如果股价形态同时符合上述两个条件时，则双重顶的构成将更加可能，此时应采取断然卖出的措施。

（2）双重顶的两个高点很多时并不一定在同一价格水平。如果第二个顶点的股价小于3%以内幅度是正常的现象，而第二个高点一般也较第一个高点高一些，则显示股价经过之前上涨后，市场仍有部分投资者看好后市，企图推高股价，可是高位遇强大阻力而回落。特别值得一提的是，当股价在第二次反弹，接近第一个高点价位时，不但没有停下来，反而以收盘价计算超过第一个高点达3%以上，慎防营造双重顶失败形态，此时宜考虑再度买进。

（3）双重顶由于构成所需时间较头肩顶短，套牢的浮动筹码亦较头肩顶形态少，因此并不一定完全出现在原始趋势的顶部。有时候市场涨升行情的整理过程中，亦会出现较小的双重顶形态。也就是说，头肩顶形态大多出现在行情的大涨之后顶部，但双重顶形态除了可以出现在行情的大涨之后的顶部外，在大涨或大跌行情的中途亦可能出现。

（4）双重顶的一边并不一定需具备为圆形顶，而圆形顶亦不一定要在第一个顶部出现。双重顶在构筑过程中，经常会出现圆顶的下跌。但对圆形顶出现在第一个顶点还是第二个顶点，则没有特别强调，也不影响预测结果。

（5）股价跌破颈线的当日，以决定性的3%以上的幅度向下跌破双重顶的颈线时，为强烈的卖出信号。有时，股价在跌破颈线时会有短暂的反弹，以收盘价为基准，只要不突破颈线达3日以上，可视为回抽，后市走势仍会下跌。因此，当股价回抽到颈线附近时，持股者应及时抓住最后的抛售机会。

（6）通常股价下跌不需要放量，但股价向下突破颈线的那几天时间里，若有较大的成交量出现，则突破信号更加强烈。当然，股价跌破双重顶颈线时，成交量不上升，也视为有效的卖盘信号。另外在双重顶形态中，第二高峰的成交量应比第一个低，才可反映买盘正减弱，疑似双重顶将要构成。

（7）关注支撑位的突破。股价上涨所形成的走势、形态等构成了股价总体上升走势，它反映了股价运动的趋势和方向。上升趋势是由K线、形态、均线、轨道线等构成的。这些图形或线条非常直观，一旦股价下跌破坏了原先上升轨迹，图形就会变得非常难看。通常股价下跌到某一成交密集区域或者关键位置时，股价将得到支撑而不再下跌或者抵抗下跌。如果股价脱离上升轨迹而下跌，并击穿那些应有支撑的位置时，就会产生破位的图形，后市将会看跌。

那么，股价在哪些地方应有支撑呢？庄家的持仓成本或者平均成本附近有支撑；股价原先突破一个较大的技术形态以后再回档时，这个形态的密集成交区域附近有支撑；股价10日、20日、30日均线有一定的支撑；庄家正在出货和出货没有完毕以前，在庄家预定的出货区域附近有支撑。此外，从未炒作过的股票，如果市场定位合理，在密集成交区域附近股价也有较强的支撑等。在大多数情况下，股价在底部区域震荡时是有一定支撑的。如果庄家需要击破包括技术派在内所有看好者的信心而进行凶狠洗盘时，各种形式的破位就是在所难免的。这时可以说股价几乎没有支撑的，庄家正是借此进行吸货、洗盘、整理。

常见的盘面现象有：①击穿均线；②击穿上升趋势、上升通道、上升角度、波浪趋势；③击穿颈线位、前期低点；④击穿重要技术形态；⑤击穿长期形成的平台；⑥股价脱离庄家持仓成本区、市场平均持仓成本区、密集成交区；⑦股价脱离庄家预定的出货区。

需要注意的是，在顶部区域庄家出货完毕以后，股价是没有支撑的。另外，在熊市中大部分情况下股价也是没有支撑的，仅个股控盘程度较高的强庄股有“支撑”。因此，当双重顶形态出现后，如果股价有效击穿一个重要的支撑时，做空信号会进一步加强。

（8）突破的首要前提是股价的位置和阶段。如果处于底部吸货区域、中途整理区域、庄家成本区域附近的，若向上突破其真突破的概率较大，若向下突破其假突破的概率较大。如果处于高位派发区域、远离庄家成本区域的，若向上突破其假突破的概率较大，若向下突破其真突破的概率较大。

（9）在双重顶形成时，KDJ、RSI、MACD 等技术指标经常出现背离情况。因此，结合 K 线、技术指标及波浪形态进行综合分析，进行相互验证。在股价突破时如果得到其他技术的支持，这样可以提高卖出信号的准确性。

3. 假头肩顶形态

头肩顶形态是股市最常见的形态，也是最著名、最可靠的顶部反转形态，有着强烈的看跌意义。在头肩顶形态中，股价经过三次上涨后，不能形成持续的上涨行情，表明市场风险已经开始聚集，最乐观的上涨时刻已经过去，后市股价将出现下跌行情。但有时看似一个非常标准的头肩顶形态，实际却是一个技术陷阱或失败形态。股价经过短期的调整蓄势后，形成一波新的上涨行情，使不少散户投资者踏空受骗。

图 5－14，京东方 A（000725）：庄家在底部顺利完成建仓计划后，股价缓缓向上走高，当股价有了一定的升幅后，低位短线获利盘和前期高位套牢盘的出现，股价出现震荡走势，在上下震荡过程中形成一个小型头肩顶形态。

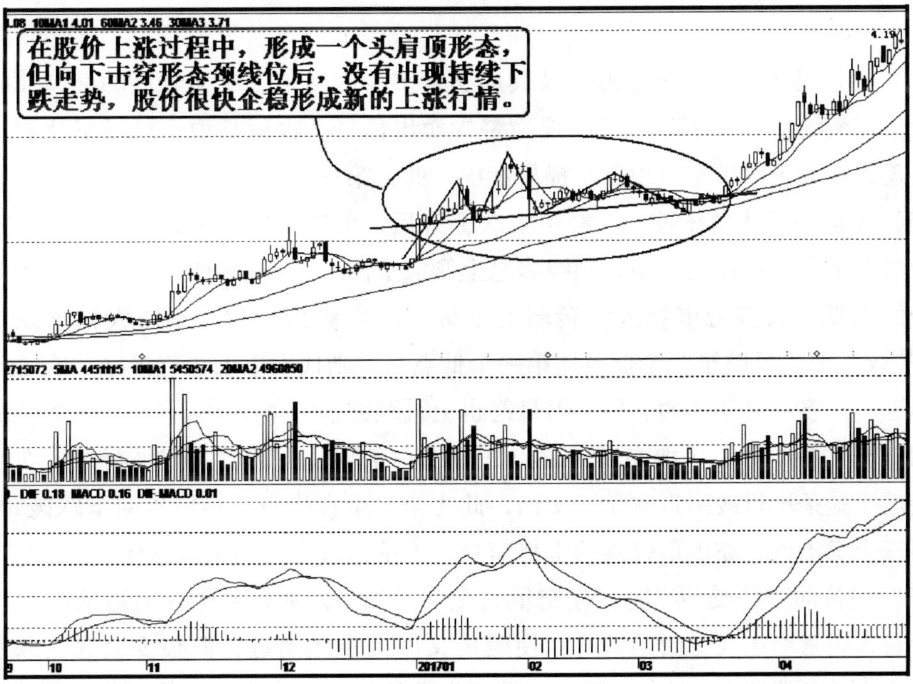

图 5－14

2017 年 3 月，连续出现三根下跌阴线，一举击穿了头肩顶的颈线，预示涨势行情即告结束，许多散户因此离场观望。谁知，这是一个庄家精心编制的空头陷阱，股价在颈线之下经过短期调整后，重新聚集做多能量，然后股价展开新一波涨升行情。

头肩顶通常在长期涨势的顶部出现，预示上涨趋势将要结束，是一个顶部转向信号。一般而言，股价在经过一段上涨后，庄家在高位全面完成出货是需要时间的，多空双方在高位也会有一番较量。因此，头肩顶形态时间较长，一个完整的头肩顶形态需要 3 ~4 个月时间，甚至超过半年以上。时间太短的微型头肩底形态不太可靠，在周线图中出现的头肩顶比日线图中出现的头肩顶要可靠得多。小型头肩顶可能是市场震荡过程中自然而成，也可能是庄家故意构筑的形态，因为形态微小，庄家容易做假图形。

从该股的走势图中可以看出，只是一个小型的头肩顶形态，时间只有一个多月，属于上涨过程的正常回调。而且，该股 30 日均线依然处于上行之中，MACD 指标处于 0 轴上方，说明中期趋势仍然处于强势之中。另外，股价向下突破头肩顶的颈线时，成交量大幅萎缩，说明抛盘不大，筹码没有松动，无量突破不得不使人产生怀疑。庄家选择向下突破是为了更加彻底地进行洗盘换手，是庄家故意打压行为所致。

在实盘操作中，遇到头肩顶形态时应掌握以下技术要点。

（1）当最近的一个高点的成交量较前一个高点为低时，就暗示着头肩顶出现的可能性；当第三次反弹时股价没法升抵上次的高点，成交量继续下降时，有经验的投资者就会把握机会抛出。通常是左肩最大，头部次之，右肩最小，反映市场买盘逐渐减少。

（2）无论是否成为头肩顶形态及其成交量多少，当第二次上升后的回跌，收盘价跌破疑似左肩的顶点价格时，可以视为警告卖出信号。也就是说，可以不待右肩是否将会出现，在股价跌破左肩顶点时提早卖出，此为第一个卖出点。

（3）下倾的颈线抛压较大，经第三次上升后，可以划出一条颈线，标准的头肩顶的颈线接近水平。但在实盘中，颈线多呈上倾或下倾。“下倾颈线”反映第二个低点较第一个低点低，大多为市场人气转弱的指标，属弱势头肩顶，小心大幅下跌。若为“上倾颈线”时，反映第二个低点比第一个低点高，则代表市场买气极旺。在这条上倾颈线附近，大多会有较强的支撑，但最终也会被跌破。

（4）颈线确定后，可取左肩的顶点，划出一条穿过头部的颈线平行线。在右肩达到或接近于这条平行线附近时予以卖出，此为第二个卖出点。当股价向下跌破颈线时，此为第三个卖出点，亦也最强烈的卖出信号，不论当时市场利多消息如何。

（5）股价向下跌破颈线时，成交量大多会增加。假如跌破颈线后数天的成交量仍然很少时，则常会出现暂时的弹升，使股价又回到颈线附近，但很少会穿过颈线。如果回抽后突破颈线达 3% 以上，则小心属于失败的头肩顶形态，要重新考虑买进。

（6）形态完成后，股价下跌到预测低点时，经过一段时间的盘整，都会再有另一段涨升行情到来。除了可在上述预测能力最小跌幅附近买进，并逢高卖出外，也可量其右肩高点到下跌底部之间的长度，再从下跌底部高右方量其同样的距离，作为下跌后整理所需的时间，并在该预测时间的末端附近买进股票，以使行情由此往上再做涨升。另外，根据经验由于线图坐标取点的差异，不同基点坐标根据上述所划出来的时间距离，将会有所不同。因此可以在形态跌破颈线后，计算出完成此头部形态所用的交易天数，再将此交易天数除以2，作为跌后整理最少所用时间，并在该预测时间附近考虑买入。

（7）根据艾略特波浪理论，如果头部的高点到右肩的最高点之间，出现一个三波段的下跌和一个三波段的上升的话，此时可以比较大胆地假设，头肩顶形态将会形成的可能性极高，应该趁早卖出以确保获利。而如果头部高点到右肩的最高点之间，并未出现一个三波段的下跌和一个三波段的上升的话，纵然股价已经破颈线，但在未达到往下突破口的标准之前，也应暂时以假突破视之。

（8）具有高度对称性，颈线趋于水平，左肩和右肩尽管成交量不一致，但在价格形态上都趋一致，左肩营造的时间与右肩的差不多。但是，左右肩的高位大致相当，一些投资者一待颈线形成就在图表上绘出一条与颈线平行的直线。这条直线由左肩顶部经过头部，并继续向右伸延，用来预测右肩反弹会达到哪个水平。当然，因右肩有时偏高或偏低，令预测出现差距，故因做参考，另做进一步求证。

（9）头肩顶向下突破颈线时，常常同时向下突破一条重要的支撑线或同时向下突破30日均线，从而使头肩顶形态更为可靠。当股价无量突破颈线时，且突破的幅度不足以确认为正式突破时，此时有出现假突破的可能。如果股价在突破后不久又再度回到颈线之上（注：并非颈线回抽），应予以买入操作。

（10）为了避免头肩顶对投资者造成的重大伤害，投资者在实盘操作中，要密切注意以下几个问题：

第一，当某一股价形成头肩顶雏形时，就要引起高度警惕，这时股价虽然还没有跌破颈线，但可以先卖出手中的一部分筹码，将仓位减轻，日后一旦发觉股价跌破颈线时，就将手中剩余的筹码全部清仓。

第二，上涨时需要成交量，下跌时可以放量，也可以不放量，对头肩顶形态来说，庄家可以用很小的量击穿颈线，然后再放量下跌，甚至仍然维持较小的量向下跌落，在不知不觉深度套牢。

第三，头肩顶对多方杀伤力度大小，与其形成时间长短成正比。因此，投资者不能只关心日K线图，对周K线图、月K线图出现的头肩顶更要高度重视。如果周K线图、月K线图形成头肩顶走势，说明股价长期走势已经趋弱，股价将会出现一个较长时间的跌势。

意图23：假技术指标

1. KDJ 假钝化信号

KDJ 指标的钝化与其超买超卖现象相似，但理论上先有超买超卖后有钝化。超买超卖是钝化的前提和基础，钝化是超买超卖的延续或进化。钝化是股市行情向极端行情发展的一种特有现象，往往导致技术指标进入盲区，造成判断失效。KDJ 指标是所有技术指标中，钝化现象出现次数最频繁和持续钝化时间最长的一项指标，在实盘中必须引起重视和克服。

根据 KDJ 指标的研判法则，当指标值到达超强势区时，应卖出股票。但 KDJ 指标进入超强势区后，长时间在那里徘徊，指标无法继续上升而到了极限值，但此时股价却不理会指标的位置高位而节节升高，涨得叫人不敢相信。在实盘操作中，KDJ 指标高位钝化出现在个股中，多数是大庄家所为，目前市场里指数中很少出现人为因素。在高位钝化时，股价在拉升过程中很少有像样的调整，收盘价维持在近期最高价附近，才会使 KDJ 指标一直保持在高位出现钝化。当 KDJ 指标（包括其他类似的震荡指标）出现钝化时，如果股价继续上涨，不为指标钝化所影响，说明庄家志在高远；如果股价涨幅不大（因股而异，通常以 50% 为参考标准），则说明上涨势头未尽，出现强者恒强现象。

图 5 – 15，方大炭素（600516）：该股在 2017 年 7 月的上升行情中，KDJ 指标在高位钝化时间如此之长是十分罕见的，说明庄家完全控盘，且志在高远。庄家在底部吸纳了大量的低价筹码，经过拉升前的预演和充分的洗盘调整后，股价进入主升浪阶段，上涨势头如虹，连续拉高。KDJ 指标迅速到达强超买区域，J 线钝化后不久，K 线和 D 线也随之钝化。

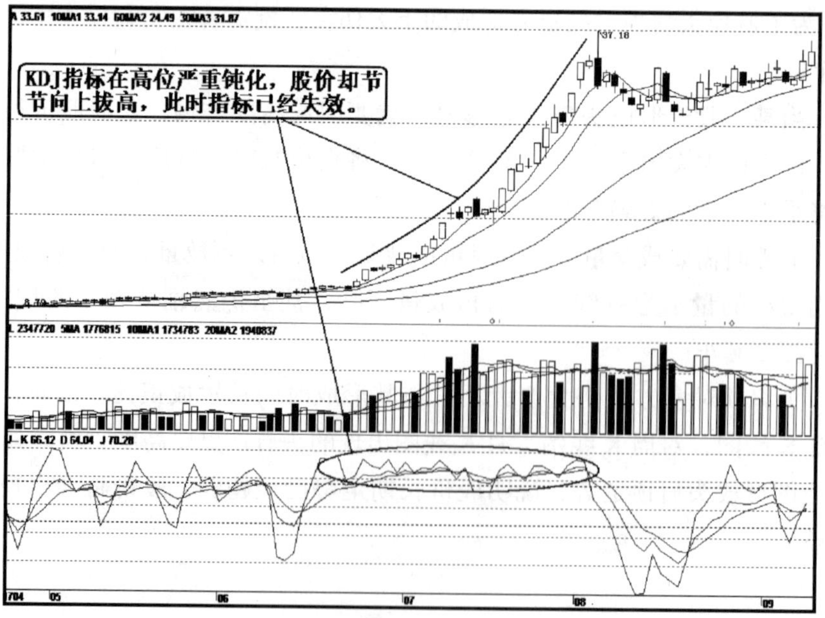

图 5 – 15

按照KDJ指标的一般作用法则，此时应是一个卖出时机。然而，股价却不理会KDJ指标的高位钝化，仍然超强上攻，飙升而上，短期涨幅十分巨大，涨得让人不敢相信，一时间成为沪深两市的明星股。

从该股走势图中可以看出，KDJ指标在高位出现钝化后，从60分钟、30分钟以及15分钟的KDJ指标走势图中发现，仍然有规律、有节奏地往上攀升，周线KDJ指标上升趋势更为明显。在成交量方面，仅有一天时间庄家为了洗盘的需要而放出对敲巨量，从盘口分析庄家做多意愿强烈，并没有到出货时机。MACD、TRIX、NOLL、DMA、EXPMA、SAR等中长线技术指标多头特征强烈，因此牛气自然冲天。

在实盘操作中，遇到KDJ指标钝化信号时，应掌握以下技术要点。

（1）当日线KDJ指标出现了高位（或低位）钝化时，应观察K值与D值的相对位置，是保持多头排列还是已经呈现空头排列；是K值与D值在高位钝化后仍有金叉出现，还是在低位钝化后仍有死叉出现。如果是多头排列，在高位钝化后仍有金叉出现，则多头行情仍将延续。如果是空头排列，在低位钝化后仍有死叉出现，则空头行情仍将延续。钝化是背离的前奏，观察日线KDJ指标从钝化到背离的过程也有助于走出钝化的盲区。

（2）KDJ指标钝化后，可以将日线改为分时走势图。如果难以从日线KDJ指标钝化后的相互位置关系来进行分析，此时不妨细细品味60分钟和30分钟走势图，根据分时指标的特点来把握最佳进出场点。因为毕竟分时的变化频率要比日线的变化快得多，要使30分钟、60分钟KDJ值产生钝化并非易事。况且，即使它们也无奈地一路钝化下去，则还有频率更快的15分钟值和5分钟值，总有一点是可以找出突破口的。此外，还可以通过周线KDJ指标研判中长线波动趋势，来进一步化解盲区的判断，这一点与RSI、W%R等技术指标的盲区钝化破解原理是一致的。

（3）看成交量变化。在KDJ指标出现钝化后，如果成交量没有异常变化，量价配合在恒等状态，表明股价仍运行于原来的势道之中。如果在高位股价出现放量不涨，表明资金有抽离的嫌疑，此时应高度警惕，一有风吹草动就应迅速撤退。相反，KDJ指标在低位超卖区域钝化后，如果股价放量下跌，表明有场内资金出逃；如果成交量呈恒等状态，股价阴跌不休，表明做空力量依然没有释放完毕，不可盲目炒底；如果在低位股价放量上涨，表明有新资金介入，可以逢低吸纳；如果在低位股价放量不涨，表明仍有资金抽离，此处仍然不是真正的底部，股价可能要再下一个台阶，不要被底部放量会涨所诱骗。

（4）改用其他中长线技术指标分析，如MACD、TRIX、NOLL、DMA、EXPMA、SAR等技术指标。可以参考这些指标中的买卖信号，如果相互验证一致，准确性就高，可以根据指标信号采取做多或做空；如果指标相互之间矛盾较多，则准确性较差，应及时采取行动。

2. RSI 假背离信号

背离分析是 RSI 指标最重要的应用法则之一。当指标方向与股价涨跌走势方向相反时称为背离，特别是指标与股价其中之一创出新高位或新低位、另一个未能创出新高位或新低位时是典型背离。当背离信号出现时，原则上以指标的方向作为买卖依据而不是股价方向。但是背离信号在实盘操作中，会遇到许多虚假图形信号。这既有市场自发形成，也有庄家人为操纵而成。

在实盘走势中，RSI 指标出现顶背离是在股价进入拉升过程中，股价屡创近期新高点。RSI 指标也相应在 80 以上创出一个显著的新高点之后，股价出现一定幅度的回落调整，RSI 指标也随着股价回调而回落。当股价再次向上并超越前期高点创出新的高点时，而 RSI 指标随着股价上扬也反身向上，但没有冲过前期高点就开始回落，此时 RSI 指标在 50 强弱分界以上与股价形成顶背离走势。RSI 指标出现顶背离后，一般表明上涨行情接近尾声，股价见顶回落的可能性较大，是比较强烈的卖出信号。在实盘操作中发现，顶背离的准确性要高于底背离的准确性。

图 5－16，贵州茅台（600519）：该股顶背离信号出现在 2017 年 1 月至 4 月的上涨途中，股价调整后继续震荡走高，但 RSI 指标却不能相应创新高，股价与 RSI 指标形成顶背离走势。

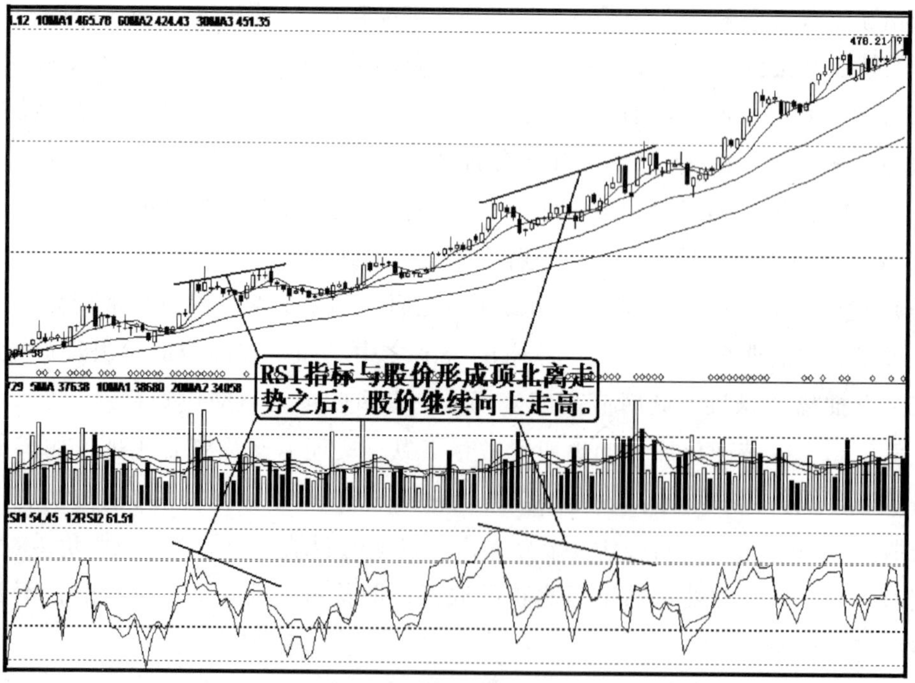

图 5－16

按 RSI 指标的常规买卖法则，此时应该获利了结。但是，出人意料的是，RSI 指标顶背离出现后，股价并没有相应走低，而是稍做洗盘整理后继续上攻。这是一个典型的 RSI 指标顶背离陷阱，是庄家欺骗散户的坐庄手段。RSI 指标顶背离陷阱的出现，说明庄家控盘能力极强，在后续行情中通常都有不俗的表现。

从该股走势图中可以看出，RSI 指标在 50 强弱分界线附近没有形成快速向下走势，更没有到达 20 以下，表明下跌幅度有限，最后 RSI 指标向上突破顶背离的趋势线和顶背离中的最后一个高点。股价在回落时，成交量依然保持活跃状态，盘内换手积极，多空交投活跃，浮动筹码得到成功的换手。股价已成功脱离底部区域，均线系统呈多头排列，30 日均线支撑力度较强。因此，即使 RSI 指标出现顶背离利空信号，短期也不会构成对股价总体上升趋势的影响。

在实盘操作中，遇到 RSI 指标顶背离信号时，应掌握以下技术要点。

（1）顶背离信号形成后，要有明确的突破走势，否则为疑似信号。具体确认方法为：在 RSI 指标的 50 强弱分界线附近，快速有力向下运行到达 20 以下。在第一次回抽时，一般不会冲过顶背离信号中的最后一个高点，然后回落到 50 强弱分界线以下运行，这时顶背离信号确认，应尽快做空为好。如果在顶背离信号的末端，RSI 向上成功突破顶背离的趋势线或顶背离中的最后一个高点，则确认为假信号，可以考虑买入。在股价回落时，RSI 指标在 50 强弱分界线得到支撑而回升，则信号得到进一步确认，股价可能出现新一轮升势。

（2）参考均线运行方向，在出现顶背离后，均线很快走平或向下拐头，否则也为疑似信号。

（3）RSI 指标的背离信号还要与股价走势结合起来。在顶背离向下滑落时，股价应击穿均线的支撑，且连续多日股价收于均线之下，这样信号方可确认。否则，均成为虚假信号或疑似信号。

（4）结合波浪形态分析，顶背离形态出现在升势的 1 浪、3 浪里可靠性差，出现在上升 5 浪、B 浪、延长浪里可靠性较高。

（5）短线可以结合 KDJ、DMI、W% R 等技术指标一起分析，中长线可以结合 MACD、BOLL、CCI 等技术指标一起分析，可以进一步破解背离陷阱。

3. MACD 假死叉信号

MACD 指标的运行是周期性的，因此必然会发生 DIF 线和 MACD 线交叉的时候。交叉信号是 MACD 指标的主要特征之一，是中短期较为准确的买卖信号。在理论上，DIF 线由下向上穿过 MACD 线时，称为 MACD 金叉，为买进信号；DIF 线由上向下穿过 MACD 线时，称 MACD 死叉，为卖出信号。虽然 MACD 指标主要用于中长线操作，也简单直观好用，但交叉陷阱一样很多，仍然需要多加留意。

MACD 指标的死叉陷阱也是最常见的陷阱。在图表上 DIF 线由上向下死叉 MACD 线时，显示市场逐步转弱或反弹结束，表明空方占有一定的优势，为卖出信号。但是死叉形成后，股价并没有出现大幅下跌，仅仅以短暂的横盘完成整理或小幅下探后，股价梅开二度再拾升势，从而形成 MACD 指标死叉陷阱。

图5－17，广宇发展（000537）：庄家完成建仓任务后，股价在2017年8月25日开始向上突破，为了日后顺利拉升股价，这时庄家展开主动调整，对盘中筹码进行充分的洗盘换手，以减轻上涨的阻力。同期的MACD指标从负值区金叉向上到达正值区，不久随着股价的调整DIF线由上向下死叉MACD线，形成一个标准的卖出信号。

然而，MACD指标死叉形成后，股价并没有出现大幅下跌。在相对高位进行短暂的整理后，股价再拾升势，成功向上突破前期高点，股价步入快速拉升行情。可见，此时MACD指标出现的死叉信号是一个空头陷阱。

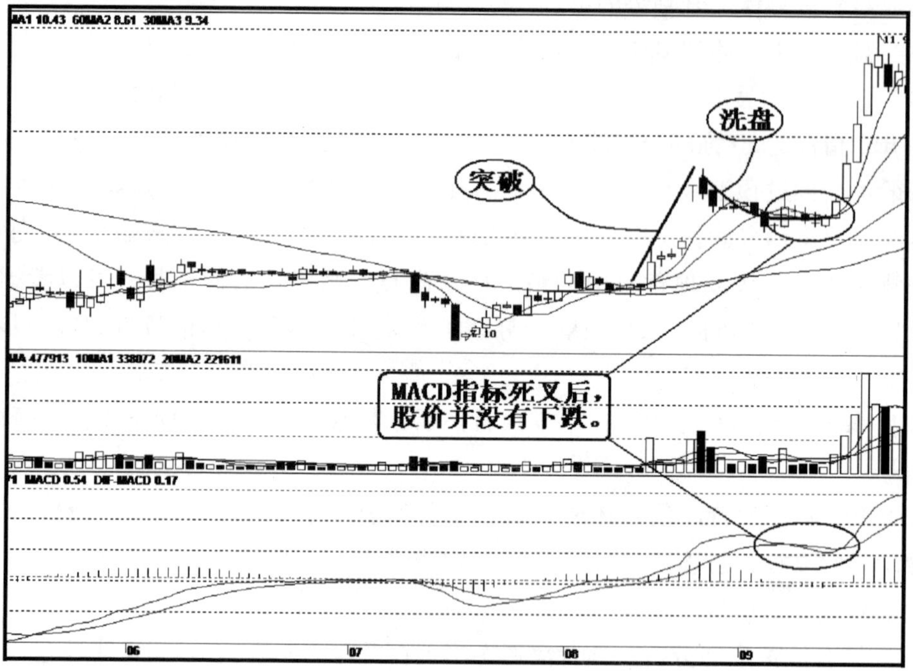

图5－17

该股在DIF线向下死叉MACD线时，MACD线下行角度不大，DIF线和MACD线之间的距离很近，显示空头力量不够强大，这种形态一般是回档调整所为。此时均线系统继续保持多头排列，当股价下探30日均线附近就遇到强大的支撑而回升，说明这是庄家主动回调进行洗盘换手的可能极大。而且，股价下跌时成交量没有放大，表明场内筹码没有出现松动迹象，资金没有明显抽离市场，盘中筹码已被庄家成功锁定，股价上涨是迟早的事情。俗话说“能涨的股票不会跌，能跌的股票不会涨”就是这个道理，因此DIF线与MACD线死叉是一个空头陷阱，当股价在30日均线附近遇到支撑而再度放量走强时，投资者可以积极入场。

在实盘操作中，遇到MACD指标死叉信号时，应掌握以下技术要点。

（1）当MACD指标在形成死叉时，可以观察MACD线的方向，是下降、走平，还是上升的方向，因为MACD线具有助涨助跌效果。在DIF线死叉MACD线时，若

MACD 线呈上升方向的，股价的下跌力度可能较小，大多是回档调整；若 MACD 线是平行的，股价的下跌力度较强，大多出现在突破行情之中；若 MACD 线是下降的，交叉后的下降力度最强，大多发生在暴跌行情之中。

（2）当 DIF 线死叉 MACD 线时，分析均线系统排列情况。如果均线系统呈空头排列，DIF 线死叉 MACD 线，表明股价涨势即将完结，行情进入空头市场，此时应逢高及时离场；DIF 线金叉 MACD 线，表明市场出现反弹行情或庄家发动自救行情，此时股民不要过于乐观，后市将会再创新低。

（3）当 DIF 线死叉 MACD 线时，分析成交量配合情况。当 DIF 线死叉 MACD 线时，如果成交量同步放大，表明有场内资金撤离市场，应当看空做空；如果成交量没有放大，表明场内筹码锁定性好，庄家手法稳健，此为回调换手洗盘手法，后市有向上反攻的可能。但是需要注意的是，有时庄家为了隐蔽坐庄手法，而故意形成量价失衡的走势，造成散户判断失误。

（4）当 MACD 指标发出买卖信号时，应综合其他技术指标进行具体分析，如 TRIX、DMA、EXPMA、SAR、BOLL 等技术指标。如相互验证统一，则信号准确性高，否则为疑似信号。这样可以弥补单项技术指标的某些缺憾，提高判断的准确度。

（5）当 DIF 线死叉 MACD 线时，可以观察股价走势的技术形态特征，此时是否有顶部形态出现，如倒 V 形、双顶、头肩顶及下降三角形、上升楔形、下降旗形等技术形态。

意图 24：涨停开板

1. 封涨停后为何开板

在主升浪初期，经常出现股价拉了一二个涨停板后，故意打开涨停板，让短线散户离场，然后股价出现波澜壮阔的大幅上涨行情。庄家意图就是给低位入场散户送“红包”，给前期套牢散户“解放”。因为当股价短期出现一两个涨停板后，大多数散户会选择逢高退出，以图高抛低吸，做波段操作。可是，当散户“逢高”抛出后，庄家根本不给“逢低”吸纳的机会，股价很快大幅上涨，散户遭受踏空陷阱的迫害。

这种情况包括两种形态：一种是日 K 线连续涨停后开板震荡；二是分时走势中封盘后开板震荡。无论是哪一种走势可能会有两种上涨结果：一种是后市股价再次快速的飙升行情；另一种是后市股价出现强劲的盘升走势。

图 5－18，中科信息（300678）：这是一个涨停开板后，股价出现飙升行情的例子，可见庄家狡猾和奸计的一面。这是一只次新股，2017 年 7 月 28 日上市后连拉 10 个一字涨停，然后在 8 月 11 日在日 K 线中开板震荡，当时在高位收出一根十字星线，成交量出现巨幅放大，当日换手率达到 66.84%，可以说，这时大量的中签散户选择开板离场。

那么释放出来的散户筹码落到谁的手中呢？毫无疑问，在庄家手中。庄家这么傻吗？竟然在如此高的价位接走散户的筹码，后市必有好戏。

8月14日，开盘后经过半个小时的震荡，然后一波拉到涨停，直至收盘封单不动，可见庄家的凶狠和狡猾，随后股价再次大幅上涨，尽管遭到管理层临时停牌，但开板之后股价涨幅仍然达到240%。

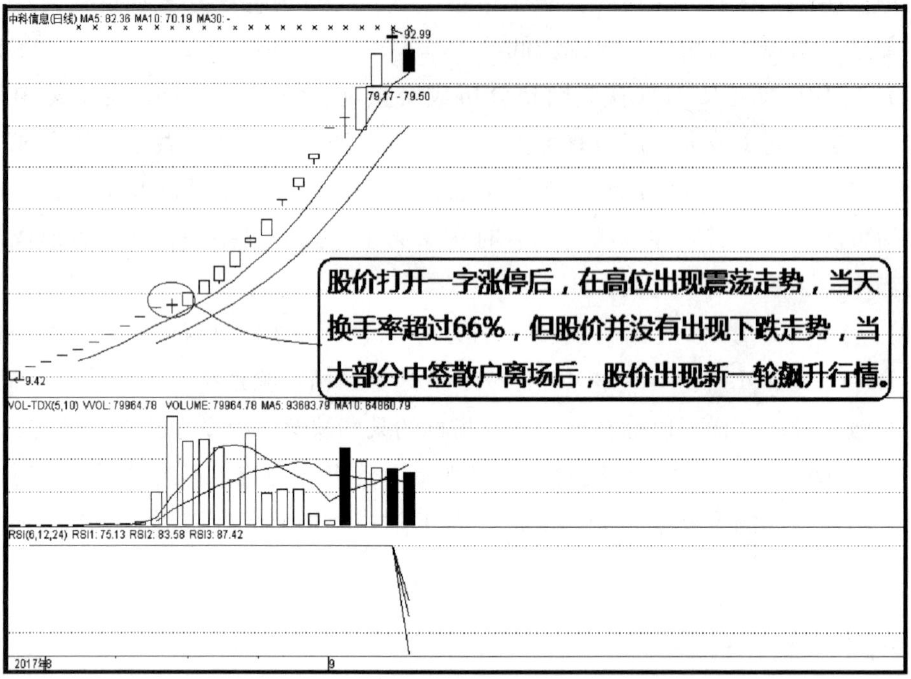

图5－18

图5－19，方大炭素（600516）：这是一个涨停开板后，股价出现盘升走势的例子。庄家在低位吸纳了大量的低价筹码后，于2017年6月26日出现加速上涨走势，开盘后股价逐波向上走高，直至拉涨停。但是，股价触及涨停板后，庄家并不一次性封盘，而是在封涨停板下方长时间震荡，多次出现开板再封盘现象。

在这一震荡过程中，不少散户看到庄家封盘不坚决，认为股价已经高了，担心后市重陷盘整走势之中，自然而然地选择逢高离场，以确保当天到手的胜利成果。当散户该抛的抛掉后，股价在尾盘封于涨停板，此后股价大幅上涨行情，短期涨幅超过200%。

该股庄家的手段也非常明显，在给低位入场散户送“红包”和前期套牢散户“解放”时，连续几日出现巨大的成交量，换手率均超过20%，让散户感觉到庄家放量出货的假象。因此大多数散户会在股价震荡过程中，选择逢高退出的操作思路，结果当散户退出的时候，正是庄家快要拉升的时候。

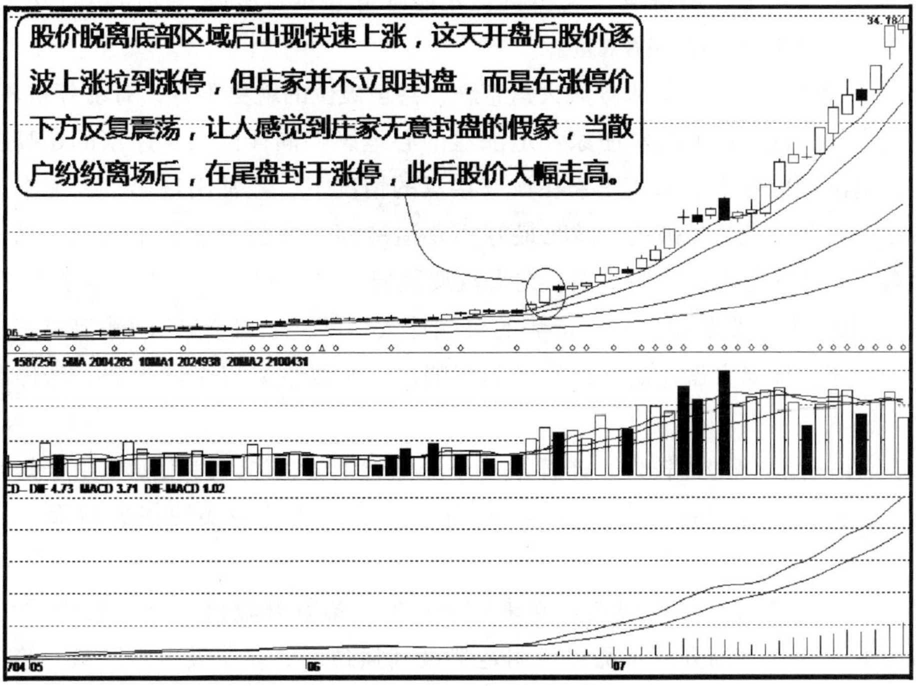

图 5－19

2. 涨板后的研判方法

在研判涨停板的股票时，应掌握以下几种方法。

（1）第一次即将封涨停时，这时候换手率的大小，小的当然比大的好。在大盘处于弱势或盘整时，这一点尤为重要。理想情况是普通股票换手率低于 2%、ST 类股票 1%，在大盘处于强势时，这个条件可以适当放宽一些，对龙头股也可以适当放宽。但无论在任何情况下，不能超过 5%，包括涨停被打开后又被封住时的换手率情况。这些对换手率的限制实际上也是限定今天已经获利的买盘数量和反映今天抛压的大小，这时获利盘越小，抛压越小，第二天的上攻余地就相应越大。

（2）研判个股形态。盘整一段时间后，突然涨停的比连续上涨后再拉涨停的好。连续大跌后以涨停方式开始反弹的也可以，庄家仓位重的比庄家仓位轻的好。

盘整要求在至少 5～6 天内没有出现大阴大阳，均线系统中 BIAS（乖离率）不能出现太大的情况，拉到涨停板的位置后离阻力区域不能太近，要给第二天的高开留下一定空间。对于庄家持仓太重，基本只有庄家自己参与交易的股票，首先必须看到日 K 线，判断一下庄家这时的意图，再决定是否参与。在一般情况下，盘整后突破的股票是最好的，由于普遍的人心理预期是突破后上涨空间打开，第二天的获利幅度大一些。对于超跌反弹的股票，由于反弹性质决定，高度不能预计太大，要保守一些。对于超跌反弹的股票，由于在低位买进的人可能随时抛出，形成较大抛压。除非是在大牛市中，否则，追涨停的时候一定要小心。对于庄家仓位比较重的股票，庄家由于出货需要，常常是在涨停后继续拉高出货，才能降低仓位，所以，反而相对安全一些，当然具体情况是要求大盘不能太差。

（3）考察大盘情况。如果今天大盘急跌，甚至破位的就更不好，有涨停也不要追。一般情况下，大盘破位下跌对庄家和追涨盘的心理影响同样巨大。庄家的拉高决心相应减弱，追涨盘也停止追涨，庄家在没有接盘的情况下，经常出现第二天无奈立刻出货的现象。因此，在大盘破位急跌时最好不要追涨停，而在大盘处于波段上涨时，总体机会多，追涨停是可以大胆一点。在大盘波段弱市时，要特别小心，尽量以 ST 类股票为主，因为 ST 类股票和大盘反走势的可能性大一些，而且，5% 的涨停也不至于造成太大的抛压。如果大盘在盘整，趋势不明朗，这时候主要以个股形态、涨停时间早晚、分时图表为依据。

（4）第一个涨停的比较好，连续第二个涨停就不要追了。理由就是由于短期内获利盘太大，抛压可能出现。当然这不是一定的，在牛市的龙头股或者特大消息股可例外。

（5）高开高走拉涨停的股票追起来安全一些，最好开盘价就是最低价。其理由：一是考虑 K 线组合，高开高走涨停说明走势极其强劲，更容易吸引跟风盘，第二天能走得更高；二是由于今天没有在低价位区成交，获利盘较少，抛压出现的位置也会相对提高，从而留出更大的获利空间。

（6）有重大利好首次被披露而拉涨停的股票比较好（不过得考虑股价是不是已经涨得老高，股价早就反映这个利好），这里实际有很大机会。如果股价事先没有反映利好，一旦涨停上攻力量就很强，机会很大，即使股价事先已经反映了这个利好。如果大盘条件比较好，庄家往往也会拉出涨停。这时只要股票形态好，分时图漂亮，也有很大的获利机会。

（7）分时图上冲击涨停时，气势强的比气势弱的好。看分时图需要很高的技巧和悟觉，用语言很难表达出来，在这里只能说一些主要需要注意的方面。

第一，均价线。均价线应该是开盘后保持向上，支持股价上涨。

第二，分时图里股价从盘整到冲击涨停，如果盘整区离涨停的距离在 5% 以内，那么冲击涨停速度快比较好。但是，如果盘整区离涨停比较远，那么最好不要一直冲击涨停，而是冲高一下再盘整（盘整区提高），再迅速冲向涨停位置。

第三，分时图里的成交分布问题，要求上涨成交要放大。但是放大要适当，并且比较均匀连续。比较忌讳的是那种突然放量很大，一下子又迅速缩小，这说明庄家心态不好，也会引起追涨盘的怀疑。

第四，观察委托盘，真要涨停的股票，一般显示出来的买入委托盘不会比卖出委托盘大。因为庄家的真正买盘是及时成交的，盘面上看不见的，而那种用很大的买盘托着股价慢慢上涨的，基本可以认为是庄家出货，不能追进。

（8）龙头股的涨停比跟风股要好，有同类股跟风涨停的比没有同类股跟风涨停的股要好。这里要求大盘条件要相对有利，能够支持板块上扬。这种情况出现，不仅容易吸引短线盘，还可以吸引中线盘，再加上股评吹捧，往往其中的主要个股能够在涨停后出现继续高开高走的强劲走势，这时追涨停也是最安全的。

第三节 股价拉升的盘面节奏

节奏1：拉升的气势

1. 股价上涨要有气势

观察盘面气势需要一定的看盘经验和内功修炼，这可以说是看盘的最高境界。气势在于个股盘口体现出来的表现力和攻击力，一些有经验的敏感的高手能够领悟到盘面气势的强盛，以及气势的演变。这是很难用一两句话能够表达清楚的，需要看盘时间的积累和总结，是一种升华和沉淀的过程。

股市中的气势，指股价涨升的气概、势头。股票真正的上涨，一定是有气势的涨升，这是从盘面上区分股价上涨的真假、虚实以及判断庄家意图的参考依据。在目前情况下，炒股赚钱的机会只能存在于上涨之中，但是上涨有多涨少涨、真涨假涨，以及上涨以后是继续上涨还是很快反转下跌的区别。股价上涨和拉升，没有气势不行，庄家做多的意愿需要通过上涨气势体现出来。因此，研判股价上涨的气势，有助于我们分清真涨和假涨、大涨和小涨以及躲避风险及时把握获利机会。

2. 盘面气势的主要特征

（1）股价上涨能持续扬升的，才具有投资价值，绝不是偶尔的异动。伴随股价上涨成交量持续放大或者温和放大，不是偶然一两天突放巨量。

（2）关键位置上涨有力度，突破时有力量，干脆利索而不拖泥带水。

（3）股价紧贴 5 日均线上行，走势坚挺，总体走势的角度大于 45 度。波段形状清楚，波段内 5 日均线是直线，不是弯弯的曲线。

（4）“阻力”和“压力”阻挡不了股价的持续上涨，庄家做多意愿坚决。

如果股价上涨没有气势只是虚涨声势，意味着该股可能没有庄家，或者庄家的实力不够，或者个股的基本面不支持该股做多，庄家没有底气或胆量。没有气势的股票盘面死气沉沉，其特征：上涨不够持续，股价偶尔突然大涨，成交量突然放大。股价走势疲软，总体走势平缓，角度低于 30 度。关键位置上涨无力，阻力、压力重重，庄家无做多意愿。每一个上涨波段以内，K 线阴阳交错，波段形状不清晰，5 日均线走平或是弯弯的曲线。个股走势明显弱于大盘，总体上涨幅度跟不上同期的大盘上涨幅度，是市场的“落伍者”。

3. 盘面气势强盛的表现

就股价涨停来说，在浪形上可以观察到气势的强盛。

（1）一字涨停。股价一开盘就封于涨停价位，分时图在涨停位置上成一条笔直的直线，没有浪形可言。这类个股通常是遇到重大利好消息或庄家做多意愿强烈，在气势上多方占据绝对优势，不给空方任何机会。

（2）一波涨停。开盘之后直接上升，盘中不回调，一气呵成，一波即完成涨停。这种涨停的气势。仅次于一字涨停的个股，多方明显占优，空方弃守观望，盘面气势磅礴，势如破竹。

（3）二波涨停。在启动点开始的上升，第一波通常涨到比较高的位置附近，比方说4%～6%（太低不行，比方说第一波上升只涨到2%左右，那么回调之后再涨就要8%以上才能冲到涨停，这样操盘的难度比较大），第一波的上涨幅度不太低，就是为了将来能够经历回落调整之后，确保第二波上涨能够封于涨停。这种个股也是气势很强的，但弱于前面两种。

（4）三波涨停。在整个拉升过程中，盘中需要两次回落休整。很多时候，开盘后先来一波下探走势，然后企稳回升，呈现三波式上涨。这类个股气势上看起来比前面几种要弱，但整个上涨过程也是很有节奏的，也是一种较为强势的盘面表现。

（5）多浪涨停。多浪涨停也比较多见，分时图在拉升的过程中，低点和高点逐级而上直到冲击涨停。在涨停个股里这种盘口气势也算是最弱的了。

节奏2：拉升的时间

1. 拉升的时间持续

股价拉升是最激动人心的时刻，也是每一个散户孜孜不倦的追求目标。股价上涨要有一定时间的持续性，庄家的做多意愿就体现在持续的上涨之中。股票真正的上涨，一定要有持续的涨升，而不是一两天的冲高动作。这也是从盘面上区分股价上涨的真假、虚实以及判断庄家意图的参考依据。在实盘中，有的股票能够持续升势，投资者有获利机会；有的股票持续性不强，涨势昙花一现，散户跟进后即遭套牢。因此，研究股价上涨时间是否具有持续性很有必要。并且，拉升时间的持续应符合下列特征。

（1）股价上涨必须是连贯性的，而不是一两天的短期上涨。

（2）股价上涨速度很快，在K线图上以长阳短阴、大涨小回、二阳一阴等方式，股价紧贴5日或10日均线快速上扬，角度大于45度。

（3）上涨要有一定的幅度，一般一个波段在30%以上。在波段内，一般没有跳空缺口，股价呈小波段逐波上行，涨跌有序，买卖点明确。

（4）股价上涨是因为有人在刻意“拉动”，是庄家的故意行为，具有明确的拉升目的和意图。如果仅仅是因为大家看好哄抢而上涨，则股价很快会归于沉寂。

（5）上涨中没有派发动作，这样的上涨是推升股价的一种方法，目的是为拉升服务。庄家通过盘中制造人气，吸引场外投资者介入，然后轻松推升股价。

2. 拉升的时间长短

相对于建仓、整理、派发阶段来说，拉升的时间周期最短，拉升幅度的大小以及时间的长短，是体现庄家实力与操盘风格所在。同时，拉高是庄家获利的关键，在庄家操作中具有决定性意义。一般短线行情在1～2周，中级行情1～3个月，长庄股在6个月以上，个别大牛股的升势时间可能超过1年以上。

通常，底部盘整结束后将股价拉升到一个台阶进行整理只需15天左右，期间没有震荡的可能在7天左右。以震荡爬升方式上行的，上升周期约1～2个月。一个波段或台阶的拉升时间在15天左右，但总的持续时间较长，需要3～6个月甚至1、2年。为出货而快速拉升的持续时间较短，中途没有震荡或震荡幅度小的，需要20天左右，中途有震荡且幅度大的，需要2个月左右。拉升时间通常与拉升性质、拉升方式、调整方式以及上涨速度、角度和上涨空间等因素有关。

股票拉升的空间，取决于个股炒作题材、市场人气、股价定位、技术形态、股本大小、筹码分布、庄家成本和庄家获利目标等，其中庄家的意愿是决定性的。股价拉升幅度也可以参考股价的最低价，从底部最低价起算，可以按涨幅的80%、100%、150%或者200%以上分别确定拉升可能到达的价位。

3. 拉升的时间早晚

拉升时间的早晚不仅能够反映庄家实力的大小，也能预测未来股价上涨的气势，因此要关注以下几个时间段的股价表现。

（1）涨停早的比晚的好。最先涨停的比尾盘涨停的要好得多，在每天交易中第一个涨停的最好，涨停时最好出现在10：10分以前。因为前几个涨停最容易吸引短线投资者的眼球，并且在开盘不久就能涨停，本身也说明庄家是有计划地进行拉高，不会受大盘当天涨跌大小的影响（但也不是一点也没有影响）。如果这时该股的技术形态也不错，在众人的集体推动下，涨停往往就能封得很快，而且买单可以堆积很多。上午收盘前成交量就可以萎缩得很小，在下午开盘时就不会受到什么冲击，涨停封死的可能性就非常大。那么，第二天获利也就有了保障。

（2）如果下午复牌后在1：15分以前封涨停也是相当不错的。在开盘不久能封住，说明庄家有拉高计划，只是由于短线盘很多已经集中在上午的涨停板上，下午的涨停板吸引力相对小一些。因此，上午停涨的股票总体上要比下午停涨停的股票好，通常上午出现涨停的股票是庄家“早有预谋”的。而下午出现涨停的，在气势上要稍微差一点，大多是受大盘或板块上涨带动、利好消息刺激而“临时起意”。而“早有预谋”的要比“临时起意”的个股强势得多。

（3）其他时间段涨停的股票相对差一些。其中10：10～10：30涨停的股票，如果涨停时换手率不大（普通股票的换手率要求低于2%，ST类股票的换手率要求低于1%），分时图上股价走势比较连续正常，没有出现尖峰情况，分时成交也比较连续，没有出现大手笔对倒，则还算可以。否则，这时段涨停的股票比较差一些，因为：一是这时候涨停的股票可能是跟风上涨的股票，机构可能并没有事先的拉高计划，只有由于盘面影响，临时决定拉高，所以必须严格限制换手率条件，说明尽管拉高仓促，抛压还是比较小，次日才有机会冲高；二是由于涨停时间比较晚，在上午收盘前成交量不一定能萎缩得很小，那么在下午开盘时，受到抛盘的冲击相对大一些，风险也相对大一些。在10：30～11：10涨停的股票，这种风险更大，经常有下午复盘后涨停板就被打开的情况）。

（4）在下午2：00～3：00涨停的股票，除非大盘在连续下跌后在重大消息的刺激下出现反转走势，或者是在下午走强的板块中的龙头股（这时大盘还必须处于强势之中），否则不要轻易去碰。因为这时候的涨停是庄家尾市做盘，目的一般是为了第二天在高点出货，同时在上午和下午买入的散户获利很大，第二天的抛压也就很重。庄家在尾盘拉高不是用资金去强做，而且一种取巧行为，此时跟进，风险非常大。

临近尾盘的时候涨停的股票上涨气势最弱。尾盘关注度在降低，拉升消耗的资本比较少，所以通常尾盘拉涨停的庄家实力相对弱一些。特别是临近收盘的前30分钟拉涨停的，具有一定的欺骗性。此外，在每年年末的最后一天的最后5分钟，都有庄家为了做当年盈利市值而故意拉抬股价，其场面蔚为壮观。而且，尾盘涨停的个股次日通常会低开，原因就是气势不强，底气不足。

节奏3：拉升的速度

（1）拉升速度快，具有爆发性。个股在启动初期经常出现连续轧空的走势，同时随着行情的展开，成交量连续放大。对这类庄家而言，时间比资金更重要，而且闪电式的突击本性已经根深蒂固了，连续轧空就是这种操作行为的最好写照。因此庄家的拉升一般都是十分迅速的，因为毕竟适合于拉升的良机不多，庄家必须及时把握时机而快速拉高，这样才能充分达到事半功倍的效果。同时快速拉升产生的暴利效应，能够更好地起到诱惑的作用。

（2）短线庄家的拉升，最关键的就是借势。借大市反弹之势、借大市上升之势、借利好消息之势、借形态突破之势，借势拉高往往是一鼓作气的。短庄的拉高手法比较简单，以快、狠为主，有时快到让想追入的投资者，不得不一次又一次地撤单将价位挂高。一般来说，短庄的拉高多出现在尾市，因为如果过早地拉升，极有可能面临着抛压砸盘的风险，而在尾市拉升，往往可以将投资者杀个措手不及，想买的买不着，想卖的又舍不得卖。个别凶狠的庄家，甚至将股价用大单封至涨停，让投资者只能望单兴叹。

（3）中、长线庄家的拉升。由于驻庄周期比较长，往往达到高度控盘，其目标利润定得比较高，而且手中掌握的筹码比较集中，其拉升时的盘口通常独立于大势而行。走势不温不火，碎步推升，一轮拉升段往往持续时间较长。但如果遇上合适的拉升时机，可使庄家事半功倍，不必花费大量的资金就可以达到目的，且拉升幅度更大。

（4）个股行情一旦启动，其走势相对独立。其上涨速度明显快于大盘或板块，而且多发生在大市比较乐观时。因为，此时大市表现出明显的多头特征，使股价的上升有很好的市场人气作为基础，可以使个股走出明显强于大盘的走势。很少选择大盘不明朗的时候发动进攻，但是如果发现个股在此时发动攻势，则一般隐藏有相应的题材或有可能是庄家在拉高建仓，未来的空间极其巨大。

（5）当庄家企图大幅拉抬股价的时候，将通过媒介或平台放出题材，散布种种朦胧利多，并联系大户助庄。同时制造大成交量和人手笔成交（也可制造异动，如一笔特高或特低的成交），以降低抛压和吸引买气，从而加速股价的上涨。

（6）拉升阶段中后期的典型特征就是股价上涨幅度越来越大，角度越来越陡，速度越来越快，成交量愈放愈大。但涨幅大、角度陡、速度快、成交量大的股票，持续时间较短，股民应随时做好出局的准备。若成交量呈递减状态，那么，这类股票要么在高位横盘慢慢出货，要么利用除权使股价绝对值下降，再拉高或横盘出货。

（7）对倒拉抬。一边在上方堆积筹码，一边从下方不停往上拉升股价，促使股价快速上涨。对倒与对敲不同，对倒时可能大幅拉升股价，而对敲可能不拉升股价；另外，对敲的性质是重股价的成交量，而对倒的性质在偏重成交量的同时偏重股价的涨势。

节奏4：拉升的角度

在股价运行中，大部分时间是在低价区进行涨升前的整理震荡，只有小部分时间用来拉升股价。因此，过早地进入正在上下震荡中的个股，是不恰当的；同样，过晚地进入一个已经拉升的个股，也是不科学的。于是，着重寻找那些在底部刚刚萌动的股票。在实盘中，大多有以下几种盘口现象。

1. 沿30度角上升

这种走势依托均线系统上行，不受大盘升跌影响，同时又受到了均线系统的制约。一旦距离均线较远时，会有集中抛盘出现，因此就形成了30度角上升形式。这种盘口现象看起来庄家力量脆弱、控盘程度较低。正因为表面上有这些感觉，迷惑了不少投资者的眼睛，但到中后期均有快速拉升的动作。其实，这是长线实力庄家的一大策略，一段时间过后，当你站在高位俯视现在的股价时，大有“一览众山小”之感悟。

但如果低于30度的走势，又落后于大盘的涨幅，表明盘势过弱，多空双方的斗争与大势的上升不能统一，应引起注意。其原因可能是：①继续吸筹；②资金不足；③利空隐患；④无庄入驻等。

2. 沿45度角上升

这种走势最强劲、最理想。经过仔细观察，不少大幅攀升的个股前期都在平缓的上升通道中运行一段时间，股价阴阳相间、交错上行，角度多为45度，成交量错落有致。这种形态通常是庄家控筹所为，由于庄家大规模介入，必然使股价重心逐渐上移，慢慢形成一条上升通道，且初涨期升势一般很缓慢，既可降低持筹成本，又不至于过早招人耳目。这类个股上升通道维持的时间越长，庄家准备工作越充分，日后的爆发力越大。

3. 沿60度角上升

这种走势往往预示股价背后隐藏着重大题材，加之庄家实力强大，坐庄手法凶悍怪异，令股价涨势如弘。这表明庄家在底部长期潜伏吃货后，达到了高度控盘，加上拉升之初大势、板块、人气等诸多因素的共同作用，产生了闪电式拉升。这种走势庄家短期消耗能量过大，需要换手休整后，再度上攻。

需要注意的是，如果升势超过60度，表明庄家短期用力过猛，必然产生强力回抽。建议逢高减磅，波段操作。

4. 拉升时间、角度、速度三者的关系

一般而言，股价拉升的时间、角度、速度存在以下关系。

（1）拉升时间与上涨角度的关系。两者一般呈反比，即上涨角度陡峭的，持续时间较短；上涨角度平坦（适中）的，持续时间较长。

通常，30度角上涨的持续时间最长，可维持几个月甚至一年以上；45度角上涨的持续时间适中，一般在1~3个月；超过60度角上涨的持续时间最短，行情在几天或几周就结束。可见，角度平坦（但不低于30度角为宜）的上升速率维持时间较长，角度陡峭（特别是超过60角度）的上升速率维持时间较短。因此股民遇见“井喷”式行情，不可恋战。

（2）拉升时间与上涨速度的关系。两者一般呈反比，即上涨速度较快的，持续时间较短；上涨速度稳健的，持续时间较长。

（3）上涨速度与上涨角度的关系。两者一般呈正比，也就是说上涨速度越快，则上涨角度就越大；持续时间也就越短，反之则反。通常，“井喷”式行情的持续时间在5~10天左右，长的可能持续30天左右。

（4）拉升时间与上涨空间的关系。两者一般呈正比，即上涨空间越大，持续时间较长；上涨空间越小，持续时间较短。通常，一般股票的拉升幅度在50%以上，时间在5~10天，幅度较大的超过100%甚至200%以上，时间在10~30天，超级大牛市可能达到4~5倍甚至以上，时间在3个月以上。通常，一只庄股的整体涨幅不小于1倍，流通盘较大的，在80%左右。基本面较差又无可以看好的理由的，在60%~80%。小盘股、热门股的涨幅预期较高，可能达到2~3倍，甚至4~5倍或以上。庄家坐庄手法不同，其拉升幅度也有别：快速拉升的幅度在80%甚至2倍以上；一个波段或台阶的拉升幅度在30%左右，但总的幅度在1倍以上，推进式或复合式的拉升幅度在股价的1倍左右。

节奏5：拉升的手法

前面探讨了庄家拉升的几种主要方式和基本规律，那么股价到底是怎么涨上去的？下面着重分析一下庄家拉升的手法。

（1）压单对敲。庄家经过试盘后，觉得盘面较轻，浮动筹码较少，可在卖一、卖二或者卖三位置挂出大笔卖单，然后，再分批快速买进。诱导多头主动性买盘出现，刺激市场人气，促进股价上涨。

当股价轻松上涨一个台阶后，再次压单对敲买进。所不同的是，第二次压单数量应高于第一次压单数。当再次分批买进时，在分时线上就会呈现出价涨量增的良好盘面。第三次也是如此，压单的数量应一次比一次更大，从而促进成交量一波比一波放大，股价也一浪比一浪走高。

当日股价完成操作计划时，庄家可适时抛出一批筹码，打压股价升势。当股价向下回落时，可分批小单买进，控制股价走势，引导和掌握股价。当然，在股价拉到当日操作既定目标时，也可在卖三或上方位置挂出较大卖单，压制股价上涨，在买三或更低一点价位挂上较大的买单，利用夹板的方式控制股价，促进股价在该区域内充分换手。

需要注意的是，在第一波压单对敲过程中，如果发现没有跟风盘的话，庄家应适时停止无谓的对敲，以免形成自拉自唱的局面。

（2）直接对敲。直接对敲拉升和压单对敲拉升比较起来，更为隐蔽和安全。因为在压单对敲过程中，跟风盘蜂拥而至，很容易造成筹码分流，丧失廉价筹码。而直接对敲拉升则回避了此类风险。庄家在卖一、卖二或者卖三上挂单后，一般挂单量适中，庄家迅速地一笔买走，股价也随之走高，成交量的放大和股价的涨升同步进行，这样就避免筹码被其他机构或散户买走的可能性。如此反复，股价迅速推高。

压单对敲拉升往往是先放量后涨价，而且股价分时线向上的涨势较为缓慢。而直接对敲拉升是成交量的放大和股价的涨升同步进行，而在分时线上的涨势速度明显要比压单对敲的拉升速度快得多，这是两者之间的显著区别。

（3）梳式对敲。这种拉升方式，往往是庄家实力较弱时采用的一种。比如，手头资金紧张，或者可用来对敲的筹码较少，而大盘人气较好，个股浮码较小，在如此成熟的时机下，庄家为完成操作计划而采取的拉升方法。

由于庄家前期手中握有一定筹码，或者说筹码的锁定性比较好，庄家也是采取直接对敲拉高。可是由于庄家手头资金紧张，如果频繁采用直接对敲拉高的方法，一旦股价做高，资金用完，弹尽粮绝时，就再也没有资金护盘了，可是拉升时机又很好，那该怎么办呢？庄家只好利用有限的资金，每隔一分钟或几分钟进行一次直接对敲拉高，成交量也逐步放大，股价稳步盘升，所不同的是成交量看起来每笔间隔都留有空隙，好像日常生活中所用的梳子，所以叫梳式对敲。经过这样运作，既拉高了股价，又不耽误良好的战机，还能护盘作用，第二天又可以运用前一天卖出的资金进行周转，也算是识时务的明智之举。

（4）哄鸭子过河。这种拉升不包含任何对敲成分，只是采用挂单上的微妙关系，给关注该股的散户施加思想上的压力，改变或进一步刺激其固有的思维定式，从而赢得主动，起到不战而屈的良好效果。

比如，个股浮码稳定，大盘人气高涨，可是该股缺乏主动性买盘，股价纹丝不动，关注该股的多头都在等待逢低买进的机会，而欲卖出的空头都在等待寻找高点抛出。这时庄家只要在买一、买二或者买三上堆放虚张声势的大买单，并且频繁向上移动该买单，促使一直关注该股的多头按捺不住，恐怕等不到逢低买进的机会，只好主动向上买进上方的卖单。这样一来，股价不断上涨，散户多头奋勇买进，多头实力大增，而原来处于观察的空头逐渐心虚，渐渐产生惜售心理。庄家只要在下档不断变换买单的价位和数量，就可起到煽风点火的效果。

（5）推进式拉升。这种拉升和哄鸭子过河有一定的相同之处，都是在下档挂上大买单。唯一的区别是哄鸭子过河庄家仅是在下档挂上一个大买单，通过不断变幻买单的数量和位置，促进多头人气，推动股价上涨。而推进式拉升则是在下档连挂三档大买单，而在上档则挂上均匀而较小的卖单，通过这种挂单上的虚张声势的做法，诱导不明真相的散户买进上方庄家挂出的小批量卖单，股价在分时线保持一定角度的缓步上涨。这种拉升方法虽然也有一定的上涨，但是从严格的意义上来说，并不是拉升，而是庄家出货的一种手段，主要出现在行情上涨的末期。

（6）钓鱼竿式拉升。这种拉升方法和推进式拉升方法在挂单上恰恰相反。钓鱼竿式拉升方法则是在卖一、卖二和卖三上连挂三张较大的卖单，下档则不挂或者少挂买单。自己又通过不断的对敲买进上档之卖单的方法，促进股价上涨，引诱多头买进，由于下档买单极小，所以想卖出的空头又无从下手。从成交来看，外盘和内盘成交悬殊极大，外盘有时甚至大出内盘几倍甚至十几倍。但股价上涨的幅度却与此不成比例，这也是一种边拉边出的方式。虽然从一定意义上来说，钓鱼竿式拉升和推进式拉升有着庄家相同的出货意图，但比较起来，钓鱼竿式拉升比推进式拉升庄家显得更为心虚一点，但是两者又同时出现在行情的末期。钓鱼竿式拉升可能出现的更晚一些。两者的区别，除了挂单方法不一样外，推进式拉升包含的对敲成分要比钓鱼竿式拉升包含的对敲成分要少得多，或者是说也有可能不包含对敲成分。另外，推进式拉升如果是出现在低位，也有可能是实力较弱的庄家在虚张声势的拉高股价，并不完全是出货，而出现在高位则另当别论。

第四节　散户出招：抓住主升浪暴利阶段

招数 9：如何判断即将启动的股票

1. 行情即将启动的识别

（1）股价离历史最低价不远（指近一年），高位曾经放量，但后来一路盘跌，近两三个月忽然不再下跌，成交量比下跌时悄然放大，有时候放大甚至到下跌时的 5～10 倍。股价在此期间涨幅甚小，不到 20%，5 日和 10 日均线走得很平，30 日均线也快到了，突然某天大涨一下，过后好几天都没动静，又几乎跌回原处，甚至于无量跌破平台。此时并无该股的重大利空，倒是那天大涨之后有某种利好传闻。只要走出低位平台放量，然后无量向下急跌的形态（跌的过程中大家都在赔钱，只是庄家赔小挣大，而且跌的量小于平台放量的 10 倍以上），就表明该股离启动不远，一般不超过 10 天就能上涨。此时应果断介入，坐等抬轿，不亦乐乎！如果心里还不踏实，可继续观望至该股 V 形反转至平台处，不用放大量即轻松越过，到时再跟进也不迟，只不过是少赚 15%～20%。

（2）股价处在高位或新高附近，然后长期横向盘整（横盘时大盘很可能在阴跌不止），此类股票在创出此高价时成交量逐级放大，到了高位后却没有放过量，而且成交量日益递减。到横盘末期，日换手率竟在千分之一二，在盘中经常可见几百股就把股价上下打来打去几毛钱，此时千万不要以为庄家体力太差或庄家不存在了。实际上，当时见庄家进场跟进的人大都忍受不了长期的折磨，要么平推，要么割肉走了，而后来的人见股价太高，都不敢介入。

从图形上来说，短中期的均线都已走平，长期均线即将与短期均线碰撞。K 线收出一串小十字星或下影线较长的“T 字形”，有时也出现大幅低开后又迅速拉回平台的情况。这就意味着这只股票即将启动，必然创出又一高点。需要注意的是，这种股票有时有风险，就是临进年底或临近出报表时，庄家拉出一波天天放量的行情，其实是边打边退。K 线图看着很漂亮，后来突然不放量了，一路阴跌，大家还以为是调整，死捂不放，或者还有个别股评家使劲推荐，公司的基本面也挺好，这都是配合庄家出货。所以这种股票一定要在成交量萎缩到极点时介入，一旦连着四五天放量推高，就不必去刀口舔血了。

2. 一般涨升行情的识别

量价关系如同水与船的关系：水涨船高。只要有增量资金，只要增量资金足够，只要增量资金持续放大，则股价是可以拉升的。这里面的重要预测公式和方法如下。

（1）首先预测全天可能的成交量。公式是：

（240 分钟 ÷ 前市 9：30 到看盘时为止的分钟数）× 已有成交量（成交手数）

使用这个公式时又要注意：往往时间越是靠前，离 9：30 越近，则越是偏大于当天实际成交量。一般采用前 15 分钟、30 分钟、45 分钟等三个时段的成交量，来预测全天的成交量。过早则失真，因为一般开盘不久成交偏大偏密集，晚则失去了预测的意义。

（2）如果股价在形态上处于中低位，短线技术指标也处于中低位，则注意下列几种现象：如果当天量能预测结果明显大于昨天的量能，增量达到一倍以上，则出现增量资金的可能性较大；当天量能预测结果一般说来越大越好；可以在当天盘中逢回落尤其是逢大盘急跌的时候介入；如果股价离开阻力位较远，则可能当天涨幅较大；如果该股不管大盘当天盘中涨跌，都在小幅波动中横盘，一旦拉起，则拉起的瞬间，注意果断介入。尤其是，如果盘中出现连续大买单的话，股价拉升的时机也就到了。通过研判量能、股价同股指波动之间的关系、连续性大买单等三种情况，盘中是可以预知股票将要拉升的。综合上述，股价处于中低位，量能明显放大，连续出现大买单的股票中，有盘中拉升的机会。尤其是股价离开重阻力位较远的，可能出现较大的短线机会。

（3）如果股价处于阶段性的中高位，短线技术指标也处于中高位，尤其是股价离开前期高点等重要阻力位不远的话，则要注意：量能明显放大，如果股价不涨反而走低的话，则是盘中需要高度警惕的信号，不排除有人大笔出货，这可以结合盘中有无大卖单研判；高位放出大量乃至天量的话，则即使还有涨升，也是余波。吃鱼如果没有吃到鱼头和鱼身，则鱼尾可以放弃不吃，毕竟鱼尾虽然可以吃，毕竟肉少刺多。

3. 进入主升行情的识别

一轮行情中涨幅最大、上升持续时间最长的行情为主升浪行情，比较类似于波浪理论中的第 3 浪。主升浪行情往往是在大盘强势调整后迅速展开，它是一轮行情中投资者的主要获利阶段。参与主升浪行情操作，必须要了解它的特征。

从技术指标角度分析，主升浪行情具有以下确认标准。

（1）主升浪行情启动时，多空指数 BBI 指标呈现金叉特征。BBI 指标将由下向上突破 EBBI 指标。判断上穿有效性的标准要看 BBI 指标是从远低于 EBBI 的位置有力上穿的，还是 BBI 指标逐渐走高后与 EBBI 黏合过程中偶然高于 EBBI 的，如是后者上穿无效。

（2）主升浪行情中的均线系统呈现出多头排列。需要注意的是，均线系统的参数需要重新设置，分别设置为 3 日、7 日、21 日和 54 日。这些均线与普通软件上常见的均线相比，有更好的反应灵敏性和趋势确认性，而且由于使用的人少，不容易被庄家用于骗线。

（3）在主升浪行情中，MACD 指标具有明显的强势特征，DIF 线始终处于 MACD

线之上，两条线常常以类似平行状态上升，即使大盘出现强势调整，DIF线也不会有效击穿MACD线。同时，MACD指标的红色柱状线也处于不断递增情形中。这时，可以确认主升浪行情正在迅速启动。

（4）随机指标KDJ反复在高位钝化。在平衡市或下跌趋势中，随机指标只要进入超卖区，就需要准备卖出；一旦出现高位钝化，就应坚决清仓出货。但是在主升浪行情中，随机指标的应用原则恰恰相反。当随机指标反复高位钝化时，投资者可以坚定持股，最大限度地获取主升浪的利润。而当随机指标进入超买区时，投资者就要警惕主升浪行情即将结束了。

招数10：如何判断股价上涨的真假

股价变动是通过涨跌来体现的。这里所说的涨跌，不是指每日涨一点或跌一点的小波动，而是指股价持续阶段波动或者日涨跌幅度很大的波动。在底部区域，一只股票成交量不能太少，特别是振幅不能太小，成交量少、振幅小的股票没有弹性，后市潜力可能不大。一只股票经常在涨幅排行榜前列出现，也经常在跌幅排行榜前列出现，敢涨也敢跌的股票才是好股票（以庄家没有赚过钱为前提）。这样的股票以后可能成为大“黑马”，值得重点关注。对待上涨，最关键的是要区分清楚股价是不是真正的上涨。

（1）从来没有上涨过的，而且股票价格定位又不高的，真涨的可能性就大。

（2）股价离庄家成本不远的，上涨的概率就很大。

（3）股价位置低，经过了充分盘整的，上涨的概率就更大。

（4）没有消息，没有明显上涨理由的（主要指利好刺激），真涨的可能性很大。如果短期配合出利好消息的，则只是小一段。

（5）因为出现突发性利好而上涨的，上涨可能持续不了多久。已经涨幅巨大的，下跌很快就要来临。

（6）缺少成交量配合的上涨，真实程度不够（除非经过放巨量震荡整理后缩量上行，且是控盘的庄股，此类股票以后不会太多）。

（7）没有气势的涨是虚涨（除非持续不断小阳上涨，且温和放量），上涨可能是假的。

（8）上涨过快的股票，除非经过长期的震荡整理，且量价配合理想，并刚刚进入庄家的拉升阶段，否则当心“震荡”或反转。快得很有“气势”的，可能是短跑黑马。

（9）慢涨盘面上要慢的手法，经常有点“花招”又长期不涨，让人腻味的。股民不愿参与的，没有持股信心的。股价位置不高，又经历了充分震荡、换手的，可能是大黑马。

（10）经过充分炒作累计上涨幅度巨大的股票，一旦开始下跌，其后可能有数次间歇性的上涨。尽管有时幅度还不小，但这仅仅是反弹而已。快跑为妙，千万不要抱有任何幻想。

我们对待涨跌都应该有一个直接的认识。上涨不一定都是好事，顶部阶段的放量暴涨，下跌途中的单日放量突涨，以及平衡市和熊市中遇反弹时的大涨，可能都不是什么“福音”。

因此对股价的涨跌，应当辩证地看待。上涨蕴含着的是风险，下跌孕育着的是机会。上涨虽然是机会，但如果涨得不真实或涨的基础不牢靠或者上涨的幅度过大、过急，则上涨就蕴含着风险，并且伴随着上涨，下跌是迟早的事情，而下跌的机会则更大。首先，只涨不跌就积累了巨大的风险，涨幅越大则风险越大，而下跌可以化解风险。其次，经过下跌以后，上涨基础反倒是坚实的，并且下跌为上涨积累了能量。最后，股市是逐利的场所，下跌幅度越大，机会就明显越大（以不是熊市为前提），庄家就会入场，赚钱的机会也就来了。

招数 11：如何确保拉升带来的硕果

无论是什么样的庄家，在进场收集一定的筹码并经不同程度的洗盘（非必需的，可在拉升中完成）后，最终必然会将股价通过一定的手段拉升起来，以达到将来高位派发获利的最终目的。具体到不同的庄家、不同的个股，其拉升手法也会有差异，拉升的幅度也难以准确把握。但是，由于这是庄家必须完成的一个关键阶段，综观中外，概莫能外。这也使一批精明的投资人看准庄家，紧跟步伐，享受最高级别的快乐时光。

（1）估算庄家拉升高度。在解释这个问题之前，必须区别不同类别庄家的获利要求：第一，短线庄家的拉升由于收集的筹码比较少，一般都不会将股价拉得太高，通常在 10% ~20%，超过 30% 就要有个股的重大利好消息或大市的极力配合；第二，中线庄家的拉升由于控盘高、时间长、投入多、成本高，拉升幅度显然要求大一些，一般在 80% ~100%，强庄股或潜力股超过 200%、300% 者不乏其例；第三，长线庄家比中线庄家要求利润更高，拉升幅度更大，但往往分为几个大波段操作，每一个波段的利润区都较大，一般涨幅都在 100% 以上。

庄家入驻一只股票之后，没有获利一般是不会撤退的。作为庄家一进一出之间没有 30% 的净利润，一般是不会干的。计算庄家的持仓成本，加上至少 30% 的净利润，再加上融资成本、交易成本、拉升成本、洗盘成本等因素，最后没有 50% 的空间，庄家是出不了局的。有了这个起码目标作为参考，就不会过早地跟庄家说“再见”了。

（2）在拉升初期时介入。在拉升初期介入几乎无须等待，马上就会有账面利润，这时跟进需要胆识，因为股价已脱离底部区域，并上升了一大截。跟进的价位不超过庄家成本的 30% 为宜，较强的庄家，可以调高至 50%。注意，这里指的是庄家的成本，而非股价在本轮的最低价位。此时跟进的重点就是，要准确判断究竟是拉升还是洗盘的继续。有时候，有的庄家实力不济，反复在 50% 的空间内做波段。此时，若误中奸计，没准会买到一个波段顶点。这就强调在拉升初期跟进时不宜过分追高。

（3）在拉升中后期卖出。此时的典型特征是，股价上涨幅度越来越大，上升角度越来越陡，成交量愈放愈大，交易温度炙热。此时，大幅拉升阶段也就快结束了。因为买盘的后续资金一旦用完，卖压就会倾泻而下。此现象的出现表明涨势将尽，上升乏力，涨势力竭，有趋势反转之嫌。因此，该阶段后期的交易策略是坚决不进货，如果持筹在手，则应时刻伺机出货。

（4）对不同的拉升手法，采取不同的操作策略。对于广大散户来说，最乐于持有的股票莫过于直拉式上升了。由于该类股票短期内涨幅巨大，且上升过程中一往无前的态势使得短线客轻易获利，极大地满足了大部分投资者急功近利的心态，深受散户的欢迎。在投机较强的个股上容易发现这类个股的走势，而随着市场的发展，部分庄家已逐渐开始摒弃这种短线操作行为，逐渐采用长线投资策略。

对于台阶式拉升，一步一个台阶上升，每上升一个台阶，幅度都不会太大。30 日、60 日均线对股价的走势形成长期的依托，股价离均线不远，很少形成加速走势，投资者在短期内获利有限，使庄家操作时上行压力不大。而一旦大盘不稳，该类股票回调也有限，在 30 日、60 日均线处往往止跌。通常，这类个股很少居于市场的涨幅前列，基本上不为市场所关。而成交量也不会呈现较明显的放大状态，经常以缩量的形式缓缓走高，在市场投资者不觉不知之中完成了推高过程。

事实上，发现庄家不是最难的事情，敢于跟定庄家最终大赢出局才是最难的。特别是每日坚持看盘的朋友经受的考验更是无法用言语形容，买进之后担心庄家继续打压无钱补仓；庄家拉升之后随时又担心庄家洗盘，失去波段利润。

跟庄是辛苦的，但是坚持用这种方法操作的朋友最终会获得成功，并且在总结经验的基础上能驾轻就熟，形成一种有效的投资方法。其实，庄家对那些选择长期持股的人一点招儿都没有。

第六章　诡异出货——给你设下贪婪陷阱

第一节　庄家出货的五个阶段

庄家出货是一个复杂的过程，也是最关键的一环，没有散户那么简单容易，对于庄家来说是一种操盘艺术。出货顺利，则能享受胜利果实；不能如期出货，就有可能前功尽弃。散户了解庄家的出货过程，可以更好地与庄同行，获取更大的利润。

出货大致可分为以下几个阶段：高位减仓、集中出仓、低点补仓、拉高再出和全面清仓五个阶段，见图6－1示意图。

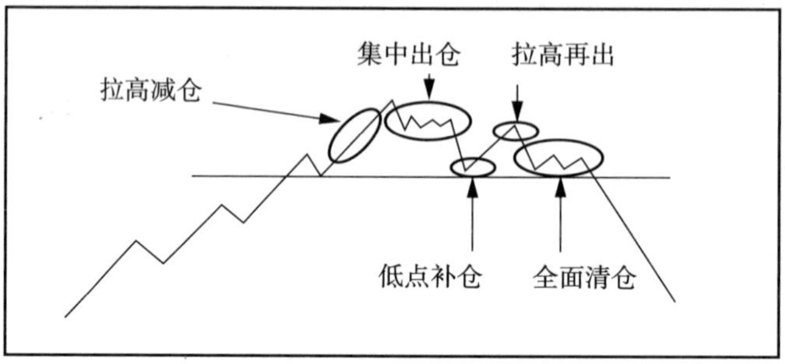

图6－1　庄家出货示意图

◪ 阶段1：高位减仓

短线庄家派发比较容易，由于所持筹码并不多，可以在较短的时间内完成出货计划，且战术也相对简单。而中、长线庄家比较讲究派发的技巧，散户完全感觉不到庄家已经在出货，所以在股价真正见顶之前，庄家已经逐步开始减仓了，以减少后面的风险，这时股价依然强劲地上涨。而且，在派发过程中视盘面情况而定，如果前面是一个明显的阻力区，就提前实施派发计划，减轻仓位；如果散户追涨积极，则减少出货数量，等待更高价位的出现，获取更大的利润。通过高位减仓后，当股价真正顶部出现时，庄家所持筹码并不多，可以进退自如，逃之夭夭。这种出货方式的优点是降低风险，先期盈利得到确保；缺点是大势火热时，丧失财富膨胀机会。

高位减仓的坐庄手段在于，庄家手中的筹码相对比较集中，无法确保以后可以在高位全部派发，或因市场不确定因素所致，使庄家无法完成预定出货计划。因而在拉升过程中逐步减仓，以便在突发因素来袭时可以尽快将仓尾货悉数抛光，降低坐庄风险，确保前期盈利。而事实上，庄家也不可能把所有的筹码拿到最高价位再处理，这样等于让庄家自己坐以待毙。因此散户了解掌握庄家出货过程，对防范风险有着不可忽视的作用。

图6-2，创业环保（600874）：该股从8元附近启动后，股价三波拉升，大幅炒高，2017年5月16日股价创出了24.84元高点，累计涨幅超过200%，随后股价见顶回落。

其实，在股价见顶回落之前，庄家已在峰前趁市场火爆之机派发了大量的筹码。在散户的簇拥下股价节节拔高，而庄家在其中步步撤退。当股价真正见顶时，庄家手中筹码已经不多了，该股庄家坐庄十分成功。

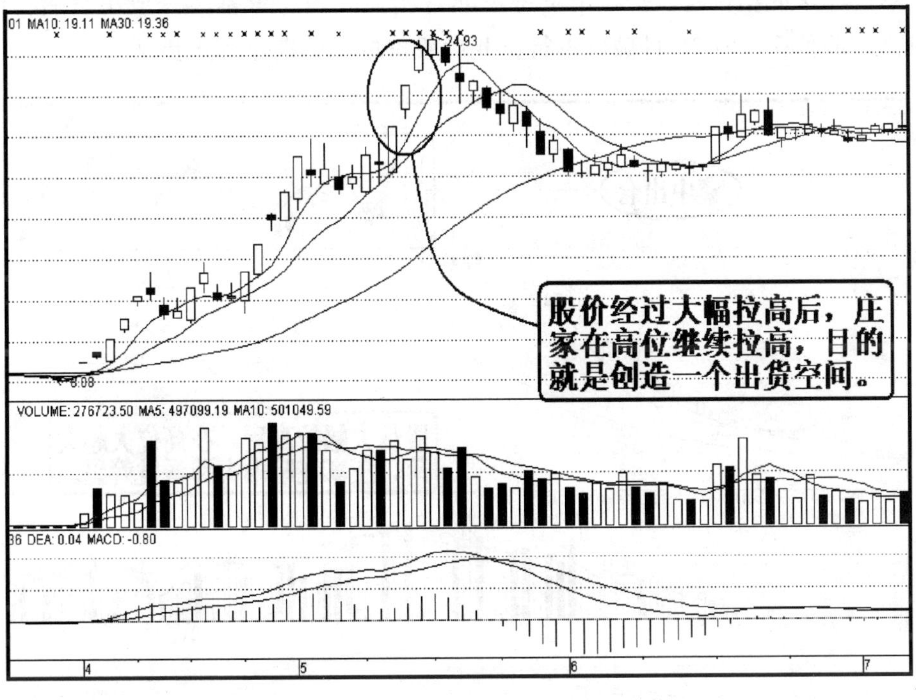

图6-2

◪ 阶段2：集中出仓

当然，高位减仓并不是庄家出货的主要手段，只是其中的一种出货方式，或者是防范风险的有效方法，真正的出货还是在高位集中大规模出仓阶段。高价位区域是庄家最理想的派发区，庄家将股价大幅炒高后，极力营造乐观气氛，激发市场人气，趁着散户买盘的积极涌入，庄家不断地在暗中出货，使股价出现回落走势。

然后，庄家停止抛售，反手做多，创造强势反弹行情，设计美丽的技术陷阱，市场仍维持十分乐观，诱导新的买盘介入，将股价继续维持在较高价位派发。这时成交量大增，大部分筹码在这一区域集中进行套现，交投十分活跃，形成密集成交区，并创下近期甚至是历史天量。当庄家基本完成派发任务后，股价步入下跌不归路，在日K线图上形成顶部形态。这种出货方式的优点是可以使筹码卖给好价钱，利润达到最大化；缺点是获利筹码一时难以兑现，一旦不慎往往功亏一篑。

集中出仓的庄家手段在于，由于股价的大幅上涨，散户沉浸在获利的喜悦之中，这时庄家悄然出货，使股价出现滞涨震荡。而散户却把这种震荡当作蓄势整理而介入，这样庄家的获利筹码就可以顺利地在高位得到兑现。

图6－3，神火股份（000933）：该股经过庄家的充分炒作，人气完全被激活，股价出现快速上涨，庄家获利极为丰厚，基本到达集中出仓区域。

2017年8月初开始，股价进入盘头走势，大起大落，放量出货，多次出现破位迹象时，总被庄家成功拉起，护盘出货迹象非常明显。当庄家基本完成出货后，庄家就放弃护盘，股价在9月25日破位下行，此后股价进入中期整理走势。

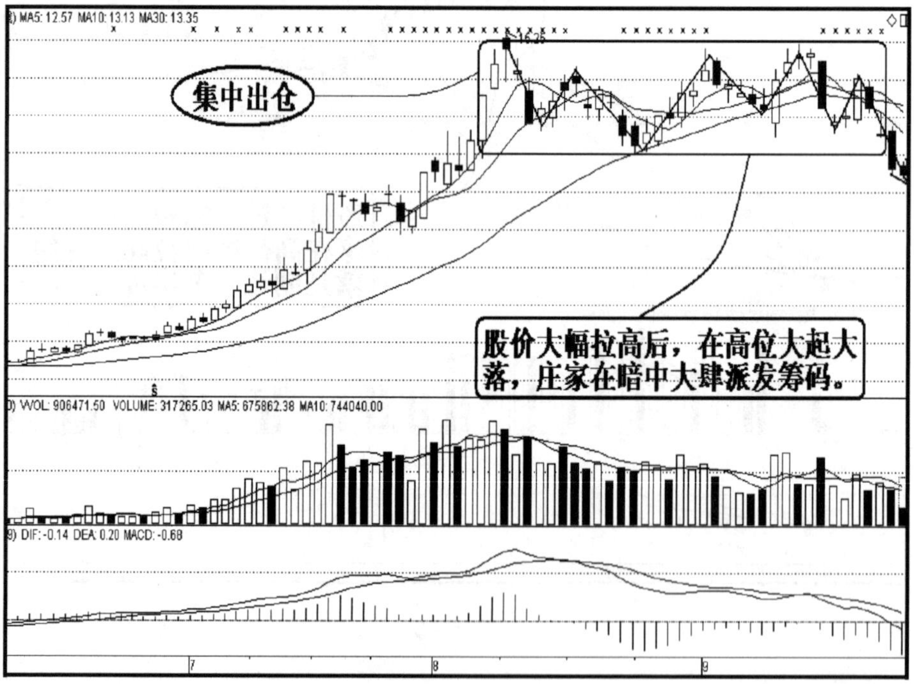

图6－3

当股价高高在上时，对于散户来说只有投机机会，而没有投资价值。庄家为了完成出货计划，必须通过高位股价震荡来麻痹散户。顶部震荡时间长短取决于股价累计涨幅、大盘走势、操盘手法、庄家成本等多种因素，但无论股价怎么走，这一阶段的交投规模必定出现总体缩小，因为快进快出的短线高手毕竟少数。因此顶部成交量总体呈缩小趋势是这一阶段的特点。

当然，庄家为了吸引投资者的注意，也经常用对倒的手法制造虚假的成交量。在庄家对倒当日，股价在巨量的支持下往往有一定的涨幅，并在随后几日里仍然进行对倒。庄家从中择机出货，股价出现放量滞涨现象，对倒造成快速隆起的量峰。当庄家放弃对倒时，盘面又恢复平静状态。由于很多庄家在顶部使用对倒手法造势，所以对倒放量也是顶部集中出仓的又一特点。

阶段3：低点加仓

高抛低吸是股市天条，不仅散户喜欢这样做，庄家也愿意这样做。庄家经过高位集中出仓之后，手中仍有不少筹码，但股价已有了一定的下跌幅度。这时庄家会进场护盘，在合适低位加仓（但增仓量有限），再度将形态做好，同时一些场外短线资金也出现回补动作。在技术上稳住重要的技术关口，一方面停止抛售，另一方面积极护盘。让投资者感到股价已经止跌，同时做出一些典型的双底、箱形或底部K线形态等止跌性信号，误导投资者以为股价结束调整，即将展开新一轮升势，从而盲目杀入，使庄家的派发活动得以继续进行。这种出货方式的优点是高抛低吸做差价，又使原先留仓筹码卖得更高，也是自救的好办法；缺点是仓位加重，万一失手，则会加大损失。

低点加仓的庄家手段在于，股价经过前面的大幅拉升，吸引了不少的跟风盘，市场人气较高，盘面较活跃。这时庄家停止拉升股价，悄悄向外出货，使股价出现回落。由于庄家还握有不少的筹码，没有全部派发出去，因此封堵股价持续下跌，并将股价继续拉起，使股价维持在高位震荡，构筑新的技术图形。许多散户以为技术形态完好而继续持股不动，或继续买进做多。庄家在散户不知不觉中，顺利完成出货计划任务。

图6－4，创业环保（600874）：该股经庄家成功炒作后，累计涨幅超过200%，股价高高在上。其实，庄家已在峰前趁市场火爆之机派发了大量的筹码，在股价见顶回落之前，手中筹码已经不多。然后，股价渐渐向下回落，成交量也同步缩小。庄家为了使手中的少量筹码也能卖个好价钱，当股价有了一定的下跌幅度后，庄家开始进场护盘，用少量资金小幅加仓并拉高股价。随后在高位形成平台整理，通过放量对倒手法，基本完成了最后的派发计划，从此股价步入漫长的调整走势，不知不觉中将散户套牢在高位。所以，投资者在实盘中遇到这种走势时，可在股价回升到前期高点附近，全面抛空出局。

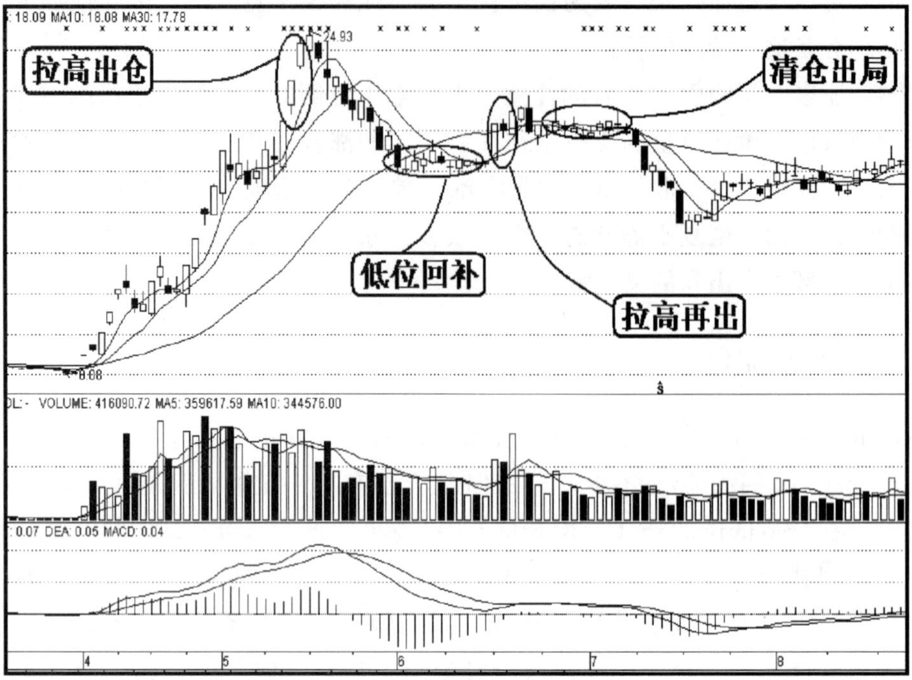

图 6-4

◪ 阶段 4：拉高再出

庄家经过低点补仓后，股价出现回升走势。此时散户又出现新的跟风潮，庄家抓住时机再次大量出货。可见，这是庄家动用少量的资金，拉高股价吸引散户跟风。通常股价回升到前期高点附近时，庄家会主动回撤，否则如果继续上攻会遭到解套盘的抛压，这样庄家是吃不消的。这种出货方式的优点是再次创造高抛机会；缺点是一旦被散户看穿，则会得不偿失。

图 6-5，北方稀土（600111）：该股被成功炒高后，庄家在高位大量减仓，在派发中基本遵循着高位减仓、集中出仓、低点加仓、拉高再出以及全面清仓这一过程。

当庄家基本完成出货计划后，股价从 2017 年 9 月开始渐渐向下回落，进入中期调整走势。因此，投资者必须紧跟庄家步伐，庄家走我也走，才能保住胜利的果实。

◪ 阶段 5：全面清仓

庄家经过高位减仓、集中出仓，并经过低点补仓和拉高再出后，所持仓位已经不多，甚至已经顺利撤退或只剩一些仓底货。这时庄家抓住时机进行全面清仓，轻轻松松地回府结账数钱了，至此一轮精心策划的坐庄计划成功完成。可见，股价回升后再次下跌时，就是散户最后的逃命机会。投资者应很好地把握机遇，否则身陷套牢被动之中。这种出货方式的优点是完成胜利大逃亡；缺点是有时仓底货可能会砸得很低。

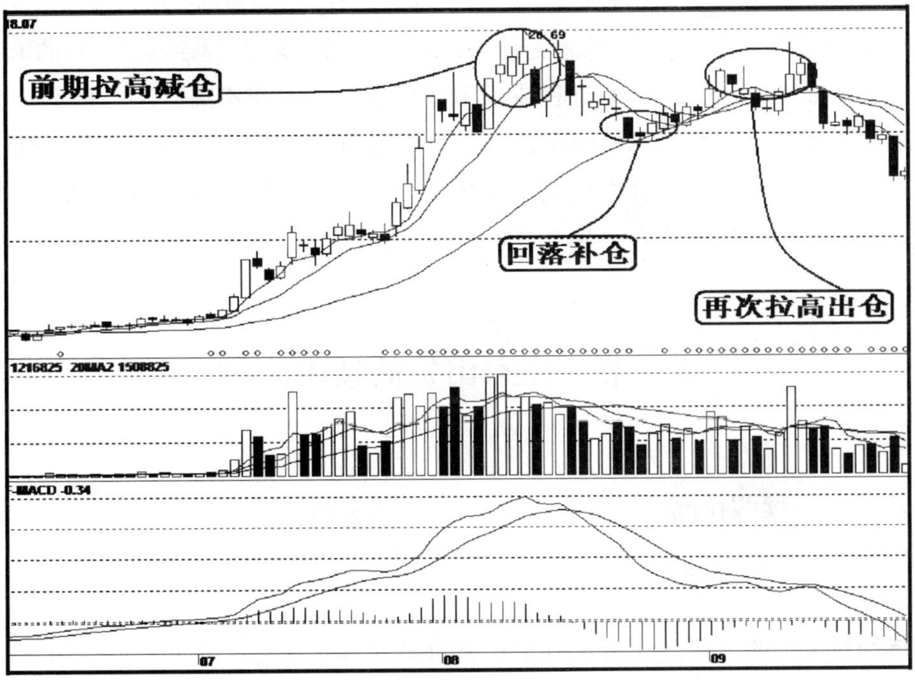

图6－5

图6－6，冀东装备（000856）：该股大幅炒高后，庄家在高位大量派发筹码，整个过程完全符合出货规律，可谓学院式出货模式。经过低位补仓后，庄家在高位全面清仓，然后股价进入中期调整走势，整个出货过程中如诗如画，妙趣横生。

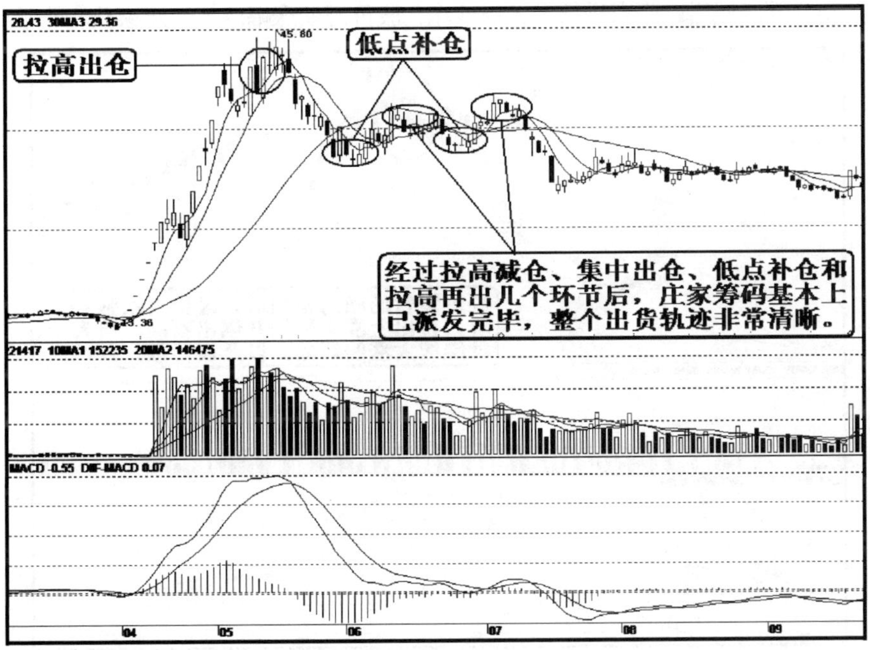

图6－6

投资者可以按照上述庄家出货示意图，自行琢磨分析，一定能够找到庄家出货的蛛丝马迹，这样你就不会被庄家套牢了，既感受到跟庄带来的收益，又能洞悉到坐庄过程的乐趣。

上述剖析了庄家出货的基本过程或步骤，出货手法万变不离其宗，只不过在一些盘面细节上有别而已。翻开沪深两市的大多数股票其出货轨迹莫过于如此，投资者只要认真分析盘面走势，一定会发现其中的规律。这样就掌握了出货的秘密，也就抓住了庄家的咽喉，当然也成就为一名驰骋股市的高手了。

第二节　庄家出货的技术陷阱

意图 25：持续假拉高

1. 高位诱多阳线

市场经过成功的大幅炒作或反弹后，股价到达高价区域，庄家获利十分丰厚。为了能够尽可能在高位出货，便会刻意做出各种各样的诱多信号，以吸引散户入场接单，而持续拉出阳线特别是大阳线是最常用也是最有效的诱多手法。因此，在高位出现大阳线的背后，往往隐藏着巨大的庄家陷阱。投资者应当理性地分析和判断，以免落入庄家设置的圈套之中。

图 6－7，中安消（600654）：在长时间的底部震荡过程中，庄家吸纳了大量的低价筹码。股价成功脱离底部区域后，庄家进行了大幅炒作，股价短期涨幅巨大，庄家获利非常丰厚。

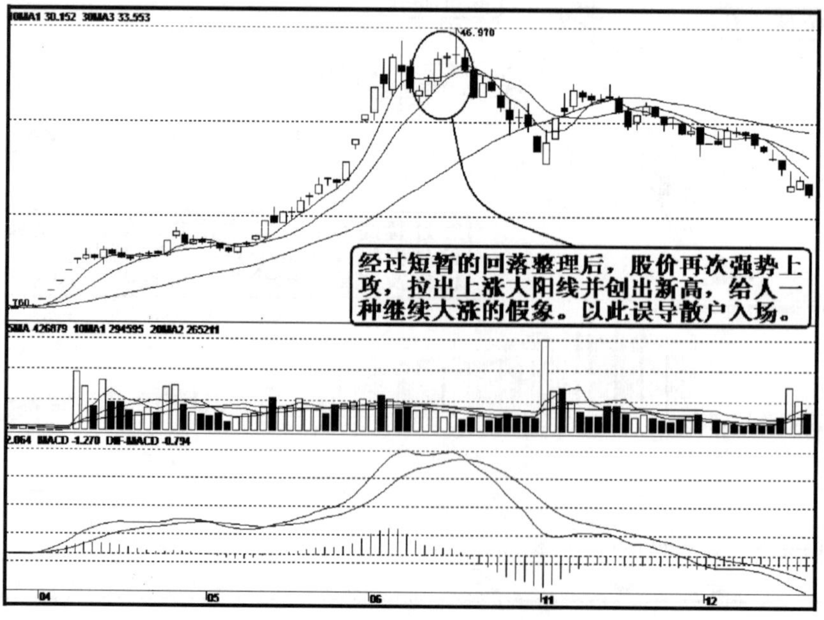

图 6－7

股价在高位经过短暂的回落整理后，庄家为了更好地在高位兑现获利筹码，继续将股价向上推高，连续拉出多根上涨大阳线，创出本轮行情的上涨新高。

此时，不少散户认为股价展开新一轮上涨行情，在暴富思想的作用下，而纷纷选择介入。可是，随后的走势大出意料之外，股价很快出现放量下跌，市场步入中期调整走势，将跟风买入者个个套牢在高位。

从图中可以看出，在这些大阳线之前股价出现暴涨走势，累计涨幅巨大，短期市场存在回调风险，这些上涨阳线只不过是庄家用来欺骗入市不久的散户而已。因此，在高价区当股价不断出现新高时，投资者应及时减仓或离场操作。

在实盘操作中，要特别注意连续出现多个“一字形”或“T字形”涨停之后的大阳线。这种大阳线具有很大的欺骗性，大多是庄家出货K线。通常，在庄家快速拉升行情时，经常连续以“一字形”或“T字形”涨停方式拉高股价，这种走势短期内堆积了大量的获利筹码，一旦打开涨停板后，可能会引发巨大的抛盘出现。但庄家竭尽全力进行护盘，在高位继续拉出大阳线，筑巢引凤，引诱散户积极参与。当那些“初生牛犊不怕虎”的散户纷纷介入后，股价却反转下跌了，从而形成高位大阳线陷阱。

图6－8，华丽家族（600503）：该股实力强大的庄家入驻其中，经过长时间的震荡筑底过程后，庄家吸纳了大量的低价筹码后，股价突然一跃而起，出现一波“井喷”式行情。股价连续以“一字形”或“T字形”跳空涨停，短期涨幅非常惊人。

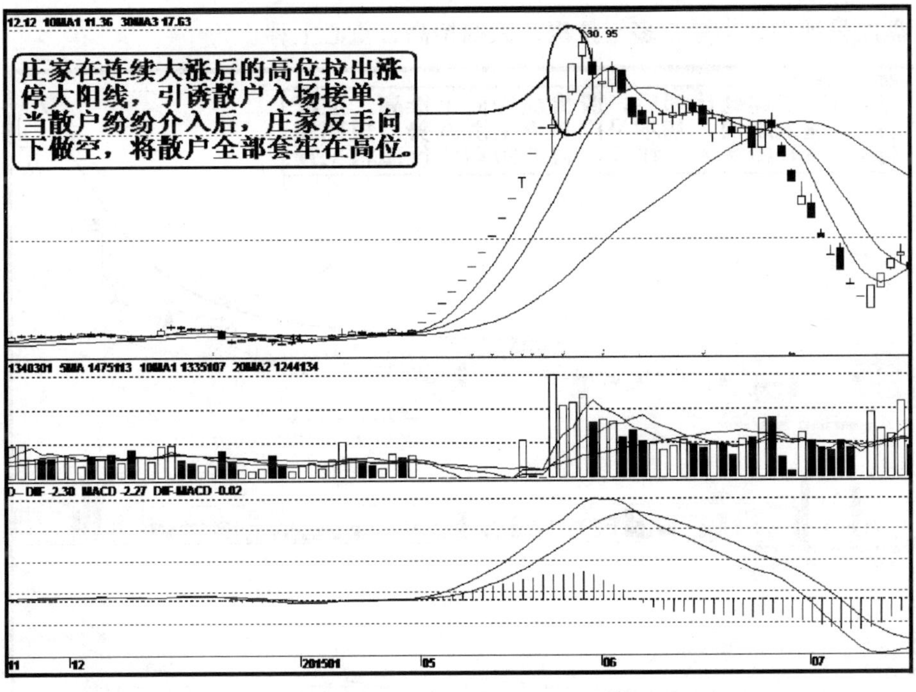

图6－8

当股价打开涨停板后，抛盘迅速加大，但庄家顶住一切压力，使股价维持在高位，并在高位继续拉出大阳线，甚至拉出涨停大阳线，以此吸引散户参与。这时，有的散户以为股价后市还会上涨，在暴富心理的驱使下，盲目跟风而入，结果股价很快反转下跌，而散户被套牢在高位之上。因此在这样的高位，风险不言而喻，投资者应远而避之。

2. 最后快速冲刺

庄家完成建仓后，股价慢慢脱离底部，然后底部缓缓抬高，上涨步伐渐渐加快，最后达到加速冲刺阶段。在整个上涨过程中，呈圆弧形上涨态势，速度越来越快，角度越来越陡峭，最后形成快速冲刺走势，此时成交量也明显放大。“加速冲刺”是上涨过程中最凶猛、最疯狂的阶段，也是最引人注目的过程，更是风险聚集的阶段，往往是上涨行情即将结束的时段。

同时，在很多时候这是庄家的故意拉高行为，其目的是通过快速拉高手法，在市场疯狂之中趁机出货，同时快速拉高也能节约庄家的成本。因此，投资者在这阶段里一定要沉得住气，在与庄家斗智斗勇时，不但需要智慧和眼光，还需要有定力，才能避免掉进各种各样的技术陷阱。否则，一旦在这阶段被套牢的话，无异于瓮中之鳖，短期内难以脱身。

图6－9，普利制药（300630）：该股主力采用了圆弧式拉升方式。在主力完成建仓计划后，股价渐渐进入上升趋势，在初入升势时主力让股价在平缓的上升通道中慢慢爬行，盘面呈现小红小绿，多空拉锯，微幅抬高，重心上移。

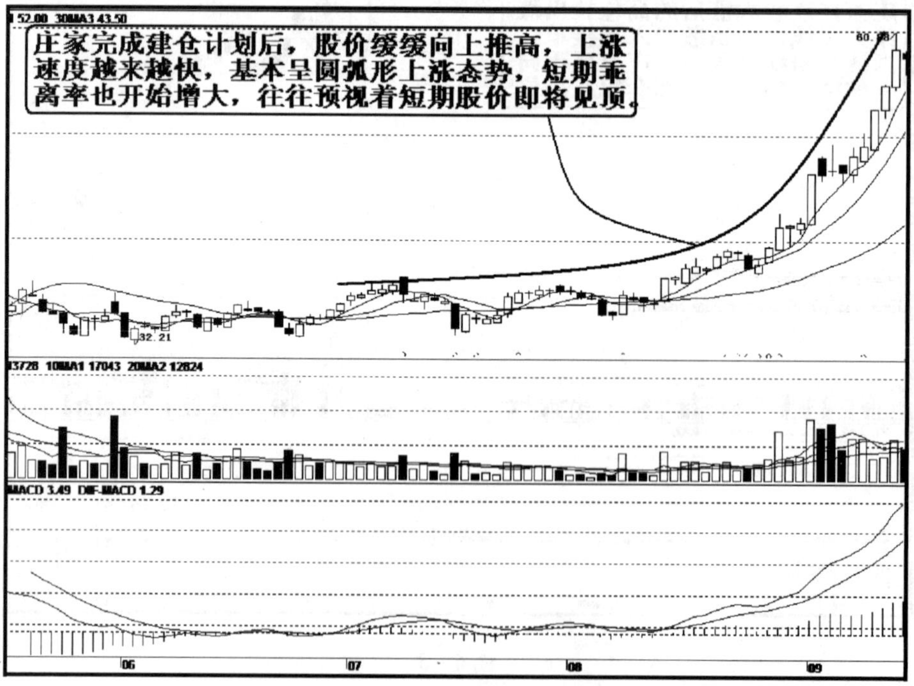

图6－9

这种盘面走势，一方面可能是因为散户信心一下子未能恢复过来，不敢盲目追涨，另一方面庄家也不敢轻易拉高股价，担心遭到散户的抛售。

随着势道的盘坚后，散户开始逐步追进，增加了股价推升的力量，使股价越走越快，从而形成圆弧形上升走势。

在这类个股中，当股价加速拉升结束时，通常就是一个中期头部，所以散户在快速拉升结束时应选择离场操作。

这类个股的主力坐庄意图就是，在起涨底部阶段，放缓上涨速度是为了不让底部介入者以更多的利润，尽量让浮动筹码在底部自由交换，使市场平均持仓成本向高处转移。中后期的快速拉升，是引发更多的买盘资金加入，帮助主力拉高股价，实现胜利大逃亡。

散户操作策略：这种拉升方式的累计涨幅较大，散户入场后要保持良好的心态，不要频繁操作。可以忽视上涨过程中出现的小幅震荡，当股价出现异常波动，股价冲高回落，有大阴线产生时，考虑卖出。持币者可以在股价回落到均线附近时，买入做多。

意图 26：假蓄势整理

通常，股价经过大幅上涨后，将在高价区域维持一段时间的震荡走势。这是庄家为了使自己的筹码卖个好价钱，就着力将股价维持在高位震荡，不时地出现一根根大阳线，给投资者造成蓄势待发的假象，让你认为股价经过蓄势整理后，股价将迎来新的上涨行情，当前是一个较好的买入点。因此有的散户经不住大阳线的诱惑而介入，不料庄家一反常态股价下跌了，这就中了高位震荡中的庄家诱多手段。

图 6－10，西藏天路（600326）：该股在 2017 年 7 月出现一轮暴涨行情，庄家短期获利较大。无论后市股价是否继续上涨，短期都需要兑现获利筹码，因此兑现筹码是庄家当务之急。所以，庄家竭力将股价维持在高位震荡，通过高位大阳线维持市场人气，达到尽可能在高位出货的目的，分别于 8 月 1 日和 8 月 4 日在高位拉出大阳线，形成蓄势待发的假象，以此引诱散户跟风入场。但结果并出现持续的上涨行情，股价继续陷入盘跌走势，在大阳线当天介入者，别说赚钱，不被套牢就已经是万幸了。

其实，该股的这两根大阳线均存在一些技术缺陷。前面的大阳线产生后，第二天几乎被一根大阴线覆盖，形成高位“镊顶”形态，多头气势一扫而光。后面的这根大阳线完全是受前低支撑而产生的短期弹升走势，此时股价已经完全处于横向盘整状态，上涨势头渐渐消退，且成交量大幅萎缩，显然没有上涨动力。随后股价回落到 30 日均线之下，盘面渐渐走弱。因此，对于高位盘整中出现的多头信号，投资者可以暂时放弃对后市行情是否继续走高的猜测，仅短线盘整就是一段难熬的日子，因而选择观望为好。

高位大阳线即将见顶的盘面特征：①在股价大幅上涨后出现；②当日或前后几日

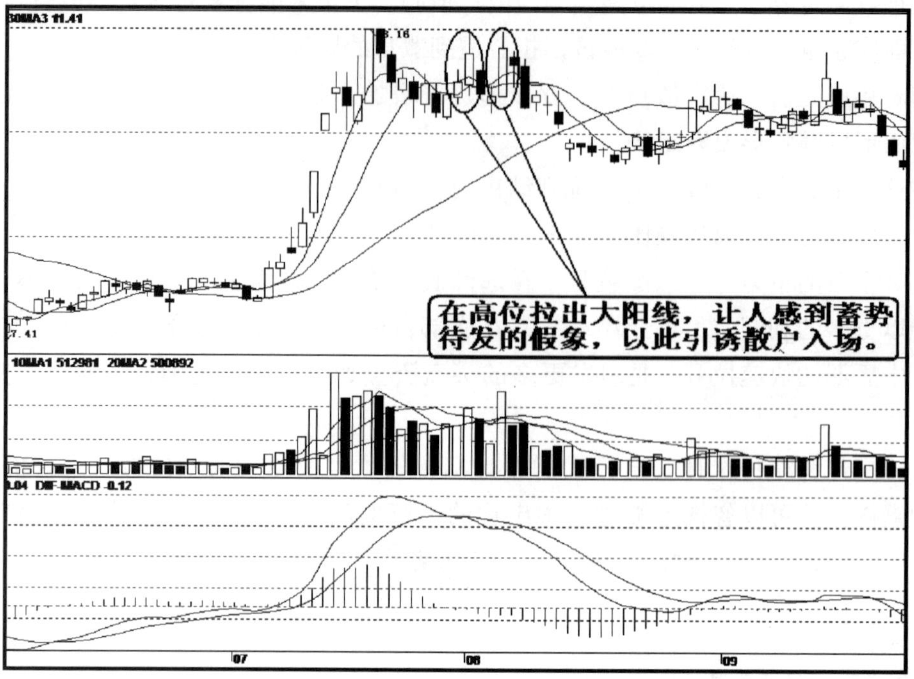

图 6－10

成交量激增，甚至出现天量；③股价重心开始下移；④一般一周之内，大阳线开盘价就会被击穿，且击穿后股价出现快速下跌态势；⑤起到诱多的作用，掩护庄家高位出货，是典型的赶顶信号；⑥如果庄家拉大阳线的目的要把股价做上去，一般就不会让后面的 K 线跌破大阳线的开盘价；相反，如果庄家拉大阳线的目的是诱多出货，一般大阳线的开盘价用不了多久就会被击穿。

意图 27：假技术支撑

股价经过持续的大幅上涨或反弹行情后，庄家为了达到高位出货目的，经常会运用一些很直观的技术支撑位制造一些多头陷阱，利用散户对技术支撑位的信赖进行暗中出货。在市场中能够成为支撑位的有：均线、趋势线（通道）、技术整理形态、成交密集区域以及黄金分割线、整数点位和时间之窗等。这些位置散户一看就明白，也是大众散户所期盼的位置。

因此，庄家就抓住散户的这一点心理，在支撑位附近施加了不少手段。当股价回调到这些敏感技术位置附近时，庄家开始进场护盘，股价往往出现一个停顿过程，在盘面上释放出股价回调遇到强大支撑的虚假信号。这时就有不少散户看到股价跌不下去了而纷纷往里面进，而庄家不断在暗中向外发货。直到最后没有人接盘时，股价便会快速回落到支撑位之下，此时散户就被牢牢地套在上面。这种现象在股价上涨后的高位、下跌途中以及反弹高点都有可能出现，投资者应谨慎对待。

1. 均线假支撑

股价被大幅炒高后，庄家不断派发筹码，导致股价向下回落。当回调到均线系统附近时（短期、中期、长期均线皆有可能，多数庄家以30日均线做盘），股价暂时停止了下跌步伐。不少散户在此位置附近纷纷介入做多，股价获得企稳或出现小幅回升走势，这时更加坚定了散户的持股信心。可是没过多久，股价破位下跌，散户的希望破灭了。

图6－11，生意宝（002095）：该股庄家完成建仓计划后，出现大幅反弹行情，股价短期涨幅超过100%。股价拉高后，当第一次回落到30日均线附近，获得30日均线支撑而反弹，股价向上突破并创出新高，表面看起来多头非常强劲，大有再来一波快速拉升的意思。

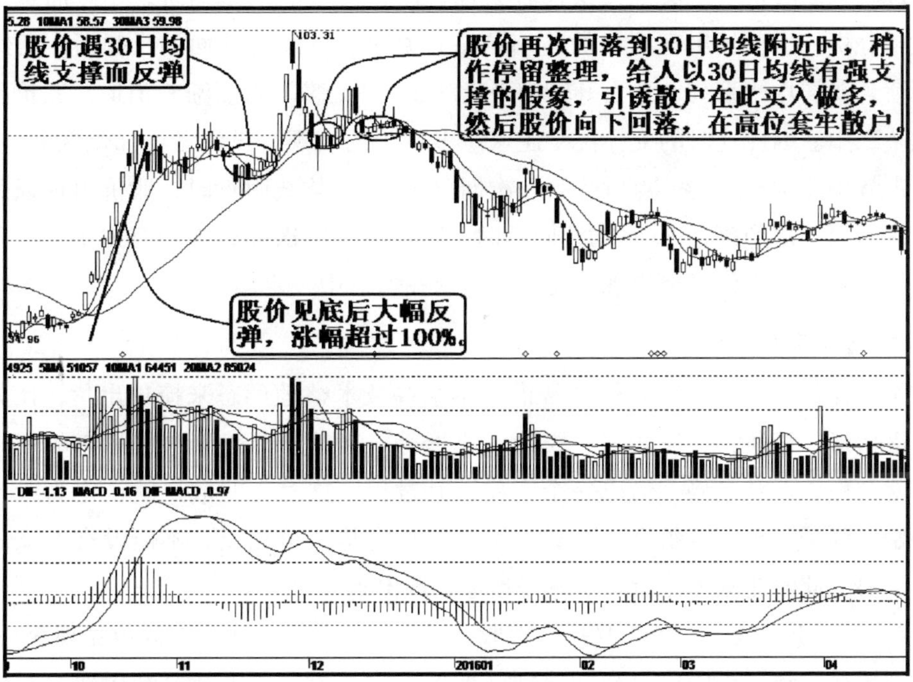

图6－11

这时偏好均线理论的散户便可以找到做多的理由，那就是均线“支撑”作用，这通常是多头发起攻击的明确信号，因此有不少散户就选择在30日均线附近买入，且也获得一些微利。

不久，股价很快冲高后回落，第二次回落到30日均线附近，并一度击穿30日均线支撑，由于庄家并没有顺利完成派发计划，于是又将股价再次拉起，这时又一批散户跟风而入，但是这一次的上拉力度明显不如前一次，小幅反弹后股价又一次回落。

当股价第三次在30日均线附近作停留整理，形成30日均线有强大支撑的假象，不少贪便宜的散户以为股价会遇30日均线支撑而再次反弹，纷纷在30日均线附近选择买入。但是，第三次庄家不给机会了，经过短暂停留后股价震荡回落，并击穿了30日均线的支撑后，再也没有返回到30日均线上方，随之均线系统呈现明显的空头发散。这时散户回过头来一看，才恍然大悟，原来庄家利用30日均线的支撑作用进行诱多出货，庄家逃跑之后下跌之势立马显现出来。这样的实例很多，投资者应认真分析总结，不要再让庄家骗了。

在分析股价的支撑位时，关键在于股价所处的位置。当股价处于快速上涨后的高位或反弹高点，支撑位就有可能成为庄家的诱多机会，或者是由多头的涨后余波所致，只要没有创出新高就不能言好。落实到实盘操作上，只能逢高出逃。即使没能及时退出，在随后出现走弱时也应该逃跑了。

因此，分析高位支撑位出现时的背景是很重要的，切不可被表面现象所迷惑，看到支撑位就判断股价一定会涨，这样容易掉进庄家设置的诱多陷阱之中。而且从该股的成交量分析，也已经出现明显的萎缩状态，说明股价经过前面的反弹后，后续上涨动能渐渐衰弱。均线系统也从上升转为平走状态，“支撑”力度渐渐消退，股价已处于摇摇欲坠之中。因此这时的支撑位是庄家诱多行为的表现，投资者要谨慎区分。而且，在该股走势中非常有趣的一点就是第一次回落到30日均线附近时，股价出现强劲的反弹上冲，而第二次回落到30日均线附近时，就没有第一次那么强劲有力了，而第三次回落时根本就没有反弹行情出现，这一点大家在实盘中一定切记。

2. 形态假支撑

在实盘操作中，庄家在高位经常借助于某些技术整理形态来掩护出货，比如：圆弧形、潜伏形、箱体形、三角形、楔形或旗形等。当股价回落到这些形态的底边线附近时，就会停止下跌走势，形成一个企稳回升过程。这时有的散户就认定为股价遇支撑而开始反弹了，因而纷纷介入股票。可是股价走势恰恰相反，不但没有上涨反而出现下跌走势，此时庄家的出货意图就慢慢地表现出来。

图6－12，广安爱众（600979）：该股经过大幅炒作后，庄家在高位兑现获利筹码，股价出现震荡走势。当股价每次回落到前期低点附近时，庄家就会利用散户对该位置的支撑期望，运用少量的资金进行护盘，将股价再次向上推高，然后在高位继续出货。

如此反复多次，形成一个不规则的箱体整理形态。当越来越多的散户相信这个箱体形态的时候，庄家的获利筹码也派发得差不多了。随后，股价渐渐滑落，脱离头部区域，散户在高位套牢。

从该股中可以看出，当股价回落到前期低点附近时，就会有不少的散户“逢低”介入。这时庄家见风使舵轻松地拉一把就会有更多的散户跟进，股价出现一定幅度的上涨，起到“四两拨千斤”的效果。然后，当散户习以为常的时候，庄家借刀杀人，不断向外派发筹码。对于这种盘面，投资者应谨慎操作，通常越是往后出现的支撑位，其支撑力度越弱。此时如果股价回升无力时，那么离下跌行情就已经不远了。

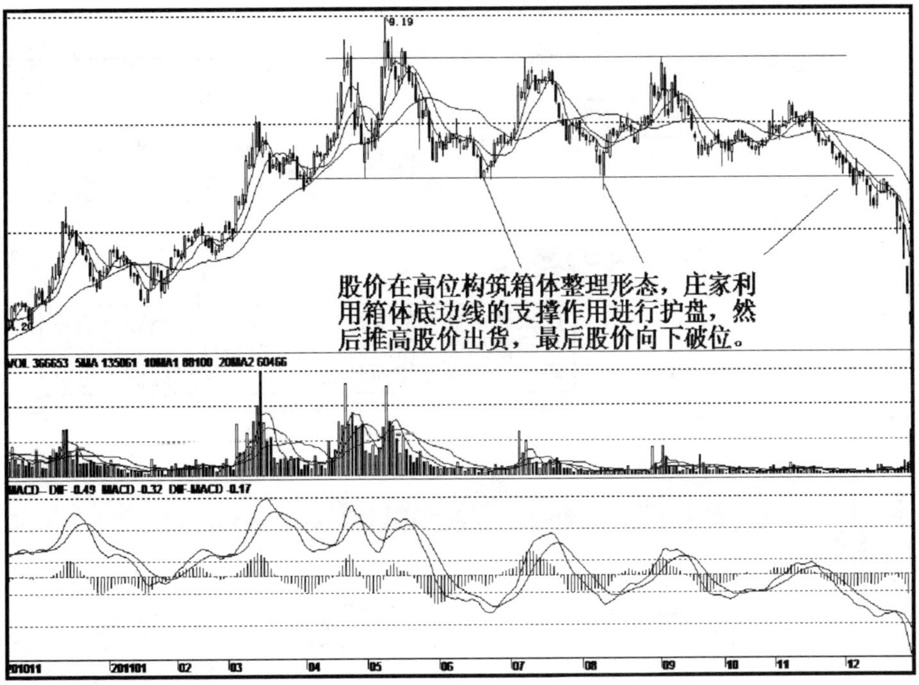

图 6－12

3. 前低假支撑

由于庄家拥有大量的筹码，很难在高位一次性完成出货计划，因此出货需要一个过程，这是庄家出货的最大弱点，不像散户在极短的时间内就能把全部筹码抛光。所以当股价回落到一定的幅度后，就会被重新拉起，因而形成一个显著的低点。

此后，当股价再次回落到这个低点附近时，往往具有较强的支撑作用，也成为市场普遍认可的支撑位，于是就有不少散户在此低点附近介入。这种做法通常情况下是对的，问题是庄家往往会采用"反大众思维"坐庄，经常把散户看好的支撑位当成出货的最佳时机，制造技术支撑陷阱，使得不少散户上当受骗。

图 6－13，亚星客车（600213）：股价见底后逐波走高，然后庄家开始慢慢撤离，股价在高位出现震荡。由于庄家手中筹码较多，很难一次性派发出去，所以在股价出现上下震荡走势，几起几落，形成多个低点，通常这些低点会有一定支撑作用。

从图中可以看出，当股价再次回落到这一位置附近时，广大散户纷纷看好该位置的支撑作用，于是不断介入做多。此时庄家顺水推舟向上推升股价，这样前期低点的支撑作用得到体现，既稳定了场内的散户，又吸引场外的散户，那么庄家就能顺利脱身了。

当庄家基本完成出货计划后，2017 年 4 月股价开始向下"跳水"，不少散户被套牢在高位。这就是庄家利用前期低点的支撑作用来欺骗散户。

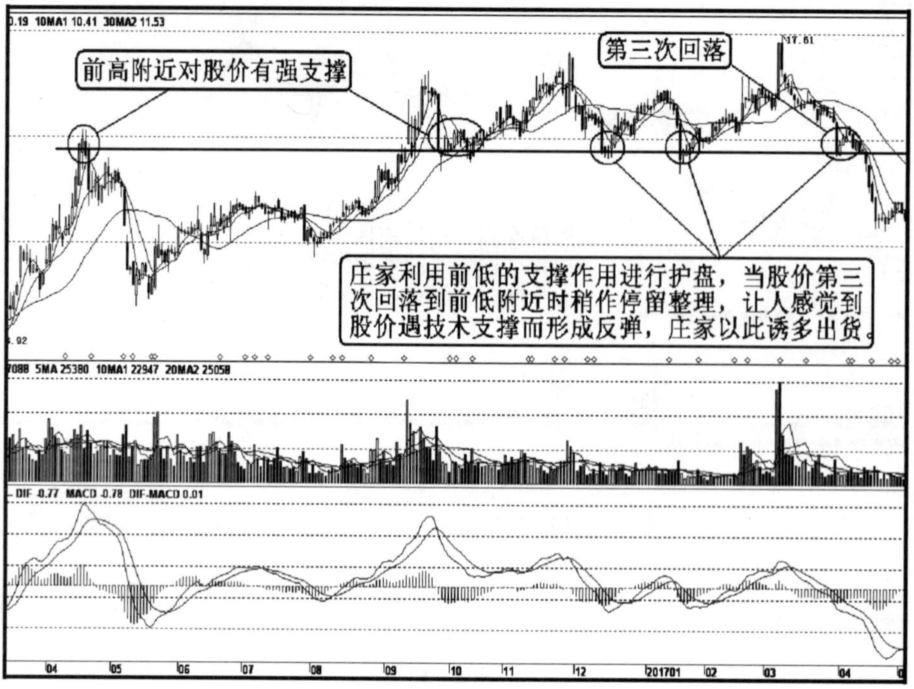

图 6-13

4. 盘区假支撑

股价在长时间的震荡过程中，往往形成一个盘整区域或成交密集区域。该区域对股价具有重要的支撑和压力作用，如果股价从上向下回落到该区域时，往往得到较强的技术支撑而企稳，甚至由此产生一波升势行情，因此该区域是被市场普遍看好的买入位置。但在实盘中，这些位置常常被庄家用来制造虚假的多头信号。当散户纷纷看好这一位置时，庄家却在暗中不断派发筹码，最终该区域失去了应有的支撑作用，散户被套牢其中。

图 6-14，第一创业（002797）：股价被成功炒作后，庄家在高位实施出货计划，但庄家出货也非易事，当股价下跌了一定的幅度后，一批散户得到较好的释放，然后股价重新拉起走强，但反弹幅度力度并不强劲，在前期高点附近遇阻回落。

然后，当股价再次回落到前面低点附近时，再次出现企稳反弹。此时就有不少散户认为股价获得强大的技术支撑，且疑似构筑双重底形态，这样就增加了散户的看多热情，并坚信后市股价向上走高，因而纷纷在此买入做多。可是，当股价反弹到前期高点区域时再次受阻回落。

这时的庄家非常狡猾，当股价回落到前低附近时出现短暂停留，股价似乎遇到强劲的支撑而跌不下去了，这时就有不少散户在前低附近介入等待庄家的拉升，可是这次股价没有意料中的反弹行情出现，反而在 2017 年 1 月份 13 日股价向下击穿了前期盘区的支撑，从此出现一轮下跌走势，股价进入中期调整。

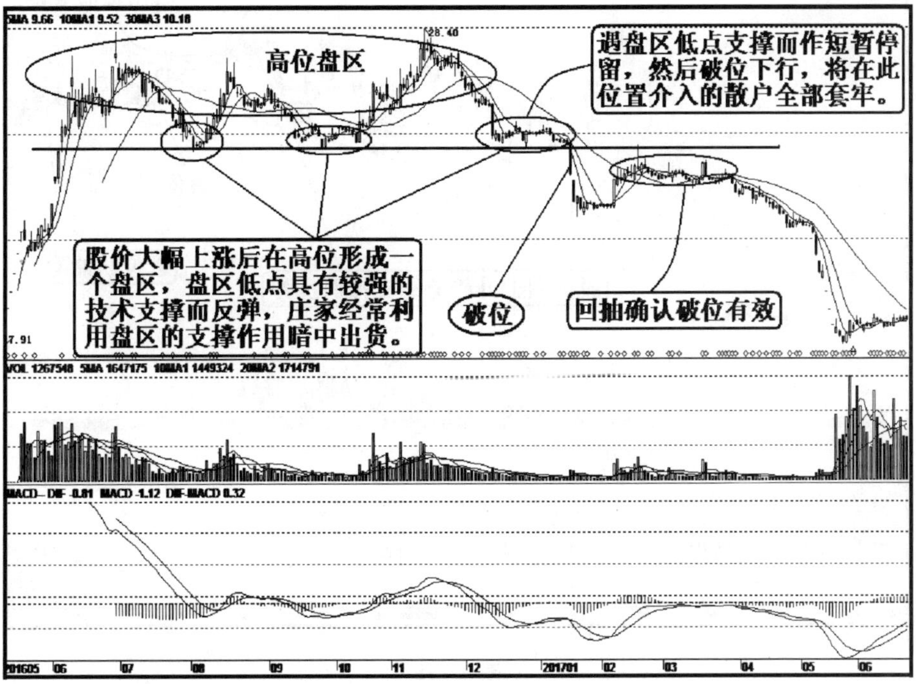

图 6－14

5. 趋势假支撑

一般情况下，趋势一旦形成并得到市场认可时，就会对股价上涨或下跌起到支撑和压力作用，投资者可以据此寻找最佳的买卖点。比如，上升趋势成立后，市场做多热情高涨，股价总体依托上升趋势线向上攀高，当股价回落到这条趋势线附近时，往往会获得较强的支撑而止跌回升。因此当股价回落到上升趋势线附近又止跌回升时，就是个难得的买入时机。但是在实盘操作中，股价回落到这条趋势线附近时，仅作短暂的停留走势，在盘面上产生止跌回升的假象。当散户纷纷介入后，股价就开始向下突破了，从而展开跌势行情，将在支撑线附近买入的散户全部套牢，因而形成下跌遇支撑陷阱。这也是庄家出货手段的突出表现。

图 6－15，万润科技（002654）：股价企稳后向上运行，形成一条明显的上升趋势线，也成为股价下跌的支撑线，这条趋势线多次发挥支撑作用，将股价不断向上拉起，因此趋势线附近就是一个比较好的买点。

但是，当大家普遍看好这条支撑线的支撑作用时，股价往往出现反方向运行。不久，当股价再次回落到上升趋势线附近时，股价停止了下跌步伐，出现短暂的企稳走势，预示股价将重拾升势，因而不少散户在此位置买入做多。可是，经过短暂的震荡整理后，股价在 2016 年 9 月 26 日选择向下破位，从此进入中期调整，上升趋势线也成一个支撑陷阱，将入场者全部套牢。

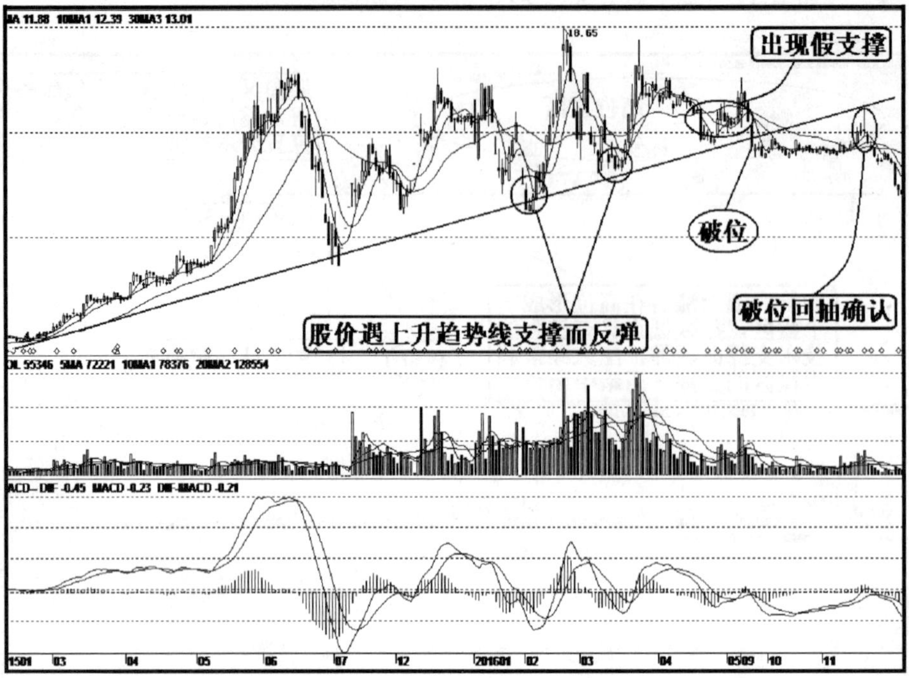

图 6－15

那么，该股为什么上升趋势线得不到支撑呢？

(1) 股价触及上升趋势线时，股价没有被大幅拉起。这是庄家利用上升趋势线的支撑作用进行诱多出货的典型表现。有股谚“久盘必跌”之说，该股在高位形成较长时间的横盘走势，即使上升趋势线也难以支撑股价走强，下跌比上涨容易得多。

(2) 当股价遇到趋势线支撑时，成交量没有及时放大。这表明多数投资者持谨慎态度，因而难以推动股价上涨，上升趋势线的支撑作用值得怀疑。

(3) 从均线分析，30 日均线已经在高位形成走平，股价受均线压制明显，上升趋势线的支撑力度将受到影响。

(4) 从技术形态分析，在前面已经形成两个小高点，将这两个高点连接成一条直线就成为一条下降趋势线，这条下降趋势线与上升趋势线就构成一个对称三角形，当股价向下击穿上升趋势线时，也是股价突破三角形的底边线支撑，其看空意义非常重大。

根据上述分析判断，上升趋势线附近的支撑力度非常小，极易被空方力量打破。这是庄家利用趋势线支撑作用，制造做多技术假象，进行横盘出货。投资者遇此情形时，不要急于买入，先观察下一步的走势情况。如果股价向上有效突破 30 日均线或再创新高时，则可以适当买入；如果股价向下击穿上升趋势线时，应逢高及时卖出。

意图28：阻力假突破

在股价大幅上涨或反弹后的高位，庄家为了达到高位出货目的，经常向上突破某些重要的技术阻力位，以此吸引散户的注意和参与，尽可能地消除散户对这些敏感位置的顾虑。当散户纷纷介入后，庄家露出了真实的出货意图。具有突破意义的有：均线、趋势线（通道）、技术形态、成交密集区域以及黄金分割线、整数点位和时间之窗等。这些位置非常直观，在股价没有突破之前大众散户对此都有所顾忌。

因此，庄家就抓住散户的这一点心理，在阻力位附近制造出向上突破假象，向市场发出做多信号，这时就有不少散户看到股价形成向上突破，就迫不及待地介入。而庄家不断地在暗中向外出货，直到最后没有人跟风时，股价开始回头向下，此时散户已经被牢套其中。这种现象在股价上涨后的高位、下跌途中以及反弹高点都有可能出现，投资者应谨慎操作。

1. 均线假突破

均线具有提示运行趋势、行情强弱、支撑压力、助涨助跌以及技术骗线较少等显著优点。根据葛氏移动平均线八大法则，当股价一度跌破上升的均线后，很快又返回到均线之上，这是一个买入信号。因此，当股价从下向上突破均线时，股价由均线下方转为均线上方，预示股价涨势依旧，后市股价仍将上涨，这是一个普通看涨信号。但在庄家出货阶段，这个信号很容易成为虚假的信号。庄家为了能够维持在高位出货，而刻意拉抬股价，向上突破均线系统，形成技术突破走势，加强市场做多气氛。但随后股价并没有形成持续的上涨，且很快转为下跌走势，从而顺利达到出货目的。

均线可分为短期均线、中期均线和长期均线三种类型。在A股市场中，多数庄家以30日均线进行做盘。在此仅就股价向上突破30日均线为例进行分析，对于其他类型的突破走势，投资者可以根据提供的思路自我进行研判总结。

图6-16，四川双马（000935）：股价经过大幅炒作后，庄家在高位不断派发筹码，股价渐渐回落到30日均线之下，30日均线也由上行状态渐渐转为平走状态，对股价构成了一定的反压。这时庄家为了不使技术形态走得太难看，便开始进行护盘拉高，分别在2016年12月6日和12月16日放量涨停，让股价重新返回到30日均线之上，形成多头突破信号。

这时有的散户看到股价向上突破30日均线后，以为股价出现新一轮上涨行情，于是开始纷纷介入做多。可是，股价并没有出现预期的上涨行情，很快转跌后将散户套牢其中，从而形成假突破陷阱。

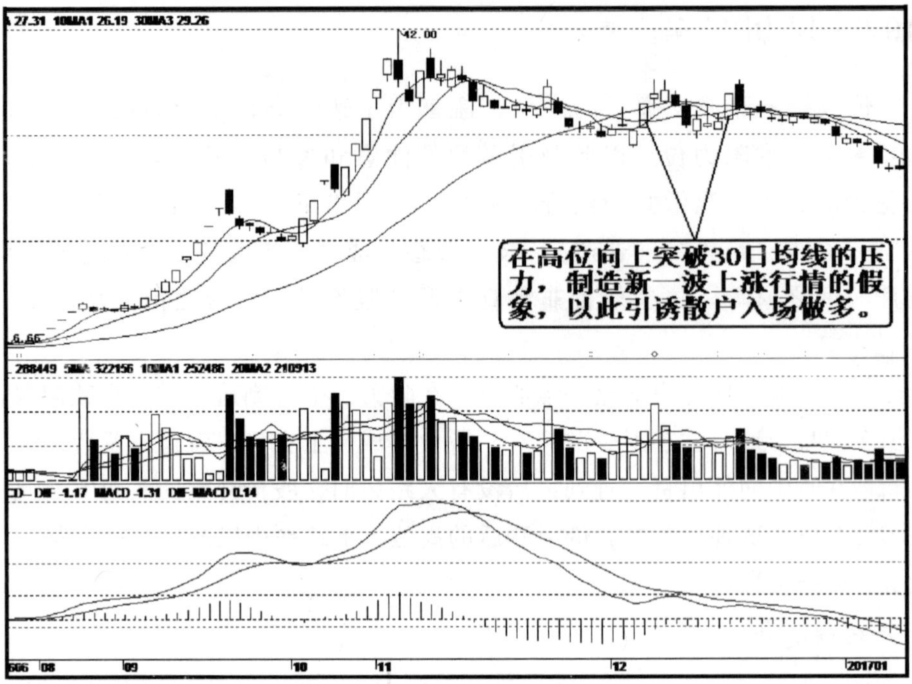

图 6－16

从图中可以看出，虽然股价重新站到30日均线之上，但依然存在以下技术疑问。

（1）前一次股价返回到30日均线之上时，30日均线上升速率明显放缓，由上行状态渐渐转向平走状态，说明“助涨”功能开始减弱。前二次股价返回到30日均线之上时，30日均线已经转为下行状态，对股上升起不到“助涨”作用。

（2）股价突破30日均线后，未能出现持续上涨走势，且也没有达到突破的条件，即突破的幅度要大于3%，在突破位置的上方要站稳三天，这样才能构成有效突破。

（3）成交量未能持续放大，仅突破当天出现大幅放量走势，显示入场资金不明显，从而限制了股价的上涨高度，疑似庄家放量对倒出货。

因此，该股向上突破是庄家为了出货而设下的一个多头陷阱，投资者应在股价重新回落到30日均线之下时，果断卖出。

通过上述实例分析，我们应当掌握股价与均线关系。

（1）均线向上，市场强势仍将持续，股价向上运行。此时股价向上突破均线时，做多信号最强，买入。

（2）均线走平，市场处于横盘态势，股价方向不明。此时股价向上突破均线时，做多信号一般，观望或在回抽确认突破有效时跟进。

（3）均线向下，市场处于弱势之中，股价向下运行。此时股价向上突破均线时，做多信号最弱，谨慎操作或在回抽确认突破有效时跟进。

（4）均线呈45度角运行时最为理想。角度太陡，谨防回落；角度平坦，支撑力度较弱。此时股价向上突破均线时，可以积极做多。

（5）当股价向上突破均线系统时，黏合后的均线出现同步向上发散，可以加强做多信号，可以积极做多。

（6）当股价向上突破均线系统时，均线已呈多头排列，则进一步加强做多信号。

2. 形态假突破

股价在高位震荡过程中，经常形成某些技术整理形态，比如：圆弧形、潜伏形、箱体形、三角形、楔形或旗形等。股价一旦成功向上突破这些技术形态，说明技术形态成功构筑完毕，股价将沿着突破方向继续向上运行，达到“最小量度”升幅，因此是一个较好的买入信号。可是在实盘中，经常出现假突破现象。当散户纷纷买入股票后，股价却很快出现下跌走势，庄家露出了真实的出货意图，此时散户已经被套牢其中。

股价向上突破技术形态，通常以突破某条趋势线为开端。当这条趋势线在某个交易日被突破后，股价朝突破方向走出不远即反身退回，甚至反方向突破，这就形成假突破走势。这种突破也叫反向假突破，即在突破前往往有一个与真突破方向相反的假动作。常言道：举手是为了更好地下打，抬脚是为了更好地下踩，而股价拉起来打下去是为了更好地下跌。因此，假突破一旦成立，后市股价往往出现较长时间的下跌走势。

图 6－17，西藏城投（600773）：该股在长时间的底部震荡过程中，形成一个小的盘区，股价似乎已经跌不下去，散户惜售心理显现。这时庄家抓住散户的大众心理，在 2017 年 3 月 28 日股价放量向上突破双重底的颈线压力，这时前期持仓的散户信心十足，坚定持股不动，而持币者也在回落时大举介入。

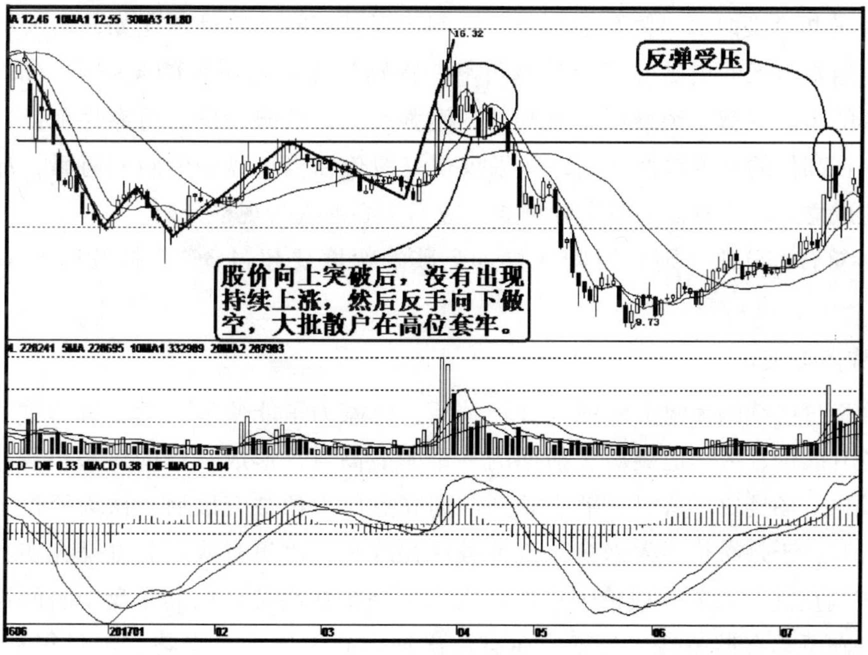

图 6－17

可是，事与愿违，股价在突破位置稍做停留，在买盘减少后，选择向下运行，将散户全部套牢。然后，庄家在低位吸纳低价筹码，当股价再次回升到突破位置附近时，散户往往选择止损离场操作，这样庄家基本完成建仓计划。这是出现在底部区域的假突破现象，这种盘面走势同样出现在大幅的高位，大家应当引起重视。

一般而言，当股价向上突破技术形态时，说明股价下跌或回调结束，是一个较好的买入信号。但在实盘操作中，经常出现假突破走势，这给投资者测市判势增添了不少的难度。对此根据多年实盘经验，提炼出以下几方面的技术要点，谨供大家参考。

（1）有效突破的前提是股价的位置和阶段。如果股价处于底部吸货阶段、中途整理区域、庄家成本区域附近的，若向上突破其真突破的概率较大，若向下突破其假突破的概率较大。如果股价处于高位出货阶段、远离庄家成本区域的，若向上突破其假突破的概率较大，若向下突破其真突破的概率较大。

（2）股价向上突破时，盘面必须有气势、有力度，并有可持续性。如果仅仅是短暂的冲破，则突破肯定无效。另外，掌握一般技术形态的构筑时间，微型的技术形态可靠性不高，股价的突破意义也不大。

（3）在考察成交量时一定要注意价与量的配合。如果量价失衡（巨大的成交量突破后快速缩量、突破后放量不涨或突破时成交量过小，均属不正常的现象），则可信度差，谨防庄家以假突破的方式出货。

（4）当股价无量突破形态的颈线时，且突破的幅度不足以确认为正式突破时，此时有出现假突破的可能。如果股价在突破后不久又再度回到形态的颈线之下（注：并非颈线回抽确认），应予以卖出观望。

（5）分析突破时的一些盘面细节，有利于提高判断准确性。比如，当天的突破时间早晚，通常当天的突破时间越早越可靠，特别是在临近尾盘的突破更应值得怀疑；观察当天的突破气势，突破时一气呵成，刚强有力，气势磅礴，可靠性就高；突破后能够坚守在高位的，可靠性就高，如果仅仅是股价在当天盘中的瞬间碰触，那么突破肯定不能成立。这些盘面细节十分重要，应当细心地进行观察分析。

（6）符合百分比法则和时间法则。突破的幅度要超过3%，持续时间应在3天以上。

3. 前高假突破

股价经过持续的大幅上涨或反弹行情后，庄家为了能使筹码卖个好价钱，而刻意在高位拉升股价，成功地突破了前期的一个明显高点，形成强势的多头市场特征，以此引诱散户入场接单。这时，散户看到前期高点压力位被突破后，认为股价上涨空间被有效打开，于是纷纷买入做多。这种做法在理论上讲没有错，关键是在实盘中经常出现“破高反跌”现象，股价创出新高后未能坚挺在高位，尤其是盘中瞬间冲高后快速回落，则更具有欺骗性。可见，在高位出现突破前期高点走势，不见得都是好事，操作不慎很容易中了庄家的诡计。

图6－18，方大炭素（600516）：该股庄家在低位吸纳了大量的低价筹码后，股价被大幅炒高，顺利完成主升浪上涨行情。这时庄家的首要任务就是出货，但对于大幅炒作后的个股，庄家出货绝非易事，因此就要讲究出货章法。

庄家常用的出货手法之一，就是以突破的方式继续创出新高，形成股价上涨空间非常巨大的假象，来吸引散户踊跃参与。该股在2017年9月中旬，股价在高位连续拉出放量大阳线，成功突破了前期高点压力，盘面上形成新一轮上涨的攻势。

这时有的散户以为新一轮上涨行情又开始了，且受该股前期大涨的诱惑而纷纷跟风介入。谁知，这是庄家精心布局的一个多头陷阱，当散户不断介入后，随之而来的就是缓缓下跌，这种温柔的走势将高位买入的散户全线被套。

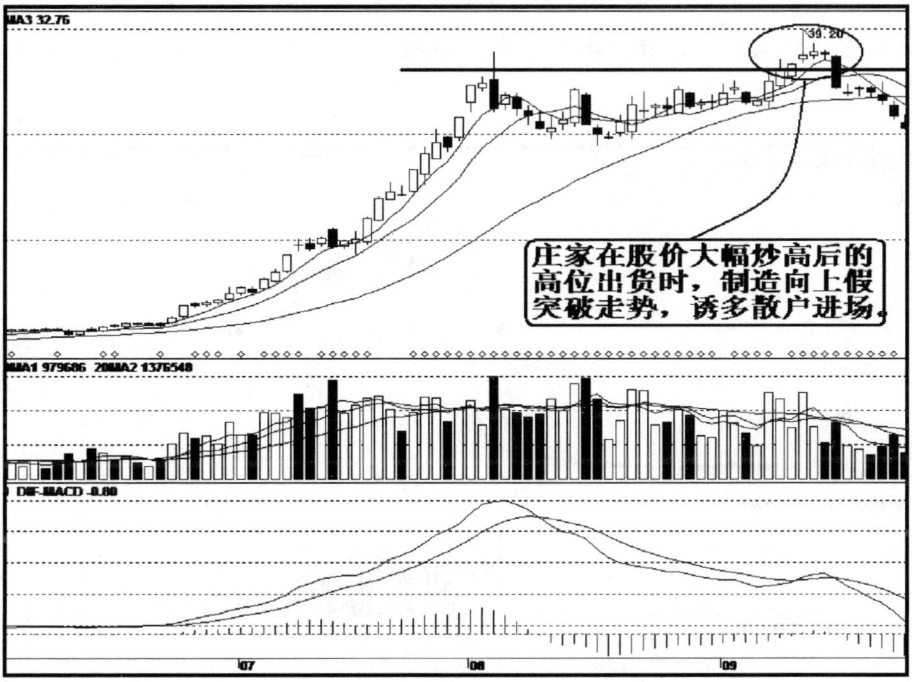

图6－18

为什么说该股突破前期高点是一个多头陷阱呢？

（1）股价已经完成了主升浪炒作，后市即使上涨也是涨后余波行情，上涨空间十分有限，介入风险极大。

（2）连续上涨的阳线呈收敛形组合，即上涨的幅度一天比一天小，K线的长度一天比一天短，显示上方压力日趋增大，庄家出货坚决。

（3）MACD、RSI、KDJ、W%R等多项技术指标呈现顶背离或钝化状态，不支持股价进一步走高。

因此，投资者在实盘操作中，遇到经过主升浪炒作之后的个股，无论出现多么诱人的看涨信号，也不要轻易介入，以免落入庄家设置的多头陷阱之中。夕阳余晖，虽然美丽，但已是落幕前的残波。

图6－19，上港集团（600018）：股价经过快速大幅拉升后，短期涨幅较大，庄家获利丰厚而急于兑现获利筹码，但出货就要讲究做盘手法了，于是就采用假突破方式，创出股价上涨新高。不久，在高价区域出现一根放量涨停的大阳线，表面上看起来多头非常强劲，大有再来一波快速拉升的意思，这时就有不少散户被骗了进去。

第二天，股价开盘后继续大幅冲高，刷新了前期高点，在当日盘中不少散户纷纷追高买入。但到收盘时股价大幅回落，收出一根带长上影线的“流星线”，当天买入的散户全线被套。

第三天股价跳空低开低走，报收跌停大阴线，并留下一个当日没有回补的向下跳空缺口，在高位构筑一个“黄昏之星”形态，而且股价向下击穿了10日均线的支撑，随后10日均线掉头向下，股价渐行渐弱。这时散户才明白，原来这是庄家拉高出货所为。

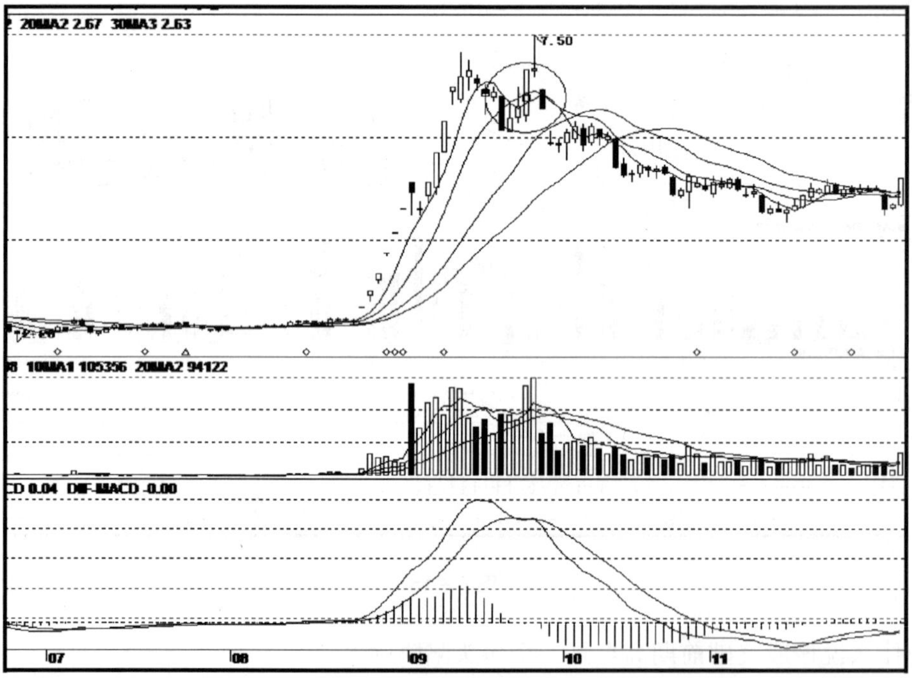

图6－19

判断股价突破的关键，就在于股价所处的位置。当时该股股价处于快速上涨后的高位，市场本身累积了较大的风险，因此每次上涨都可能是诱多行为，或是多头涨后余波所致。因此，分析股价突破的背景非常重要，以免掉进庄家设置的诱多陷阱之中。

并且，在盘中出现对倒放量嫌疑，说明上涨动能渐渐衰弱。短期均线也从上升转为平走状态，爆发力渐渐消退，股价已处于摇摇欲坠之中。更为重要的是，在股价突破的当天出现冲高滑落走势，形成一根长长的上影线K线，显示庄家撤退迹象非常明显。第二天股价低开低走，最终报收跌停，从而进一步暴露出前一天突破的虚假性。因此，股价向上突破是庄家诱多行为的表现，投资者要谨慎看待。

4. 盘区假突破

股价在长时间的震荡过程中，往往形成一个盘整区域或成交密集区域，该区域对股价具有重要的支撑和压力作用。如果股价向上脱离盘区时，意味着股价摆脱盘区的制约，将出现新一轮上涨行情，因此是一个普遍看好的买入点位。但在实盘中，经常出现假突破现象，庄家利用假突破制造多头信号。当散户纷纷在这一位置介入时，庄家却在暗中不断派发筹码，最后股价快速回落到该盘区下面，从此股价进入弱势调整走势，散户被骗受套。

图 6－20，天房发展（600322）：该股经过大幅下跌后，出现一波较大的反弹行情。然后，股价在高位出现震荡走势，在此形成一个盘整区，庄家在此进行减仓操作。

2017 年 1 月 12 日，放量向上突破，股价出现涨停，但随后两个交易日又回落到盘区的底边线附近，此时股价再次企稳形成向上突破，似乎市场即将迎来新的上涨行情，可以作为买入信号。但是买入股票后，股价经过短暂盘整后，选择向下盘跌走势，套牢追涨买入的散户。

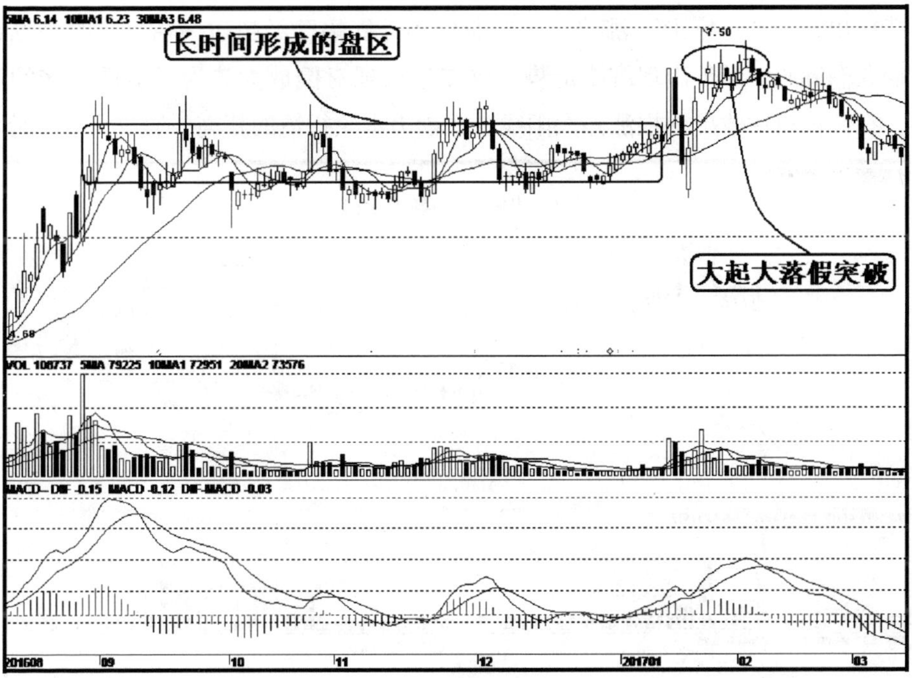

图 6－20

股价突破盘整区域的现象，在上涨后的高位、下跌途中以及反弹高点都有可能出现，投资者应予以谨慎。下面就是一个出现在反弹高点的假突破例子。在该股中庄家坐庄手法就是通过向上突破盘区，让散户产生股价形成向上突破的误判，把前面的整理走势错误地看作为多头蓄势整理，把向上突破错误地理解为整理结束，因而散户就轻易地上当受骗。

那么，如何看待这样的盘面呢？

从图中可以看出，在股价向上突破时，受到前期套牢盘和低位获利盘的明显抛压，在股价在向上突破整理区域后，没有形成持续的攻势，成交量也没有持续放大，说明买盘不积极，投资行为十分谨慎。此时，投资者应观望随后几天的走势。如果股价继续强势走高，则向上突破成立，可以在回调时逢低介入；如果股价回落时，在盘区附近得不到支撑的话，应逢高抛出，持币者保持观望，不要盲目追涨买入，不妨另觅其他潜力股。

意图29：高位涨停、跌停

1. 涨停背后——诱多入场

股价涨停总是令人兴奋的，意味着股价有加速上涨之势，但在股价大幅上涨后的高位出现涨停时，未必都是好事。这可能就是一个美丽的多头陷阱，特别是股价在涨停位置有所反复的，投资者更要小心其中有诈。

图6-21，七喜控股（002027）：该股庄家完成建仓计划后，出现一波井喷式拉升行情，连续拉出5个“一字形”涨停，短期股价累计涨幅已经超过一倍。这时庄家在高位逐步兑现获利筹码，股价出现震荡走势，成交量出现对倒放大。为了引诱更多的散户入场做多，在高位再次收出一根涨停大阳线，并创出本轮行情的新高，股价形态十分漂亮。

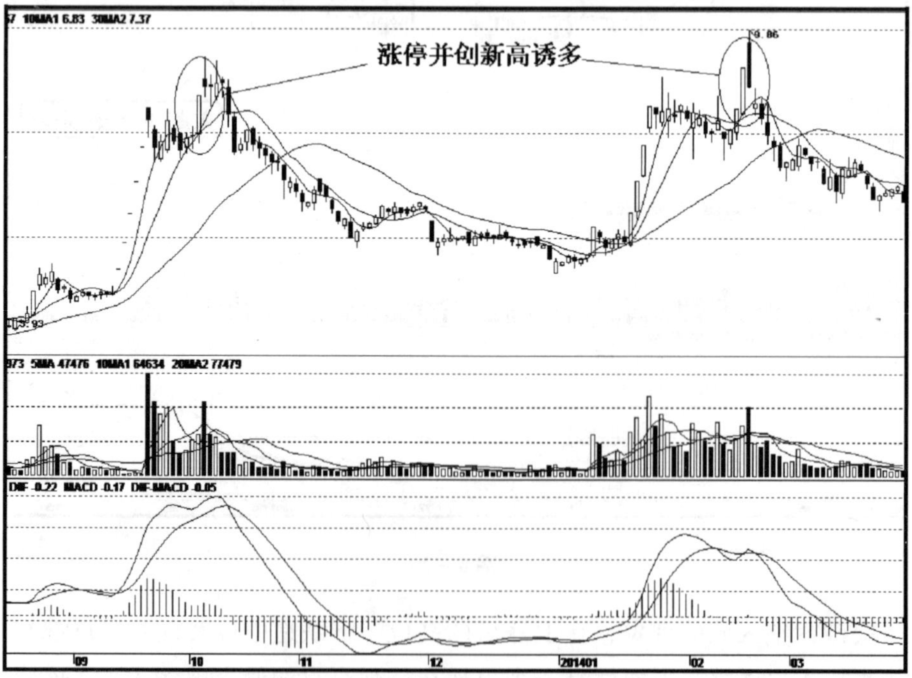

图6-21

不少投资者认为新一轮上涨行情开始了，因而纷纷买入。可是，随后的几个交易日里股价出现震荡走势，在图形上收出多根带长上下影线的K线，并很快脱离阶段性顶部，股价进入中期调整。此后，该股在不久产生的反弹行情中，也形成同样的走势，同属一种诱多手段。

该股庄家就是利用高位涨停板来吸引散户入场接单。这种出货方式在实盘中经常遇到，在高位庄家发力把股价拉到涨停板价位，然后故意在涨停板上堆放不大不小的封单。此时有的散户见到前面股价上涨势头，认为当天股价肯定会封住涨停板，估计次日会高开高走，这样可以稳赚一笔差价，因而在涨停板价位挂买单排队。

当盘中堆积了许多散户的买单时，庄家把自己先前的封单逐渐撤掉，用同样数量的买单同时挂出。这样盘口上的封单基本上没有明显的变化，但庄家自己的封单就会改挂在后面排队，而排在前面的封单变成都是散户的了。而且，庄家非常清楚盘口上的封单，有多少是自己的，有多少是属于散户的。此时庄家根据散户买单大小，不断将获利筹码抛给散户，按照时间优先交易原则，散户的买单就会很快得到成交。

这样庄家在涨停板位置就可以顺利地出掉不少货。当散户的买单渐渐减少时，庄家又封上一笔买单，再次吸引跟风盘追涨，然后又撤单，再次派发，这样反复操作自然可以达到高价出货的目的。所以在高价位区域，如果一只股票涨停后又多次打开，且成交量比较大，十有八九是出货行为。因此，散户千万不要盲目地追涨杀跌，以免上当。明智的做法就是要仔细观察盘口，涨停后是否迅速关门，成交量大小，换手率高低，然后再决定操作方向。

在股价整个拉升过程中，庄家要投入了大量的资金。这部分资金需要在高位兑现，才能获得真实的盈利，否则只能是纸上富贵。因此，庄家经常采用涨停板的方式持续拉高，这样既稳定了盘中的持股者，又可吸引场外的散户踊跃参与，从而使自己完成胜利大撤退。

图6－22，先河环保（300137）：庄家在低位完成建仓计划后，借“雄安新区”利好消息，在2017年4月出现一波快速飙升行情，股价连续出现多个一字涨停板，短期庄家获利丰厚。此时，庄家悄悄地在盘中派发获利筹码，为了掩人耳目和吸引场外散户的积极追捧，股价继续维持在高位震荡。

经过短期整理后，分别在5月2日和16日在高位继续拉出两根涨停大阳线，形成新一轮上攻之势。有的投资者以为第二波上涨行情启动，而纷纷跟风买入，结果股价快速回落，形成头肩顶形态，散户被套其中。

这样的大阳线有什么技术意义呢？投资者如何操作？

（1）由于短期涨幅过大，拉升过急，多方需要回调蓄势，因而容易形成阶段性头部。而且也是主升浪之后的涨后余波行情，短期上涨空间非常小，介入风险大。

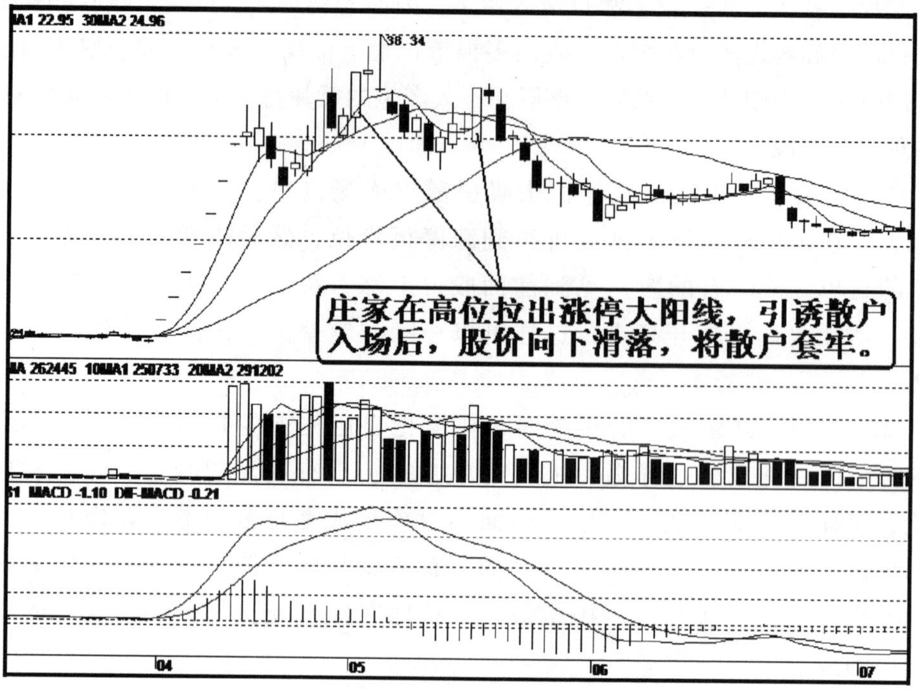

图 6-22

（2）短期股价远离均线，造成乖离率偏大。根据葛氏移动平均线八大法则，股价有回归均线附近的要求。

（3）RSI、KDJ、DMI、W%R 等多顶技术指标出现钝化或顶背离现象，不支持股价继续走高。

因此，这是庄家拉高出货的手段。投资者遇到短期暴涨的个股时，不要轻易介入，以免落入庄家设置的陷阱之中。在认识判断上，也可以从量度上进行把握，一般连续五个以上涨停板或短期持续涨幅超过 60% 时，应视为高风险区。无论该股后市潜力大小，这时股价离阶段性头部已经不远了。对于三个以下涨停板或涨幅在 30% 以下的个股，可以用常规方法进行分析研判。

从上述实例分析可知，连续大涨或短期暴涨之后，在高位出现的涨停大阳线大多是庄家出货阳线。此时介入的风险非常之大，投资者切莫受暴利思想的驱使而贸然介入。其实，这里的风险非常直观，无需用太多的精力去分析研究，就能一目了然，倘若落入这样的多头陷阱之中，实属炒股之大悲矣。当然，若是超级短线高手，倒是较好的选股对象。因为此时股价震荡幅度较大，如果能够精确把握买卖点，短线收益也不错。

2. 跌停背后——打低引诱

股价跌停是投资者不希望发生的，它反映后市前景黯淡，很难从市场上获得回报，对投资者起到警示作用。那么庄家是如何利用跌停板进行出货的呢？

在实盘操作中，有的股票开盘后股价直奔跌停板，或直接从跌停板开盘，且瞬间堆放大单封盘，接着庄家用巨量买单，打开跌停板。这时有的人一看股价即将打开跌停板，认为是庄家洗盘动作，生怕买不到低价筹码而纷纷跟进。有的股票早上直接从跌停板价位开盘，把所有的集合竞价买单都打掉，这时有的人一看到股价大幅低开，就会产生抄底的冲动，结果买入后被套。而且，庄家在跌停板位置打开又封盘，封盘又打开，反复进行着，反正在这个市场里总是有人被骗的。

图 6－23，无锡银行（600908）：庄家在低位吸纳了大量的低价筹码后，对股价进行了成功的炒作，股价累计涨幅非常之大，庄家获利十分丰厚。该股庄家在出货过程中，除了其他出货手法外，最典型的一招就是采用跌停出货法。

有趣的是，在 2017 年 4 月 27 日出现跌停，随后股价连拉 4 个涨停。如果在跌停板买入，短线就轻松获取盈利，也就是说，给人的感觉就是跌停板是一个较好的买点。

在这种思想诱导下，庄家先将股价拉高后，然后采取跌停手法出货。5 月 15 日，直接在跌停价位开盘后，用巨量买盘打开封单，引诱散户跟风介入。可是，当天收盘时股价继续封于跌停板，次日继续下跌，随后出现连续跌停。

这期间，有不少喜欢“捡便宜”的散户，纷纷“逢低”买入，而庄家就在跌停板位置巧用挂单和开板手法暗中进行派发，散户的希望一次次的破灭，成为实实在在的“套牢族”。

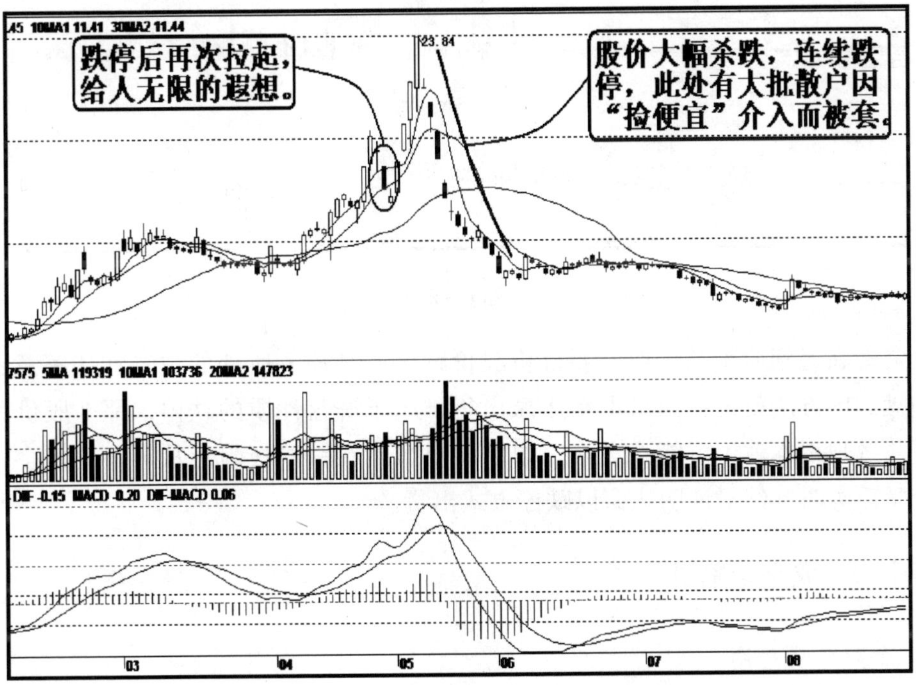

图 6－23

图 6－24，长城影视（002071）：该股庄家利用跌停出货时，其手法发挥得更加自如。在股价被大幅炒高后回落，股价被打到跌停位置，庄家在跌停位置封盘后再打开。这时场内的散户见封盘有希望而持股不动，而场外的散户见股价打开跌停而买入。这

样庄家顺利地派发了大量的筹码，最后股价离跌停价位相差一个价位收盘。虽然是一根大阴线，但股价毕竟没封跌停位置，给散户带来几许幻想。

在此后的两个交易日里，股价惯性下探后再次被拉起，基本收回了大阴线的失地，这样可以说给场内的散户吃了一颗定心丸，持股信心坚定了许多。可是，不久庄家采用同样的方法继续出货，这时有的散户受到前面股价跌停后能够再次被拉起的影响，也跟风介入做多，所以庄家出货效果也非常好。

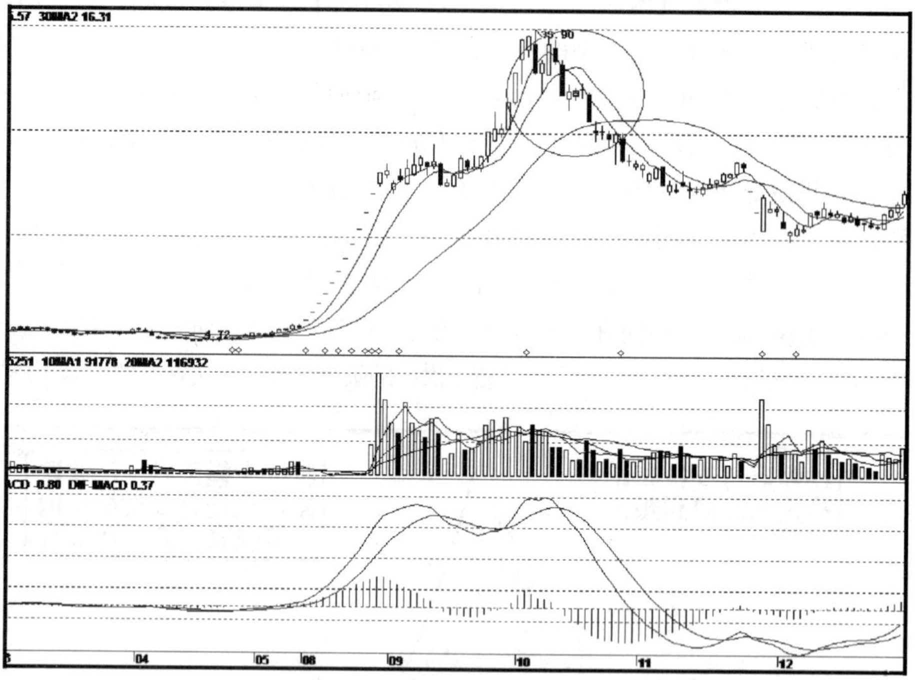

图 6－24

投资者在遇到股价跌停时，要分析股价跌停的性质、所处的位置和庄家意图。辨别这种盘面的方法就是：如果不是庄家出货，属于洗盘性质的跌停，那么股价就会立刻复原，散户根本就不可能买进来。如果散户居然在跌停板附近从容买进许多，且股价弹升又乏力时，绝对证明庄家以跌停方式出货。

意图 30：成交量陷阱

1. 放量对敲意图

在长期的实盘中，投资者已经对成交量进行重点关注，越来越多的人重视对成交量的分析，“放量上涨”或“放量突破”已经成为不少投资者的操盘经典。但是，如果股价经过大幅炒作后，在高位成交量持续放大，未必就是好事，这往往是庄家运用对敲手法出货。因此高位放量更具有欺骗性，投资者应谨慎看待。

图 6－25，冀东装备（000856）：该股经过大幅炒作后，庄家获利十分丰厚，在高

位出现明显的放量对敲出货。在2017年5月中上旬这段时间里，成交量保持很高水平，每天换手率超过30%，但股价没有出现明显的上涨，表明庄家在暗中对敲出货。当庄家筹码基本派发成功后，股价开始进入中期调整走势。

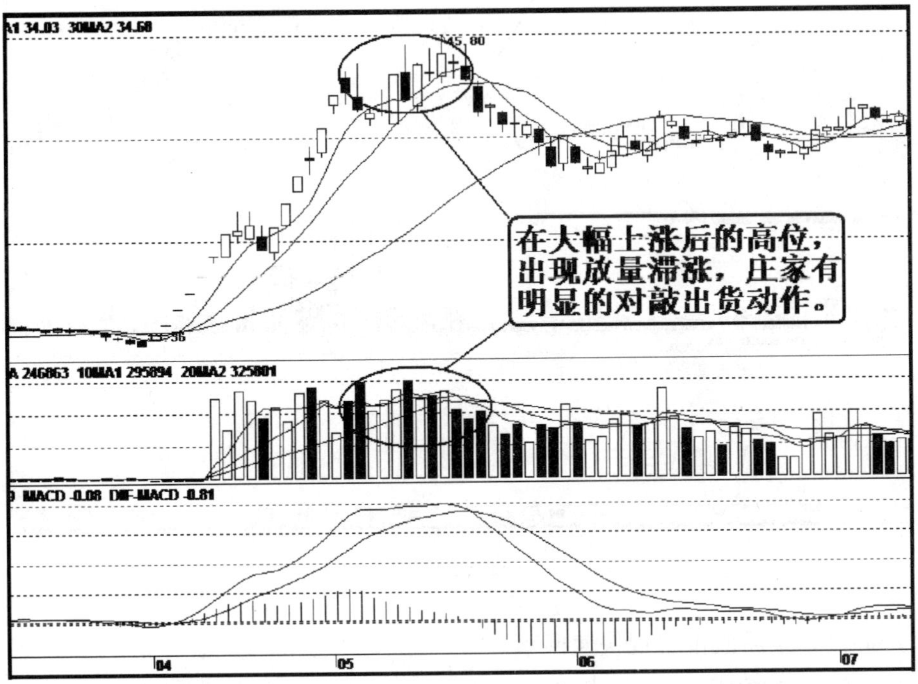

图6－25

图6－26，读者传媒（603999）：该股见底后大幅回落，2016年10月出现一波反弹行情，成交量巨幅放大，放量拉出三个涨停后，在高位出现放量滞涨走势，平均换手率超过30%，庄家减仓行为显露端倪。可见庄家运用对敲手法，将股价维持在高位震荡，当减仓目的基本达到后，股价开始向下走低，市场进入中期调整格局。

可见，股价缩量上涨不可靠，对敲放量上涨也不可靠。那么什么样的成交量最好呢？在分析成交量时，并不在于成交量的大小，而是在于量和价的配合上。量价配合默契，涨跌符合韵律，这才是分析的重点。

2. 巨量冲高意图

在上涨行情的末期，经常出现放量冲高走势，股价伴随着巨大的成交量产生飙升现象，在完成冲高后股价出现快速回落，从而形成中长期的头部。在冲高过程中，上涨势头非常凶猛，行情极其诱人，散户很容易受骗，而庄家在股价冲高过程中完成出货目的。巨量冲高比对敲放量更加明显，成交量达到近期天量水平。冲高走势可分为单日冲高和多日冲高两种，但无论属于何种走势，头部冲高走势要具备三个基本条件。

（1）在上涨后的高位出现快速拉高。

（2）拉高过程中伴随着近期大成交量。

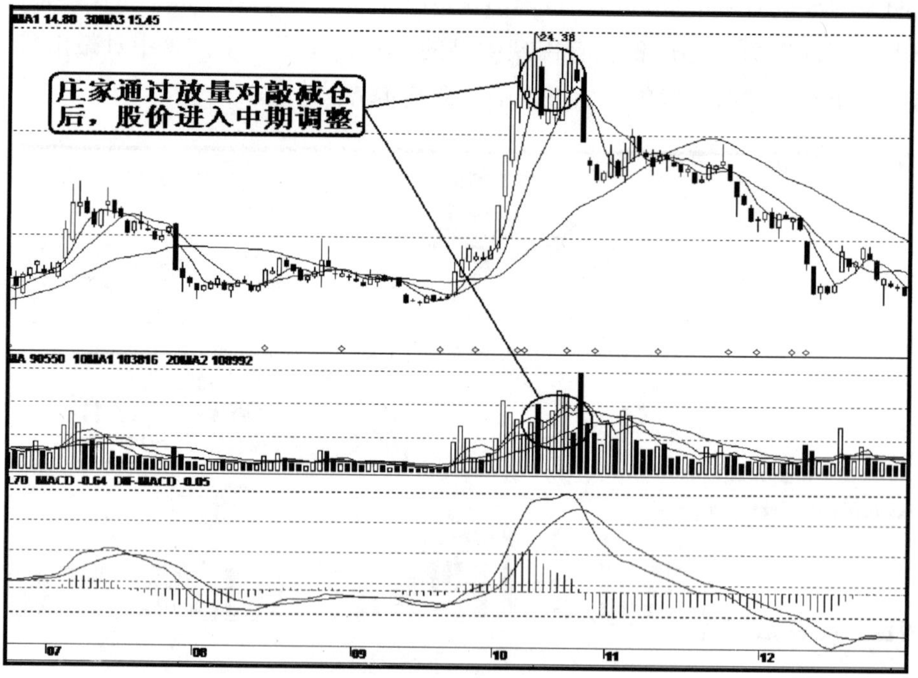

图 6-26

(3) 冲高结束后股价出现快速回落。

这三个条件必须同时具备，缺少其中的任何一个条件都不属于头部冲高走势，走势应另当判断。出现冲高走势的内在因素是庄家最后的宣泄，目的是欺骗散户跟风入场，顺利完成自己的出货计划。

图 6-27，中科信息（300678）：这是典型的持续多日冲高走势例子。该股经过第一波上涨之后，在 2017 年 8 月 11 日开板整理，然后展开第二波大幅拉高行情。9 月 4 日，出现第二次调整走势，在高位收出一根十字星，随后出现最后的拉升动作。在最后的拉高过程中，庄家对倒出货手法表现得非常明显，经过放量拉高后股价进入中期调整走势。

该股符合冲高走势的三个基本条件，投资者分析这类股票的重点是冲高后的盘面走势。如果股价快速回落，则属于典型的冲高走势，此时应果断离场，后市股价必有一跌。倘若确实依恋该股的话，可以在回落企稳后重新介入，成功做一把逆差价。如果股价冲高后能坚挺在高位，则应另当别论，可能是真正的上涨行情，或是一次试盘动作，这一点投资者应当严格掌握。另外，冲高走势一旦有效形成，第一天产生的低点将成为今后较长时间的阻力位，一般短期很难有效突破。

单日冲高也可以分为两种情形：一种是单日冲高后，第二天股价回落；另一种是单日冲高，当天股价回落。

图 6-28，天瑞仪器（300165）：这是典型的单日冲高次日回落的例子。股价经过一轮快速上涨后，在高位形成震荡走势，庄家不断向外出货。为了完成最后出货计划，

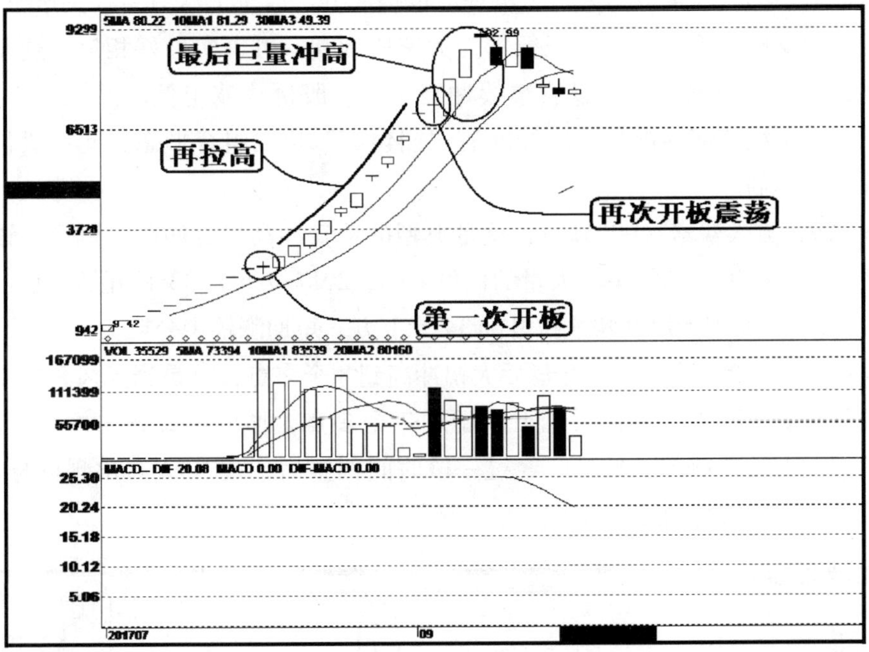

图 6－27

庄家实施了一次明显的欺骗动作，经过一段时间的震荡整理后，股价放量向上突破高位整理区域，收出一根涨停大阳线，形成新一轮上涨之势。此时，有的散户以为新的行情开始了，于是纷纷追涨买入股票。

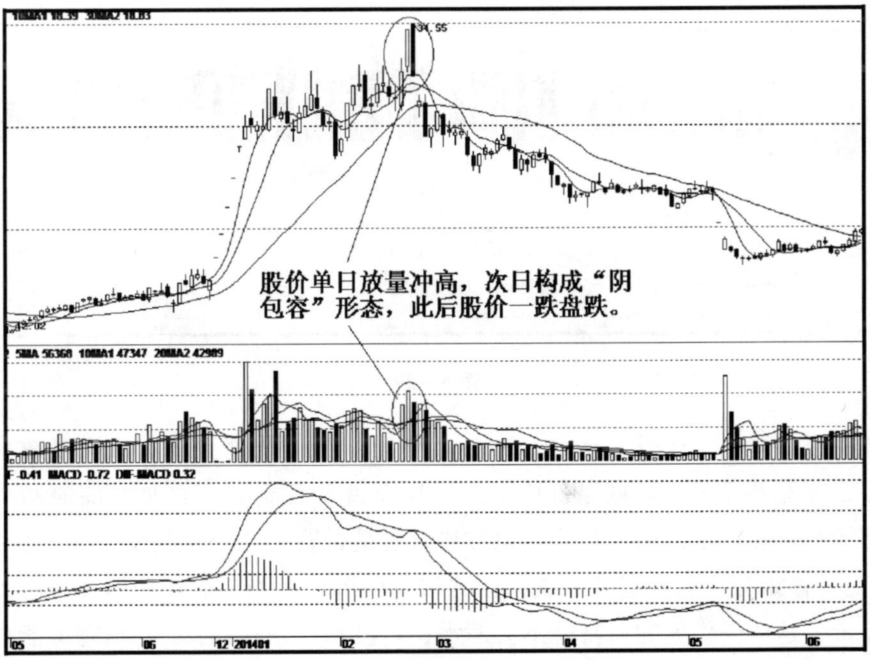

图 6－28

从盘面看，的确非常吸引人，上涨理由也很充分，股价上涨有量，突破整理平台，又得到均线的支撑，因此一波上涨行情为大家所预期。可事实恰好相反，这是一次假突破走势，第二天小幅高开后没有继续冲高走势，股价逐波走低。当天收于跌停板，将前一天的大阳线全部吞没，形成标准的“阴包容”K线组合形态，此后股价跳空走跌，盘面渐行渐弱。

图6－29，方大炭素（600516）：这是典型的单日冲高当日回落的例子。该股经过充分的调整后，庄家入场收集了大量的低价筹码，2017年6月23日开始股价出现加速上涨，股价从11元附近启动快速拉升到34元上方，短期涨幅十分巨大。

8月4日，股价乘势而上，开盘后大幅冲高到8个多点，可是当天风云突变，急转直下，股价出现大跳水，当天收盘下跌超过7个多点，形成单日日内冲高回落走势，从而也形成一个短期顶部。然后，经过一段时间调整后，9月12日出现同样的走势，此后股价长时间的弱势调整。

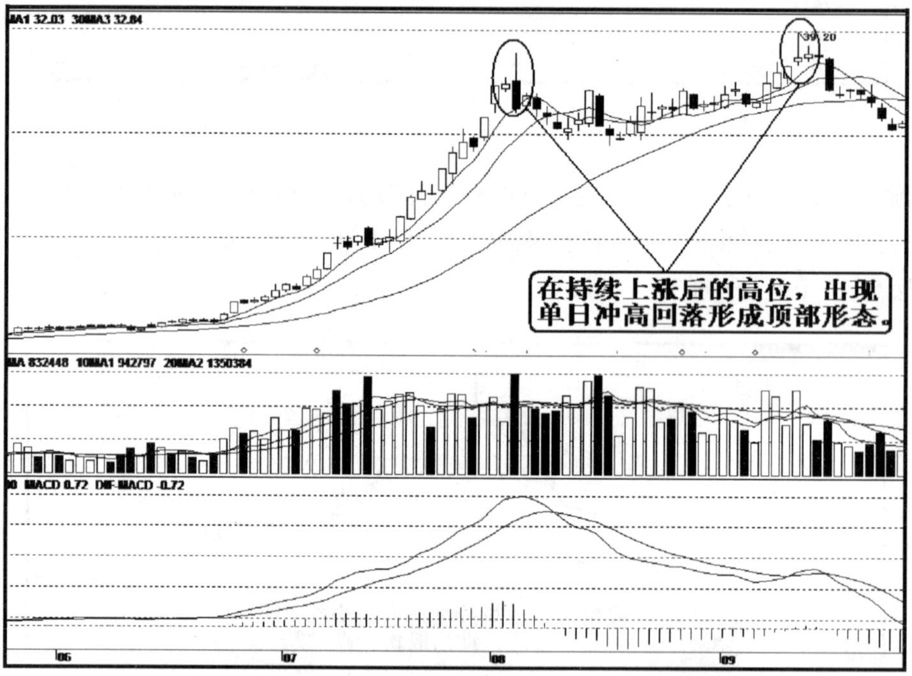

图6－29

从图中可以看出，该股完全符合冲高走势的“高位快速拉高、成交量放大、快速回落”这三个基本条件。这些条件中的第三个条件非常重要，它是对前面两个条件的验证，起到肯定和否定作用。具体认识方法就是是否属于“快速回落”，若是“快速回落”，必是冲高走势，后市定有一跌，在“快速回落”的当天收盘前退出，可以成功做一回逆差价，这样操作你的财富就不会缩水；若没有“快速回落”，则有可能是涨升行情，投资者可以逢低跟进。单日冲高走势有时候当天就回落，形成一根带长上影线的

K 线，如果第二天股价继续走低，也符合冲高走势的条件。

意图 31：护盘诱多

1. 庄家如何护盘

庄家将股价炒高以后，虽然获得巨大的账面浮动盈利，但要想将这些盈利转化为实际利润并非易事。由于庄家持筹较多，一时难以完成派发，股价下跌就会造成盈利缩水。为了减少下跌的幅度，维持高位出货，庄家就少不了护盘行为。护盘是指为了制止股价下跌过快过大，庄家在某一个价位大单买入或挂单，有时也拉高几个价位，以稳定军心。从大　点来说，庄家拉升大盘指标股，带动大盘指数上升，来维护市场人气。从更高的层面来说，还有管理层救市护盘，当股市面临严重的危机，为阻止危机的扩散，管理层往往出手救市，凝聚市场信心，以阻止股市崩盘。这里所研究和关注的以个股庄家护盘为重点。

在大盘下跌时最能体现出个股的强弱，投资者从盘面中观察有无庄家护盘动作，从而可判断出庄家有无弃庄企图。如果个股在大盘调整时下跌之势犹如决堤之水，一泻千里，在重要的支撑位（线）毫无抵抗动作，说明庄家已无驻守的信心，后市自然难以乐观。如果个股与大盘的走势背道而驰，说明庄家在其中扮演重要角色，此类个股值得重点关注。一般来说，护盘的基本方法有以下几种。

（1）维持强势。庄家护盘积极的个股，在大盘回调、大多数个股拉出长阴时，不愿随波逐流，而是保持强势整理态势，期间庄家也暂时停止出货计划，等待大盘转暖后伺机出货。

图 6－30，新莱应材（300260）：2015 年 6 月 15 日 A 股市场拉开“股灾”序幕，大盘出现快速下跌行情，个股形成千股跌停悲壮场景。而该股初期走势明显有别于大盘，股价在高位维持强势震荡并创出新高，吸引了不少散户的参与，其实这是庄家的护盘行为，目的是在高位派发筹码。当庄家派发了大量的筹码后，最终也放弃护盘行为，股价开始悲壮的大跳水，将散户套牢在高位。

区分是不是庄家护盘行为，不光是看股价拒绝下跌、维持盘面强势，还要观察大盘企稳后的走势如何。如果大盘企稳后，股价走势明显强于大盘，说明前面的强势是真实可靠的，投资者可大胆持股；如果大盘企稳后，股价走势明显弱于大盘，说明前面的强势是虚假的，是典型的庄家护盘行为，此时投资者应谨慎，一旦走弱应立即撤退。

（2）尾市拉抬。尾市拉抬情况比较复杂，应区别分析。一般来说，若股价涨幅已大，当天股价逐波走低，在尾市却被大笔买单拉起的，这类个股应警惕。这类个股通常是庄家在派发之后为保持良好的技术形态而刻意而为。有些个股涨幅不大，盘中出现较大的跌幅，尾市却被买单收复失地，也是庄家护盘的一种形式。有的当前涨幅不

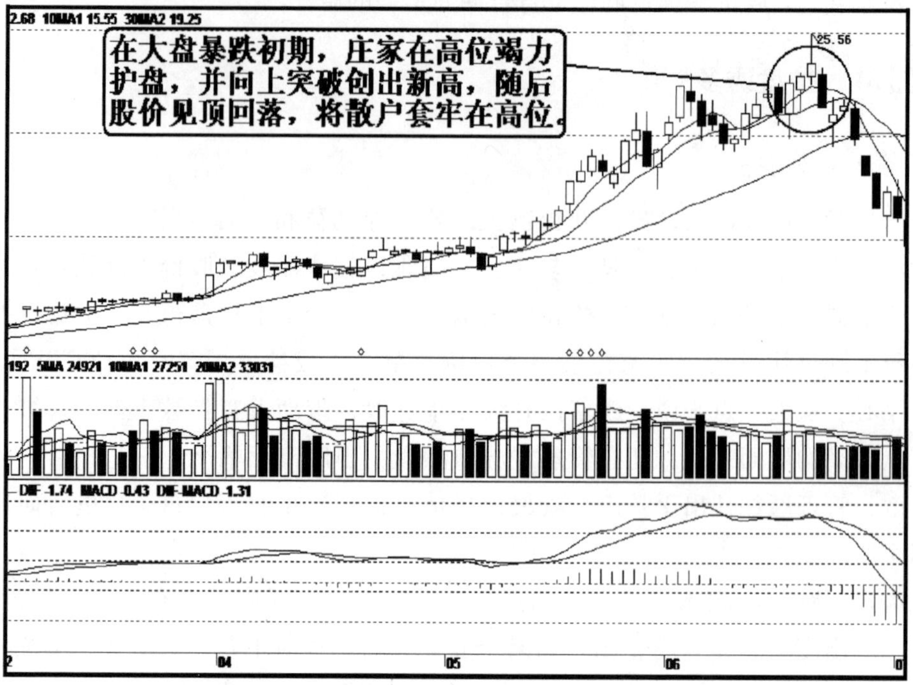

图 6－30

是很大的个股，某天盘中跌幅较大，到尾市却被大量买单抬升，一般而言也有庄家在其中护盘。

（3）顺势回落。有些庄家错误地估计了大盘走势，在大盘回调之际逆市拉抬，受拖累后回落。若收盘时出现带长上影的 K 线，但整体升势未被破坏，这种情况属于庄家“拉升未遂”。对这类股票庄家不一定会放弃，在短期有望卷土重来，可多多关注。

（4）大单托盘。有的个股经过连续下跌，出现了经常性的护盘动作。在其买一、买二、买三位置大手笔买单挂出，这是绝对的护盘动作，但这不意味着该股后市止跌了。因为在市场中，股价靠护是护不住的，“最好的防守是进攻”，庄家护盘，证明其实力欠缺，否则可以推升股价。此时，股价往往还有下降空间。但投资者可留意该股，一旦市场转强，这种股票往往一鸣惊人。

2. *庄家在哪些地方护盘*

庄家在出货时，护盘中免不了的，甚至是一种不可缺少的手段。因为一路的下跌是不会吸引买盘介入的，特别是庄家在筹码没有派发完毕以前，要尽可能使股价的走势更漂亮一些。庄家经常会选择以下这些位置进行护盘。

（1）在均线、趋势线（通道）附近，很多时候成为多空分界线。

（2）在前期高点、低点附近，该位置经常成为多空最后的一道防线。

（3）在跳空缺口附近，缺口大多具有突破性意义，技术作用非常之大。

（4）在整数价位、整数点位附近，对投资者具有一定的心理作用。

（5）在成交密集区、盘整带附近，堆积着巨大的成交量和高换手率。

（6）在重要的时间之窗里，出现变盘的概率较大，为技术人士所关注。

（7）在黄金分割线（位）附近，决定市场强弱的标志，其技术意义大。

此外，还可参考技术指标、形态、浪形、K 线等。当股价遇到上述这些重要位置时，通常具有一定的支撑作用和心理预期，为大众投资者所看好。庄家在这些位置进行护盘可以起到“四两拨千斤”的效果。

图 6－31，飞利信（300287）：这是庄家在 30 日均线附近进行护盘出货的例子。该股实力强大的庄家入驻其中，在长时间的底部震荡过程中，吸纳了大量的低价筹码，然后进行大幅炒作，在 16 个月时间里股价累计涨幅超过八倍（复权价）。

庄家在高位不断派发获利筹码，但出货需要一定的时间和空间，当股价回落到 30 日均线附近。由于庄家手中还有不少的筹码等待兑现，于是就利用 30 日均线进行护盘出货，股价停止了下跌势头。30 日均线附近是不少投资者认可的重要支撑位，从盘面看股价在此似乎也遇到较强的技术支撑，有望得到企稳回升，因而不少散户纷纷在此介入做多。

可是，庄家在该位置大量出货，经过几个交易日的盘整后，庄家手中筹码所剩无几，随后股价开始震荡走弱。

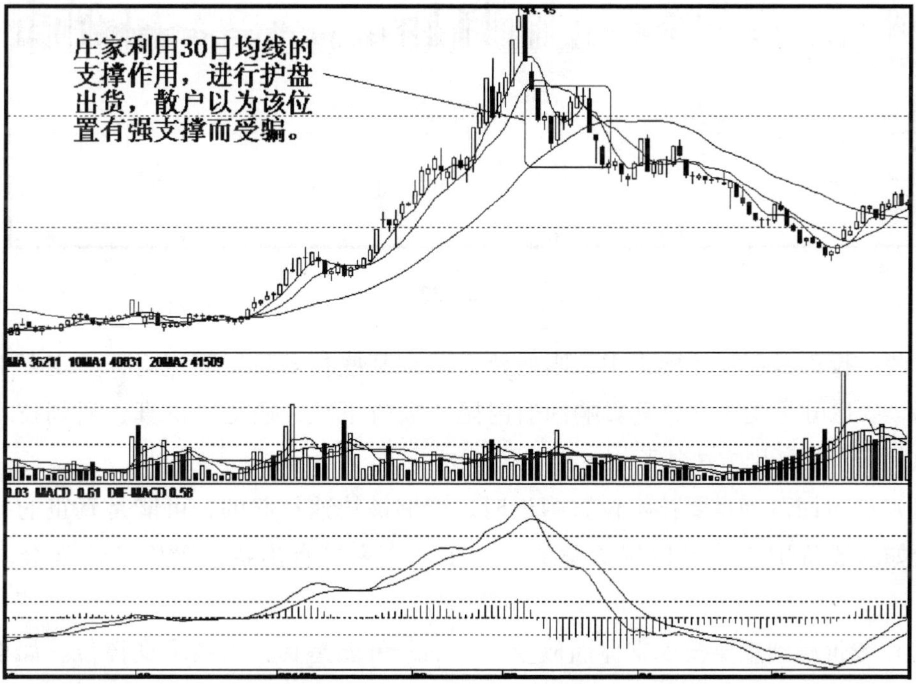

图 6－31

图 6－32，上海钢联（300226）：这是庄家在前期回调低点附近进行护盘出货的例子。该股被大幅炒高后，庄家在高位兑现获利筹码，股价出现大幅震荡。股价从高位

回落形成一个明显的低点，然后出现冲高走势，此后当股价回落到该低点上方时，庄家进行护盘，股价再次被拉起。不久，股价第三次回落到前期低点时，庄家再次出手护盘，股价出现企稳走势。

可见，有不少散户会选择在前期低点附近作为买入点，因此也上了庄家设置的技术陷阱之当。在股价几起几落中，庄家基本达到了出货目的，于是放弃了护盘计划，股价最终向下突破前期低点支撑。此后，盘面渐渐走弱，前期低点由支撑转化为压力，股价两次反弹到该位置附近时遇阻回落。

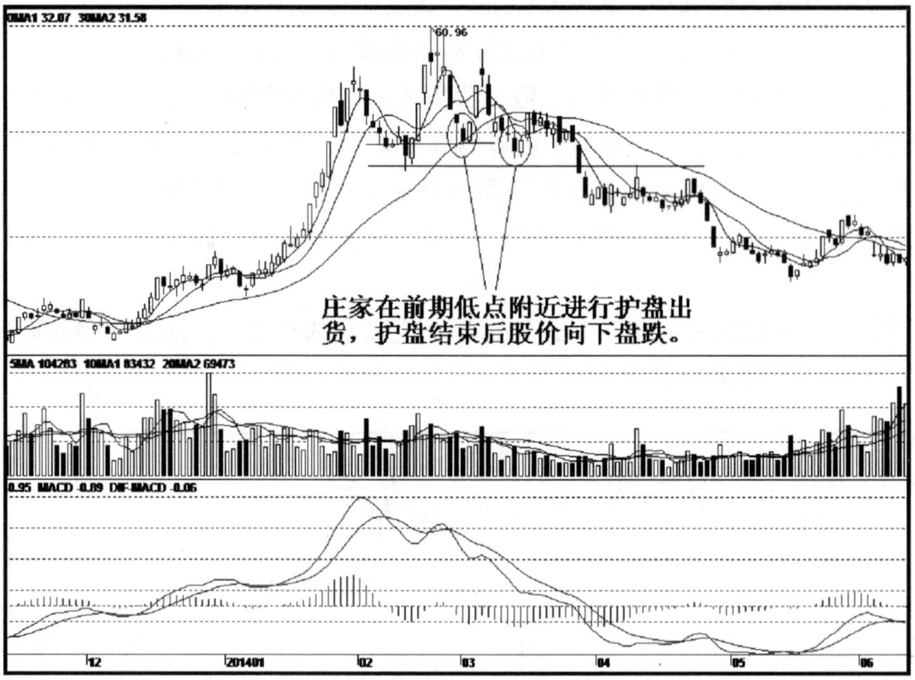

图 6－32

因此，投资者在实盘操作中，当股价回落到某些技术位置附近时，一定要引起高度警惕，要区分是受庄家护盘影响而暂时阻止股价下跌，还是股价真正遇到技术支撑而企稳回升。其区别方法如下。

（1）股价回落到重要技术位置附近时，能够被快速拉起的，可能是真正的技术支撑位。如果股价围绕技术位置盘整的，大多是庄家护盘出货，股价很快就会击穿支撑位。

（2）股价遇到重要技术支撑而放量上涨的，可能是真正的技术支撑位。如果出现等量或缩量盘整时，大多是庄家护盘所为，若是股价放量不涨，则庄家护盘出货更为明显。

（3）遇到重要技术位置，股价创出新高或突破一个技术压力位的，则技术支撑作用可靠性高，否则应以庄家护盘对待为好。

（4）股价多次回落到同一个技术位置附近的，为庄家护盘的可能性更大。触及的次数越多，支撑力度越弱。通常当股价 3 次以上回落到同一技术位置附近时，该位置很快就会向下击穿。

（5）在大盘下跌时，而个股不跌，但当大盘下跌后企稳回升时，个股却出现下跌走势，说明前期的“抗跌”属于典型的护盘出货走势。如果大盘下跌而个股不跌，在大盘企稳回升时，个股出现上涨或大涨，则后市继续看高。

3. 护盘的盘面特征

护盘的目的是为了使股价保持在一个相对的价格区间以内，不至于破坏股价的“势”和“形”，这是庄家为了有利于自己出逃，在一些重要位置做些必要的救护动作。但这种救护的强度不大、时间不长，股价很快脱离护盘区。其主要特征如下。

（1）在分时走势中，庄家看见大盘下跌或跳水时，特意将股价向上拔高几个价位，以安定民心。但当大盘企稳时却不动了，甚至出现下跌走势。

（2）护盘时间不会太长。如果有较大的抛盘出现时，庄家很快就会放弃护盘行为。先顺势下跌，然后偷袭拉高。

（3）被套庄家在护盘时，大多呈横盘或微升走势，一般不敢贸然拉升护盘，以免再栽跟头。但当大盘真正企稳上升时，它却走下跌路。即使不走下跌路，但其涨幅也远小于大盘的升幅，因为庄家在借势出货。

（4）被套庄家的护盘一般成交量不大，因为没有也不敢有新增资金介入。

（5）庄家在盘中的买一、买二、买三、买四、买五几个价位里，堆放大单托盘，使散户误以为抛盘轻、接盘大，从而使场内的投资者放心持股，让场外的投资者纷纷介入甚至高几个价位介入为庄家买单。

（6）当盘中股价下跌后，迅速用小量买单将股价拉起。尤其在大盘下跌时，死守关键位置或价位，或者在尾市拉升股价，并控制好开盘价格和收盘价格（特别是大量派发的时候），如均线、颈线位、轨道线、重要成交密集区等。在分时走势中，当大盘跳水急跌时，个股不但不跌，反而向上拉升几个股位。以此误导散户“该股抗跌性强”“庄家介入深”“庄家在悄悄吸纳”等，安定民心，吸引买单。

（7）在大部分筹码没有派发完毕以前，尽量将股价维持在上升通道、技术形态、波段调整等走势形态之中，谨防股价破坏图形等。

（8）成交量方面随着庄家筹码派发程度而逐步缩小，往往采取化整为零、多卖少买的方法进行护盘。有耐心的庄家每次只卖几十手甚至几手，很少超过 100 手，而且巧用时间差进行操作，如抛出 9 手，几乎在同时买入 1 手，在统计显示的时候，就成了 10 手买入单。

第三节　深度解读：出货时的盘口语言

一、高位尾盘异动

1. 尾盘拉高陷阱

庄家为什么选择在尾盘拉高呢？在股价高位出现尾盘急拉，一般是为了加大出货空间，但出货有个时间和空间之差的问题。如果庄家过早地在盘中拉高股价，就有可能在拉高后引发抛盘出现。这样庄家为了将股价维持在一定的高位，还得在盘中高位接下一定数量的抛筹，甚至还要增加仓位，这对出货庄家来说是得不偿失的。

特别在遇到大盘下午走坏时，市场抛压会特别大，要想把股价维持在一定高位就要大量的护盘接筹。没有雄厚的资金是杠不住的，杠不住股价就有可能出现抛压下跌，这样庄家的盈利就大幅缩水，因此尾盘拉升的目的就不言而喻。在采用尾盘偷袭方式拉高，甚至拉升持续至收盘，这样可以避免或者缩短拉高后股价横盘的时间，减少拉高股价后庄家为了将股价维持在一定的高位在盘中还要接筹的操作。尾盘偷袭方式既达到拉高股价的目的，又可以节省拉升成本。对于想出货的或资金实力一般的庄家来说，这是一种较好的操盘技巧。

在技术图形上，尾盘拉高后可能出现以下几种情况：

（1）当天小幅震荡后，最后出现尾盘拉高，形成一根漂亮的大阳线或假阳线，确保第二天的出货空间。

（2）早盘冲高后一路出货而股价回落，通常尾盘拉高缩短 K 线上影线或收出阳线，保持 K 线形态的完美性，稳定市场人气。

（3）在股价震荡下跌过程中，庄家尾盘拉高使日 K 线形成长下影线 K 线，显示下方有支撑作用，吸引场外资金。

（4）通过尾盘快拉高，形成假突破图形，构筑漂亮的技术形态，给散户带来几许想象空间。

图 6－33，希努尔（002485）：该股庄家成功完成建仓计划后，股价进入牛市长达 4 年之久，累计涨幅超过 300%。由于大盘环境欠佳，庄家炒作手法有所收敛，在高位出现横向震荡，不断地在高位兑现获利筹码。

2018 年 6 月 1 日，全天股价窄幅震荡，在临近收盘前 5 分钟时间里，庄家用两笔大单将股价拉到涨停价位。第一笔，用 954 手的大单子，将股价从下跌 1 个多点拉至翻红；第二笔，用 6655 手的大单子，将股价直线拉涨停。庄家为什么这样做呢？

一是维护日K线的上升形态完好，使一般散户从日K线上看不出庄家在进行减仓操作。

二是尾盘用少量资金就将股价快速拉到涨停位置，为日后继续高位减仓出货腾出足够的空间。

三是在日K线上出现向上突破前期盘区制约，误导散户洗盘结束、股价打开上涨空间的假象。

可是，第二天股价大幅低开5.19%后，庄家不断地向外“批发”筹码，股价逐波下跌，不到半个小时，股价封于跌停价位，从此出现一波大幅跳水行情。

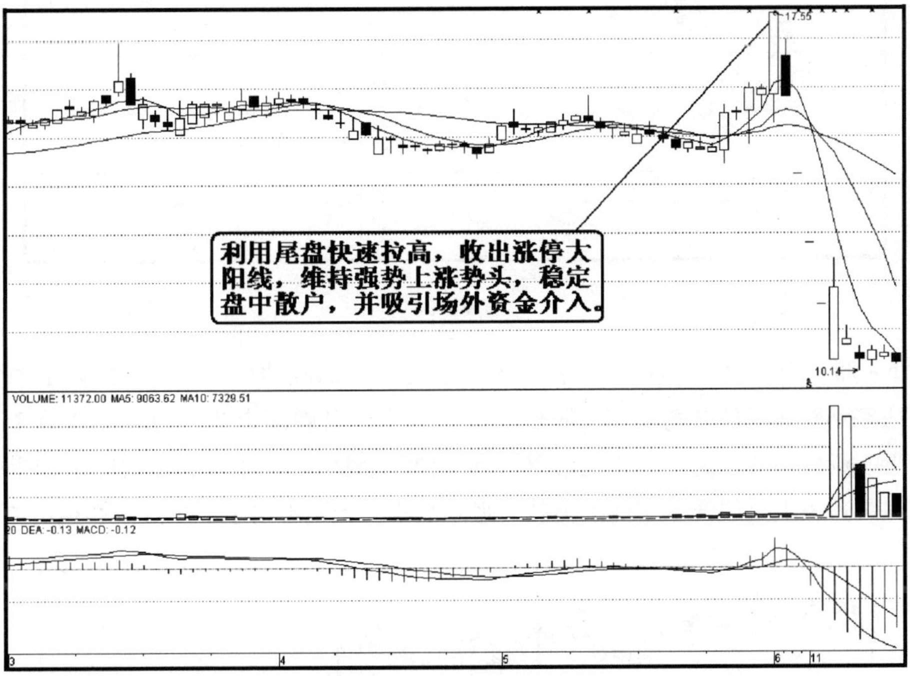

图6-33

图6-34，该图为希努尔（002485）2018年6月1日尾市拉高走势图。全天股价维持弱势震荡走势，庄家在震荡过程中不断向外派发获利筹码，在临近收盘5分钟时间里，股价快速拉高到涨停价位。

庄家这样做的目的：一来可以减少拉升成本，不会引发散户的大量抛盘出现；二来可以维持强势的上涨势头，以便在高位继续出货。

散户遇到这种盘面走势时，可以从两个方面进行分析：一是确定股价的位置和阶段，即是高位还是低位；二是观察次日的盘面表现，若继续上涨的话，可能真正的拉高行为，后市仍有上涨潜力，可谨慎看多；若震荡走低的话，则基本可以确定为庄家诱多行为。

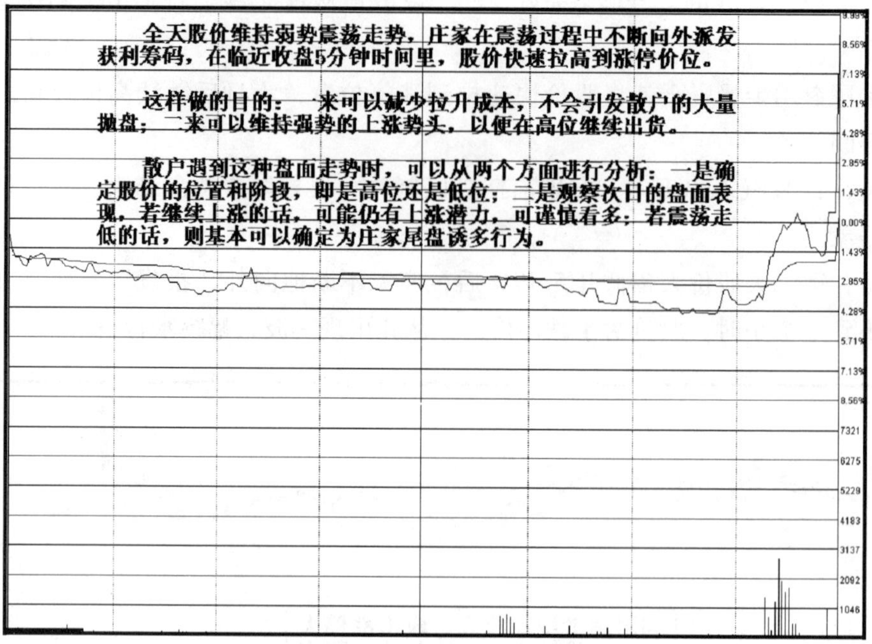

图 6－34

图 6－35，中兴商业（000715）：庄家经过近一年的成功炒作后，股价有了两倍多的涨幅，庄家不断在高位减仓操作，股价在高位形成横盘震荡走势。2014 年 4 月 2 日，股价维持近一天的强势震荡后，在尾市 20 分钟时间里股价迅速涨停，K 线图中产生一根上涨大阳线。这根大阳线产生了向上突破的强烈欲望，无疑吸引了不少散户的热情追捧。

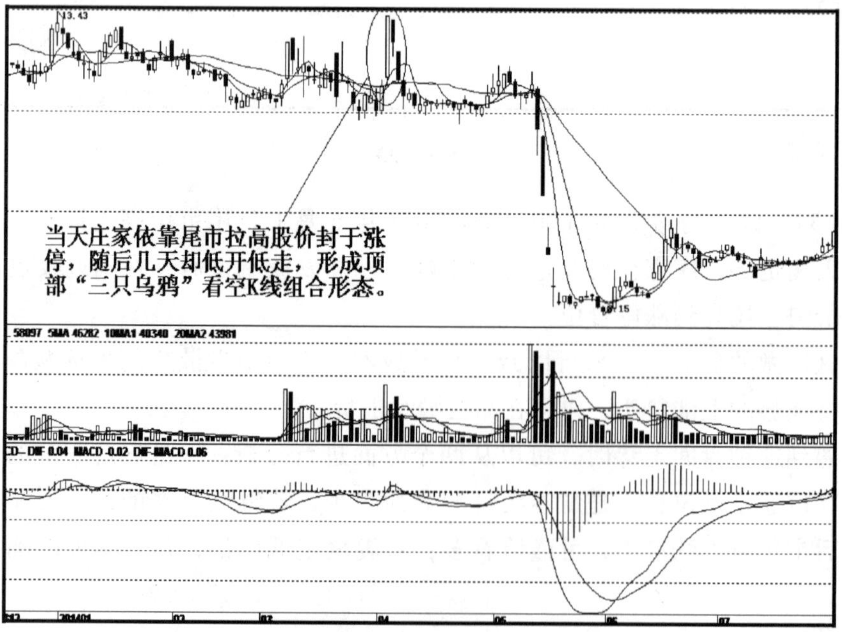

图 6－35

可是，股价从次日开始，连续下跌收阴，把前面的大阳线全部吞没，此后股价维持一段时间的横盘震荡。5月14日开始，股价出现一波大幅跳水行情，在拉高介入的散户全部被套牢其中。

经常有散户会问："庄家出货谁来接啊?"这样问的散户一般经验都不是很丰富，从该股走势就可以回答这个问题。庄家在大盘表现温和的时候，先是横向盘整，有人接盘就给，没有人接盘时就向上拉一把。当散户眼球集中过来，然后再横盘震荡派发，总会有人买入的。最后在临近收盘时把股价拉涨停，让那些想买而犹豫不决的散户后悔了一个晚上，第二天不得不在高位买入，这时回落风险悄悄降临。

2. 尾盘跳水陷阱

一般而言，在14：30之后，特别是收盘前的最后10分钟，是多空争夺阶段，双方僵持不下。如果采用尾盘进行杀跌，可起到"四两拨千斤"的作用，但前提是14：30之前两者实力相差不大，否则，在胜负已定的背景下无论哪一方努力也都是功亏一篑。从趋势角度分析，戏剧性的尾盘杀跌容易发生在下面几个阶段：

（1）涨势末期，追高乏力之下空方在尾盘反手掼压。

（2）形态整理结束，股价尾盘见分晓，做出方向性选择。

（3）久盘不涨的个股，高位容易在尾盘出现巨量杀跌。

（4）在特殊技术或心理关卡的支撑沦陷时，尾盘将引发强烈的杀跌意愿。

在高位出现尾盘跳水可能有三方面的目的：一是庄家打掉所有的当天委托买单，达到快速出货；二是为第二天留下一个高开的机会，挤进涨幅榜前列，吸引散户目光；三是在出货后期，庄家不计成本地抛售。

图6－36，石化机械（000852）：2017年5月26日，该股当天开盘后出现冲高走势，股价在高位维持震荡盘整，庄家在盘整过程中大量减仓，然后在2点开始出现回落走势，尾盘继续杀低，把当天所有的散户买单全部打掉，只要有散户接盘，庄家就会给你，有多少给多少。第二天，股价跳空低开低走，出现跌停板，说明庄家减仓意愿非常坚决，此后股价步入中期调整走势。

3. 尾市看盘技巧

在股市中，有很多散户不注重尾盘的分析，认为差半小时就收盘了，股价不会再有什么变动了，其实每天股市最后这半小时是十分重要的。可以通过这半小时的盘面变化，判断庄家在干什么，以及将要干什么，然后根据庄家意图采取相应的操作策略，这样就可以踏准庄家节拍。因此，认真分析个股尾盘拉高或打压，对研究后市股价走势具有重要的意义。

那么，散户应当如何去分析和应对尾盘拉高和打压现象呢？根据多年实盘经验，可以围绕以下几方面的因素进行考量。

（1）在大盘的不同状态下。在大盘弱势时，个股尾盘拉升基本属于吸货打压，或

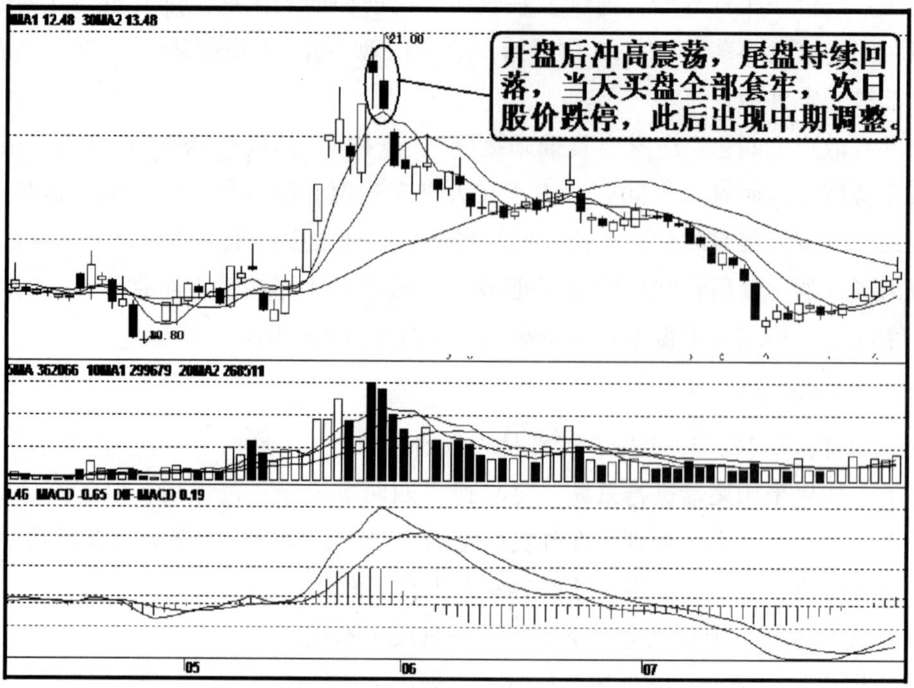

图 6－36

者拉高股价寻找出货机会，次日下跌的概率极大。因此应对的办法是及时逢高卖出，越拉越卖，千万不要犹豫，不要错过减仓的好机会。在大盘强势时，如果股价处于高位，大多属于拉高出货行为，如果股价在低位蓄势已久，则也有借机突破的可能。

（2）在个股的不同位置时。在股价低位出现尾盘急拉现象，一般说明庄家掌握的筹码不足，拉高是为了吸货，以备打压股价之用。次日甚至此后数日，下跌概率极大。因此应对的办法是逢高卖出，以后加强观察。

在股价中位出现尾市盘拉现象，一般说明处于拉升中继，如果全天股价均在高处，则次日上涨的概率较大；但如果全日股价处于盘整状态，而尾盘急拉，说明洗盘即将开始，尾盘拉升是为了加大洗盘空间但同时又不愿深跌，以免廉价筹码被散户抢去。因此应对的办法是：既可以出局，也可以观察待变。

在股价高位出现尾盘急拉现象，一般是为了加大出货空间，使自己的筹码卖给好价钱，此时逢高及时卖出是明智的选择。此外，对庄家高度控盘的个股出现尾盘拉升时，一般可以不理会、不参与，因为庄家可以随意定义股价，既然可以拉升，也完全可以打压。

（3）在股本不一的个股中。在大盘股中，出现尾盘拉升的概率一般要大于小盘股，因为大盘股难以控盘。近几年以来，由于受到庄股大跳水影响，高度控盘的股票越来越少，取而代之的操作手法：不控盘操作正在被市场广泛应用。

如何做到既不控盘又能推高股价？一是充分利用大盘气势和板块效应，二是多次使用尾盘拉升手法。因为尾盘的时间短、抛压小，拉升时成交量不大，庄家投入的资金有限。第二天，如果大盘不是太坏的话，一般股价都能在高位撑住，甚至继续上涨的概率较大。此时的应对办法是：只要股价不在高位，说明处于拉升中途，仍可继续持股。

（4）在不同的拉高手法中。一天的盘面角逐没有结束之前，多空双方的博弈依然激烈，尾盘的走势能反映出双空强弱的一方。所以最后半小时内的走势是重要的盘口语言，对第二天的走势起着非常重要的作用。但盘面走势千差万别，投资者也不可能全部把握，重点要掌握以下几种特殊的尾盘走势。

第一，直线式拉升。前几天和当天的走势都很平淡，尾盘最后几分钟突然拉升，中间不出现震荡回调，基本是一条直线上行。成交量快速放大，不给任何人追进的机会。如果全天的成交量因为尾盘的放大而明显放大，显示庄家资金无法出逃，必须采取拉高再想办法出货的方式了。后市庄家还是会以出货为主，不然走势不太看好。

第二，震荡式拉升。在最后的半个小时里开始出现放量震荡拉升，不是平滑的直线式上涨，全天成交量也明显比先前放大，K 线上看是量增价涨的态势，但是实际上这是庄家力量不强的表现，这种尾盘的震荡拉高其实是一种对敲。这样的拉升方式主要目的还是吸引跟风入场，以降低庄家拉升成本，又为以后的出货加大空间，这种走势出现后往往股价还能走高，但持续时间不会很长。

第三，前期个股十分活跃，成交量始终维持较高水平。但是股价无法拉高，当日尾盘突然放量拉升，放大的程度非常大，甚至一直快速拉到涨停。虽然成交量中有对敲造势的成分，但是也说明跟风盘非常踊跃。拉升中以最大限度地吸引人的眼球，而第二天开始股价却没有高开高走，反而突然疲软。这是庄家利用散户的惯性思维做盘。不少散户认为股价涨停后应有继续拉高动力，否则就要卖出，庄家因此进行打压洗盘，为后市拉高扫平障碍。

当然，也有其他的情况，现在庄家的手段也不断翻新，还有很多被人看不到也看不懂的手段，这就需要投资者从实盘中不断地去总结经验了。不过尾盘突然拉高的过程始终不是进场的好机会，不管后市能否拉升，这样尾盘入场的成本始终太高了。

（5）在不同的个股盘口中。作为理性的投资者还应当仔细分析盘中的每笔交易后才能下结论，如果没有对盘中交易过程的观察，就很难对这一现象得出正确的结论。下面根据盘中的交易，分析几种常见情况。

第一种情况，该股全天的成交非常平淡，大单子也很少出现，因此结论就是“庄家护盘”。在分析了盘中交易以后再做出这个相同的结论，就是一个理性投资者的境界。

第二种情况，在盘中有主动性抛单向下打压股价，一旦下方出现稍大的单子就立刻有主动性的单子砸出来使其很快成交，股价走势明显弱于大盘，也是属于“庄家护盘”。

第三种情况，在盘中出现过一些较大的成交量，但都是在一个特定的较低的价位附近出现，而且单子比平常的单子要大。比如，一般的买卖单都是几十手，但这些较大的单子都是 100 手以上。这是有大单子在进行盘中交换，其价格是有“默契”的，因此在成交以后庄家还会将价格拉回到原来的位置。这种现象的背后，可能是庄家将一部分筹码在一定的价格附近通过市场转让给其他投资者，或者是其他要退出者将某张大单子还给庄家。

第四种情况，庄家在出货，盘中观察不断有主动性打压盘出来。一旦有稍大一些的接盘就会被砸掉，与第二种情况一样，但结论却与“庄家护盘”完全不同，而是“庄家出货”，拉抬收盘价的目的是为了第二天能够更好地出货。现在关键是如何与第二种情况区别，这才是真正的智力较量。判断的一个要点是出货狠不狠，另外还可以估计一下做收盘价所用的量与盘中出货量的比例。如果做收盘价的量不到出货量的两成，则是出货者为了第二天更好地出货，反之就可以确认是“庄家护盘”了，庄家是绝不会再花大资金去做收盘价的。

（6）尾盘看盘心得。可以将 14：30 以前出现的盘中最高价和最低价描出，并取其中间值作为参照价。如果此时股价在中间值和最高点中间运行，则尾盘将以震荡走强或突破新高的概率较大；如果此时股价在中间值和最低点中间运行，则尾盘通常以震荡走软而收低。如果 14：30 股价已突破新高，则尾盘势必还有一番拉抬，使股价再度走高。反之，如果股价此时跌破盘中最低点，则收盘前卖方压力不可小觑，股价会疲弱难支，通常以最低价收盘。

在尾盘进行杀跌的末期，特别是最后 5 分钟可以观察各项指标，以便判断次日的技术走势，做出是否持仓的决定。作出判断的最重要诀窍是先定义 K 线的不同阶段，因为涨势中、跌势中或盘整中的尾盘，其次日开盘大不相同，趋势以 10 日均线的上涨或下跌为标准。

（7）其他因素。一是尾盘拉高的股票通常说明庄家实力弱小、资金有限的一面，尤其是大势震荡的时候，通过尾盘急速拉高做高股价，能够节省做盘成本。二是注意将个股价格和个股技术形态结合判断分析。如果一只股票构筑缓慢的上升通道，并走进最后的五浪加速期，那么，这个时候的急速拉高属于本身趋势形态上涨加速。在股价快速起飞的初期，可以适度跟涨，反之，则应该观望。三是高位横盘的个股经常出现尾盘急速拉高时应该警惕，特别是每一天的交易时间里，基本保持震荡下跌，而在收盘时候，就有大买盘主动推高股价，并且这样的股票累积涨幅已经不小，应该考虑庄家骗线做图，掩盖自身出货痕迹。四是区分有量急拉和无量上涨的两个不同。前者属于庄家对敲做盘，从买卖档可以看到很多大单、整数单的大举买进。这样的情况，十有八九属于庄家故意炫耀实力给散户看，引诱跟风盘，而后者则是突发消息刺激，场外资金急切抢进，股价不用放量就轻松上涨甚至涨停。这往往说明两个含义：一是庄家惜售；二是筹码高度集中。这种情况下的无量拉高，特别是无量封住涨停，后市绝对可以看高一线。

二、盘口变化觅踪迹

1. 大单托盘玄机

在庄家出货阶段，经常会在盘口出现大单托盘现象。这时有的投资者不太理解，既然庄家要向外发货，那么为什么又在买档位置堆放大单托盘呢？庄家的目的有二：一是稳定场内散户持股信心；二是吸引场外散户买入意愿。

当股价上涨了一定幅度的高位后，在盘口出现委买量大大超过委卖量的大单托盘现象，显示买盘十分强大，股价一时难以下跌，形成股价可以轻松上涨的假象。大单托盘的意图就是在高位给场内散户足够的信心，起到稳定军心的作用，同时刺激场外观望散户的入场欲望，诱使更多的散户争相买入股票。在实盘中确实有很多散户认为，买入位置出现明显的大单是庄家积极做多的表现，因而坚定持股或加仓买入，结果被套牢在高位。

那么庄家是如何出货的呢？庄家会运用一些盘面技巧实现自己的出货手段。

（1）在大单托盘价位上方进行对倒交易（庄家出货离不开对倒手法），维持繁荣的盘面气氛，这时或多或少会有一部人被吸引过去的。

（2）巧用托盘方法，庄家一般不会在买一位置托盘，而是在稍后的买档上挂出，让场内外的散户在前面的价位上进行买卖，庄家从暗中出货。

（3）变幻无穷的托单手法，庄家的托盘单挂了又撤、撤了又挂，比如撤了前面的100手，同时再挂单100手，在电脑上看不出来托盘数量的变化。而此时的挂单意义已经发生重大变化，也就是说100手挂单已经在散户的后面排队，根据“优先成交”原则，成交的是前面散户的单子，而不是后面庄家的大单，所以庄家不会在高位接手高价筹码。这就是庄家的操盘秘密。

在一些个股累计涨幅比较大的情况下，盘中的大单托盘会出现另一种异常情况。在开盘之后股价震荡下跌，当下跌到一定幅度时在买档位置出现大笔买单，好像有庄家在吸纳，股价无法继续下跌。但在这个位置股价反弹时明显无量，而且从成交明细来看，盘中主动抛盘（内盘成交）较多，而且在股价重新下跌时抛盘踊跃。虽然在某一价位有强大的买盘托着，但股价总体呈下跌趋势，这是庄家常用的出货手段。原因很明显，如果是庄家护盘的话，就不应该只是象征性地挂单托盘，而是真实性地买单才是，一方面是托盘非常强大，另一方面是股价回升无量，这本身就是矛盾的。所以，投资者在盘中见到这种情况一定要小心为上，先出局了事。

当然，大单托盘除了上述庄家手段外，同时也起到控制股价下跌作用。如果股价出现快速下跌走势，对庄家出货是不利的。最好就是在平稳的环境实现出货，因此大单托盘具有调节股价的功能。散户只要认真分析盘面细节，就会识破庄家的大单托盘手段。

2. 大单买入玄机

在实盘中，经常出现大单买入的假象，它是指在某一时段里，盘面出现较大的买入成交单，但股价未见得出现上涨，有时甚至是下跌走势，形成量价失衡现象，而庄家在暗中实现出货。

一般而言，如果盘中出现持续性的大单买入，往往说明买盘非常积极，投资者纷纷看好后市，预示股价上涨潜力较大，是普遍看好的信号。但大单买入并不一定真实反映股价的内在因素，恰恰是庄家运用大单买入实施高位出货的手段。当股价处在上涨后的高位，庄家也是急切希望兑现获利筹码，但如果不顾盘面状态，一味向外出货，势必造成股价快速大幅下跌。这样对庄家后期出货十分不利，所以运用大单买入，造成虚假的成交盘面，以此稳定场内散户做多信心，同时吸引场外散户入场接单，而庄家在暗中不断向外出货。

那么，大单买入是不是庄家真的买进筹码呢？庄家又是如何出货的呢？

盘中大单买入不是庄家的本意，庄家也不会随意接过高位筹码，只是在关键时刻吃进少量的抛单，总体是“多卖少买”，划得来。

这里面有很多的技巧和方法：

一是与大单托盘相结合，在较远的买四、买五档位置挂出大单，然后在买一、卖一价位放量，形成股价立即要上涨的假象，散户看到下面有大单委托，在心理上具有安全感。股价一时不会下跌，而且在大单委托后面排队不一定成交，因而散户会在买一、卖出价位选择委托或即时成交，这样庄家暗中不断出货。

二是庄家利用几笔对倒单，迅速拉高几个价位，形成“井喷”迹象，此时有的散户就会迅速追高买入，这样庄家就可以派发不少的筹码。

三是利用快速挂单撤单手法出货，庄家在盘中撤了前面的单子后，迅速挂出相同的单子，欺骗散户跟单入场。这就是庄家的操盘秘密。

投资者在实盘操作时，在高位看到连续单向的大单买入后，股价不涨或小涨时应引起警惕。一旦发现庄家出货，就应果断退出。

3. 识别盘口方法

在股价上涨后的高位，盘口总是显得十分热闹，但盘口背后隐藏着巨大的庄家陷阱。大单托盘和大单买入恰恰是庄家实施阴谋的基本手段。投资者透过盘口现象，观察庄家的蛛丝马迹，从而揭穿庄家意图，更好地把握买卖时机。

（1）在高位出现大单托盘时，股价不但没有上涨，反而出现向下滑落，为假托盘。如果大单托盘时，股价渐渐向上攀高，每上一个价位后，大单托盘随之向上抬高，表明庄家依然顽强地上攻，升势可能仍在延续之中。此时应密切留意盘口变化，一旦大单托盘撤掉时，应立即出局。

（2）在大单托盘出现时，伴随着大单卖出，显示庄家在其中活动。若股价重心渐渐下移，疑似庄家暗中出货，则为假托盘，散户及时离场；若股价没有出现明显的下移走势，而是微微上移，谨防庄家诱多出货。

在大单托盘出现时，伴随着大单买入，这是庄家行为。若股价没有出现上涨，则为假托盘和假大单买入；若股价出现上涨，说明仍有一波涨后余波行情。此时可以谨慎持股，在盘口出现反常现象时果断退出。

在大单压盘出现时，如果买卖单子都不大，说明散户行为，庄家观望。无论是股价上涨还是下跌，都应注意后市动向，一旦苗头不对就应立即撤退。

（3）大单托盘出现在较远的买四、买五位置时，这是挂出给散户看的诱多动作，庄家并不希望这笔托单真正成交。如果大单托盘出现在较近的买一位置，可能是一笔真托盘，股价暂时遇到护盘力量。但总体而言，护盘是被动的，投资者应小心瞬间出现变盘。

（4）在高位出现大单买入时，股价不但没有上涨，反而出现下跌走势，为假买单，属于典型的诱多行为；相反，在大单买入时，股价也随之上涨，为真买单的可能性较大，有可能出现一波冲高行情，投资者可以谨慎持股，静观其变。

（5）在大单买入时，上方有大单压盘，大多是庄家行为，利用上下夹板出货的可能性较大。若股价重心下移，大单不断下移压盘价位，为假买单；若股价重心上移，大单不断上移压盘价位，为真买单，但应提防庄家诱多。

（6）上方压盘不大，但出现大单买入，大多是庄家诱多行为。若股价出现下跌，则为假买单；若股价出现上涨，为诱多式出货行为，短期而言是真买单，中长期则是假买单。

（7）在高位出现大单买入时，导致股价快速上涨，上涨后股价能够坚挺在高位，没有快速回落到原先的价位附近，这大多是实力强大的庄家再次拉高行为。如果股价被一两笔买入大单快速上冲后，股价很快回落到原地踏步或出现下跌势头，说明大单买入是典型的诱多行为。如果在盘中经常出现这种走势，则庄家出货意图更加明显。

第四节　散户出招：在高位与庄家兑现获利筹码

◪ 招数 12：判断股价见顶的方法

当一个顶部出现时，技术分析方法可以给出明确的头部信号或卖点信号。如果掌握技术分析方法，就可以在图形上提前发现顶部。

（1）形态法：当 K 线图在高位出现双重顶、头肩顶、圆弧顶和倒 V 型等技术形态时，都是非常明显的顶部形态。

（2）趋势法：一条支撑股价不断向上走高的上升趋势线被有效击穿，或形成新的下降趋势线，说明股价上涨趋势被逆转。

（3）波浪法：股价已经运行了五个推动浪后，盘面出现滞涨时，预示股价即将见顶。在五浪的高点即便是继续上涨，也可能是最后的冲刺动作，谨防股价反转。

（4）K线法：在K线图上出现见顶形态，比如，在高位日K线出现穿头破脚、乌云盖顶、高位垂死十字等K线形态都是股价见顶的信号。

（5）均线法：当股价涨幅已大时，比如，5日均线从上向下穿10日均线，形成死亡交叉时，将显示头部已经形成。

（6）指标法：周KDJ指标在80以上，形成死亡交叉，通常是见中期顶部和大顶的信号。5周、10周RSI指标如运行到80以上，预示着股价进入极度超买状态，头部即将出现。宝塔线经过数浪上涨，在高位两平头、三平头或四平头翻绿时，是见顶信号。MACD指标在高位形成死亡交叉或M头时，红色柱状不能继续放大，并逐渐缩短时，头部已经形成。股价随布林线上升较长时间，当股价向上穿越BOLB1，又下穿BOLB1，随后再下穿BOLB2时。DMI指标的ADX与ADXR在高位死叉，+DI与-DI死叉，显示资金逐步撤离市场。这些技术指标都是检验头部信号的重要依据，投资者应很好地把握。

投资者在逃顶时要坚决果断，一旦发现信号，要坚决卖出，坚决不能手软和抱有幻想。即使是卖错了，也没有关系。因为，买入的机会非常多，而卖出的机会往往只有一次。而且，股价通常运行在头部的时间非常短，大大少于在底部的时间，一旦逃顶不坚决，很可能被长期套牢。

招数13：抓准高位最佳卖点

1. 从大势上寻找最佳卖点

股谚云：“会买的是徒弟，会卖的才是师傅。”这里揭示了卖股票的学问和难度，那么股票应当在什么时候卖出最好？

（1）股价从高位下来后出现反弹，如果连续三天未收复5日均线，稳妥的做法是先出来观望。或者，股价反弹未达前期最高点或成交无量达前期高点时，不宜留着该只股票。

（2）股价向上突破20日、30日均线，一般尚有8%～15%的跌幅，可以先退出来观望较妥。当然，如果资金不急着用的话，死顶也未尝不可，但要充分估计未来方方面面可能发生的变数。

（3）日K线图上突然出现大阴线并跌破重要平台时，不管第二天是否有反弹，都应该出掉手中的货。或者，股价上升较大后，日K线出现十字星或倒锤头线时，这是卖出股票的关键。高位十字星，反映买方与卖方力量相当，股价上涨出现红灯警示，为潜在的转势信号。高位倒锤头线，反映当日抛售者较多，若当日成交量很大，更是见顶信号。许多个股形成高位十字星或倒锤头线时，形成大头部的概率极大，应果断卖出。

（4）新股开板后，尽量在早上10：30～11：00时间段卖出，其收益较为理想。

（5）重大节日前一个星期左右，开始调整手中的筹码，乃至清空股票，静待观望。

（6）如遇重大利好当天不准备卖掉的话，第二天高开卖出或许能获取较多收益。或者，股价大幅上扬后，公布市场早已预期的利好消息时是卖出的关键。

（7）市场大底形成后，个股方面通常会有30%～35%的涨幅时。记着，不要贪心，见好就收。

（8）同类（行业、流通股数接近、地域板块、发行时间靠近的次新股等情况下）股票中某只有影响的股票率先大跌的话，其他股票很难独善其身。手里有类似股票的话，先出来再说。

（9）大市持续下跌中，手中持有的股票不跌或微跌，一定要打起精神来。不要太过侥幸，先出来为好，个股总有补跌赶底的时候。

（10）股价大幅上扬之后，持股者普遍获利，在上扬过程中一旦出现卖单很大，特别是主动性抛盘很大，反映庄家在抛售，这是卖出的强烈信号。尽管此时买入的投资者仍多，买入仍踊跃，这很容易迷惑看盘水平不高的投资者。

（11）股价大幅上升之后，成交量大幅放大，创出近期的最大值，是庄家出货的有力信号，是持股者卖出的关键。没有庄家拉抬的股票难以上扬，仅靠广大中小散户很难推高股价的。上扬末期成交量创下天量，是形成大头部区域的先前信号。

（12）在高位除权日前后是卖股票的关键时机。上市公司年终或中期实施送配方案，股价大幅上扬后，股权登记日或除权日前后，往往形成冲高出货的行情。一旦该日抛售连续出现大单时，应果断卖出，反映庄家出货，不宜久持该股。

2. 在分时图寻找最佳卖点

（1）分时走势的波段高点。股价在盘口上出现拉升之后，其市场人气被大大激发，形成一种极强的攻击态势。那么这往往并不是一波上升就能结束的，而是存在一个阶段性上升。那么，在盘口上的这样阶段性上升，有什么迹象和特征呢？

通过长时间的观察，发现如果分时盘口一旦进入到攻击态势时的阶段性上升，现价线（白色线）经常呈现出高低点交替创新高的走势，即在拉升过程中，难免会出现回调，但回调应当不跌破均价线，然后会再次向上。假如在某一次的回调之后，股价即便再创新高，但没有持续上涨，而是很快回落击穿了前一次的回调低点（类似于盘口的双头形态，右边比左边略高），这通常是一个阶段性上升的终点，为短线卖出点。或者，在某一次的回调之后，股价并没有再创新高，而是形成了略低于现价线前高点的次高点（左边比右边略高）。这通常也是一个阶段性上升的终点，后面即便再有上升，大多需要大盘的配合或经过一个长时间的休整之后才能上涨，也是一个卖出点。

图6－37，两幅图都是双头形态，左图是左低右高，但股价没有持续上涨，回落后击穿了前一次的回调低点。右图是左高右低，代表冲击前期高点乏力，气势上有明显欠缺，多为波段上涨结束。可见，股价都面临回落调整，是短线较理想的卖出点。

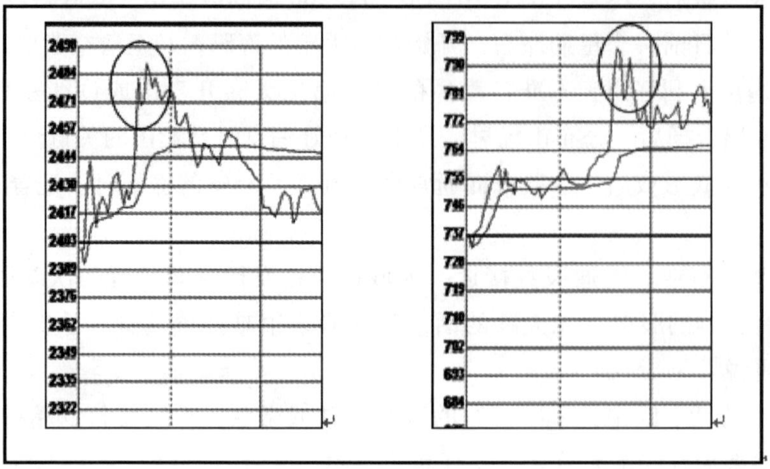

图6－37

在量能的变化上，也有比较明显的参考作用。如果回调之后再次上升，在冲击前一波高点时，成交量只有明显放大，才能形成有效的突破。假如在成交量上相差比较远，即便创了新高也很难维持得住。所以，根据成交量在盘口的细微变化，来预测对于是否形成上面提到的略低前高点的次高点之双头形态。

图6－38，左图即便是左低右高的双头，如果发现盘口创新高点时，而成交量没有之前大，且明显地减少，跟价格成背离情况，多为波段上升结束信号。右图是持续拉升的个股走势，价格的上升是和成交量呈相同方向，即价升量增，说明量价配合理想。

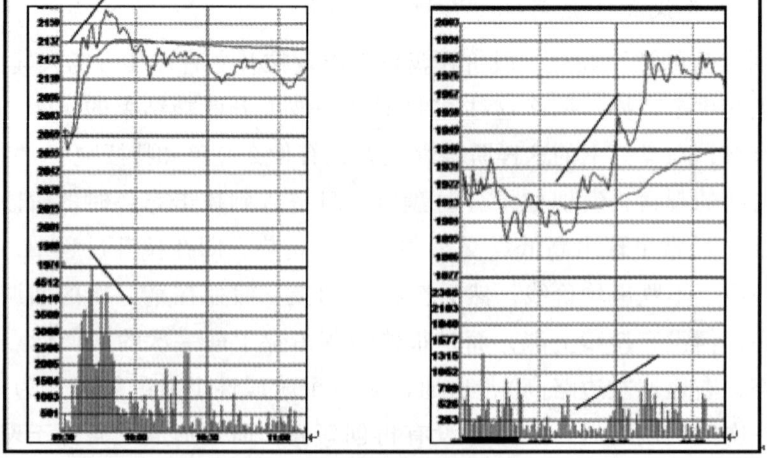

图6－38

（2）挂单技巧。散户要想在拉升过程中卖出时，应掌握一些即时盘中的挂单技巧，这在分时盘口挂单抢时间是很重要的，因为盘口瞬间变化太快。根据时间优先原则，尽量要提前挂好单，以待出现信号时在“第一时间”成交。一旦挂单时间比别人慢，那么成交的概率就低，而且需要重新挂单，这样消耗时间可能距离最高点相差好几个价位。

那么，在拉升过程中的挂单，有哪些操作技巧呢？

第一，先要分析自己手中的卖出数量，是否比买一位置上出现的委买数量大很多。通常绝大多数人的卖出数量会小于买一位置上挂单的委买数量，所以要是你卖量过大，就要考虑即时盘中的承接力问题。一般以 2 倍为分界线，假如买一位置上是 1000 手，你要卖出手数为 500 手以内。这个问题还不大，因为在拉升过程中，很多人是选择即时成交而非挂单成交。所以，真实的买入数量大于买一位置上显示的数量，而且即便不能完全卖到买一位置，随后也容易在该价位得到消化，可以不用考虑多少量的问题。如果卖量实在太大，就要考虑挂多少量和挂什么价位了。

第二，挂什么价格。为了抢盘口委托的时间，就要在盘口上进行提前挂单，如果卖量比较小，则无须考虑卖量而且卖出价格也并不需要总是换作最新的市场价格。比如在 10.00 元挂单卖出，而现价已经涨到 10.20 元，则没必要把 10.00 改成 10.20 元。因为此时只要挂单价格低于委托买一价格，挂什么价格都不重要，最终会以买一价格成交的。所以为了节省时间，这个挂价可以比现价低很多而不需要进行价格修改。

第三，如果卖量比较大，卖出的价格就要进行适时修改。因为毕竟要考虑盘口的承受力问题，要不断上移挂单价格，可以移到买一价格的下面三个价格左右。卖量特别大的时候，也要考虑分笔卖出，而不是一次卖出，这样手中的股票就能卖个好价钱。

第七章 自救反弹——谢幕前的诱多意图

第一节 反弹的三个阶段

在股市里，上涨的方式有很多。针对不同的上涨，采取不同的操作方法，才能够更好地立足于股市。研究反弹行情就是解决这个问题，反弹行情是暂时的，上涨之后还要回到前期低点，甚至创出新低，而反转行情是持续的、稳定的，在上升过程中不断创出一个又一个的高点。这里简单地了解一下趋势的级别。

基本运动：市场的主要运动形式，是股价运行的大趋势。分为基本牛市和基本熊市，时间通常在一年以上，具有稳定性和持续性。

次级运动：基本运动中的重要回撤，与基本运动的方向相反，就是牛市中的次级回调，熊市中的次级反弹，时间在三周至数月之间。

日常波动：出现于基本运动和次级运动的过程中，没有明确的方向，时间不超过10天，通常在一周之内。如果投资者能准确辨别趋势的级别，那么抓住反弹行情就是一件轻而易举的事情。

对于庄家来说，将股价大幅炒高后，在高位兑现获利筹码是重中之重。但按照预定的坐庄计划顺利完成出货是一件非常困难的事，很难一次性地在某个价位区域成功出货。因此在庄家出货过程中会出现多次反弹走势，而各个阶段出现的反弹行情，其性质、特征和操作策略都有所不同。反弹大体可分为以下几个阶段。

阶段1：高位反弹

庄家在高位不断出货，而导致股价回落，但高处不胜寒，散户恐高心理加重，入场意愿开始谨慎起来，使得庄家很难全身而退。因此庄家借助某技术支撑而展开反弹走势，从而继续维持高位出货。这是庄家出货的重大手段，由于此时市场炒作热情并没有完全消退，加之庄家运用某些技术支撑来忽悠一下，散户就轻易上当受骗。高位反弹是头部的组成部分，当庄家筹码派发所剩无几后，股价开始大幅下跌或中期调整。

通常有以下几个特征：

（1）高位反弹的前提条件是，庄家没有顺利出局，属于护盘行为。

（2）成交量普遍较大，但比起前期上涨时已经萎缩很多。

（3）股价明显受制于前高压力，有时强劲反弹时也会瞬间冲破高点。

（4）大多遇到某些散户显而易见的技术支撑，如均线、趋势线、下轨线、前期高点或低点、百分比以及形态、浪形等。从这一点而言，股价依然有强势的一面，图形并没有完全走坏，因而容易欺骗散户。

图7－1，GQ视讯（300076）：该股庄家拉高股价后，在高位悄悄派发获利筹码，股价出现滞涨回落。当股价回落到30日均线附近时，庄家借该位置的支撑作用出现短暂的停顿，形成一个多头上攻的陷阱，2016年9月6日一根上涨大阳线如利剑出鞘，形成强大的上攻之势。

此时，有的散户以为股价展开新一轮上涨行情，继而纷纷跟风介入。可是，随后股价在高位出现盘整走势，不久出现向下破位形态，股价进入中期调整，将散户套牢在高位。

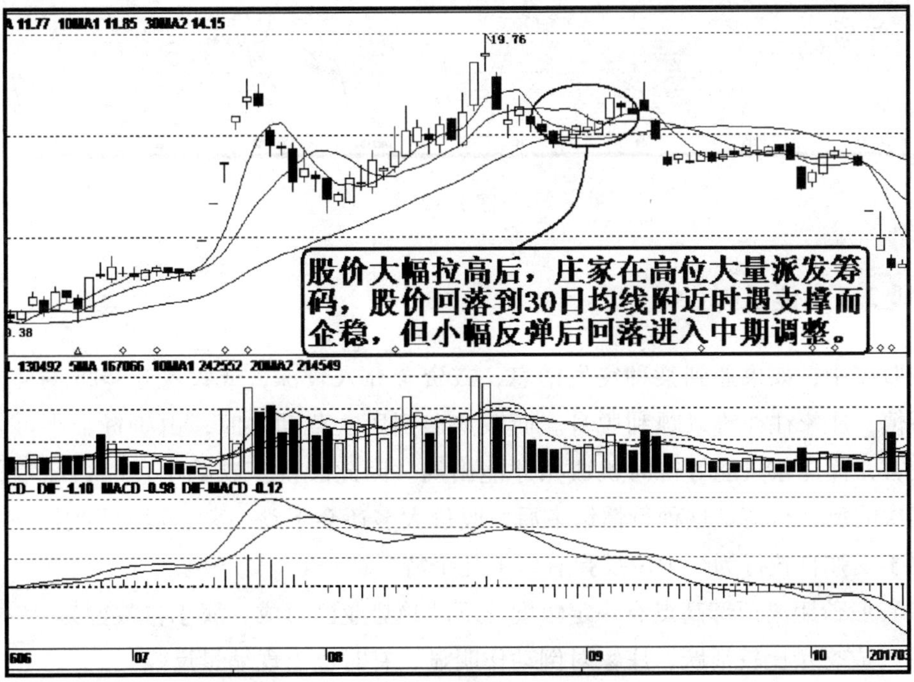

图7－1

图7－2，上海新阳（300236）：该股庄家在出货过程中，就利用前期高点和低点的支撑作用，欺骗散户诱多出货。在股价第一次回落到前期高点附近时（又是30日均线附近），庄家出手护盘，将股价向上拉起，从而引诱一些技术派人士入场。然后在高位继续出货，同时也形成一个明显的低点，为下一次回落形成新的支撑点。当股价到达前高附近时受阻回落后，又回落到前期高点和低点位置，此时庄家用同样的手法进行

护盘出货，从而使股价在高位出现震荡走势，为高位出货营造一个良好市场环境。此后，当庄家筹码派发接近尾声时，便放弃了护盘动作，使股价出现向下突破。

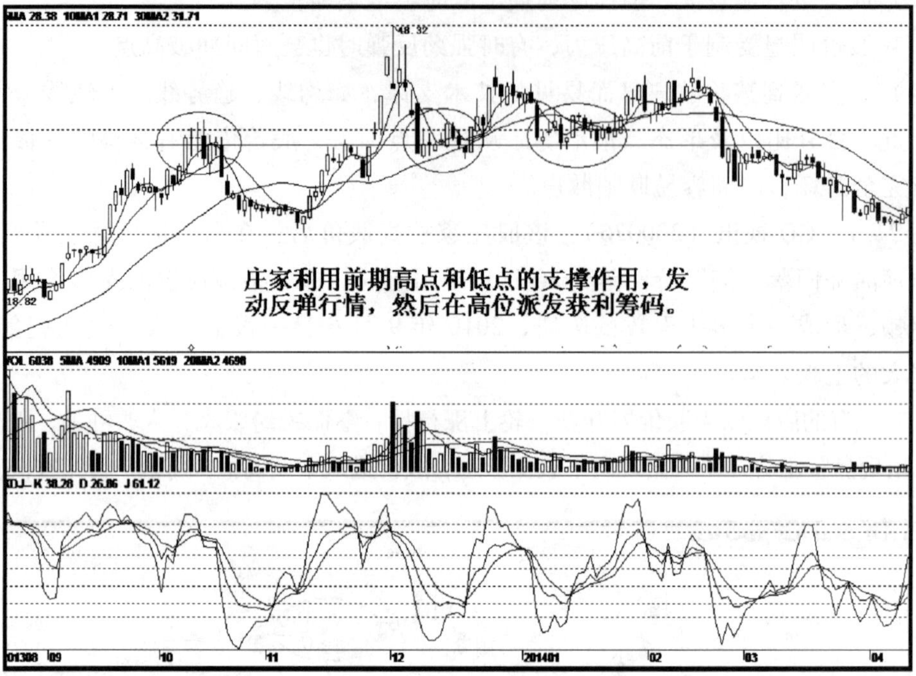

图 7－2

阶段 2：中位反弹

在股市中，如果遇到某种突发消息，或资金介入较深，或大盘走势极端，或操盘手法不慎，庄家往往难以顺利脱身。而散户遇到风吹草动之时，由于资金小可以很快溜之大吉，而庄家只能等待时机成熟才能出局。因此股价下跌到中途时，经常出现一次或多次的反弹行情。这种行情结束后，股价大多还会下跌一截，股价再创下跌新低，因而属于反弹自救行为。中位反弹有以下几个特征：

（1）股价距离顶部高点有一定幅度，下跌趋势业已形成，属于自救行为。

（2）成交量比较活跃，庄家对倒动作明显，有时也出现缩量反弹。

（3）股价距离均线较远，乖离率（BIAS）偏大，根据葛氏移动平均线八大法则，股价有回归平均线附近的要求。

（4）当股价遇到上方技术压力时，容易产生放大效果，主动性抛盘加大。

（5）股价短期超卖严重，具有超卖超买功能的指标出现低位钝化，如 KDJ、RSI、W%R 等指标出现低位徘徊。

图 7－3，永盛股份（603090）：该股上市后连拉 17 个一字涨停，开板后经过短暂的整理，庄家继续拉高出货，然后股价缓缓下行进入中期调整，30 日均线拐头向下，

对股价构成反压。2016 年 12 月 22 日，股价放量反弹，当日涨停收盘，但股价受 30 日均线反压非常明显，次日股价平开低走，股价接近跌停收盘，K 线形成阴包阳形态。说明庄家利用反弹机会不断出货，此后股价渐渐向下走弱。从图中可以看出，该股完全符合中位反弹的特征，投资者可以结合实盘进行分析。

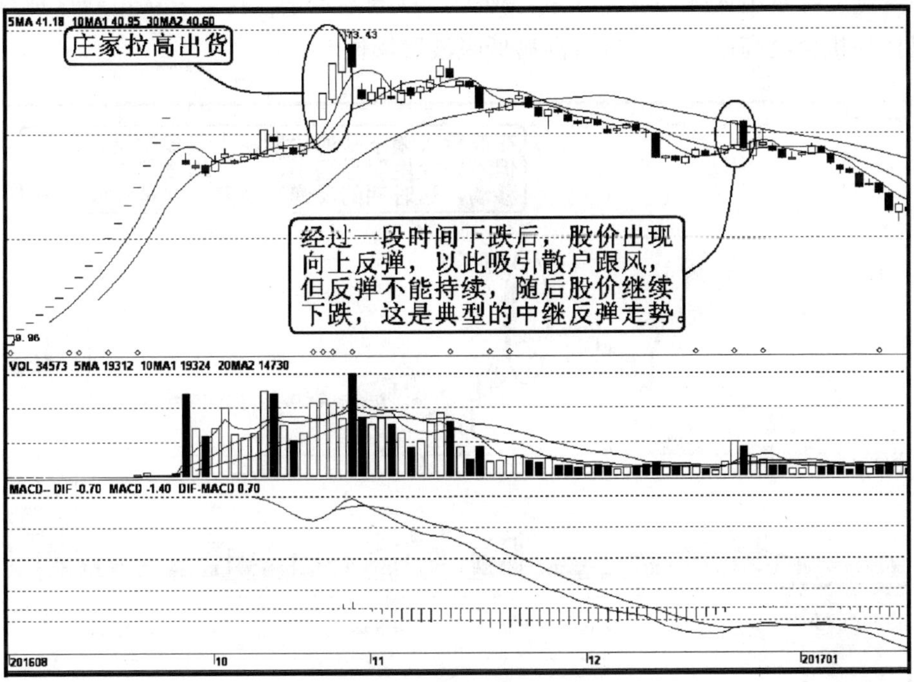

图 7－3

◪ 阶段 3：低位反弹

股价经过大幅下跌后，做空能量得到较好释放，此时一些补仓资金或部分抄底资金介入，推动股价出现反弹行情。这种行情出现在大幅下跌的后期，市场熊市思维依然占据上风，股价反弹结束后大多还会再创新低，但下跌幅度和空间已经不大，或股价回落到反弹的起点后形成盘整。从中长线来讲，低位反弹属于底部组成部分，或者叫筑底走势。低位反弹有以下几个特征：

（1）股价调整时间长，累计下跌幅度大，已经到了大底区域。

（2）成交量极不规则，有时出现无量反弹，有时则对敲放巨量。

（3）均线下降趋势放缓，做空势头减弱。

（4）部分散户蠢蠢欲动，抄底念头有所增强。

（5）短期技术指标出现背离现象，如有背离功能的 KDJ、RSI、W%R 等技术指标出现底背离形态。

图 7－4，昊志机电（300503）：该股见顶后进入中期调整，调整时间较长，下跌幅

度较大，基本已经到达底部区域，但底部不代表股价一定会上涨，所以这一时期会出现多次反弹现象。

从2017年5月和9月的两次反弹行情中可以看出，由于这时期庄家并无拉升意愿，市场往往人心涣散，做多气氛未能聚集，反弹结束后股价重新回到原点。而且，成交量极不规则，经常出现脉冲放量现象，30日均线渐渐走平。投资者认识到这种盘面后，就可以抓住机会逢高退出，或进行高抛低吸波段操作。

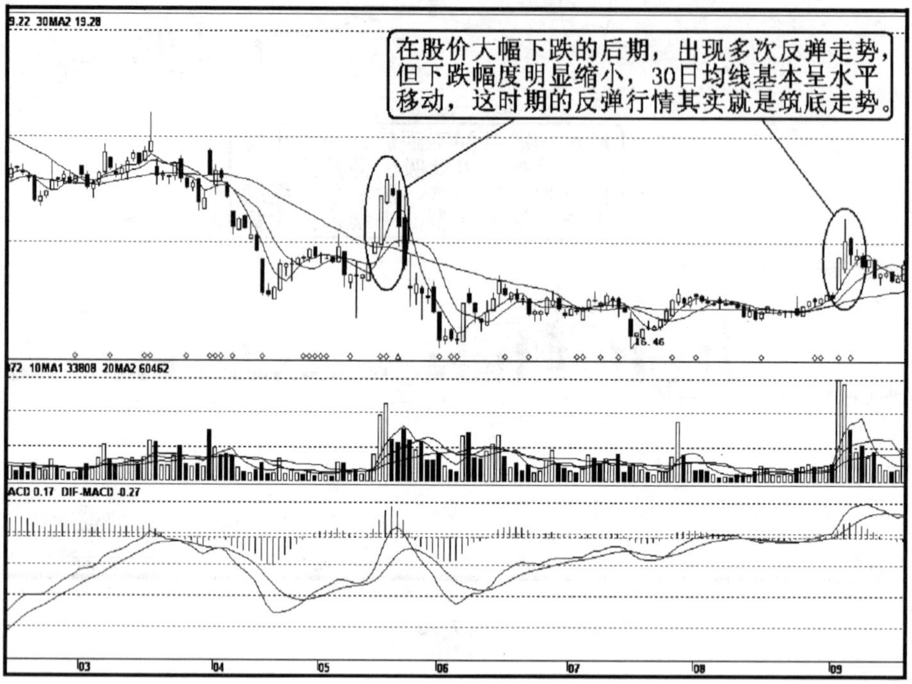

图7－4

第二节　反弹时的庄家意图

意图32：持续拉高诱多

1. 持续拉高

在股价企稳后的反弹过程中，庄家为了继续出货或减仓，经常采用持续拔高的动作将股价拉高，以吸引散户入场接单。这种走势的盘面特征如下：

（1）股价出现连续上涨，中间很少有深幅回调，但每天的涨幅并不大。

（2）日K线往往带有长上下影线，分时走势中震荡较大。

（3）在上涨过程中，往往伴随着较大的成交量，对倒行为明显。

（4）在反弹时，盘面非常活跃，很少出现连续涨停现象。有时候拉出一两个涨停后，在高位持续放量推高，场面非常火爆。

（5）乖离率持续增大，短期技术指标出现超买。

图7－5，富煌钢构（002743）：该股经过一段时间的下跌调整后，2017年8月10日开始出现一波力度比较大的反弹行情，成交量大幅放大，先拉出三个涨停板，然后开板继续拔高股价，形成一股势不可当的场面。

经小幅回落后，展开第二波持续拉高动作，盘中震荡幅度较大，且伴随着较大的成交量，庄家对倒出货迹象十分明显。反弹结束后股价陷入盘跌走势，几乎回到前期低点附近。

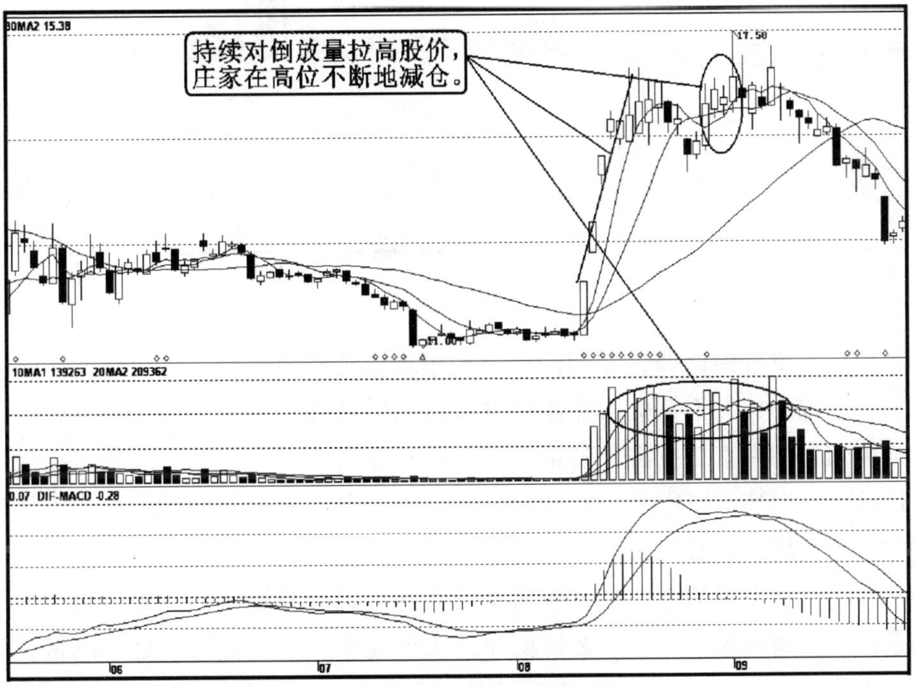

图7－5

图7－6，飞凯材料（300398）：该股企稳后从2017年2月16日开始出现一波持续拉高行情，虽然每天的涨幅都不是很大，但基本能够呈现放量上涨态势，中途没有出现明显的回调走势，也没有出现直接封于涨停的现象，大多带有长上下影线的K线。

这种走势是一种典型的反弹表现，庄家采用持续拔高股价的手法，吸引散户参与，其庄家意图与上一个例子相同。

这种盘面的庄家意图在哪里呢？庄家在大幅震荡中，持续放量拔高股价，让散户产生庄家实力强大、股价上涨空间巨大的假象，以此诱导散户追高买入。这时有的散户就浮躁起来，认为股价马上会涨而担心自己买不到股票，因而不惜追高买入。而庄家在震荡过程中不断派发筹码，什么时候无人追高时，也就意味着反弹行情即将结束，

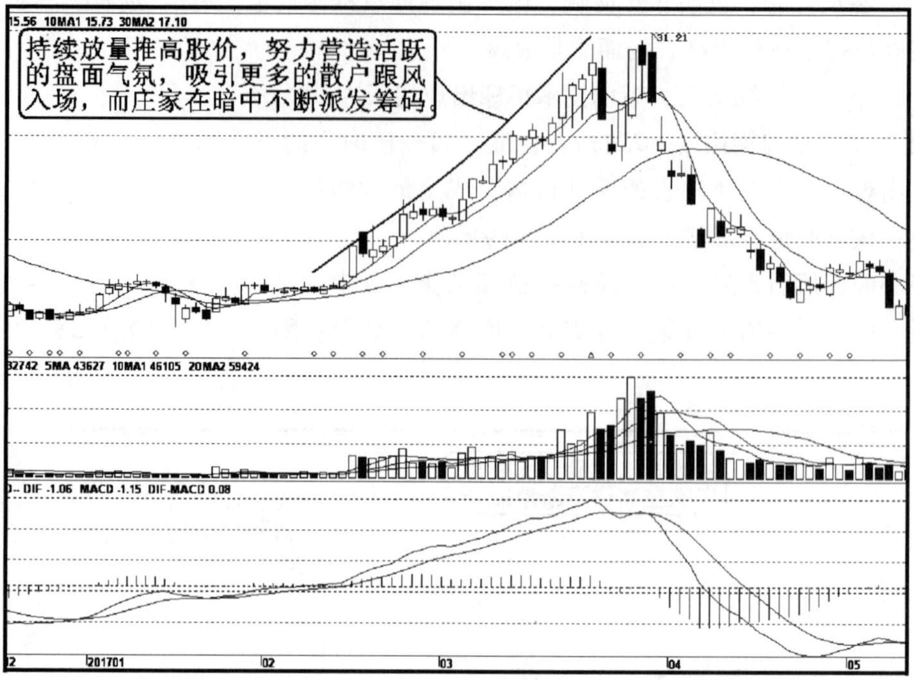

图7-6

而且这种走势一旦开始回调，短期内股价很难再次突破该反弹高点。那么，有的散户不禁要问，庄家为什么不直接以涨停的方式拉高股价呢？因为采用这种方式做盘的庄家也十分谨慎，如果直接拉涨停的话，万一散户在高点撤退，那么庄家自己就不好撤离了，因此事与愿违。庄家采用这种手法的好处就是可以见风使舵，根据市场跟风状况来决定上涨高度，具有很强的灵活性。

散户判断这类个股的方法：主要从量价匹配上进行分析研判。大多数反弹行情的量价关系都有失衡现象，一种是无量反弹，属于虚涨声势，另一种是放巨量反弹，而股价涨幅不十分明显。从该股盘面观察，属于第二种反弹性质，成交量出现明显放大，而股价只是小幅上涨，其盘面走势十分可疑，不符合正常行情启动的特征。这类个股一旦滞涨回落，就是一个阶段性顶部，短期很少出现第二次上攻机会，可以根据0.382的黄金分割线进行判断。当股价回落到该位置时，阶段性头部确立，随后若是因0.382的黄金分割线的支撑作用而出现反弹时，应坚决卖出。

2. 连续多阳

在股市中，喜红厌绿，也许是多数人的条件反射。有时候庄家也会利用这种现象进行做盘，在反弹过程中连续收出多根阳线，有时也是低开高走的假阳线，在K线图中呈现一片绯红，煞是漂亮。好多散户看到"红盘"报收，心里就舒服，因而轻视了对盘面的分析。这对庄家来说起到吸引外盘、稳定内盘的作用，其坐庄意图也就达到了。这种现象大多出现在跌势中、后期的反弹行情中，在跌势初期的反弹行情中很少出现。

这种走势的盘面特征与持续拔高走势相似，不同之处就是这种盘中连续收出阳线，包括低开高走假阳线，七八根或十几根甚至二十来根阳线组合。每天的涨跌幅度均不大，总体涨幅大多比持续拔高方式要小。

图7－7，丹东科技（600844）：该股见顶后逐波走低，庄家在每一次反弹中实施减仓计划，一路向下滚动操作，不断压低股价。不久，股价遇到前期低点支撑而形成一波反弹行情，在反弹过程中连续收出13根阳线，盘面一片火红。这种盘面现象绝非偶然，而是庄家故意以“红盘”报收，来吸引散户参与，庄家在暗中减仓操作。直到最后无人参与时，股价出现新的调整，散户在轻率中被套牢。

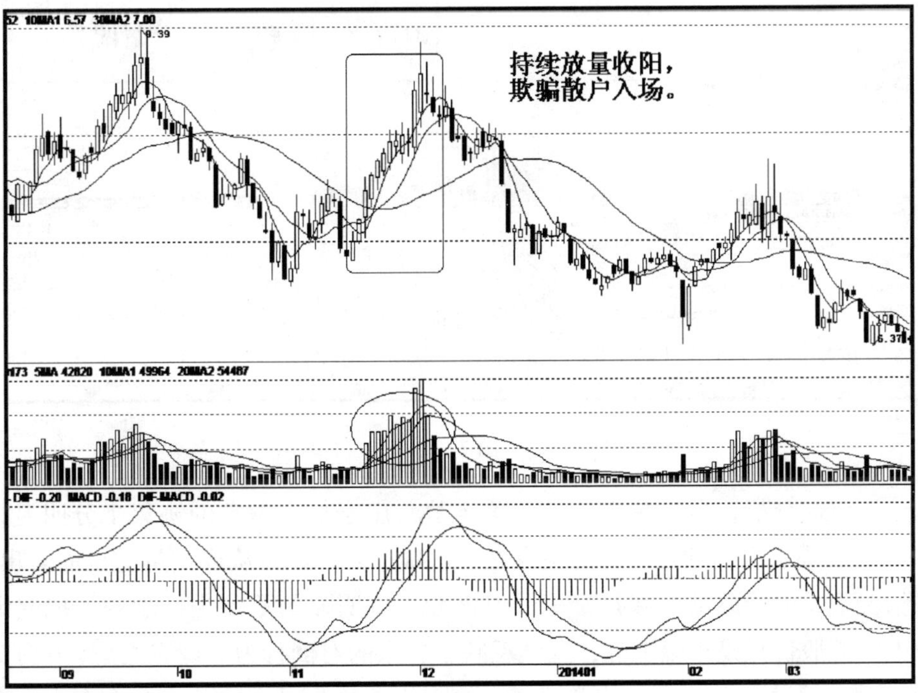

图7－7

从图中可以看出，庄家故意做盘的迹象非常明显。无论当天是涨是跌，均以“红盘”报收，给散户以安全感。而有的散户认为K线收阳线，没有什么大的问题，哪怕是低开高走的假阳线，总觉得庄家有做多意愿，心里感到很踏实。因而麻痹了思想，放松了警惕，不知不觉中股价下跌了才恍然大悟，但此时已套，难做割舍决断。

因此，投资者在实盘中对连续收出的“红盘”要多个心眼。自古“红颜多祸水”，这可能就是一个美丽的陷阱。当股价收出下跌阴线时，就是一个阶段性头部，应果断离场。这类个股在下跌后期或低迷市场中经常出现，投资者不妨多加验证，感触定然良多。

图7－8，汇通能源（600605）：该股经过大幅调整后，在底部形成企稳震荡走势，

然后出现向上反弹走势。在反弹过程中连续收出多根阳线，成交量明显放大，红彤彤的盘面视觉效果非常好，吸引不少散户举目凝神。结果笃定有人被骗入场，这样庄家的诡计就轻易得逞。

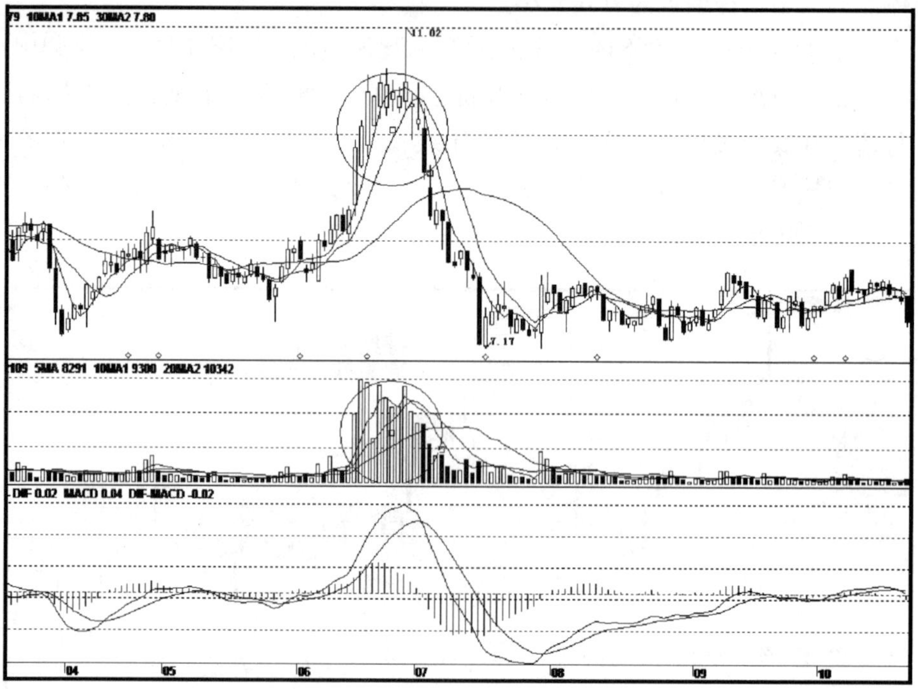

图7－8

从该股盘面分析，是一种典型的反弹走势。庄家故意做盘的迹象十分明显，连续报收“红盘”吸引人，这是反弹的疑点之一。疑点之二就是从成交量上也能看出端倪。在一般情况下，股价放量上涨是好事，但该股出现明显的量价失衡现象，成交量持续大幅放大，而股价只是小幅上涨，这就反映了庄家的对倒行为。疑点之三，6月28日、29日和7月2日这三天的走势非常诡异，第一天股价先是大幅冲高8个多点，突破了前几个交易日的整理走势，盘面走势十分强劲，大有一波加速上涨行情之势。此时就有不少散户跟进，随后股价渐渐向下回落，当天收出一根带长上影线的K线。第二天，大幅向下打压股价6个多点，但盘中很快拉起，当天仍然报收“红盘”，收出一根带长下影线的阳线，此时持股心理还算稳定。第三天再次大幅冲高回落，报收长上影线阳线。这三天的盘面走势，充分说明庄家在震荡中出货，从第四天开始股价真的下跌了。

意图33：异常阳线诱多

在股价下跌过程中，庄家为了出货或减仓目的，经常拉出一些不合乎常规的阳线，以吸引散户入场接单。这种走势的盘面特征如下：

（1）在盘面出现阳线之前毫无征兆，平地起惊雷。

（2）大多以大阳线形式出现，阳线实体较长，有时直接开涨停并封盘，当日涨幅较大。

（3）在阳线形成过程中，多数伴随着较大的成交量，对倒行为明显。

（4）持续时间较短，一两天就结束，很快回落到原处或更低。

这类阳线大多出现在以下几种情况：

（1）当股价远离均线系统时出现的反弹大阳线。

（2）大幅跳空低开形成的低开高走大阳线。

（3）伴随着异常放大或缩小的成交量而形成的大阳线。

（4）受利好消息刺激形成的大阳线（非实质性利好消息）。

（5）受大盘或板块联动出现的大阳线。

以上几种情况下出现的大阳线，均属于异常波动，背后大多暗藏庄家设置的陷阱。投资者宜逢高退出观望，等待企稳后重新介入。

图7－9，永安药业（002365）：该股见顶后不断向下走跌，2018年3月23日股价再次跌破前期低点支撑，预示股价将继续出现下跌走势。但是，第二天收出一根止跌性小阳线，第三天一根放量涨停大阳线拔地而起，突破了5日、10日和30日均线的压制，盘面似乎形成“不破不立”的见底回升势头。

这时散户的看多意识明显得以增强，有的散户因此介入做多。可是股价并没有因此企稳转强，经过几个交易日的盘整后，股价又出现一波快速杀跌行情，将追涨买入的散户全部套牢。

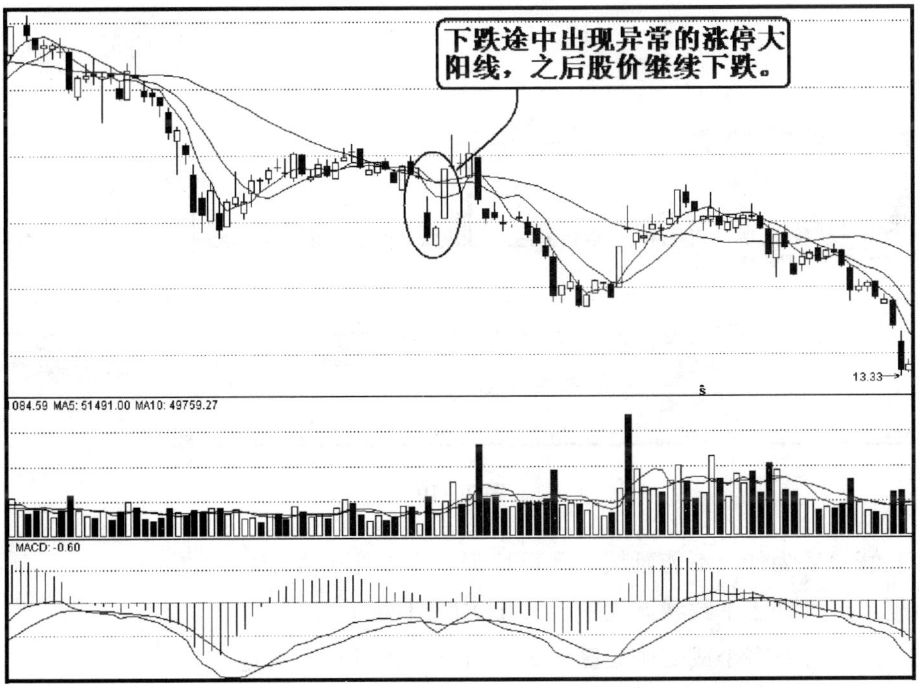

图7－9

那么，如何看待该股的这根大阳线呢？其实，这是一根超跌后形成的异常阳线，后市不宜乐观。因为：

第一，30 日均线依然我行我素地下行，说明市场处于弱势状态之中。

第二，股价受前期盘整区域的压力较大，很难成功脱离该区域。

第三，成交量不能持续放大，前无依后无靠的“量柱”不可靠。

第四，第二天股价低开低走，说明做多意愿不强，也反映股价上涨得不到市场的认可。

由此可见，这是一根异常反弹阳线，无论从哪个角度去讲也不是一根持续上涨阳线。投资者应逢高退出，等待企稳后重新介入，这样可以降低持仓成本。

图 7－10，正源股份（600321）：股价见顶回落后，形成长时间的震荡走势，经过反弹后再次下跌。突然，股价从涨停板价位开盘，然后打开涨停板形成震荡，最后重新封于涨停。那么这天的盘面有什么技术含义呢？从这天涨停的前后情况来看，似乎来得特别的突然，没有任何上涨的征兆，涨停为天外飞来之物，所以不能持续上涨。

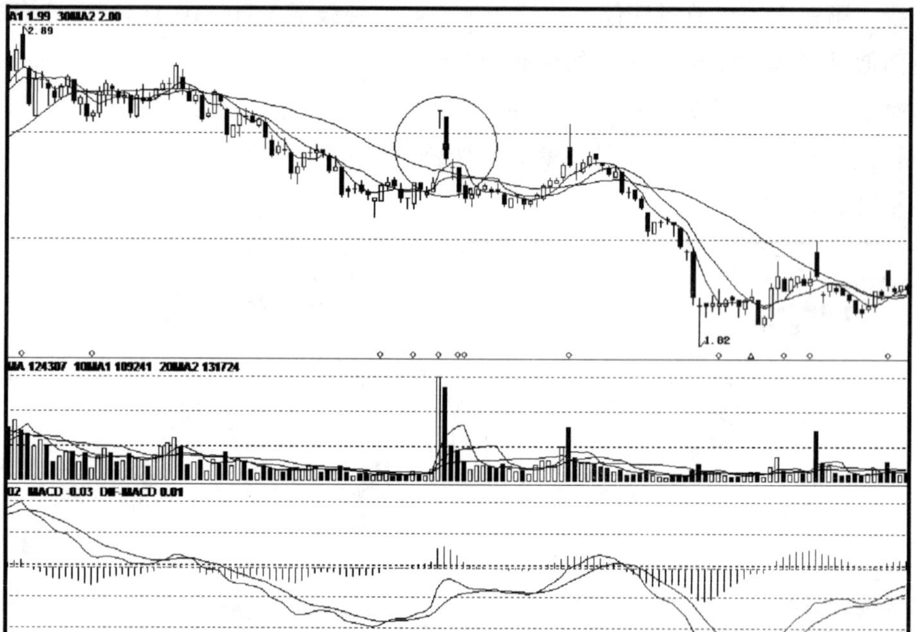

图 7－10

该股涨停后为什么不能延续上涨行情呢？主要原因在于：

首先，股价处于下跌状态之中，30 日均线不断下行。

其次，上方有一个成交密集区域，不可能一次性成功跨越。

其三，成交量突然放大，又突然缩小，应当引起怀疑。

其四，在涨停的第二天不但没有冲高动作，反而出现低开低走的大阴线，更使人感到前一天股价上涨的虚假性。因此，这天股价上涨不可靠，为反弹行情的异常阳线，应逢高退出观望。

在这类个股中，确实是庄家骗你没商量。因为这样的大阳线或涨幅非常诱人，有不少散户会认为股价企稳上涨了，因而纷纷介入，不料被套其中。那么散户应该如何规避这样的陷阱呢？简单而有效的方法就是，分析它有没有充分的上涨理由。如果从多个角度去论证，都没有上涨理由的话，那么股价就不会涨得很高，散户也就不会在此选择买入。该股就是一个典型的例子，应该从中有所感悟。

意图 34：高开低走诱多

在反弹行情的尾端经常出现大幅跳空高开现象，然后股价出现快速回落或单边震荡下滑，最终在最低点或次低点收盘，从而几乎把当天介入的散户全部套牢。当天的实际跌幅并不是很大，因此又能稳住原先的持股者，这样庄家就可以顺利出货了。这种情况除了受消息面影响外，就是庄家为了达到某种目的而故意跳空高开。通常出现在反弹阶段中的高开低走现象，大多是庄家出货或减仓所为。这种走势的盘面特征如下：

（1）当天高开幅度大于 5%，有时以涨停价格开盘。

（2）K 线大多不带有上影线，仅少数个股出现快速冲高回落动作。

（3）高开低走的大阴线实体大于 3% 时才具有分析意义。

在实盘操作中，股价出现了一波比较大的反弹行情。特别是连续拉出几根阳线后，收出高开低走的大阴线。这属于庄家减仓出货行为，意味着反弹结束，后市股价看跌。在当天的走势中成交量越大，说明庄家出货行为越明显。股价连续拉出数根阳线之后出现的高开低走大阴线，如果当天成交量异常放大，则庄家出货更加明显，这一形态出现后应坚决回避。

图 7-11，康盛股份（002418）：该股上市以来逐波下跌，调整时间非常充分，然后企稳出现一波反弹走势。当股价反弹到前期高点附近时，庄家萌生退意。不久，股价从涨停板价位开盘，然后一路缓缓走低，当天以下跌 1% 收盘，从而形成一根大幅高开低走的大阴线，而且当天放出巨大的成交量，说明庄家利用高开后放量对倒出货，随后股价出现回落震荡走势。

那么，高开低走的庄家意图是什么呢？

庄家动用少量的资金大幅跳空高开，首先给人以股价强势上涨的感觉，形成巨大的诱惑力，然后股价慢慢回落。这时有的散户认为股价从高位下跌这么大，有差价可做了，于是介入做多。这样股价一路下行，散户一路买入，庄家一路发货。最后庄家手里的筹码不多了，散户在高位被套了。所以，投资者遇到这类个股时，短期不要介入，否则难以忍受震荡之苦。

在实盘操作中，经常在股价涨停之后的第二天，出现大幅高开低走的大阴线，当天伴随着巨大的成交量。这种形态大部分属于短线庄家出货或回调行为，后市股价看

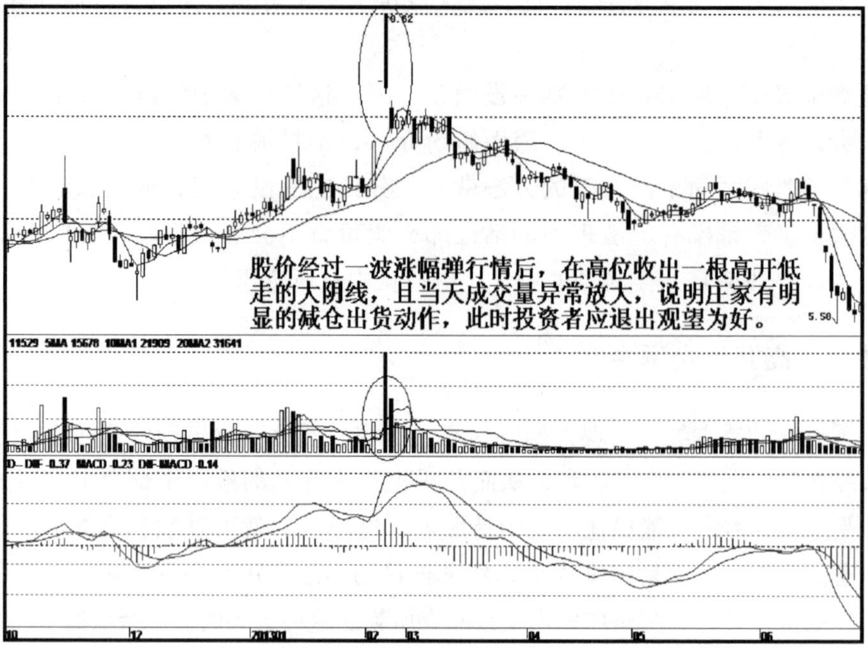

图 7－11

跌，投资者绝对不可以介入。

图 7－12，首钢股份（000959）：该股经过大幅下跌后企稳反弹，在反弹高点收出“一字形”涨停，次日从涨停板价位开盘后，股价缓缓向下走低。虽然当天仍有 2% 的涨幅，但却在高位收出一根大阴线。

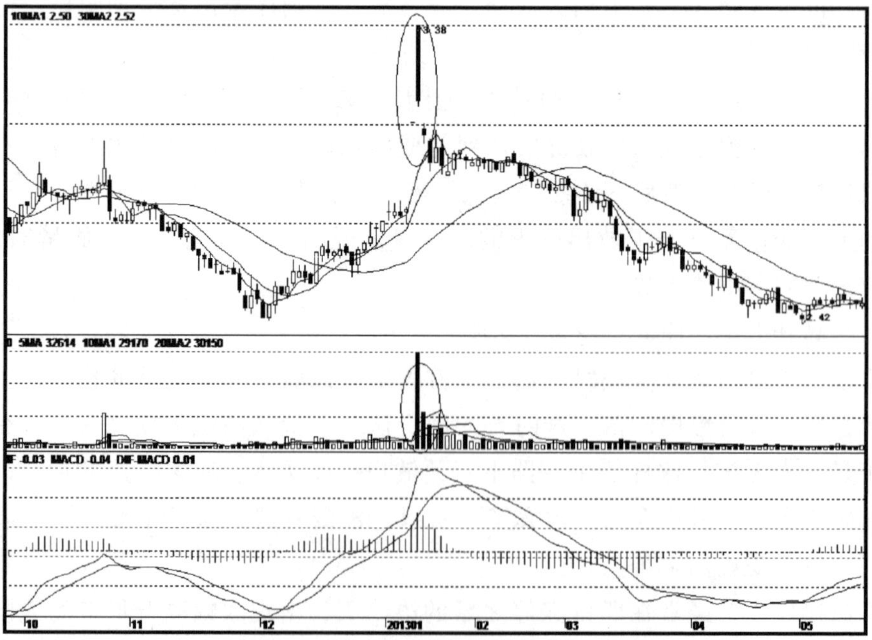

图 7－12

这根大阴线如同扣在头上的一顶铁锅，难见天日，更像一把达摩利克斯之剑，随时有下落的可能。因此给多头的上涨气势造成重创，阴线的次日股价跳空低开低走，收出一根下跌阴线，形成一个顶部“岛形”顶形态，随后股价渐行渐弱，创出了调整新低。所以，投资者遇到这类个股时，应当在高开低走大阴线的当天退出观望。

意图35：冲高回落诱多

在反弹行情中，一种常见手法就是冲高回落走势。这种手法与高开低走相似，庄家快速将股价大幅拉高，大多出现在开盘后的半个小时内，然后股价渐渐向下震荡走低。庄家在震荡回落过程中不断向外出货，在日线图上呈现一根带长上影线的K线，形成“流星”线形态。这种走势的盘面特征如下：

（1）短小的K线实体部分必须处于市场的最上端。

（2）K线的实体部分可以是阴线或阳线，其意义基本相同。

（3）K线的实体部分较短、上影线很长，而下影线很短或没有。

（4）上影线的长度应当至少为K线实体长度的2倍以上才有技术意义。

图7－13，圆通速递（600233）：股价见顶后出现快速下跌，然后企稳盘整，2017年2月28日出现反弹，股价拉至涨停，庄家在反弹过程中减仓。

第二天，股价开盘后大幅拉高，当股价上涨到前期盘区附近时，遇到强大的抛压而回落，当日收出一根长上影线阴线。这根K线意味着反弹行情结束，次日低开低走，此后股价步入阴跌走势。

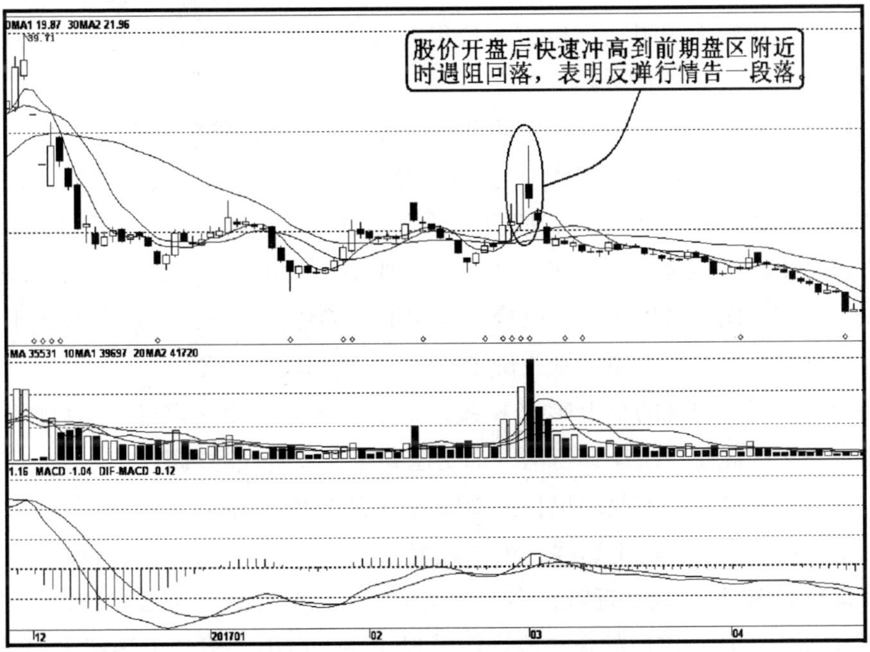

图7－13

投资者要是仔细观察该股盘面走势，就能看出其中的一些技术疑问：

第一，当股价回调到30日均线附近时，无法获得有效企稳。通常，洗盘整理的最大限度在30日均线附近，若30日均线失去支撑，那就说明不是洗盘，而是下跌走势了。

第二，在长上影线阴线之后，成交量快速大幅萎缩。这种现象如果是真正的回调洗盘，那倒是良好的盘面态势。但问题在于股价下探到30日均线附近时，不能出现放量企稳走势，这就更加让人对后市产生怀疑。

第三，股价上涨遇到前期成交密集区域，该区域对股价上涨构成重大的压力。

从这些盘面迹象可以看出，当天股价在上冲过程中，庄家派发了大量的筹码，否则股价就不可能会出现如此之大的回落幅度。在实盘操作中，投资者遇到类似的个股时就要明白，只有在上档卖盘抛压沉重的情况下，才会收出长长的上影线。在这种现象之后，股价出现回落整理甚至是下跌的可能性就相当大，此时投资者应注意防范股价短期面临回落所带来的风险。

因此，在阶段性高点出现冲高回落时，要研究庄家是出货还是试盘或洗盘，股价上行是否遇到重要的阻力区，进而分析其上影线是在上攻时遇到阻力无功而返所致，还是庄家特意将图形制作成“流星”形顶部形态。若是前者情况，后市下跌概率较大，若是后者情况，则是庄家虚晃一枪，后市将迎来新的上涨行情，投资者不必为之受惊。

如果在股价上涨途中，出现长上影线阳线时，只要股价在第二天能够继续走强，那么后市股价将会继续向上运行。此时持股者可以继续持股，场外投资者可以在第二天适当介入做多。如果收出的上影线很长，且成交量非常巨大，这就标志着股价在上涨过程中受到了比较大的阻力，后市股价很有可能出现回落走势，此时投资者就不要轻易入场了。

有时候在弱势反弹行情中，也经常出现冲高回落走势，整个反弹过程以“闪电式”结束。下面这个例子就是弱势行情中的快速冲高回落走势。

图7－14，动力源（600405）：股价见顶后逐波盘跌，盘面弱势特征明显。在下跌过程中出现若干次“闪电式”反弹走势，在日线图上收出长上影线的K线，随后股价继续下跌。其实从图中可以看出，股价运行在下跌趋势之中，市场弱势特征十分明显，均线系统呈现空头发散，不断压制股价走低。

这种市场环境下出现的长上影线K线，也是一次完整的反弹过程，只因行情太弱不能继续走高。因此每一次反弹行情，都是逢高减仓或出局的机会。

通过该股盘面分析，前面两根长上影线K线在上冲到30日均线附近时，遇到重大抛压而回落，留下了长长的上影线，第二天就出现了回落走势。投资者可以试想一下，如果股价运行到30日均线附近时，多方意志坚定，一鼓作气地把股价拉起，成功突破30日均线的压力，那么后面的走势或许会乐观一些。后面三根长上影线K线出现在横盘区域里，股价没有成功脱离盘区的约束，冲高回落反而强化了股价受盘区的困扰，

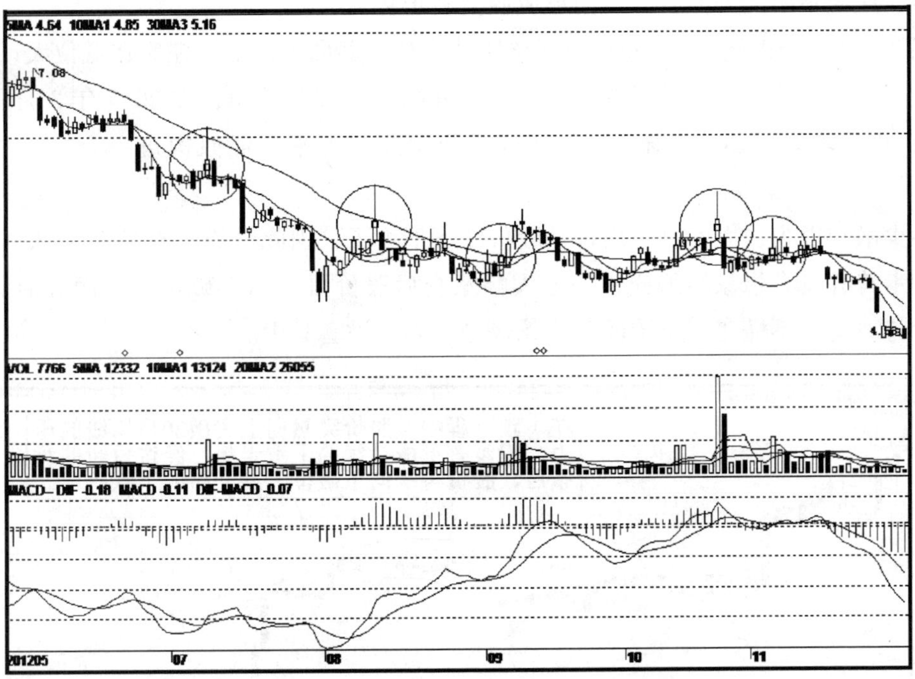

图 7－14

同时也削弱了多头的士气。而且，股价也得不到成交量的积极支持，因此股价下跌也就在所难免。投资者遇到这种情况时，应回避股价短期出现回落的风险，可在股价冲高受阻时先卖出，等待股价企稳走强后再介入。

通过两个实例分析可以得出，在反弹过程中出现冲高回落时，如果盘面存在下列技术特征时，后市股价继续看跌。

（1）股价刚刚脱离头部不久，市场处于持续跌势中，累计跌幅不大，或者股价的下跌速度较快，并没有出现止跌放缓迹象，那么后市股价仍有一定的下跌空间。此时出现冲高回落时，后市股价继续看跌。

（2）市场弱势特征明显，均线系统呈现空头排列，30 日均线对股价下压较重。

（3）在反弹之前，成交量处于较大水平，说明做空动能仍然充足，后市仍有下跌动能。相反，在反弹之后却出现缩量现象，说明买盘欠积极，后高看空。

（4）在股价冲高回落之后的几天里，股价继续出现下跌，盘面弱势显现，说明这根带长上影线 K 线是典型的跌势中的回抽反弹动作，后市继续看跌。

意图 36：突破阻力诱多

下跌过程中出现的反弹行情，在它的上面往往会有许多阻力。当股价反弹到阻力位附近时，通常会遇到较大的压力而出现回调走势。但在实盘中，庄家为了吸引散户积极跟风，故意向上突破阻力位，尽可能地消除散户对阻力位的顾忌。当散户纷纷介入之时，庄家不断向外派发，从而形成假突破走势。

图7－15，千山药机（300216）：该股从高位不断向下走低，庄家在低位大量补仓，为了使盘中的散户安心持股，并吸引更多场外的散户买入接单，在2017年3月7日向上突破30日均线的压力，随后30日均线开始渐渐走平，疑似构筑一个非常扎实的底部。

不少散户以为，大底已经出现，股价跌不下去了，因此纷纷“逢低”介入。可是，随后的走势并没有想象的那样，庄家大幅减仓后股价再次向下破位，从而开启新一轮调整走势。这时不懂庄家意图的散户就轻易上当，被套其中。

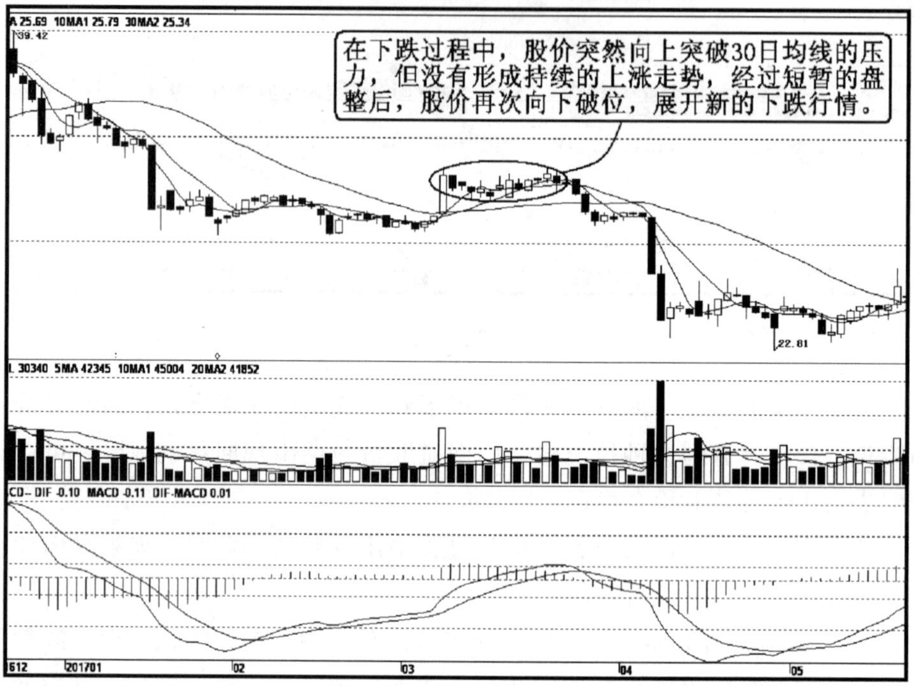

图7－15

该股处于弱势震荡过程中，没有形成强势上涨势头。股价上涨面临前期盘区压力，在弱势市场中的压力往往有被“放大”的效果，没有很强的力量很难突破。从图中可以看出，在股价冲破30日均线，没有快速脱离突破位置，说明该位置依然对股价有牵制作用，也就是说未能将该位置成功转化为有效的支撑。久而久之，股价渐渐向下滑落，回落到30日均线之下，此时庄家意图基本暴露无遗，30日均线又将成为下一次反弹的一个新压力位。

散户遇到这种盘面的操作方法，应在股价无力继续上涨时减仓，当股价重新回落到30日均线之下时清仓，不要心存侥幸。

在实盘操作中，能够被庄家用来制造假突破的地方很多，如：均线假突破、形态假突破、前高假突破、盘区假突破和浪形假突破等。这些突破现象请投资者自行研判总结，在此不再赘述。

◪ 意图 37：技术指标诱多

庄家手段几乎存在于每一大技术分析方法里。在技术指标领域里的虚假信号尤为突出，庄家经常会在一些散户常用的技术指标里设置技术陷阱，比如，均线系统的交叉、排列、发散信号，以及 MAVD、RSI、KDJ 等技术指标的交叉、背离、钝化和方向性信号，时真时假，真假难分。这些虚假信号在反弹阶段里也非常多见，散户应认真分析技术指标里出现的每一个信号，避免中了庄家诡计。

图 7－16，飞天诚信（300386）：股价见顶后大幅向下调整，然后在低位继续呈现阴跌走势。2017 年 2 月 20 日，当股价回调到前期低点附近时，得到技术支撑而向上反弹，在形态上有构筑双重底的迹象。很快 5 日均线转弯向上交叉 10 日均线，随后 5 日均线和 10 日均线缓慢上行，两线又与 30 日均线形成金叉，表示股价渐渐进入强势之中，因此是一个买入信号。

可是，往后的股价走势并没有出现大家想象的那么乐观，股价经过小幅盘升后，终因无力上攻而选择向下突破。5 日均线掉头向下死叉 10 日均线，不久再次死叉 30 日均线，30 日均线下行，均线系统形成空头排列，而这个死叉却是真正的死叉信号。从此股价出现新一轮跌势，将买入者个个套牢其中。

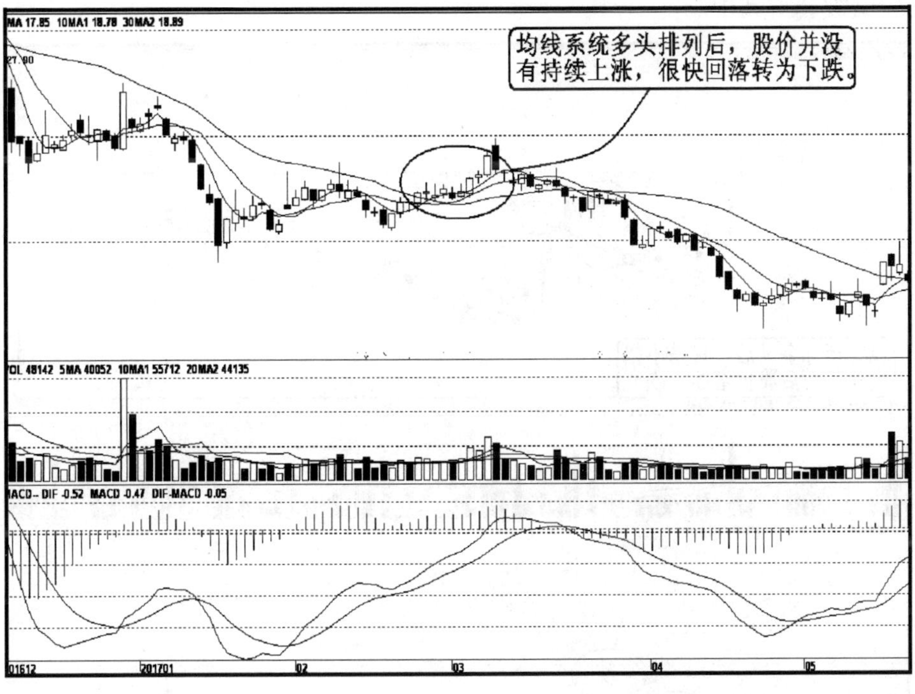

图 7－16

从该股走势图中可以看出，当 5 日均线与 10 日均线金叉时，股价处于 30 日均线之下，且30日均线呈下行趋势。根据金叉信号的可靠性鉴别方法“长期均线向下运行，短期均线在其下方金叉，买入信号较差”。可见该金叉信号的力度不强，属于弱势反弹性质。随后当5日均线和10日均线与30日均线再次形成金叉时，但30日均线呈下行趋势，根据黄金交叉与普通交叉的区别：“一条均线上行，另一条均线下斜，为普通交叉。此时买入股票，风险很大”。可见该金叉信号的力度也不强，股价上涨值得怀疑。而且，在整个反弹过程中，成交量没有出现明显的放大，说明做多热情不强。另外，股价反弹时上方遇到成交密集区域的压力，单凭温和的成交量难以向上突破。由此可见，该股的金叉信号技术含金量不高，往往是庄家设置的多头陷阱。

在实盘中，MACD指标的金叉陷阱也非常多见。在图表上DIF线由下往上金叉MACD线时，显示市场逐步转强或回档结束，表明多方占有一定的优势，为买进信号。但在实盘操作中，当MACD指标发出金叉后，股价并没有出现大幅上涨，而是出现小幅反弹后即告下跌，形成一个买入的金叉陷阱。

图7-17，正海磁材（300224）：股价经过一段时间的下跌调整后，在2017年1月企稳反弹，此时缓缓下行的MACD指标也掉头向上，随后DIF线向上金叉MACD线。单从技术指标分析，后市股价将出现上涨走势，因此成为一个买入信号。

可是MACD指标金叉后，股价只是有短暂的上涨行情。当股价反弹到前期头部附近时即遇到强大的阻力，股价再次步入下跌之路。金叉信号成为一个多头陷阱，凭此买入的股民被套牢其中。

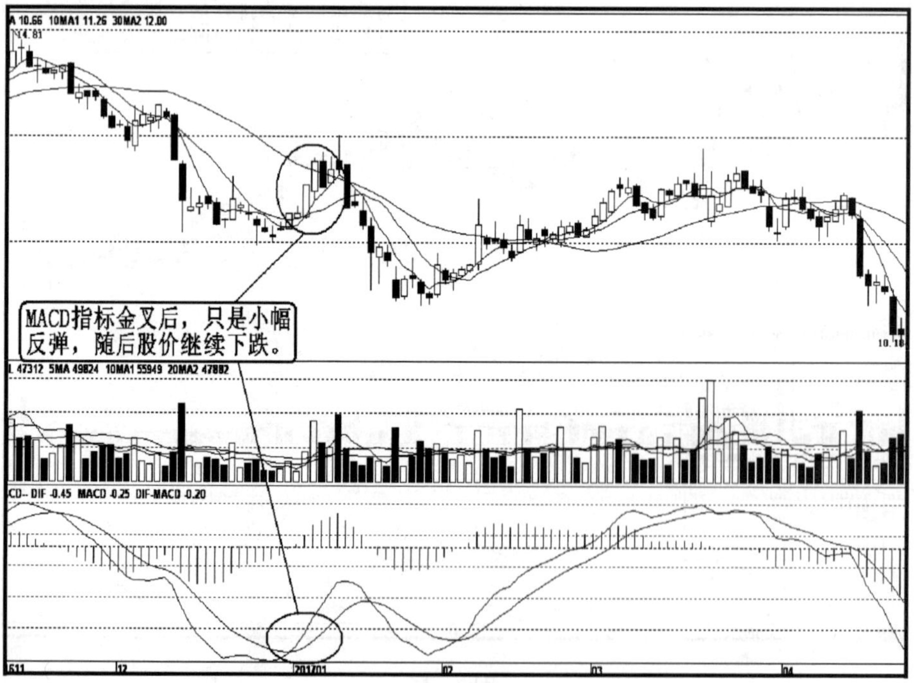

图7-17

在该股走势中，在DIF线向上金叉MACD线时，MACD线虽然也随之上行，但股价的上升力度不强，突破气势不够，上涨底气不足。股价受下行的30日均线压制明显，虽然一度冲过30日均线，看起来好像突破30日均线，但此时的30日均线依然不断下降，这就大大限制了股价的上涨高度。而且，股价处于相对较高位置，受上方压力非常明显。这时成为假突破的概率比较高，随后股价再次步入调整走势。可见，此时MACD指标出现的金叉信号成功率不高，大多是庄家为了拉高减仓而形成的多头陷阱，投资者应逢高离场。

意图38：弱势反弹诱多

弱势反弹通常是庄家在高位没有顺利完成派发计划所形成的一种小幅回升或横盘走势。当股价经过一轮下跌行情后，出现小幅爬高或形成平台走势，成交量明显萎缩。庄家在此继续实施出货计划，然后恢复下跌趋势。因此股价涨幅很小，甚至没有什么涨幅，其实它是以平台代替反弹走势，所以也叫下跌中继平台。此种形式多数出现在市场极度弱势或庄家出货非常坚决时，在回落的中后期出现的机会最多。

图7－18，耀皮玻璃（600819）：股价见顶后大幅下跌，在下跌过程中历经多次反弹，每次反弹结束后均创新低。在跌势后期，股价却以微涨或平台的方式完成反弹，反弹结束后沿原趋势继续下跌。这表明市场十分疲软，做多气氛涣散，同时也说明庄家此时有继续减仓的一面，为下一轮行情作准备。散户应避免参与这阶段的反弹操作。

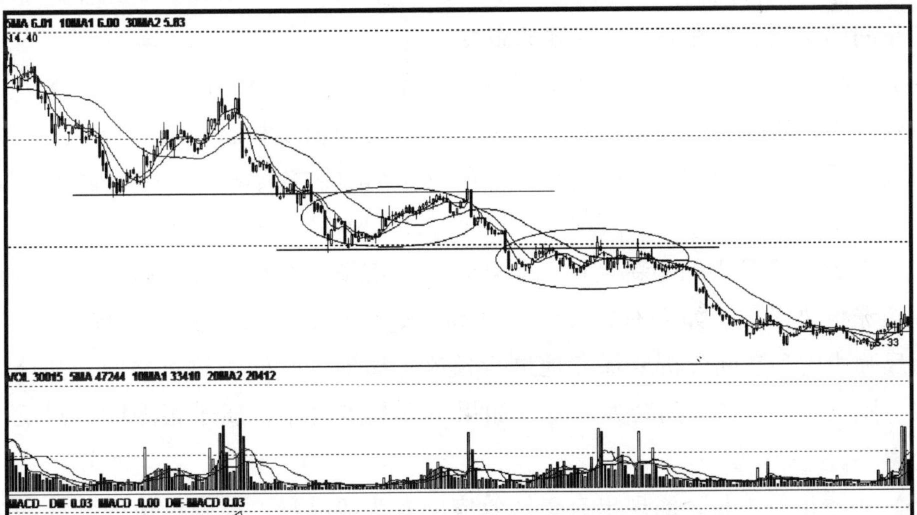

图7－18

引起反弹的因素有很多，如获利保本而反弹、技术支撑而反弹、消息作用而反弹和股价超跌而反弹等，而该股就是因股价超跌而引起的弱势反弹。从图中可以看出，股价处于下跌趋势之中，成交量十分低迷，股价受下降趋势线压制非常明显。这时出现的回升仅仅是一次弱势反弹而已，反弹结束后股价仍将继续下跌。

这就是庄家利用散户喜欢抢反弹的心理，所采取的一种操盘方式。股价经过持续的下跌走势后，由于买盘的介入而初步获得支撑，但这时庄家并没有全部完成派发任务，且又不想增加拉升成本，所以出现平台走势。这时散户以为庄家整理蓄势或酝酿反弹，而进场接走庄家的抛单。庄家将货出得差不多时，股价就出现向下破位走势。

散户遇到这种走势时，应在股价冲高时离场。在股价接近均线，5 日、10 日、30 日三条均线黏合后，出现向下发散或股价向下突破时，应坚决斩仓离场。持币者不宜过早介入，非技术高手者不参与为上。

那么，散户应如何判断反弹行情的强弱呢？

（1）是否有基本面的支持。如果有基本面的潜在利好支持，那么反弹力度和空间一般较大。否则，反弹仅仅只是庄家的一种自救行为而已，力度和空间都不会很大。

（2）对下降趋势扭转的大小、级别需要作出准确的判断。如果是较长趋势、大周期趋势的扭转，则反弹的力度较强、空间较大。否则，应降低反弹力度和空间的预期。

（3）反弹时的位置。从浪形结构上分析，如果前面的循环浪形已告终结，目前是否正展开新的一轮循环的 1 浪推动或 3 浪推动？如果是，则反弹力度较强、空间较大。如果市场运行在循环浪形的 A 浪或 C 浪延长之中，或者反弹已在第 5 浪上，那么反弹力度和空间的预测需要持谨慎、保守的态度。

（4）观察反弹过程中的价量配合情况，这是一个非常重要的指标。如果成交量能持续有效放大，表明有场外新增资金介入，对行情的延续和纵深发展极为有利，反弹力度较大，反弹空间可以看高一线。否则，如果量能持续减少，应持谨慎、保守的态度。

（5）观察市场是否酝酿新热点，而且是否对市场人气具有较强影响力和号召力的持续性领涨板块涌现。如果有，反弹力度和空间则会大一些；如果仅仅是短暂热点，那么对反弹力度和空间分析要保守地进行预测。如果个股处于热点之中，甚至是领涨龙头股，则反弹力度和空间会大一些；如果不在热点之中，属于跟随股，则反弹的力度要小得多。

（6）观察市场中是否涌现出有赚钱效应的龙头股品种。反弹行情的延续和纵深发展，需要市场不断培育出数个涨幅巨大的龙头品种，以此来激发、领涨人气。如果有，则反弹的力度和空间将会增大；如果没有赚钱效应的龙头品种，反弹的力度和空间将会受制约，应持保守、谨慎的态度。

（7）注意观察反弹中板块轮动的节奏。如果热点板块比较集中，而且持续性较长，则反弹的力度和空间就会大一些。如果热点切换过快，板块轮动频繁，或后续热点不能及时跟上，那么反弹力度和空间就会大大受限。

（8）反弹时的技术状态。如果反弹是从大周期技术低点开始反弹，则反弹的力度和空间将大一些。否则，力度较弱，反弹空间较小。

意图 39：B 浪后期诱多

在波浪理论中，B 浪是股价见顶回落后的第一次反弹，一般以三浪或单浪形式出现。投资者往往误以为多头行情尚未结束，并对后市还抱有幻想。不少人经常把第 5 浪与 B 浪弄混，而 B 浪反弹却是庄家高位出货的最好机会。因此庄家经常在这个阶段里向上拉高股价，保持强势而活跃盘面，目的是让投资者误以为上涨行情还没有结束，因而纷纷介入遭受套牢。

图 7－19，宁波富达（600724）：股价经过 A 浪调整后，开始 B 浪反弹走势（图中圆圈处）。在 B 浪反弹后期，不断地向上拉出上涨大阳线，形成强势上攻势头。

这时，有的投资者误以为股价上涨没有结束，后市还将有一波上涨行情，因此纷纷买入做多。可是，股价到达第 5 浪高点附近时，遇到强大的阻力而回落，此后股价进入 C 浪调整，不断创出新的低点。

从图中可以看出，股价到达前期高点附近时，遇到强大的阻力，这期间出现的大阳线都是庄家为了出货而拉出的诱多信号，因此投资者对这种大阳线不宜追高买入。

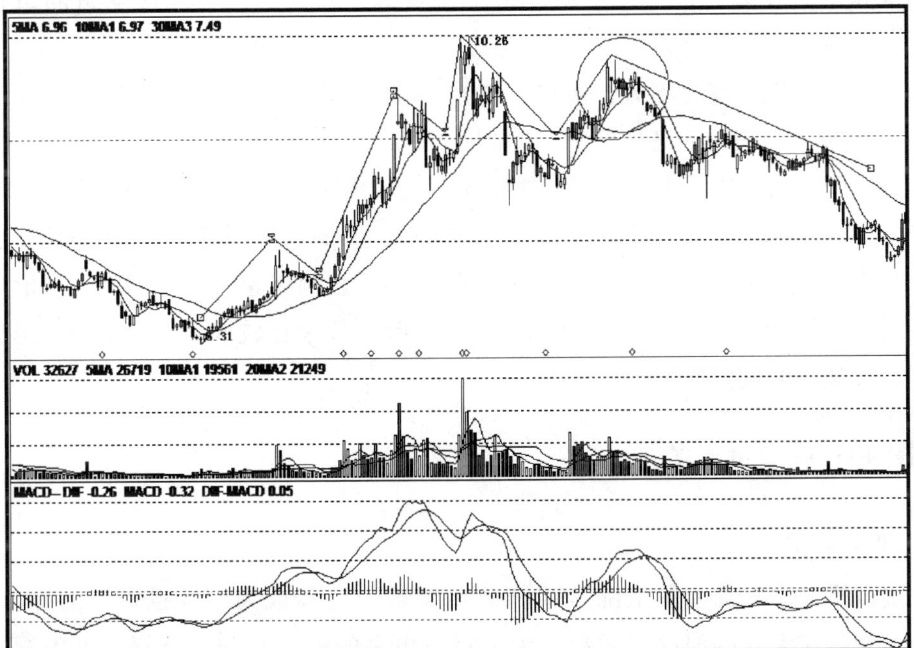

图 7－19

该股的走势图很明显地呈现出波浪的发展过程。这里要分析一下大阳线出现在 B

浪中的欺骗性，先不说后面的A、B、C这三浪，通过前面的五浪知道，以后的波浪就是以下跌走势为主的下跌三浪。通过这样的先行判断，投资者就形成了一个概念，即大阳线出现后不能盲目追涨入市。那么，这里的B浪为什么具有欺骗性呢？观察图中B浪的详细走势图，可以发现这个问题的答案。

B浪的K线走势，可以说是极具规律性的。缓慢地将股价拉高，K线阴阳交错，成交量温和放大，形成上涨的假势头，股价到达前期高位附近时便向下打压股价。从这些有规律的运行，很容易被误判为是庄家有意识的推升股价，同时还有成交量的配合（小幅放量）。如果这样判断的话，就会掉入庄家的陷阱之中。特别是在图中是最容易受骗入场的地方，就是这些上涨大阳线，以为回调结束，因而选择入场做多，不料已经坠入陷阱，后果严重。

由此看来，在B浪后期出现的大阳线是庄家设置的一个多头陷阱。投资者要清醒地发现它，理智地回避它，否则在之后的C浪下跌中将造成巨大的经济损失。

通过这个实例分析，在实盘操作中投资者遇到B浪后期出现的大阳线时，可从以下几方面进行把握：

（1）通过对前面波浪浪形的分析，可以宏观判断这是B浪的反弹行情。在绝大多数情况下，B浪的反弹只能是作为出逃的机会，不能抱有太大的入场期望。

（2）B浪前面的K线走势不是庄家的建仓行为，相反是庄家的出货手段。庄家在缓慢的推高中派发筹码，又在小阴下跌中派发筹码，因此会出现成交量的单日放大现象。

（3）成交量总的变化不大，但与之前上升时的量能相比，有明显缩小。

（4）股价接近前面的高位区间，即到达A浪的起点附近时，立即抛空操作。在B浪的顶部区间之内出售手中的筹码，这样才能有效地回避C浪出现的大幅度下跌。

（5）如果A浪调整呈现3浪下跌，后市下跌力度较弱，接下去的B浪反弹会上升到A浪的起点或创新高。若A浪是5浪下跌走势，表明庄家对后市看淡，B浪反弹高度仅能到A浪跌幅的0.382、0.5或0.618倍，后市C浪比较弱。A浪下跌的形态往往是研判后市强弱的重要特征。

◪ 意图40：成交量诱多

1. 单日放量

在实盘操作中，“放量上涨”或“放量突破”已经成为不少投资者的操盘经典，因此庄家就顺应大众心理进行做盘。为了吸引更多的散户参与，突然在盘中制造剧烈放大的成交量，在日K线图上形成一根天量柱状线。散户看到股价放量上涨，就耐不住寂寞而纷纷入场，可是第二天就开始大幅缩量，随后股价渐渐下跌。因此，单日放量的大阳线，尤其是反弹行情中出现的单日放量现象，更具有欺骗性，投资者应观望为好。

图 7-20，际洲油气（600759）：该股在震荡回落过程中，分别于 2017 年 11 月 7 日和 2018 年 1 月 4 日收出放量反弹大阳线，但次日开始立即出现缩量，成交量并没有持续放大，反而持续萎缩到之前的状态，一根孤零零的巨量柱状线如鹤立鸡群，显得很不协调。独木难成林，随后股价渐渐向下回落，再次出现一波盘跌行情。

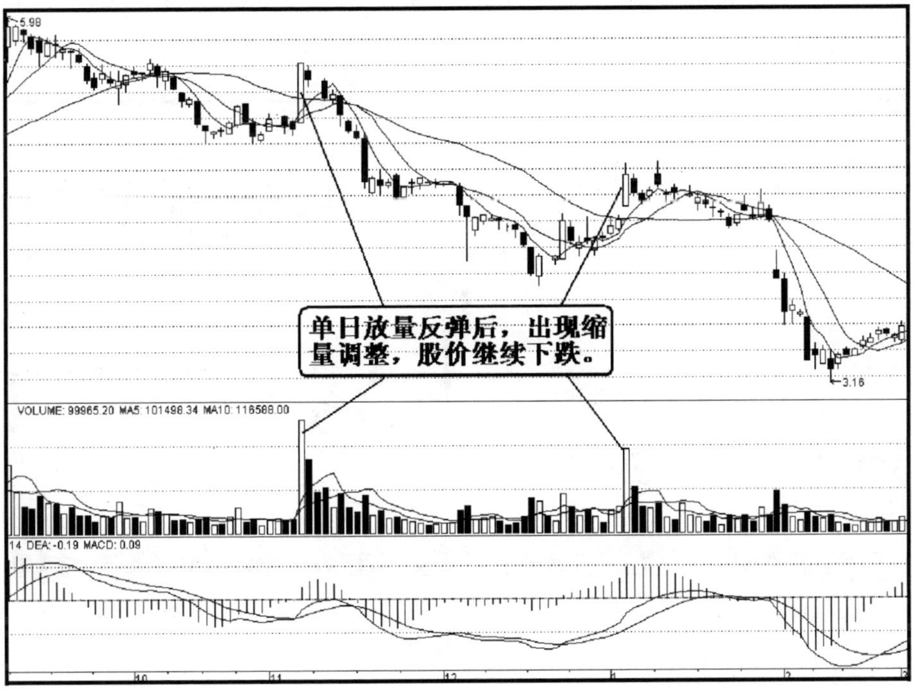

图 7-20

从图中可以看出，这是一根单日放量大阳线，来去匆匆，非常突然。这种现象在盘面上有两个特征：一是来时毫无征兆，去时悄无声息，投资者无法从成交量上进行把握；二是大阳线当天的成交量非常巨大，这一天的成交量创下了近期的巨量，换手率高达 17.75%。这么大的量说明了什么？说明有大量的资金在买入，也有大量的资金在卖出。买入的很显然就是受股价上涨所吸引，而卖出的呢则是庄家了。可以想象，如果庄家在这个位置是建仓，那么后期的上涨行情就大了，但是如果是出货，巨量过后必然缩量。从当前的股价分析得出，这种走势并不是庄家在建仓。所以，量能的性质不是巨资介入，而是有资金外逃。在主流资金外逃的时候，千万不能入场操作。根据成交量的变化，就可以轻松地回避市场风险了。因此，对这种盘面中的大阳线，投资者应观望为好。

一般而言，真正上涨行情中的成交量呈现温和的、持续的放量过程，而不是一两天的脉冲式放量，这种现象多数是庄家对倒出货所致。而且，在该股中出现的大阳线带有长长的上影线，说明上方压力较大，加强了后市的后跌意义。因此，投资者在实盘操作中，遇到这种情形时应观察第二天或几天里的成交量变化。如果随后出现持续放量，可能有一段短期上涨行情产生，如果第二天立即缩量，就应另觅他股了。

图7－21，航发控制（000738）：股价经过一段时间的盘跌后，2017年4月11日在毫无征兆的盘面中突然放出巨大的成交量，当天收出一根放量上涨大阳线。单从这天的盘面看，强势特征十分明显，可以作为转强信号看待。

可是，第二天股价低开低走以阴线收盘，成交量出现大幅萎缩，说明股价的上涨具有虚假性。随后股价很快滑落，当天追高介入的投资者全线套牢。

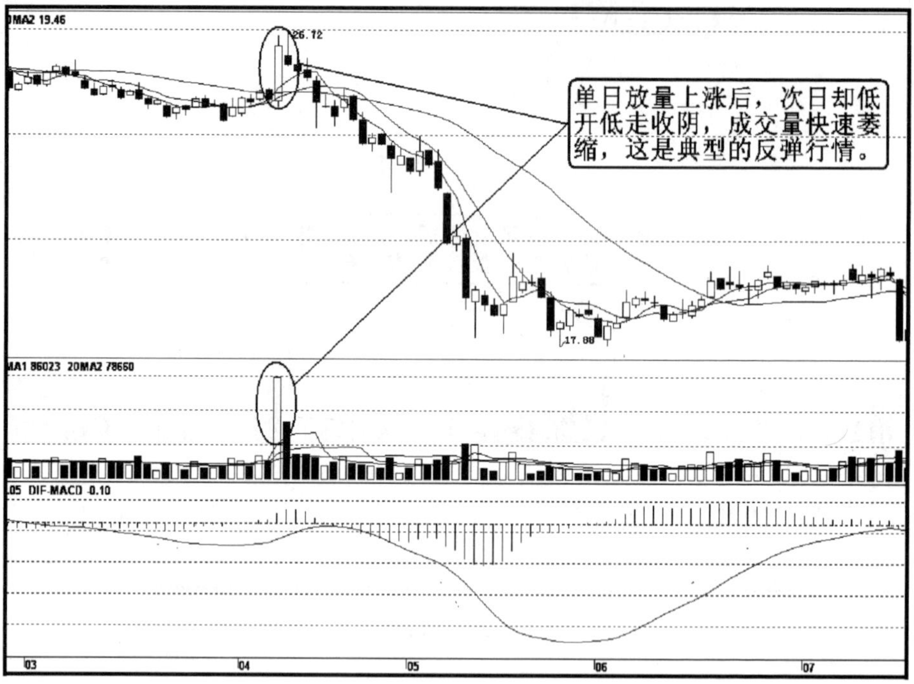

图7－21

该股出现这根放量大阳线后，为什么股价不涨反跌呢？根本原因在于成交量方面。股价仅在突破的当天放出巨大的天量，然后快速大幅缩量。这种没有持续性的间歇性放量，表明场外资金十分谨慎，跟风意愿不强。因此股价上涨缺乏内在动力，行情很难持续下去，股价向上突破只是庄家欺骗散户的一种出货行为，是庄家对倒放量所致。因此，投资者在实盘操作中，遇到单日放量大阳线突破某一技术位置时，之后如果出现快速缩量的现象，要小心突破失败。

通过上述两个实例的分析，散户在实盘操作中遇到这种情形时，应把握以下技术要点：

（1）股价突然放出巨大的天量时，要分析放量的原因。是多头介入的量，还是庄家对倒的量？或是受某种消息影响所致？若是庄家对倒放量，散户不宜入场；若是受消息影响而放量，还要对消息作出理性的分析；若是多方放量买入，激进的投资者可以在当天跟进，稳健的投资者可以等待回调时介入。

（2）界定成交量的大小，可以参考两方面的要素：一是可以与近期盘面常态情况下的成交量大小进行对比，大于30日成交均量二倍以上的就属于巨量；二是从换手率上进行分析，单日换手率大于20%就属于巨量。

（3）股价突然放量后，应关注第二天或随后几天里的成交量变化情况。如果随后出现快速萎缩现象，那么这天的放量属于庄家对倒的可能性较大，投资者不宜介入；如果随后出现持续放量，可能是多头入场的量，短期股价可能会有一个冲高动作，投资者可以适当参与。

（4）结合股价所处的位置。如果高位出现单日放量大阳线，多为庄家拉高出货；如果出现在低位，可能是庄家拉高建仓或拉升前的试盘行为。

2. 缩量反弹

股价上涨要有成交量，这几乎已成为每个投资者的共识，换言之，股价上涨没有成交量配合是不可靠的。但实盘操作中，经常出现不带量的大阳线，投资者对这些应当警惕。

图7－22，梦舟股份（600255）：股价经过一波反弹行情后渐渐回落，在跌势中分别收出一根超过5个点的大阳线。这两根大阳线之后股价均没有出现持续的上涨行情，这是为什么呢？

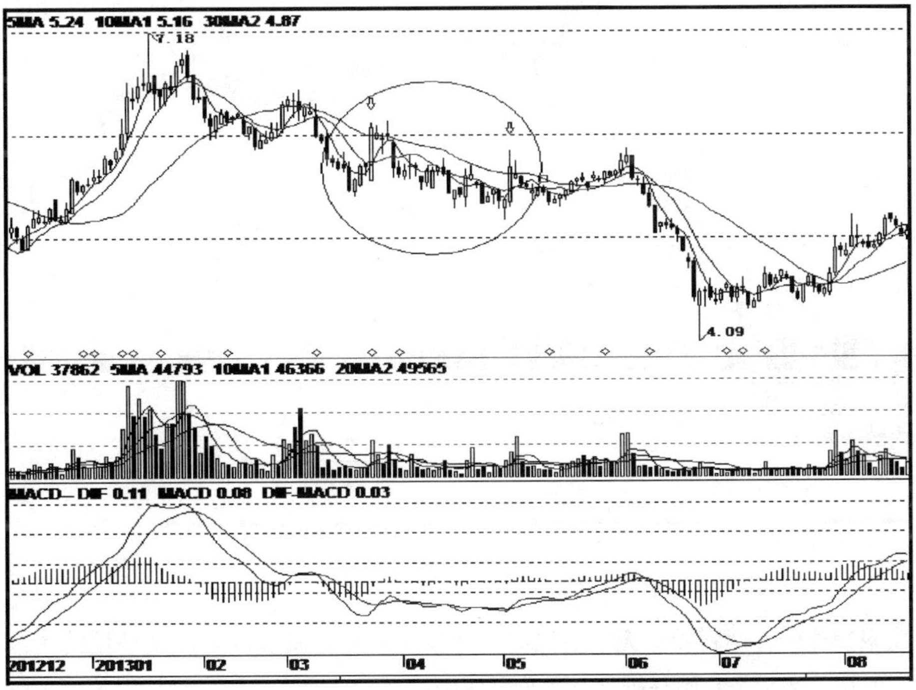

图7－22

从该股图表中可以看出，这两根大阳线得不到成交量的积极配合，属于无量上涨现象，为虚涨声势而已。这是庄家利用少量的资金拉出大阳线，达到自己出货的目的。而且，该股处于下降通道之中，盘面十分脆弱，均线系统呈空头排列，股价反弹到30日均线附近时，遇到强大的阻力。因此无量空涨的大阳线是一种典型的弱势反弹现象，这是庄家动用少量资金拉出实体大阳线，来欺骗那些经验不足的投资者的一种坐庄手段。

图7－23，上海新梅（600732）：在股价下跌过程中，不时地出现一些小幅反弹，反弹结束后股价均出现下跌走势。2018年6月1日开始，出现向上反弹行情，盘中收出几根上涨阳线。但这些阳线之后，并没有出现持续走强态势，股价很快转入盘跌走势。

从该股图表中可以看出，这些阳线同样得不到成交量的积极配合，仅仅在当天的反弹中出现小幅放量现象，随后立即快速萎缩。这表明得不到市场的积极响应，散户跟风意愿不强，场外资金十分谨慎。由于股价上涨缺乏内在动力，行情很难持续上涨，只是虚涨声势而已，所以市场重新步入下跌调整走势。

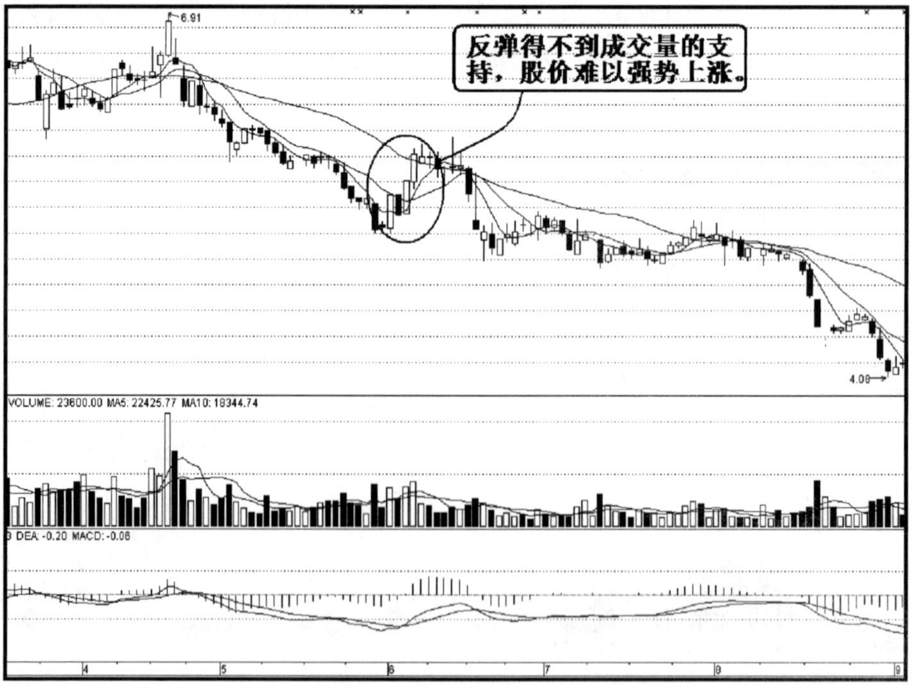

图7－23

在实盘操作中，遇到股价无量空涨时，如果随后几天里也没有出现补量的话，不应盲目乐观。通过上述两个实例分析，在实盘操作中遇到这种情形时，应把握以下技术要点：

（1）在股价上涨之前，市场成交量本身就处于低迷状态，此时若出现等量上涨，预示股价有见底迹象，投资者可以关注随后几个交易日的量能变化。

（2）在股价上涨之前，市场成交量本身就处于放大状态，此时若出现缩量上涨，反映市场做多热情有所退却，后续能量不继，股价存在回调的可能，此时投资者应择高退出为宜。

（3）在股价出现缩量上涨之后，应关注随后几个交易日里的成交量变化情况。若有补量出现，后市可以继续看涨，若仍处于低迷状态或进一步缩量，后市不宜盲目乐观。

（4）在庄家高度控盘的情况下，出现缩量上涨时，股价仍可看高一线。这时可以从坐庄意图、持仓成本、股价位置、市场气势等因素进行综合分析。

（5）股价开盘后快速拉至涨停且封盘不动，这时形成的缩量大阳线，后市继续看涨，这是股价封盘后惜售所致。

3. 放量不涨

股价经过充分调整后，如果在低位成交量持续放大，表明有场外资金介入，后市理应看好，故在实盘中有“低位放量会涨”之说，是投资者介入的最佳时机。因此，庄家正利用投资者的这种思维定式，在下跌途中对敲放量，造成低位放量吸货的假象，当投资者纷纷介入后，走势却向下突破，股价再下一个台阶。

图7－24，天业通联（002459）：该股上市后一路下跌，股价从28.35元下探到7.25元时企稳反弹。经过短暂的反弹后形成盘整走势，成交量出现明显的萎缩。不久，成交量持续大幅放出，股价出现向上涨升。此时出现持续大幅放量，被散户认定为阶段性底部，更是迷惑了不少的投资者（也有股评竭力推荐）。可是，股价并没有真正见底，反弹结束后再创新低，成交量也开始萎缩。此后，盘面上一路调整一路下跌，散户一路追进一路被套。

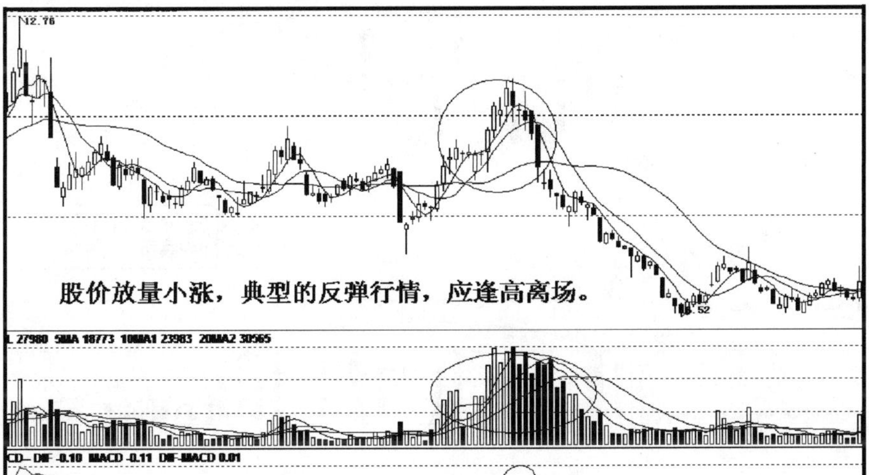

图7－24

其实，这类个股的盘面比较好判断，只要分析一下量价关系就会发现其中的疑点。也就是量与价形成明显的矛盾，即量大而价小涨或微涨，这就有问题了。盘中出现如此大的“堆量”，而股价只是小幅上涨，明显不成比例，属于典型量价失衡现象，这就是庄家对倒出货或减仓行为。投资者只要弄清楚这个问题，那么你的看盘水平就提高很多。

在实盘中还有一种值得注意的现象，就是逆势放量。也就是逆大势而行，大势上涨它不涨，大势下跌它不跌。通常，个股走势在多数时间里是随大势而行的，只有在某一段时间里庄家为了坐庄自身利益，走出与大盘相逆的独立行情。在大盘上涨或下跌时，它闻而不动构筑平台整理，某一天或某一段时间在大势放量下跌，个股纷纷翻绿下行之时，而该股逆势飘红，放量强势上涨，可谓“万绿丛中一点红”，很是吸引众人眼球。这时候，许多投资者认为，该股敢于逆势上涨，一定有潜在的利好题材，或者有大量新资金入注其中，于是大胆跟进。不料，该股往往只有短暂或一两天的行情，随后反而加速下跌或陷入盘整走势，致使许多在逆势放量上涨时跟进的散户被套牢其中。

图 7－25，华斯股份（002494）：2017 年 4 月 14 日开始，两市大盘出现一波快速下跌行情。市场一度形成恐慌性情绪，多数个股出现大幅下跌走势。而该股在此期间却一枝独秀逆市上涨，成交量持续放大，走出独立上涨行情，成为当时市场的闪亮热点。

不少散户看到该股的表现后，认为庄家做多坚决，因而纷纷加入其中。可是，5 月 11 日以后当大盘真正见底回升时，该股只是小幅跟风上涨，不久转为下走势，使散户中了庄家的骗局。此后该股陷入漫长的盘整走势之中。

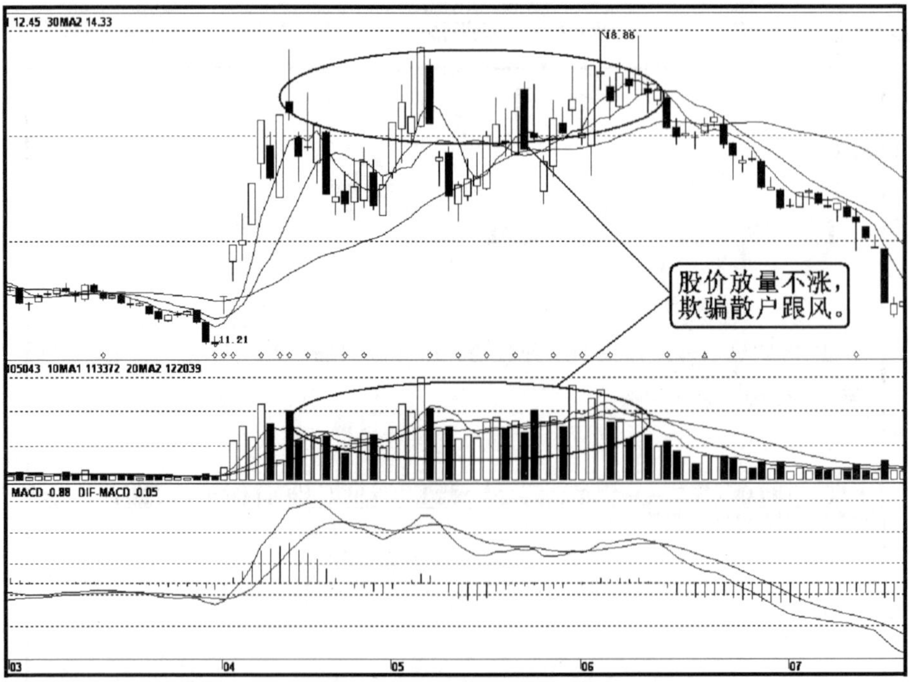

图 7－25

从该股走势图中可以看出，股价看似突破了前期高点，但美中不足的是盘面值得怀疑，股价在盘中大起大落，震荡幅度较大，表明庄家没有掌控整个局面，且此时的心情也很焦虑。在成交量方面更是值得深思，出现如此的“堆量”而股价走势却不凌厉，这反映出了什么？这种手段的目的就是吸引散户的目光，造成股价放量上涨的虚假繁荣盘面。这时可以用“放量不涨”来定论，因此值得警惕。

第三节 完美收官：反弹行情的操作技巧

招数 14：反弹应注意的事项

（1）反弹的形式是复杂多变的，不能以固定思维套用反弹的定式，更不要说反弹阶段的操作风险远远大于介入吸货、整理、拉升的时候。

（2）不少朋友喜欢抢反弹，但介入反弹没有一定的功夫不行。那就需要知道反弹可能发生的大致位置和反弹的大致幅度，以及懂得掌握退出反弹的时机。

（3）介入反弹不能牛向思维，不能太贪，更不能死守，否则就得“葬身”反弹。

（4）在可能出现反弹的位置上，反弹不一定就会发生的，只是可能发生，也可能只是走势暂时企稳（实质是为继续下跌而蓄势），股价构筑一个小的平台后继续下跌。

（5）介入反弹赚钱的概率较小而赔钱概率较大，因此大家没有必要把过多的精力投入到反弹的研究之中。另外，对反弹的指导思想应该以避免风险为主，以赚小钱为辅，千万不能把介入反弹当作炒股赚大钱的主要目标，那样就本末倒置了。

招数 15：反弹应遵循的原则

（1）快进快出原则。动作迟缓者，不适合抢反弹。

（2）获利就跑原则。不能寄予太高的获利要求。

（3）止盈止损原则。无论盈亏，都应设立止盈、止损的价位。

（4）轻仓介入原则。介入反弹不可重仓出击，轻仓为宜。

（5）时机把握原则。遇到大市刚刚开始反转，个股刚刚开始暴跌，个股长期阴跌不止等情形时就不应该介入抢反弹；相反，大市或者个股下跌幅度已经十分巨大又暴跌时或者又出利空时，则是考虑介入反弹的时机。同样，应该在反弹结束时把握好果断出局的机会。看不明白时，有股票应该减仓，没有股票应该观望。

招数 16：哪些股票容易反弹

（1）前期明星股。一波多头行情通常是由数只强势股领涨的。但在跌市中，有些个股的庄家或是由于严重被套，出不了货，或是手中的筹码尚未派发干净，因此反弹行情一经形成，该类个股即开始作秀。

（2）大盘指标股。股市下跌时，指标股往往成为空头主力率先打压股指的工具。随着大盘指数不断下挫，空方势力渐成强弩之末。此时多头开始准备反击，拉抬指标股就成为庄家烘托人气带动大盘反弹的有效手段。故适时选择指标股建仓，可使投资者迅速取得立竿见影的效果。当然，各个指标股的反弹表现也不尽相同，那些绝对价位低、流通盘适中、业绩稳定的个股效果可能更好。

（3）严重超跌股。尤其是严重超跌股的绩优股与新股、次新股。某些绩优股虽然股性不甚活跃，然而本身却质地优良。一旦反弹局面出现，这类因股价下跌投资价值凸现的个股很快又会反弹回其合理的价值中枢区域。而一些跌市中上市的新股、次新股，由于上市时恰逢股市低迷而定位不高，上方更无套牢盘，则很容易成为庄家的选择对象。

（4）活跃小盘股。流通盘偏小使庄家控盘相对容易，反弹时向上拉升自然比较省力。而股性活跃的个股，盘中的庄家更不会放弃反弹良机，借势震荡，以博取差价。

（5）近期强势股。有时，一轮跌市看似接近尾声之时，但却突然加速下滑，这往往有庄家人为打压的因素在内。某些具有潜在题材的个股往往成为抢反弹的首选目标。随着股市下跌，机构采取暗度陈仓的手法，悄悄收集筹码。大盘反转后，此类个股通常能走出极具爆发力的行情。

第八章　短庄意图——神秘的“温州帮”模式

第一节　股市江湖帮派林立

近年来，一种新的短线庄家运行模式在市场中悄然掀起，这就是耳熟能详的游资行为。在游资中比较有代表性的当属“温州帮”和“敢死队”。在这里就“温州帮”的运行模式作重点剖析。

在市场中，有关“股市帮派”传闻较多，相传在股市江湖里，各种帮派丛生，随着时局的变化时现时隐。最早股市里的各种帮，也是以地区命名的，比如“北京帮”“湖南帮”“宁波帮”“东北帮”等。其中宁波就是早先的敢死队，徐翔就从这里发家的，其他的比如“深圳帮”“湖南帮”“天津帮”，多是以券商和大学系为基础建立的。比如“湖南帮”的基础是已经倒闭的大鹏证券，而大鹏证券的徐卫国是湖南人，武汉大学硕士毕业后南下深圳创业，从会计师事务所干起到收购营业部，就成了大鹏证券的基础。

股市中的帮派其实就是庄家，就是不同领域、不同地区的庄家行为，帮派在散户心里又爱又恨，既敬仰又恐惧。股市里的帮派很早就有，一波倒下，一波又起，打游击式的战术。当管理层风声紧的时候，市场上的帮派很快销声匿迹，过一阵子之后又风生水起。如今“温州帮”重现江湖，又给市场产生恩恩怨怨的决斗。

以前证券是银行业务的一部分，从 1995 年开始证券从银行脱钩而独立业务，那时很多营业部都卖给了私人或机构，这些就是早期民营券商的基础，那时几百万就可以买到一个营业部，无论真假出资能凑够注册资本，就可成立证券公司了。几年以后，券商牌照就好比现在的壳资源，奇货可居。

徐卫国就是那时成立的证券公司，并使用了大批的同学老乡，所以“湖南帮”的群体特征是以大鹏证券为基础、以武汉大学为同学圈，以湖南人为籍贯特征的一个派系，比较著名的庄股是五矿发展（600058）和广电网络（600831）。

五矿发展（600058）最早叫龙腾科技，那时五矿还是个做进出口的贸易公司，当时老百姓管他们叫“官倒”，所谓的官倒就是背景深厚权利巨大，什么发财干什么，谁想到后来把原来冶金部的资产都收过来，成了庞大的产业集团。五矿一上市大量筹码就被大鹏证券控制，大鹏证券在五矿这只票上反复坐庄，一只票的累计收益达到十几亿。为什么那时券商可以如此明目张胆的坐庄？是因为1994年“3.27”国债事件万国证券的管金生和财政部斗法，一个民营企业PK财政部直属企业，盘面上输了但交易统统被取消，人被抓走。

从那以后证券市场就一片萧条，靠手续费度日的券商全面亏损，1996年上半年连君安这样的大券商都快倒闭了，后来各个券商不管那么多，自己找个票就开始炒吃饭行情，逐渐以点带面把行情给做起来了，那时要是像次新股这么监管，证券市场基本就不存在了，再加上“3.27”事件政府这边明显理亏，无论后市怎么评论，但一个发行国债的财政部子公司跟民营企业玩国债，最后还输急了抓人，这不是明抢么？就是基于这个背景，所以那时券商只要不偷不抢，爱怎么玩就怎么玩。1996年年底行情火爆到要失控的状态，人民日报发出12道金牌，但都没具体监管券商的坐庄行为，所以默认坐庄是合法的，也没听说抓过谁。

直到2000年基金黑幕被曝光，基金坐庄行为被上交所下属的研究所有针对性的研究过后，指出了关联账户交易、拖拉机户、盘中对敲、反复挂单和撤单等具体坐庄特征后，才正式对操纵股价有了技术认定。后来券商为了规避监管，采取把账户分开，用不同名义的机构或个人开户，避免同村同姓持股等，通过化整为零的方式坐庄，只要没人举报其实就没什么大事。所以说这次“温州帮”被查，完全是犯的低级错误，只要深入田间地头，往大山里跑跑，多找几个村子的身份证，起码不会在账户上找出什么问题。

接着帮派的话题，基于反监管的需要，所以券商把户分开，用不同名义开户，由死玩一个票变成群庄乱舞，这就成了后来的派系。当时与“湖南帮”齐名的还有“天津帮”，所谓的“天津帮”其实不是天津人坐庄，而是以天津财院毕业的人为同学圈，以金华信托为基础构成的坐庄体系，后来金华信托涉嫌参与伊利股份高管的员工持股腐败案，所以被一锅端了。

A股市场经过多年的发展，沪深股市已是门户成堆、派系林立。目前根据二级市场业务来说，股市帮派大致可分为以下几种类型（篇幅所限，相关个股略）。

（1）国资委派系。包括：中国石油系、中国石化系、中国化工系、国家电力系、国家电网系、电子信息系、电子科技系、航天科技系、航空工业系、兵器工业系、兵器装备系、中国船舶系、中国核工业系、东方电气系、中国医药系、三九系、中粮系、华源系、蓝星系、宝钢系、中铝系、一汽系、东风系、大唐系、华电系、中远系、普天系、长城系、中信系、华润系和招商系等31大派系。

（2）地方国资委派系。包括：首创系、上海电气系、光明食品系、深圳中航系、赛格系、太极系、特变电工系和斯威特系等8大派系。

（3）高等院校派系。包括：北大系、清华系、青鸟系、中科院系、浙大系和哈工大系等6大派系。

（4）民营企业派系。包括明天系、复星系、万向系、中植系、华立系、新湖系、泰跃系、涌金系和德隆系等9大派系。

（5）地域派系。包括：北京帮、湖南帮、宁波帮、东北帮、温州帮，青岛帮、上海帮、佛山帮和福建帮等较为突出。

（6）私募派系。根据规模大小包括：固利系、优素系、莲华系、韦航系、紫熙系、奇获系、鸿凯系、原点系、凯纳系和柯林系等10大私募派系。

在资本市场中，旧的派系消失，新的派系诞生。证券市场就像一个舞台，上演着一幕幕派系盛衰恩怨的大戏。

第二节　“温州帮”的建仓模式

近年来，市场上所说的短线游资，多以“温州帮”为著称，这也是短线庄家的典型代表。

所谓“温州帮”，不一定就是温州人操盘，而是一些私募机构借用温州民间资金优势，通过股票配资的方式，进行短期炒作股票的一种行为。

据了解，“温州帮”实际上是江湖老庄刘大力留下的一群人。他们承袭出一种新打法——底部吸筹3至5天迅速拉起，找机会一笔倒掉，比徐翔“一字断魂刀”还狠，且屡试不爽。这群人拉上昔日合作伙伴，以上海陆家嘴公馆小区2号楼为据点，一起作战，号称“温州帮指挥部”。

目前除温州之外，杭州、青岛等城市也是股票配资较大的城市，这说明所谓的“温州帮”游资，其实就是城市的民间资金，私募机构通过配资形式，进而操作股票的过程。

从市场观察分析，“温州帮”股票短期涨幅一般在30%左右，有的甚至达到50%，操作时间多则一月，少则三五天。如此短的时间，如此高的涨幅，能不让市场投资者喜爱吗？所以，在市场中就有越来越多的人关注“温州帮”的行踪了。本章节专门就“温州帮”运作过程作全面深入的剖析，旨在帮助大家在认识短线游资时有所启示。

“温州帮”的吸筹方式颇有特色。多数情况下，“温州帮”吸筹时的票分时图走得很生硬、很粗暴、不流畅，拉升、打压幅度都比较大，有明显的断层，分时图是跳跃式的，直上直下，还有很多在十几分钟内分时图处于横盘。整体建仓阶段，在K线上表现为小级别的小阳缓缓推升，阳缓阴急，阳多阴少。

“温州帮”的建仓方式大致有三种：一是缓慢推升式建仓；二是大起大落式建仓；三是快速拉高式建仓。

模式1：缓慢推升式建仓

股价企稳后，“温州帮”悄悄介入，底部缓缓向上移动，但盘面走势十分沉寂，根本不会被场外人士看好，而场内人士看到不温不火的盘面也会做出解套离场的操作，这样经过一段时间的运行后，基本完成了建仓计划，时机一到股价就是快速上涨。

图8-1，北方稀土（600111）：该股经过长时间的下跌调整后，下跌空间基本封杀，股价跌无可跌，这时短线游资选中了这只超跌低价股，当股价企稳后游资悄然介入。

从图中可以看出，从2017年6月初以来，股价重心开始缓缓上移，K线小阴小阳，交错上行，一切在悄然中进行。从盘面中并没有察觉到游资的行踪，在分时走势中毫无规律，走势松散、不流畅，上蹿下跳，让散户没有兴趣介入。当游资成功完成建仓计划后，在7月6日开始加速上涨，股价出现连续上涨，带动整个有色板块出现走强。

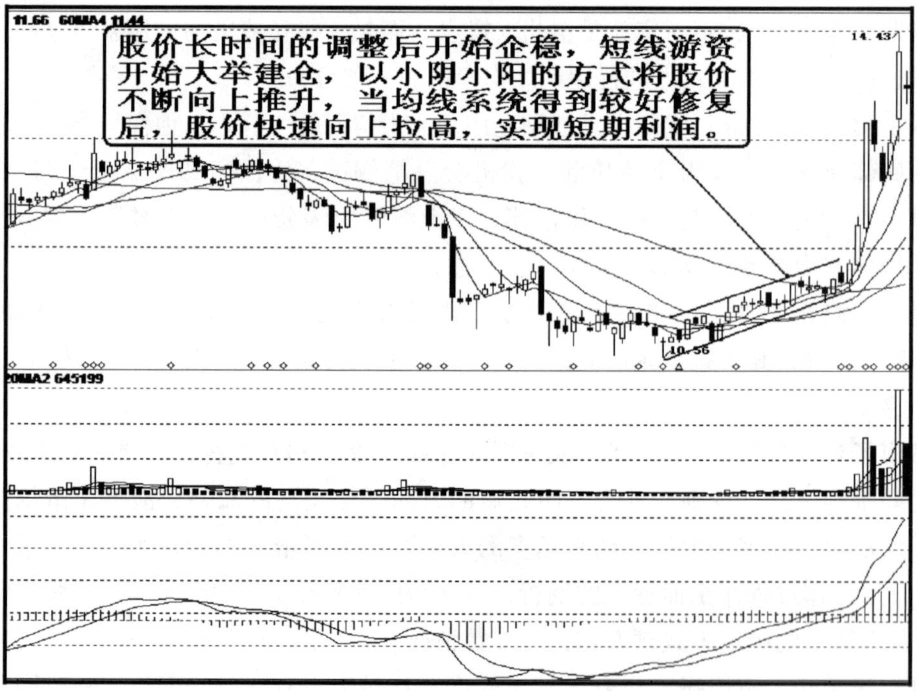

图8-1

图8-2，厦门钨业（600549）：该股从2017年5月26日开始连续向下打压，股价创出调整新低，造成技术破位之势，不少散户恐慌离场，此时短线游资大举介入，股价出现探底回升。随后，股价缓慢向上推升，返回到均线系统之上，K线小阴小阳组合，盘面走势凌乱，这期间游资继续吸纳筹码。

当游资完成建仓计划后，在形态上又具备拉升条件，这时短线主力抓住时机，于7月5日开始放量向上突破小平台，此后股价出现快速上涨，短期涨幅接近30%，达到游资的短期盈利目标。

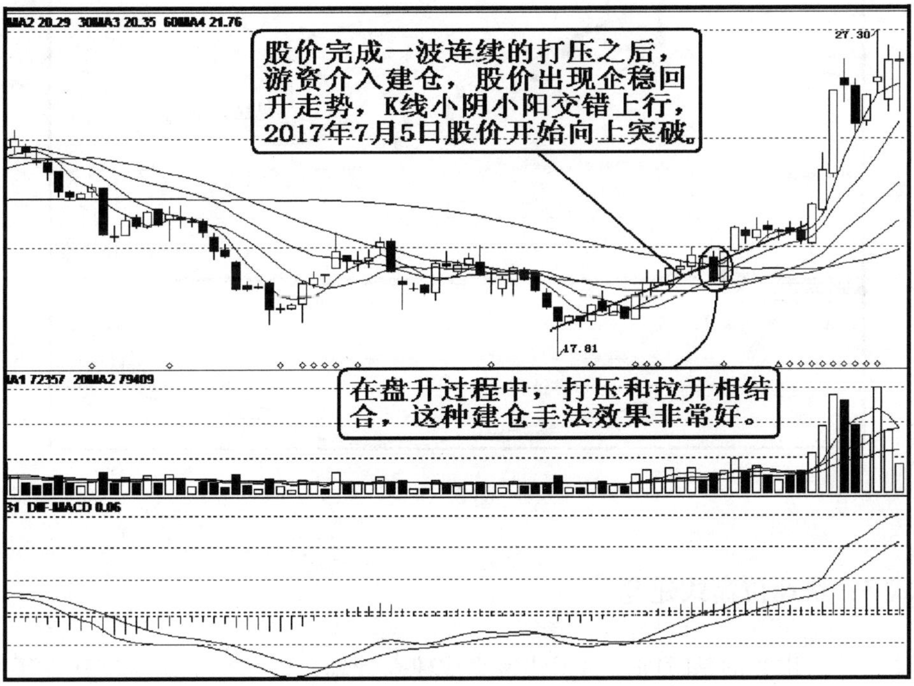

图8-2

模式2：大起大落式建仓

在股价大起大落的震荡中，就有不少散户选择高抛低吸操作，而高抛低吸对多数散户来说操作难度较大，往往造成低位丢失低价筹码，这样“温州帮”就很容易拿到散户手中的筹码。

图8-3，远望谷（002161）：该股见顶后出现长时间的下跌调整，累计跌幅超过77%，投资价值显现，这时短线游资看中了该股，当股价下探到8元下方后，股价渐渐企稳，游资开始悄然建仓，但由于股价已经下跌到低位，散户止损盘已经不多，这时短线游资庄家采用大起大落的手法与散户捉迷藏，在2017年6月15日和6月19日的两个交易日里，股价大起大落，不少散户经不起折腾而将筹码抛给了庄家，然后经过短暂的横向窄幅震荡后，股价在7月4日拔地而起，出现一波快速拉升行情。

通常大起大落式建仓手法有两种盘面表现方式：一种是在分时走势中，盘中出现大起大落现象；另一种是在日K线组合中出现大起大落，收出大阴大阳K线形态。该股就是在分时走势中出现大起大落的这种情况。

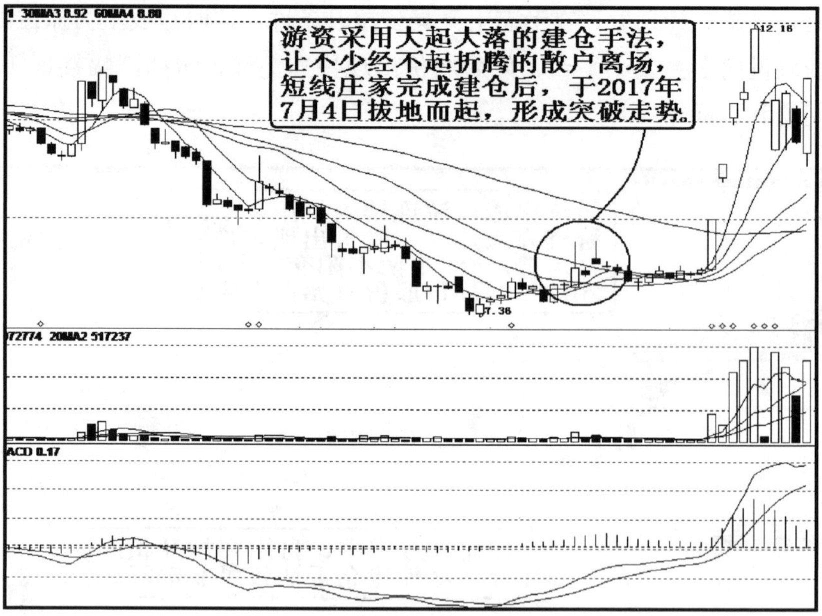

图 8－3

模式 3：快速拉高式建仓

“温州帮”讲究的是时间，为了快速完成建仓计划，往往会采用拉高建仓手法，让短线散户获利离场，尽量减少时间成本。

图 8－4，亿纬锂能（300014）：2017 年 6 月初，股价再次回落到前期低点附近，

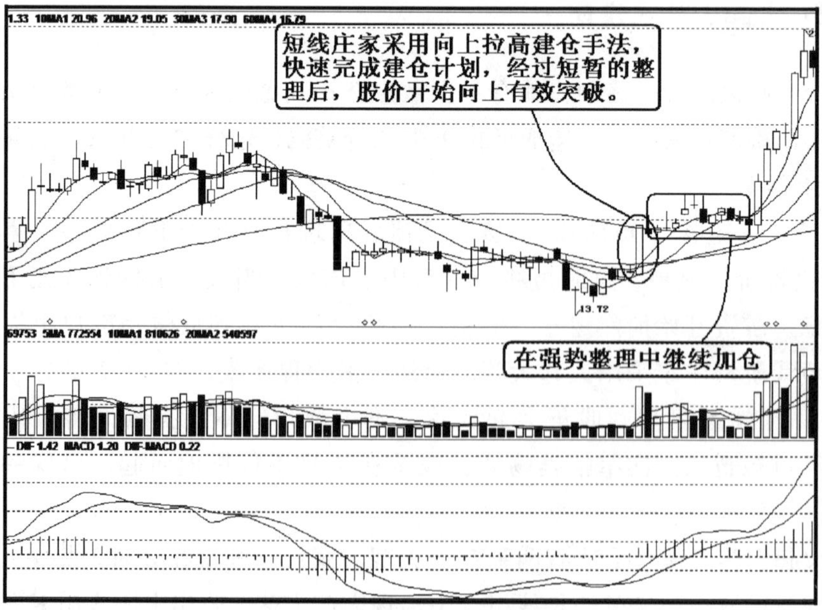

图 8－4

这时该止损离场的散户早已离场观望，而没有止损的散户也在等待反弹机会离场，于是短线游资投散户所好，开始安抚散户，在6月13日小幅低开后，股价逐波上涨最后封于涨停板位置。

这时，前期没有止损的散户担心股价再次下跌而选择逢高离场操作，可是随后股价并没有出现明显的下跌走势，经过短暂的横向震荡整理后，6月30日发力向上拉升，走出一波短线亮丽行情。

第三节　“温州帮”的洗盘模式

“温州帮”所选个股大多是一些不被投资者所关注的冷门股，最重要的是洗盘出现在小幅拉升之后，由于市场跟风盘多，大多采用低开低走和缩量收大阴线的方式进行洗盘，洗乱了散户的操作思路。主要特征：

（1）洗盘时间较短，大多在一二个交易日就结束。

（2）缩量收大阴线或连续收阴，几乎吞没了前面一根或数根阳线。

（3）跌幅也不会很深，一般在10日或30日均线附近。

（4）震荡幅度较大。

下面通过实例做进一步深入分析。

图8－5，上海临港（600848）：这是一个洗盘时间较短的实例。该股在2017年5月23日和24日收出两根阴线，击穿了前期低点支撑，造成加速下跌之势，这时不少散户担心股价大幅下跌而做出止损举动，而短线游资却大量吃进散户抛出的筹码。随后，股价渐渐企稳回升到30日均线上方，短线庄家边推升股价边吸纳筹码。

当主力完成建仓计划后，展开一次洗盘走势，整个洗盘过程基本符合上面的几个特征，6月8日开始连收三根阴线，股价回落到30日均线附近，吞没了前期涨幅的一半，而且盘中震荡幅度好比较大。

由于此时的整个形态，并没有形成强势走势，所以这时会有不少散户随着的下跌而做止损离场举动。当盘中浮动筹码基本被清洗出去之后，从6月13日开始出现一轮上攻走势。

图8－6，洛阳钼业（603993）：该股洗盘时间相对较长，第一波上行之后，进行了12个交易日的洗盘整理过程，然后才能展开新的拉升行情。

该股庄家采用了压力位洗盘方式，即“上涨受阻”洗盘方式，就是庄家将股价拉升到一个显而易见的阻力位附近时，故意停止拉升、不突破，而是在阻力位附近制造震荡走势，造成难以突破的假象，从而“放大”了上方的阻力效果，散户见到股价攻而不破时，以为后市股价上涨无望而放弃持股，庄家以此达到洗盘目的。

从该股盘面中可以看出，该股在2017年2月反弹结束后，进入下跌调整走势，当股价回落到前低附近时，短线庄家开始大规模逢低悄然吸纳筹码，顺利地完成了建仓

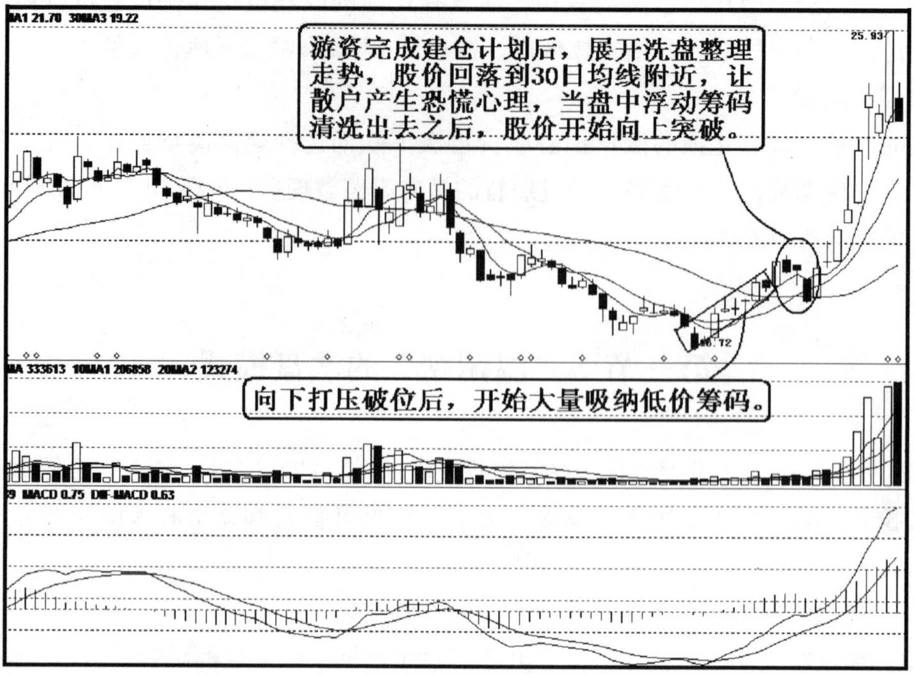

图 8－5

计划。从 6 月初开始股价企稳上行，6 月 16 日当股价推升到前期高点附近时，遇到了前期高点附近的压力，此时庄家并不急于向上突破，而是在前期高点附近作洗盘整理走势，盘面出现滞涨现象。

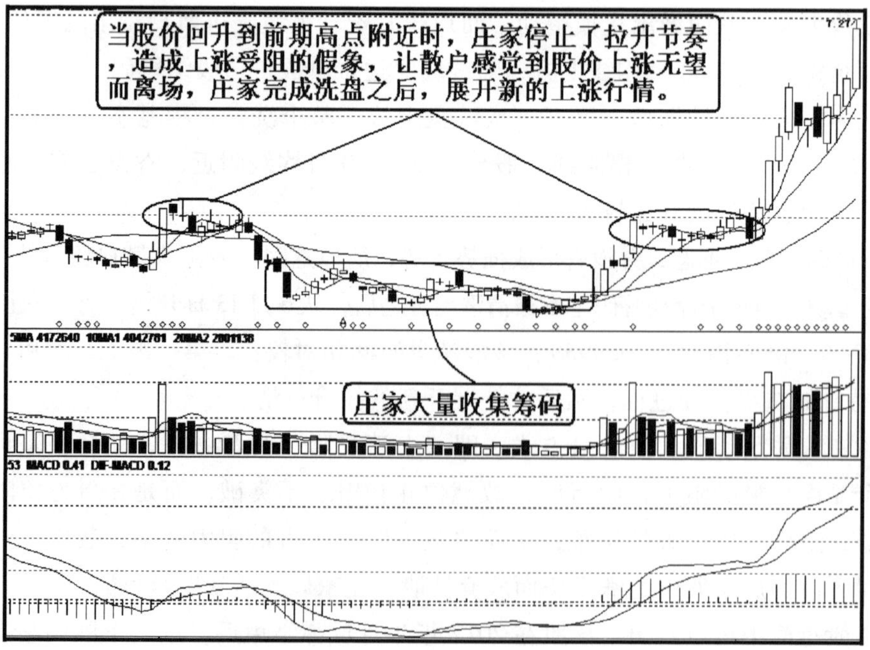

图 8－6

这时，不少散户发现股价久攻不破，认为上方压力较大，担心股价再次出现下跌，于是纷纷抛出筹码观望。可是，股价在这里经过 12 个交易日的洗盘调整后，7 月 5 日股价发力向上，一举突破了前期高点压力位，此后股价连续走高。

图 8 –7，汉钟精机（002158）：这是一种大幅震荡式的洗盘方式。该股在下跌过程中，庄家采用打压和推升手法建仓。2016 年 12 月 12 日和 2017 年 1 月中旬出现了两次明显的打压动作。

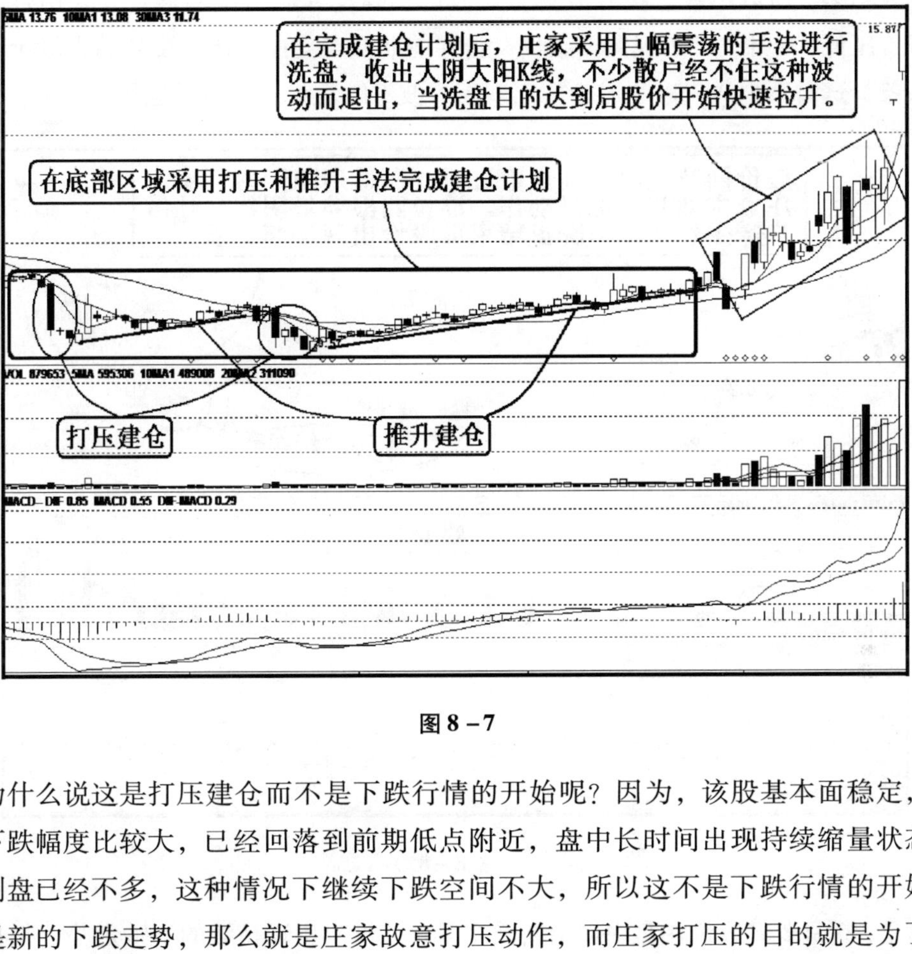

图 8 –7

为什么说这是打压建仓而不是下跌行情的开始呢？因为，该股基本面稳定，股价累计下跌幅度比较大，已经回落到前期低点附近，盘中长时间出现持续缩量状态，说明获利盘已经不多，这种情况下继续下跌空间不大，所以这不是下跌行情的开始，既然不是新的下跌走势，那么就是庄家故意打压动作，而庄家打压的目的就是为了后面更好的上涨，所以这是一种建仓行为。

但是，庄家建仓光靠打压也是不行的，所以打压一阵子后，股价开始缓慢的回升走势。那么，这时庄家为什么采用缓慢的推升走势呢？因为，在前期暴跌过程中，仍有一部分散户没有来得及退出，而庄家采用推升手法主要是再次给这些散户一个离场的机会。所以，庄家边推升边建仓，将股价慢慢抬高，当庄家建仓基本完成之后，就展开大幅震荡式洗盘走势。

在洗盘过程中，庄家采用了两种盘面走势：一是在分时走势中，盘中出现大起大落现象。分别在 4 月 14 日和 17 日以及 4 月 24 日和 25 日盘中出现大幅波动走势，多数散户经不住这种盘面波动而选择退出；二是在日 K 线组合中出现大起大落，收出大阴大阳K 线形态。在3 月 29 日至4 月 26 日的走势中可以看出，K 线大阴大阳，这种大幅波动的盘面是比较少见的，多数会被震荡出局。

图 8－8，华资实业（600191）：这是一个连续缩量收阴的实例。该股在长时间的下跌调整中，累计跌幅超过65% 以上，股价严重超跌。这时主力资金开始逢低吸纳低价筹码，2017 年4 月股价渐渐企稳，在 5 月中旬出现见底回升走势，但这时庄家由于手中筹码并不多，所以不急于拉升股价，在股价小幅反弹后再次回落，并采用打压的手法将股价压低，6 月 2 日出现向下破位，击穿前期低点支撑，造成反弹结束股价再陷跌势的假象，这时不少散户以为股价会出现新一波下跌走势，而纷纷抛售手中的筹码。

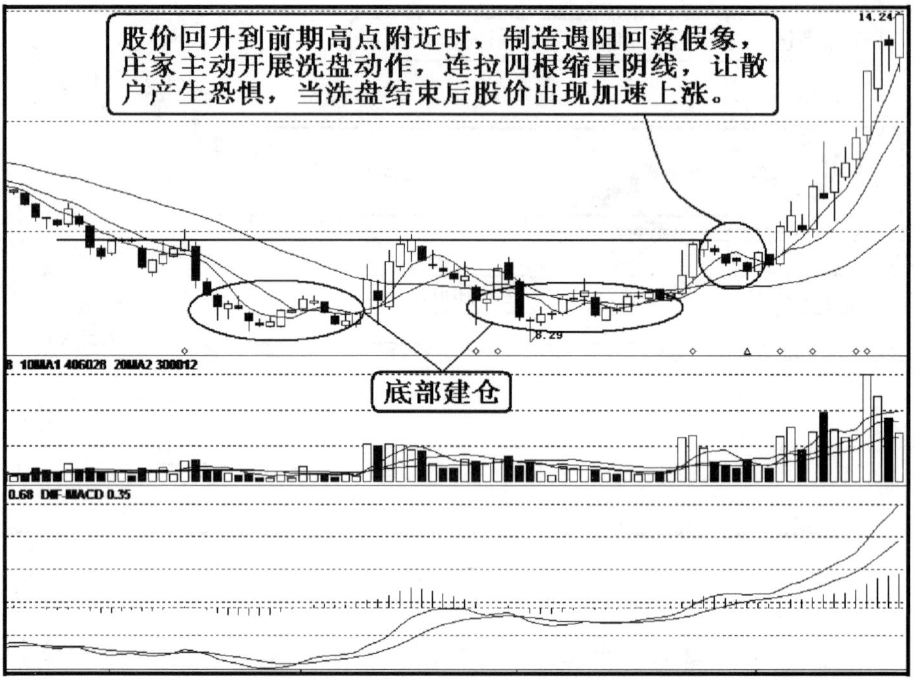

图 8－8

但是，6 月 2 日股价在盘中创出新低之后，并没有出现持续的下跌走势，很快企稳并进入横向震荡走势，这时又有一批散户感到股价回升无望而退出。至此，庄家建仓计划基本完成，于6 月 21 日开始发力上攻。可是，该股的庄家非常狡猾，当股价回升到 10 元上方时，再次停止了拉升步伐，造成股价上涨遇阻的假象，将短线跟风盘清洗出局，从而导致股价再次回落。

在洗盘过程中，从6 月27 日开始连续收出四根缩量调整阴线，虽然阴线实体不大，下跌幅度不深，但给散户造成很大的心理压力，以为股价无法突破前期高点，担心股价再次回落遭套，从而做出离场举动。庄家这种洗盘手法效果十分明显，当股价回调到30 日均线附近时，洗盘适可而止，洗盘调整结束，股价于 7 月 5 日开始放量向上突破，从此走出一波上涨行情。

第四节　“温州帮”的拉升模式

一般情况下，“温州帮”多数是平开后急拉为多，在拉升之前不动声色，风平浪静，一旦进入拉升如同蛟龙大海，一跃而起，三五分钟就能拉涨停。在时间上，“温州帮”通常在上午10：30～11：00或下午2：00前后，人气最旺时将股价拉至涨停。

◪ 模式1：顽强推升

这种方式在拉升过程中，股价沿着一定角度稳步上行，不受大盘涨跌影响。庄家拉升往往一气呵成，中间没有比较明显的大幅度洗盘动作。绝大多数采用依托均线边拉边洗式。庄家拉升思路明确，股价走势轨迹明显。常常走出单边上涨的独立上升态势。庄家开始大幅度洗盘之际，也标志着拉升行情结束之时。这种拉升方法有三个显著的标志：

（1）在拉升行情初期，股价常常走出极小幅度的阴阳交错，慢牛爬坡的缓慢走势，此阶段是庄家建仓或加仓阶段。

（2）拉升速度有所加速，经常依托均线系统边拉边洗，拉升前期和中期，庄家在早盘将股价推高之后，就任其自由换手，不过多去关照股价，使股价常常出现自由落体之势，在回落至下轨线处或者必要的技术图形时，庄家再度护盘，重新吸引多头买盘。走出极为规律的走势，以吸引多头资金积极买进股票，起到助庄的作用，可谓四两拨千斤。

（3）单边上涨式拉升，后期往往以快速拉升、疯狂刺激多头买盘，人气而达到高潮，一般会采用各种转换角色的“示形”方式，诱导、促使场外的散户失去正常的投资理智、控制能力，产生一种过量、过度的放大和虚化的投资激情，这也是行情见顶的信号。

这种拉升方法在大多情况下都是受客观条件制约的，驻庄期相对长一些。绝大多数庄家控盘要占到流通盘的30%～40%，涨幅多以50%～100%不等，很少有超过100%以上的涨幅。

图8-9，华资实业（600191）：该股在上涨初期，K线阴阳交错，股价缓慢上涨。随着股价的上涨，其拉升速度有所加快，边拉边洗依托5日均线上行。在拉升后期，股价出现加速上涨，以刺激多头买盘，使不少失去理智的散户追涨买入。当庄家停止拉升时，就是短期见顶信号。

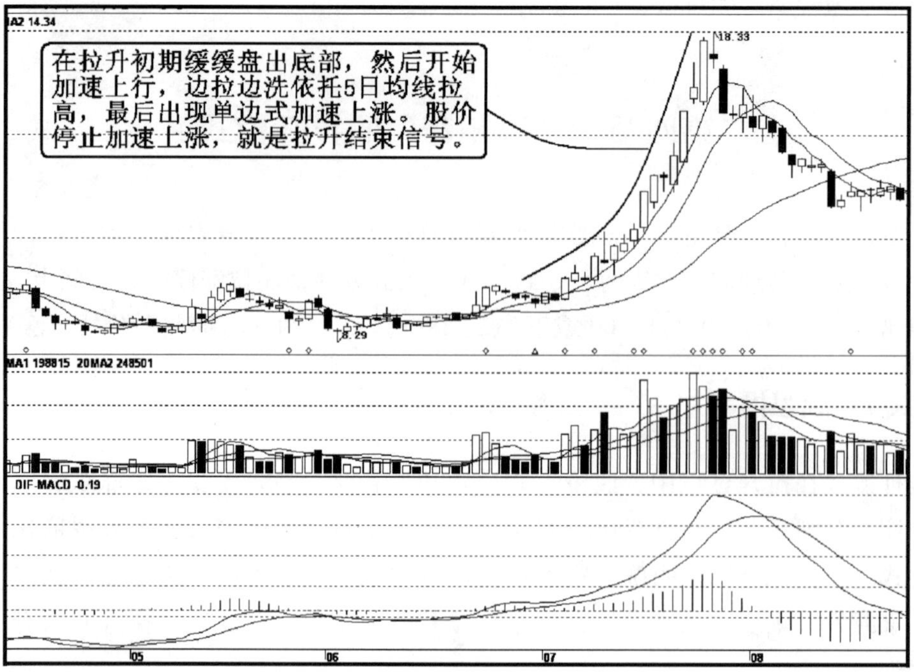

图 8－9

◪ 模式 2：直线拉升

这种拉升方式犹如火箭发射，升势一旦启动，行情锐不可当。特别是第一个涨停，一般都来得非常突然，一步到位，一口气拉涨停，飙升行情可谓惊天动地。

但纵观此类个股，在行情飙升之前，往往要经过较长时间的吸货过程。在这整个建仓过程中，股价犹如一潭死水，波澜不惊，臭不可闻。然而，当庄家悄悄掌握了流通盘 50% ~60% 的筹码后，行情一旦启动，往往升势如虹，气冲霄汉。这种庄家干起活来，驾轻就熟，清清爽爽。而且实力绝非一般，运作个股一般后市有强大的题材配合，准备工作异常充分。选择的个股多为中等偏下的流通盘较多。也有的庄家炒作起来常常得意忘形，直到把股价玩到令人难以置信的地步，成为真正的空中楼阁，最终导致玩火自焚。

图 8－10，超讯通信（603322）：游资介入该股完成建仓后，在 2017 年 2 月 21 日快速拉高脱离底部区域，然后回落洗盘整理，等待 30 日均线上行。3 月 20 日洗盘结束，股价放量涨停，随后股价持续拉高，7 个交易日股价达到 66% 的涨幅。

从走势中可以看出，股价上涨气势如虹，势不可挡，庄家思路清晰，有恃无恐，股价一步到位，拉升一旦结束就是阶段性顶部。

图 8－11，利君股份（002651）：该股短线游资完成建仓后，坐庄手法十分诡异，先是来一个下砸动作，充分吓退部分散户后，在 2017 年 1 月 16 日快速拉涨停，次日继续封板，然后进行短暂的洗盘。

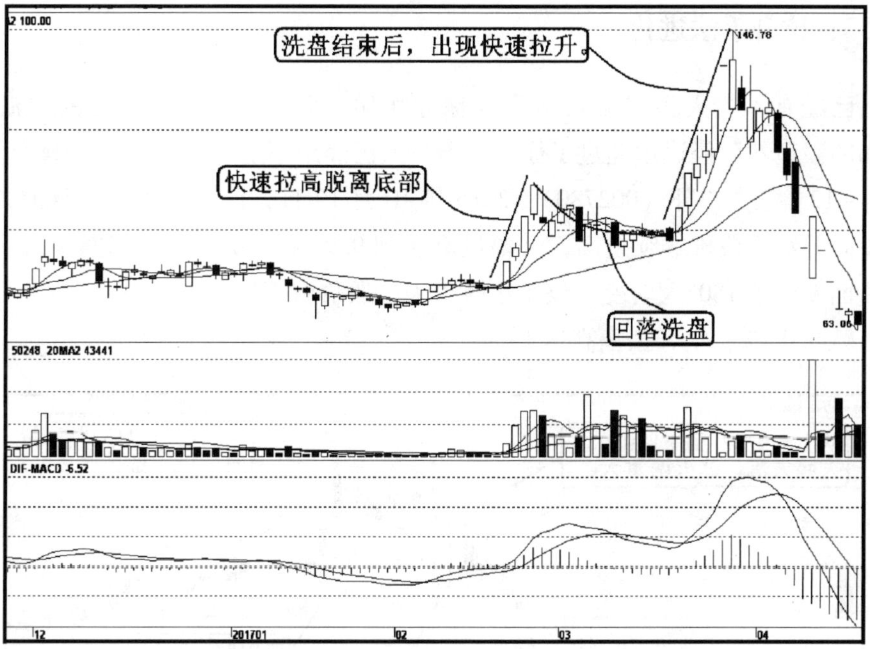

图 8－10

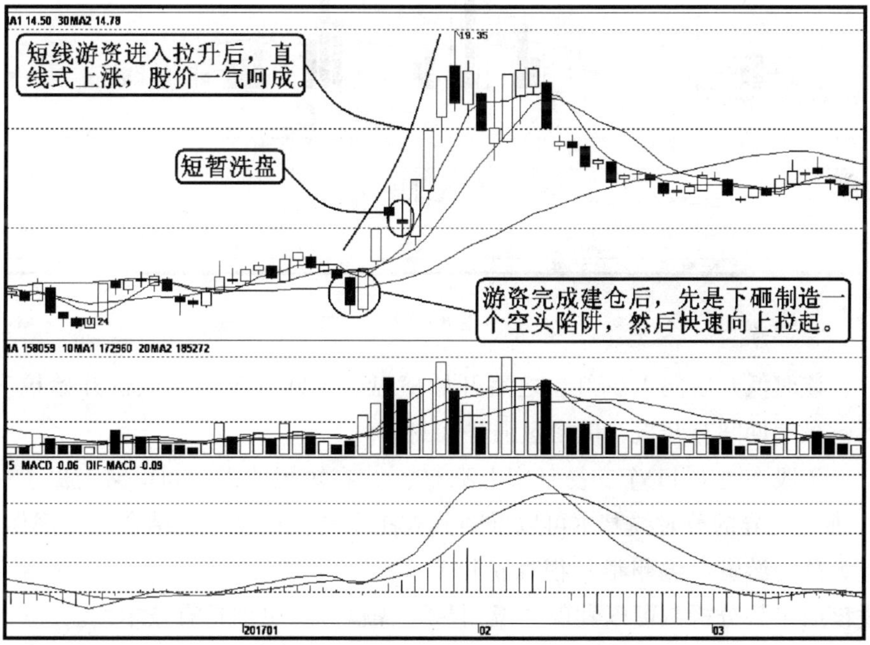

图 8－11

经过一天的快速洗盘后，再次连续拉出三个涨停板，第四天冲高回落，股价形成顶部。在整个拉升过程中，动作紧凑，手法凌厉，来势凶悍，当散户反应过来时，股价已经站在高位，不得不打高买入，而此时正是风险来临之时。

模式3：拉升手法进化

以前已经有不少人将“温州帮”与徐翔相比，但操盘方式进化后的“温州帮”，其恐怖和凶狠显然已经远远超过了徐翔，不少人已经跟不上“温州帮”的操盘步伐。

图8－12，三夫户外（002780）：2016年10月19日，该股在午间收盘前开始向上突破，午间开盘后股价继续走高，涨幅最高达到9.93%。就在大家都期待再一次封涨停时，盘面发生了180°大转变。仅半小时工夫，股价就下挫超过15%，盘中一度跌停，截至收盘跌9.05%，全天振幅高达19%。

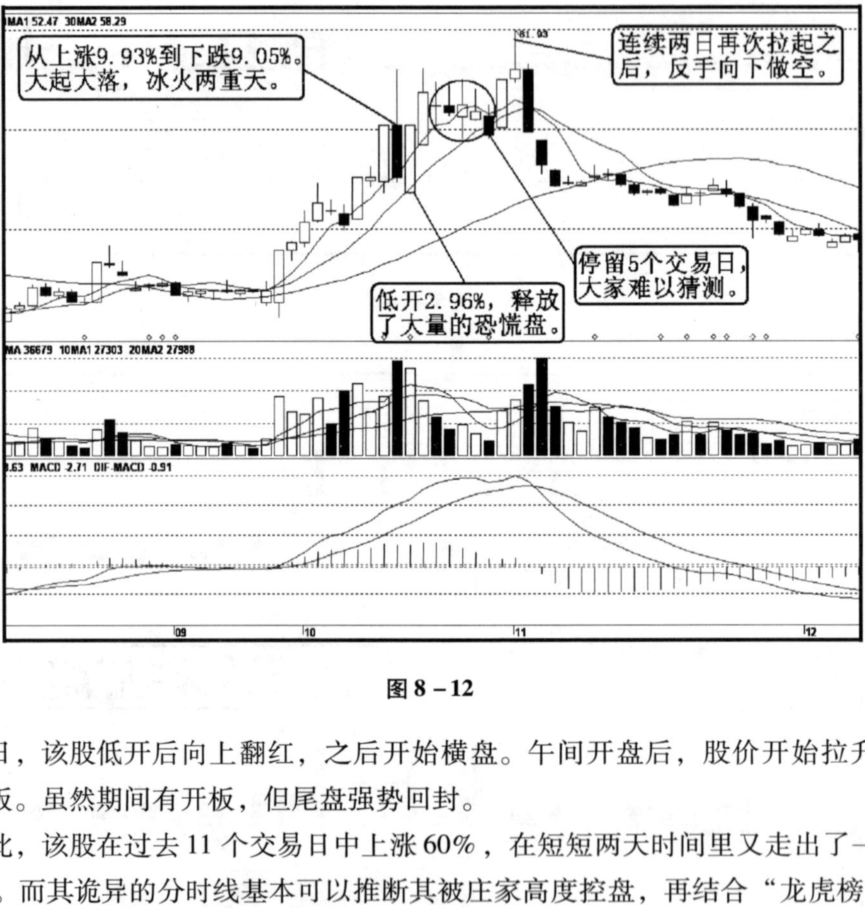

图8－12

次日，该股低开后向上翻红，之后开始横盘。午间开盘后，股价开始拉升，最终顺利封板。虽然期间有开板，但尾盘强势回封。

至此，该股在过去11个交易日中上涨60%，在短短两天时间里又走出了一组奇葩的K线。而其诡异的分时线基本可以推断其被庄家高度控盘，再结合“龙虎榜”数据，股价大起大落与游资“温州帮”很难脱开干系。

通过该股走势分析，可以发现“温州帮”操盘方式更加具有技术性。

（1）更加配合技术性。“温州帮”通常选择流通盘在10亿左右的“小票”，然后采取不讲理的拉升，迅速收集筹码。之后追求高度换手，通常换手可以达到100%。完成高换手之后，进行第二波的拉升，并且在拉升过程中逐渐出货。在出货尾声阶段，则使用标志性的“一字断魂刀”。

但在该股中，其操盘方式并没有太多不讲理的地方。在9月29日，“温州帮”拉升第一天。公司公告拟定增募资 6 亿元复牌，而之前的 7 个交易日，股价走势接近水平线。成交量也极为清淡，每日约在 6000 万元。如此走势的好处在于，多条均线在该处黏合。从技术上来说，均线黏合将为未来走势提供爆发力。

在技术形态提供支撑后，“温州帮”在拉升当天，运用预先埋伏的少量筹码将股价小幅下压。从 K 线上看，下杀制造的下影线成为了当期的新低。早盘下跌 5%，不能说是大跌，但给散户造成较大的心理影响，使手中的筹码更容易被洗出。

在制造适当恐慌之后，“温州帮”开启股价的拉升之旅。整个拉升过程中用大单尽量吃光卖盘，不给其他游资或散户机会。在当天的“龙虎榜”上，买一到买三席位都来自“温州帮”。

（2）以 T+0 代替连续涨停。在完成第一个涨停后，接下去的 5 个交易日内，不曾再有涨停。猜想背后的原因，一方面是连续涨停太过招摇，另一方面则是前期操盘手法被曝光后，有相当多的游资与散户想要“搭便车”，借“温州帮”拉升做短线，而“温州帮”显然不愿意为他人作嫁衣，因此在操盘时改变原先连续封涨停的方式，给其他游资与散户造成判断障碍。

通过每天冲高回落的操作，“温州帮”可以对手头上的筹码进行 T+0 买卖。这样做可以降低筹码成本，也能够迷惑其他投资者，客观上套牢一部分人。

在 T+0 的操作中，“温州帮”也不那么追求超高换手率。之前操作其他个股时，40% 以上的超高换手率在该股中并没有见到。可以说，“温州帮”正在试图掩藏自己标志性的连续涨停和超高换手。尽管“温州帮”席位还会出现在“龙虎榜”上，但操盘痕迹已经不像之前那么明显了。

（3）未来走势更难捉摸。以往出现“一字断魂斩”之后，“温州帮”将会继续砸盘式出货。但在该股中经历了狂砸 19% 后，“温州帮”10 月 20 日再次强势买入拉起，出乎所有人意料。当日“龙虎榜”买一是“温州帮”最常用的席位之一，一共买入了近 1.27 亿。

不知道有多少人在 10 月 20 日低开后，害怕“温州帮”进一步砸盘，而采取了抛售操作？“温州帮”近来的操作方式，让那些试图跟着“温州帮”一起吃肉的散户已经跟不上节奏。当大家都在猜测“温州帮”要拉涨停的时候，却连续 5 个交易日让股价停留在窄幅区间内。当大家又去猜测“温州帮”将要进一步砸盘的时候，却又让股价迅速涨停，让抛盘者懊恼不已。

第五节　“温州帮”的出货模式

◪ 模式 1：涨停出货

这种出货法，同为拉高出货，但此方法是股价以涨停板的方式将拉高出货的行为演绎至高级阶段，并带有主动抛盘的性质。庄家将股价拉高后进入加速上涨阶段，并且上涨速度越来越快，出现飙升行情，使观望的跟风盘忍受不住股价快速上涨的诱惑，原来获利的跟风盘也由于利润的快速增值而产生虚妄的放大状态，而产生惜售的心理。庄家往往抓住战机，以巨量的买单，将股价封至涨停，从而使多头买气达到高潮，此时后进的跟风买单纷至沓来。股价已牢牢地封住涨停，由于A股交易规则采取“时间优先和价格优先”原则。那么在涨停价格的挂单是一致的，无法比出高低，而时间上却仍有先后之分。首先时间上处在前列的是庄家的巨量买单，排在后面的是中小散户的跟风盘。这样，庄家采用明修栈道、暗度陈仓的方法悄悄撤出挂在前列的买单，然后再将这些买单挂在跟风盘的后面。如此看来，涨停板上的巨量买单数量并无变化，甚至还有增多。庄家可以以小批量的卖单，逐步将手中的筹码过渡给排列在前面的散户。这种涨停出货的手段既能卖上一个好的价格，又不会引起一般投资者的警觉，可谓一箭双雕。

图8－13，浙江世宝（002703）：短线游资完成建仓计划后，2016年8月10日开始连续向上拉高，短线产生较大利润。这时短线庄家需要兑现获利筹码，8月16日股价再拉涨停，以此吸引散户跟风，然后数次开板出货，成交量放大，尾盘再封涨停。第二天，股价低开后冲高回落收阴，将在涨停板位置买入的跟风者一网打尽。

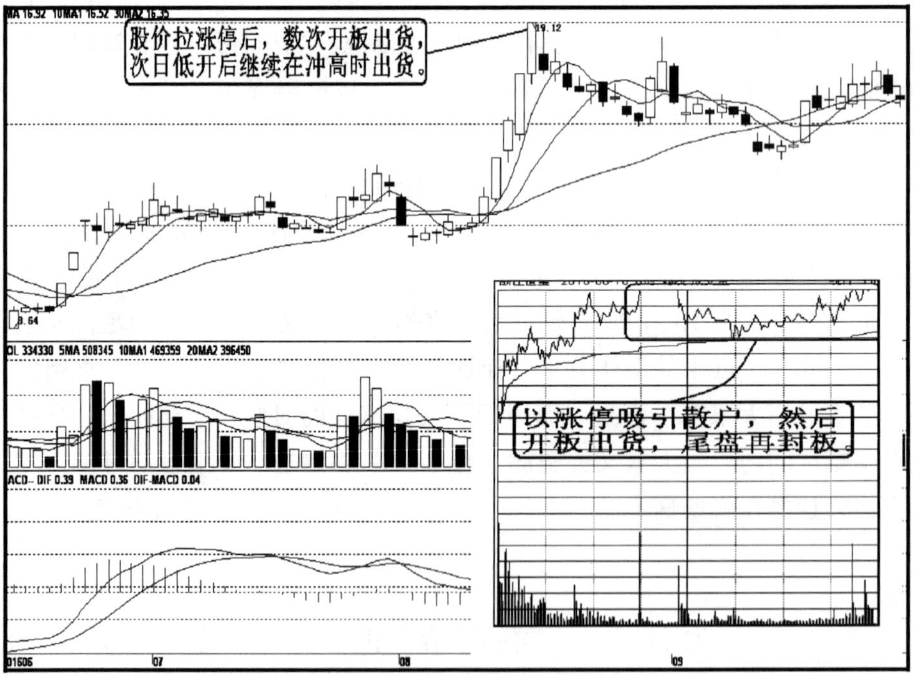

图8－13

图8－14，通合科技（300491）：股价快速拉高后，短线游资获利较大，庄家需要离场出货。2016年11月24日和25日连续拉涨停，但封盘并不坚决，盘中频频打开封

盘，说明庄家暗中出货，而尾盘均封于涨停，保持完美的涨停板形态。当短线庄家基本完成出货后，股价出现跌停，并在跌停板位置完成清仓离场。

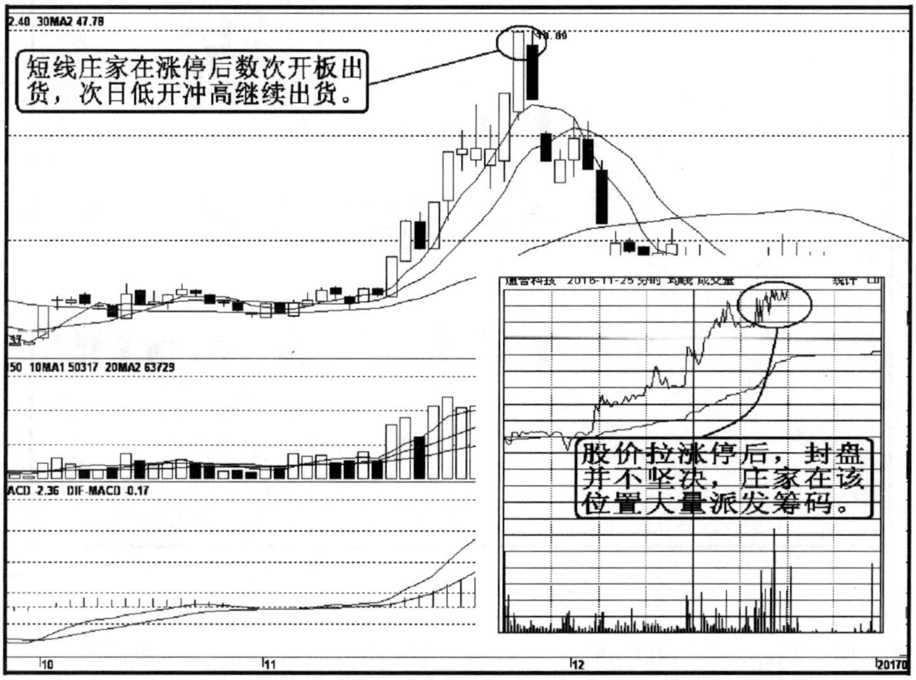

图 8 – 14

模式 2：跌停出货

短线游资一旦开始大批量出货，就会采用“断头刀”收尾，或者出现“一字断魂刀”形态，这就是所谓的跌停板出货。在股价快速上涨过程中，由于人类与生俱来的贪婪心理，都奢望卖个更高的价钱，所以在涨升过程中极少有人出手，所以庄家采用快人一步，趁散户好梦未醒时，抢先抛售筹码，首先套住上档后买进的跟风盘，然后一路抛售直至跌停，将敢于抢反弹者一网打尽。这种手法讲究的是心狠手辣，利用大盘或者个股人气极为火爆的时候，使用回马枪的手法，反手做空，往往令众多散户防不胜防，这种手法也叫跳水出货。

图 8 – 15，超迅通信（603322）：游资介入该股完成建仓后，出现一波快速拉高行情，庄家获利十分丰厚。2017 年 3 月 29 日，大幅低开 8.7% 后，盘中冲高翻红，最高上冲到上涨 7.2%，许多散户看到如此强势上涨，忍不住也买盘介入。可是，第二天继续低开 5.6%，小幅冲高后股价回落走低，直奔跌停。

庄家在跌停板位置大量派发获利筹码。次日，又是大幅跳空低开，盘中大幅拉高翻红，庄家在股价冲高过程中大量出货。当庄家在大幅震荡中，成功派发筹码后，股价开始向下跳水，除了跌停还是跌停，出货之惨烈，看之不忍。

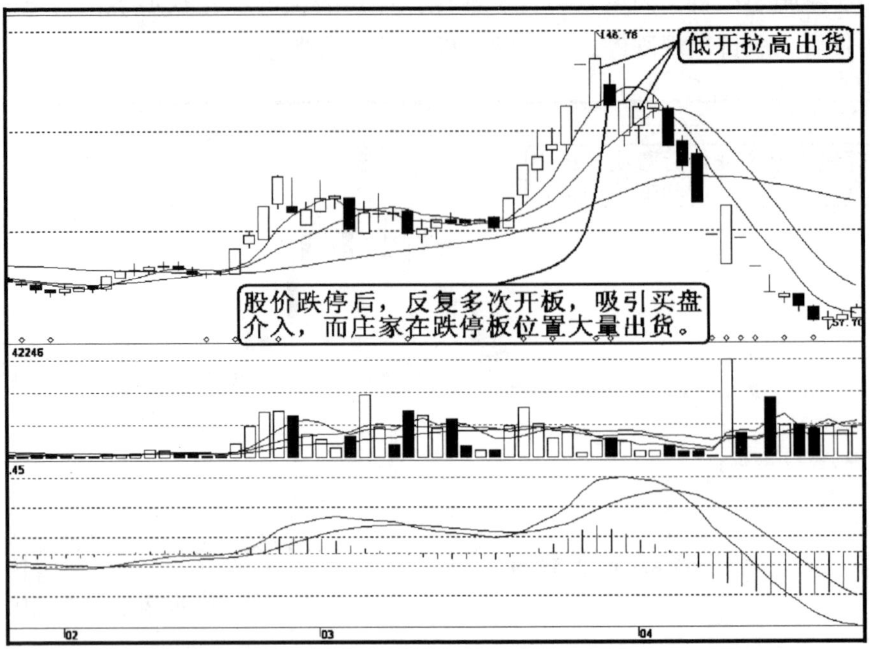

图 8 –15

图 8－16，利君股份（002651）：该股短线游资完成建仓后，一气呵成，快速将股价拉到预定目标，然后在高位悄悄兑现获利筹码。庄家在拉高出货的同时，也采用了跌停出货手法，因为此时的筹码已经不多，即使跌停出货也不影响总体盈利。

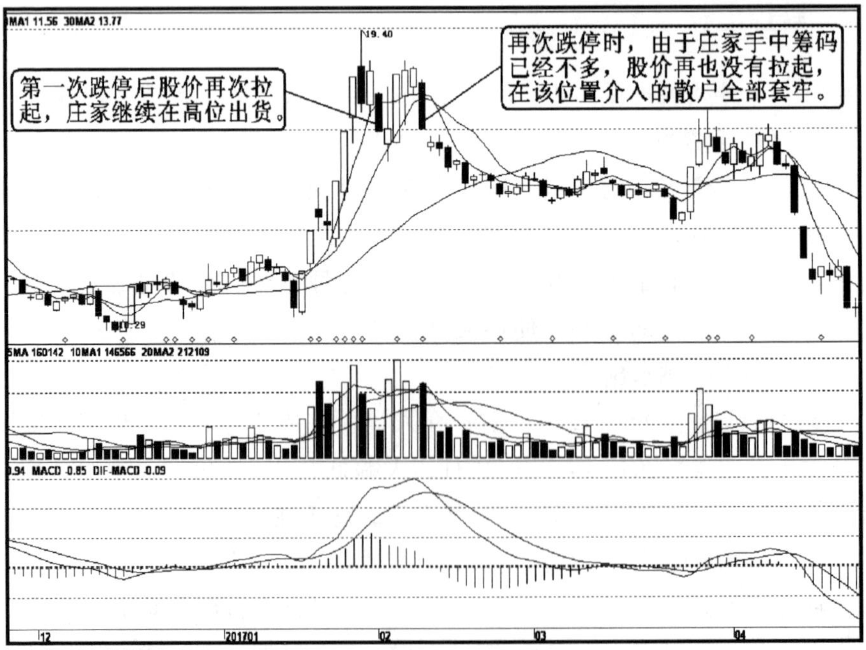

图 8 –16

2017 年 2 月 3 日和 2 月 10 日两次出现跌停，第一次跌停后股价再次拉起，庄家继续在高位出货，第二次跌停后有的散户以为股价也会有反弹，因此纷纷介入做多，这时由于庄家筹码已不多，很顺利就将手中筹码派发出去，所以股价再也没有拉起，此时介入的散户全部被套。

模式 3：推升出货

短线游资庄家无心恋战，心理压力也颇大，在持筹极重的情况下，又想全身而退，不得不采取一边做高股价吸引跟风盘一边借机出货的策略。在股价拉升途中，往往出现下跌时成交量抛单比较集中而且持续。从盘面成交量来看，下跌时成交量能相对逐步放大。随后突然出现买单，买单更加集中，也很持续，股价迅速走高，成交量也放大。总体给人的感觉好像是两个旗鼓相当的多空主力在进行对抗赛。其实操作机理是庄家在跟风盘旺盛的时候抛出一批筹码，再趁上档抛压较轻的时候抓紧时机做高股价，以稳定长期投资者的持股信心，且继续吸引后继跟风盘。周而复始，循环拉升，在股价拉升到剩余筹码有足够的派发空间时，做多动能突然消失，荡然无存，股价进入横盘或下跌阶段，成交量也开始萎缩得很小，使很多散户误以为庄家仍在其中，并没有出局，从而产生麻痹大意的心理。庄家手中筹码此时所剩无几，慢慢震荡派发足亦。

图 8－17，浙江世宝（002703）：2016 年 8 月，短线游资大幅拉高股价后，先在涨停板位置派发一部分获利筹码。然后在反弹中再次派发，但由于市场环境欠佳，庄家

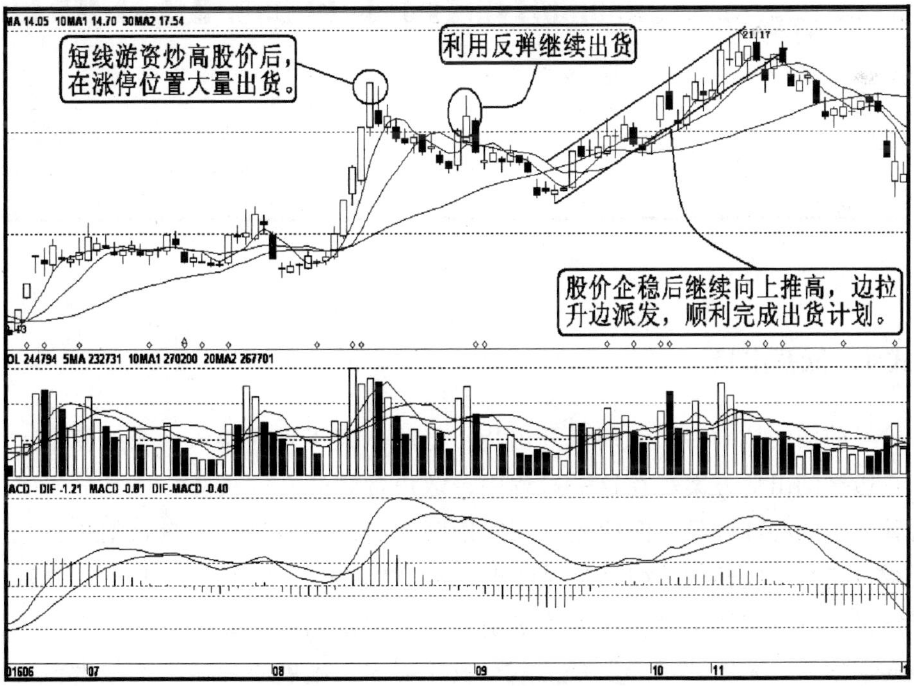

图 8－17

出货并不顺利。不久，股价回落受盘区支撑而回升，此时庄家且拉且出，而且不是急速拉升，老牛拖破车慢慢拉。让散户跟进，自己慢慢抛，因为货多不会急砸，有时候借涨停出货。所以“温州帮”的票频开涨停时不可以追，否则会套得很惨。

图 8－18，江阴银行（002807）：这是一只“温州帮”介入程度较深的次新股，据统计显示，“温州帮”席位在龙虎榜中成交超过千万元。股价大幅拉高后，庄家先是利用横盘震荡出货，在出货后期采用向下打压后再拉起，然后在股价推高过程中继续慢慢出货，当庄家顺利完成出货计划后，股价从 2017 年 5 月 2 日开始大幅向下跳水。可见，

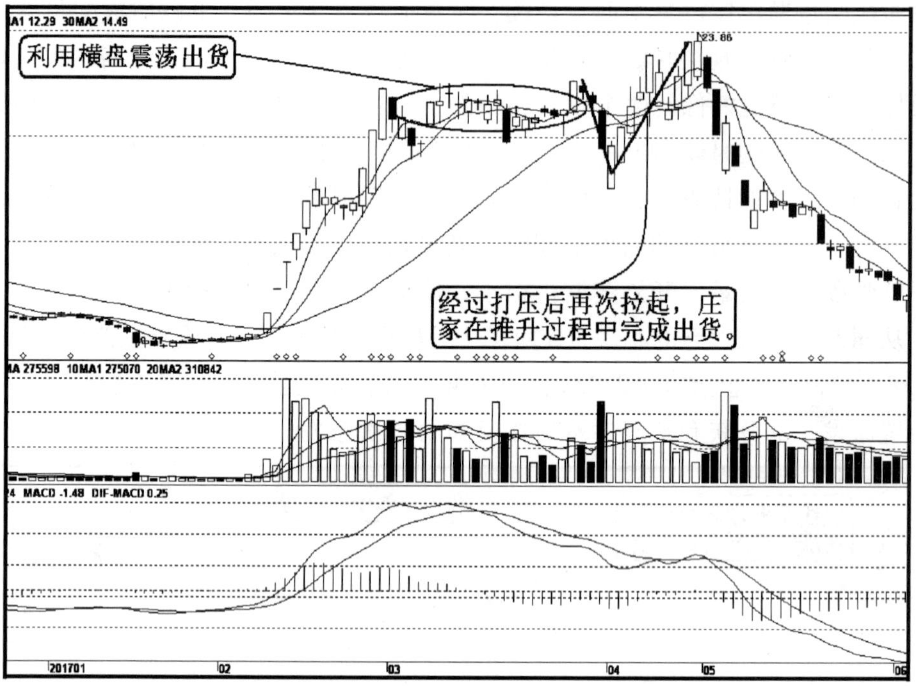

图 8－18

◪ 模式 4：低开出货

股价经前面的拉高后，采用低开出货，将前一天买入的跟风者全线套牢，然后再采用边打边撤的出货方案。在这一过程中，散户贪婪的心理被庄家所充分了解，庄家利用各种形态的心理诱导，促使散户不能摆脱对后市发展趋势的盲目幻想，沉迷在对后市反弹企稳甚至反转的单相思般的恶性循环心理状态。当这种情况持续一段时间后，股价已缓慢下跌一定的幅度，庄家为了使持股者坚定信心，让持币者加入进来，往往会转换多空角色，采用“示形”的方式，反手做多，施展心理诱导的战术，在整个战略做空的基础上战术性做多，重新套牢一批后继的跟风盘。

图 8－19，福达股份（603166）：短线游资连续拉高股价后，获利非常巨大。2016

年 7 月 12 日，庄家先是在涨停板位置悄悄出货，第二天出其意外地直接从跌停板价位开盘，这样将前一天买入的散户全线套牢。

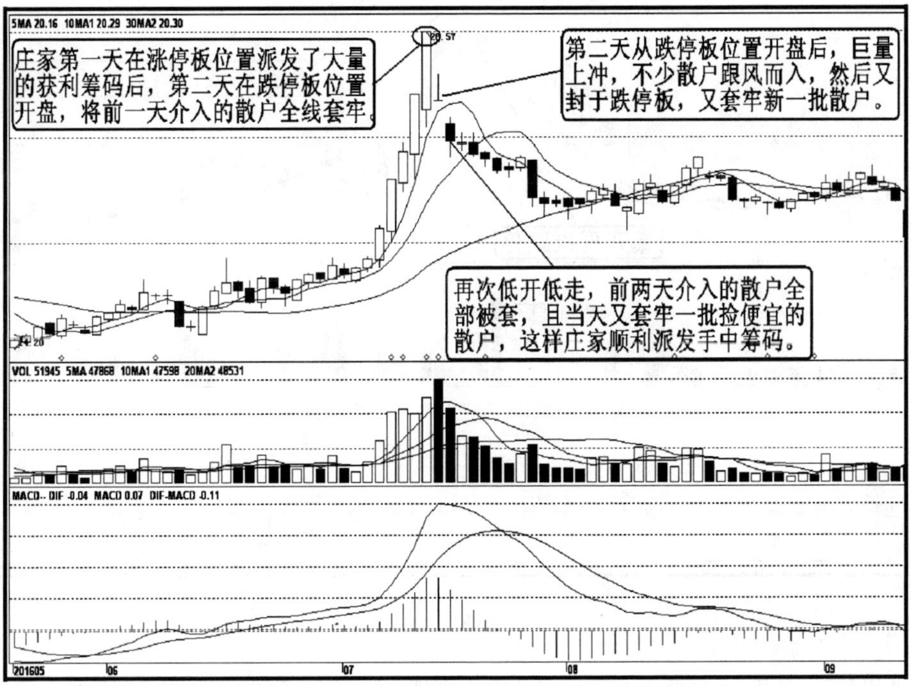

图 8－19

第二天从跌停板价位开盘后，庄家用巨量打开封盘，股价出现上冲，此时一些缺乏风险意识的散户贸然跟风而入，然后股价又回落到跌停板位置，这样又套牢新一批散户。

第三天，股价继续低开低走，将前两天介入的散户全线套牢，且当天又套牢一批捡便宜的散户，几番折腾，庄家顺利派发了手中的筹码。整个出货过程干净利索，流畅自如，不留痕迹。

图 8－20，通合科技（300491）：该股短线游资出货手法与福达股份（603166）如出一辙，庄家出货手法发挥得淋漓尽致。2016 年 11 月 25 日庄家采用涨停手法出货，第二天低开后两度上冲翻红，但最大涨幅仅为 0.06 元，在第一天涨停价买入的散户还不够手续费，散户基本不会出局，然后股价又封于跌停板，这样又套牢新一批散户。

第三天，大幅跳空低开低走，股价再次跌停，将前两天介入的散户全线套牢，特别是在涨停板位置买入的散户套牢幅度已经超过 20%。随后几天反弹到缺口附近时受阻回落，股价越跌越深。

可见，“温州帮”出起货来，不讲章法，不顾人情，手法极为蛮横、毒辣。有道是，跟对“温州帮”让你高兴一阵子，跟错“温州帮”让你痛苦一辈子。

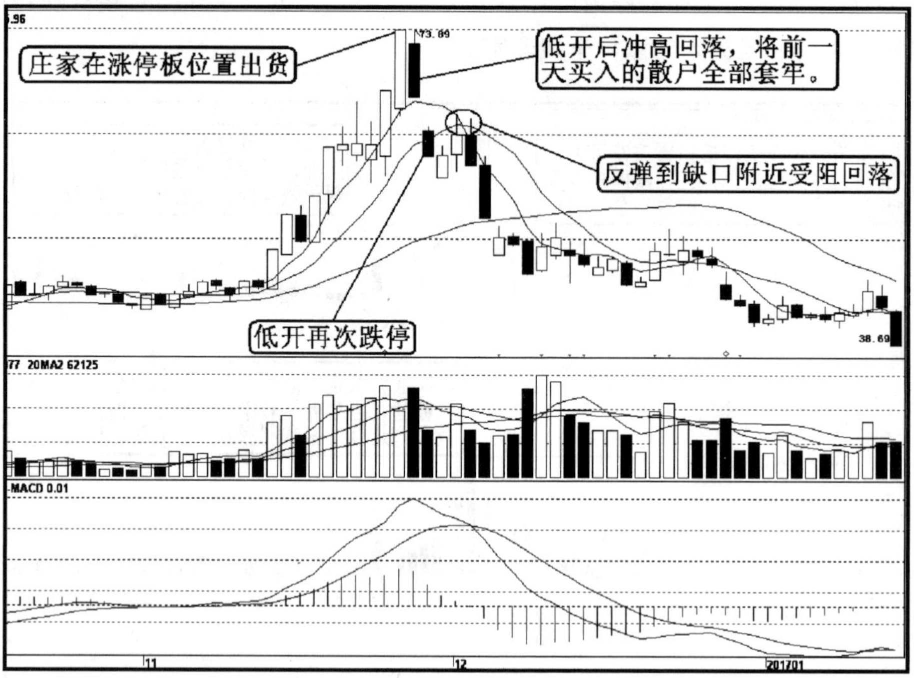

图 8－20

“温州帮”介入的多数个股，出货方式就是短时间大单砸死跌停，接下来便是直接一字跌停，众多散户完全来不及反映。以朗源股份（300175）为例，2017 年 4 月 11 日从跌幅 2% 左右到跌停，只用了十多分钟。接下来 4 月 12 日、13 日均是跌停板开盘，并且只有 13 日打开了跌停板。从成交龙虎榜上看，“温州帮”席位中信证券杭州四季路 4 月 10 日至 12 日净卖出超过 1200 万元，4 月 13 日至 17 日净卖出 5400 多万元。

2017 年以来，如此血腥的出货手段在金发拉比（002762）、健盛集团（603558）、印纪传媒（002143）等个股中也得到了展现。比如，金发拉比 4 月 13 日至 17 日的龙虎榜显示，中信证券杭州四季路卖出超过 5400 万元；健盛集团 4 月 11 日的龙虎榜显示，中信证券杭州四季路卖出超过 1458 万元；印纪传媒 4 月 13 日的龙虎榜显示，信达证券杭州莫干山路营业部卖出 1305 万元。

2017 年 4 月 14 日，证监会表态严厉打击次新股炒作后，市场的调整态势更趋明显，个股闪崩现象也更加突出。清源股份（603628）、亚振家居（603389）等多只次新股连续三天跌停价开盘，并最终连续三天收盘跌停。

有意思的是，这些闪崩个股都有“温州帮”常见席位曾经出入过。比如，清源股份（603628）在 3 月 28 日的成交龙虎榜中，买一买二席位分别是信达证券温州新城大道和中信证券杭州四季路证券营业部；卖一卖二席位分别是信达证券杭州莫干山路和浙商证券温州西山东路证券营业部。上述营业部中，买一和卖二席位均是温州当地营业部，买二和卖一则是“温州帮”常见席位。

如果把“温州帮”常见席位出入过的股票统称为“温州帮概念股”，那么在这次调整中“温州帮概念股”算是遭到最大打击的板块之一。据统计显示，2017 年初以来，“温州帮”常见席位合计现身逾百股交易龙虎榜。这些股票自 4 月 10 日以来出现了普遍性的暴跌，剔除部分最近上市次新股后，平均跌幅接近 12%。朗源股份（300175）、超讯通信（603322）、金发拉比（02762）等 5 股跌超过 30%，皮阿诺（002853）、印纪传媒（002143）、秀强股份（300160）等 24 股跌超过 20%，翔鹭钨业（002842）、和胜股份（02824）、福建金森（002679）等 55 股跌超过 10%。

值得一提的是，有些“温州帮”介入程度较深的次新股，表现较为抗跌且仍处于相对高位。据统计显示，“温州帮”席位在龙虎榜中成交超过千万元的次新股中，无锡银行（600908）、江阴银行（002807）等个股先期抗跌，4 月 10 日以来累计涨幅均超过 10%，但后期也出现大幅下跌走势。只有海量数据（603138）、平治信息（300571）、德新交运（603032）等个股能够坚挺在高位，且略有上涨。

第六节　“温州帮”主要席位

据媒体报道，“温州帮”游资的活跃账户主要集中于上海证券温州月乐西街营业部、银河证券温州锦绣路营业部和长江证券温州车站大道营业部等营业部。

上海证券温州月乐西街营业部，2016 年下半年在不同时间段共登上成交龙虎榜 38 次，其中 36 次上榜集中在 7 到 9 月之间，10 月和 11 月仅各有 1 次。如此频繁的上榜仅体现在 20 只个股上（见下表），短时间内进行大额资金买入和卖出。7 月以来该营业部披露的龙虎榜合计买入 13. 51 亿，卖出 15. 79 亿，若考虑个股未披露的交易日，期间成交将远远大于统计。交易中所涉及的个股绝大多数为中小盘股，大笔买卖容易引发股价暴涨暴跌。

表：2016 年下半年上海证券温州月乐西街营业部龙虎榜上榜个股

股票简称	买入金额（万元）	买入金额（万元）	总股本（亿）	期间股价表现
安德利	35376. 62	33395. 50	0. 80	涨停—跌停—涨停—跌停
甘肃电投	21842. 48	33525. 71	9. 71	连续涨停、高位连续暴跌
东方新星	19847. 04	28938. 18	1. 01	连续涨停、连续跌停
利君股份	11560. 78	4544. 38	10. 03	连续涨停
福达股份	11240. 33	12475. 16	5. 92	连续涨停、高位连续暴跌
武汉中商	8841. 62	14016. 29	2. 51	连续大涨
中南建设	4604. 71	6039. 61	37. 10	大幅上涨
中房地产	4255. 69	2149. 1	2. 97	连续涨停

续表

股票简称	买入金额（万元）	买入金额（万元）	总股本（亿）	期间股价表现
松发股份	3222.20		0.88	上涨
旭光股份	3123.23		5.44	高位大跌
佳隆股份	2727.21	1.78	9.36	涨停
上峰水泥	2084.84	7984.01	8.14	间断涨停、跌停
阳谷华泰	1764.96		2.89	涨停后连续重挫
电光科技	1704.40	163.03	3.23	跌停
丰元股份	1188.71	1261.59	0.97	涨停
凯瑞德	939.36	248.34	1.76	跌停
安利股份	621.27	1656.72	2.17	间断涨停
渤海股份	155.53	8351.29	1.95	连续暴跌
红阳能源		1602.63	13.33	连续跌停
京城股份		1595.79	4.22	涨停

同样，银河证券温州锦绣路营业部和长江证券温州车站大道营业部上榜的个股也具有上述特征，而且三家营业部同时买卖相同个股十分频繁。2016 年 7 月以来，银河证券温州锦绣路营业部上榜涉及 16 只个股，除了宏盛股份、拓中股份、中电电机、奇正藏药、上海亚虹、茂化实华、新农开发之外，其余 9 只个股和上海证券温州月乐西街营业部上榜时间基本一致。而长江证券温州车站大道营业部上榜次数相对较少，只涉及 11 只个股。

2017 年上半年，“温州帮”席位现身部分次新股情况：无锡银行（600908）现身 1 次，江阴银行（002807）现身 9 次，海量数据（603138）现身 1 次，平治信息（300571）现身 1 次，德新交运（603032）现身 3 次，熙菱信息（300588）现身 2 次，荣晟环保（603165）现身 1 次，吉比特（603444）现身 2 次，视源股份（002841）现身 2 次，道恩股份（002838）现身 1 次，金海环境（603311）现身 1 次，杰克股份（603337）现身 2 次，绝味股份（603517）现身 2 次，正裕工业（603089）现身 2 次，名雕股份（002830）现身 3 次，皖天然气（603689）现身 1 次，新坐标（603040）现身 1 次，兆易创新（603986）现身 3 次，道道全（002852）现身 2 次，牧高笛（603908）现身 2 次，捷捷微电（300623）现身 2 次等。

此外，“温州帮”经常出现的席位有：

中信证券杭州四季路营业部

国金证券上海奉贤区金碧路营业部

华鑫证券乐清双雁路营业部

华林证券绍兴金河桥大道营业部

国金证券上海互联网分公司营业部

中天证券杭州庆春路营业部

银河证券温州大南路营业部

华泰证券上海黄和新路营业部等。

第七节　如何识别“温州帮”

从上述相关席位操作过的个股可以看出，“温州帮”的操盘模式概括起来讲，就是横盘——直线飙升——横盘——直线跳水，盘面走势屡见不鲜，大资金频繁出入迹象显著。

一、“温州帮”的主要特点

自 2016 年以来，“温州帮”不断地活跃在 A 股，屡屡制造“惨案”。“温州帮”的操作具有以下特点：

（1）所选股票盘子非常小，流通市值在 30 亿元以下，方便拉升。

（2）通常选择沪市股票，因为沪市的龙虎榜规则一向苛刻，涨停当日不上龙虎榜，具有非常强的隐蔽性，主要是避免抢筹，也避免结仇，更可避免其他投资者过早发现他们的意图。

（3）选择冷门股票，尤其是长期不受市场关注的标的个股，这些个股方便建仓，由于不是热点股或者题材股，吸筹就不会提高成本，也相对成功。

（4）这些标的股票，出现第一个涨停板时，一般是以快速拉涨停的手法。

（5）喜欢业绩较差的个股，机构投资者少，最好没有。“温州帮”炒股“英雄不问出身”，做一把走人，更不看业绩如何。

二、“温州帮”的识别技巧

（1）比较简单的方法就是看分时图。在股价上涨的时候，分时图走势非常生硬，直上直下，毫无规律。另外，一种情况就是横盘时候突然大额下杀，不计成本。

（2）这是比较土一点的办法，就是在收盘后去龙虎榜上看是不是有传说中的“温州帮”所在席位。但是，随着市场和媒体对“温州帮”的关注增多，很多资金开始换席位了，这给大家带来一些不便，不过，可以通过交叉对比或者是寻找营业部历史操作记录，找出持股共性，还是能够发现“温州帮”踪迹的。

（3）因有配资原因，很多“温州帮”股票容易暴涨暴跌，如果有股票出现了短期内大涨大跌，或前天涨停，后天跌停的股票，就需引起注意，可能后面还有一波快速拉高行情。

后　记

跟庄很辛苦，获利也容易

庄家意图，诡计多端。

中国股市如果基本体制的根基不变，那么它的运行方式就不会出现根本性改变，还会是暴涨暴跌的行情，还会存在假象和欺骗现象，散户依然是大部分时间没有获利机会的市场环境，这是中国股市恒久不变的规律。

所以，在当前股市中，庄家手段层出不穷，为了达到坐庄目的，使用诡异的手段来陷害散户，让散户投资者跳进技术陷阱之中。但庄家阴谋并非无懈可击，再高明的陷阱也会在图表上留下破绽。只要循着庄家的蛛丝马迹，就会发现庄家的用意所在，这样就能擒住庄家，最终在市场上取胜。

但股市千变万化，庄家狡猾奸诈，手法险恶，很难事先设防，且有时庄家意图不可能事先被掌握，只有在市场运行过程中，才逐渐地被发觉和认识。而且，对于庄家很难去理解，只能去想象，也就是说庄家行为很难被大众散户掌握，散户只能通过盘面去分析和判断，至于得出的结果是否正确完全在于个人的悟性。

所以，面对各种各样的庄家意图，关键一点就是当遇到同样的庄家意图时，不要情不自禁地再次往里面钻。要学会如何避开陷阱，并以其人之道还治其人之身，这才是学习本书所要达到的效果。

因此，将书中的一些了解庄家意图的基本方法和操盘技巧，在即时的行情中进行活学妙用。在实践中不断积累经验，探索规律，感悟股性，逐步形成一套适合于自己的识庄、跟庄、克庄技法，这样才能在瞬息万变的股市中立于不败之地。相信，不少朋友将来就是从股市里蹦出来的一匹“大黑马”。

作为著者，深知要感谢太多给予帮助的人，有太多的人可以分享这本书出版的荣誉。没有广大读者朋友的普遍认可，就没有本书的生存市场，更不会使这些技术得以推广，所以第一个要感谢的是读者朋友的支持。在此还要感谢中国经济出版社的大力支持，更要感谢本书策划人、责任编辑叶亲忠先生，他对此书提出了许多真知灼见的专业性修改意见，并亲自动手斧正，他的幕后支持让我深为感激。在此付梓之际，致以最衷心的谢意！

在成书过程中，得到了不少专家、学者的精心指导，使之有一个恰当的定位，能够更加满足投资者的愿望，也更加贴近盘面实际。书中内容虽然表达了作者个人的观点和见解，但也包括了他人的一些研究成果、实盘经验。这些材料在理论和实践中都具有很高的创造性，是十分珍贵的。所以要感谢他们，如果没有他们与大家共同分享其专业知识和理念，也就无法达到现在的研究水平。在此对这些专业人士致以最衷心的感谢，感谢他们如此慷慨地与大家分享专业知识。

股市变幻莫测，牵涉内容广泛。尽管本人竭尽全力，尽量减少书中错误，但百密一疏，书中疏忽之处，在所难免。敬请广大读者不吝斧正，并多提宝贵意见，以便在今后再版时进一步改进和提高。愿本书为广大朋友在实盘操作中带来一点启示、创造一份财富。如是，我将深感欣慰。

麻道明

2019 年 1 月　中国 · 楠溪江畔